Sozialpsychologie für die Praxis

Sozialpsychologie für die Praxis

Erkenntnisse und Empfehlungen
in 20 Bausteinen

Herausgegeben von
Walter Friedrich
und Peter Voß

VEB Deutscher Verlag der Wissenschaften
Berlin 1988

ISBN 3-326-00254-8

Verlagslektor: Peter Hertzfeldt
Verlagshersteller: Petra Herrmannsdorf
Einbandgestalter: Almut Bading
© 1988 VEB Deutscher Verlag der Wissenschaften,
DDR – 1080 Berlin, Postfach 1216
Lizenz-Nr.: 206 · 435/45/88
Printed in the German Democratic Republic
Gesamtherstellung: Mühlhäuser Druckhaus, Mühlhausen (Thür.) 5700
LSV 0195
Bestellnummer: 571 552 8
02400

Inhalt

Vorwort

Dieses Buch verfolgt vor allem praktische Ziele. Es will zum besseren Verständnis der Anforderungen, Probleme und Auffälligkeiten unseres sozialen Alltagslebens beitragen, will mehr Sicherheit bei deren Beurteilung und erfolgreichen Lösung vermitteln.

Sozialpsychologische Erkenntnisse sind hier so aufbereitet worden, daß sie als Erklärungs- und Orientierungshilfen für zahlreiche Fragen unserer Lebenspraxis dienen können – nicht in der Form rezeptartiger Vorschriften, sondern mehr im Sinne handlungsrelevanter „Hintergrundinformationen".

Worum geht es?

Die im Inhaltsverzeichnis benannten 20 Bausteine verweisen schon deutlich auf die Schwerpunkte: Behandelt werden Grundprozesse der Persönlichkeitsentwicklung und ihrer wesentlichen sozialen Determinanten: die Funktion und der Einfluß von (also die Sozialisation durch) Schule, Betrieb, Hochschule, Massenmedien, Familie, die Kommunikation in kleinen Gruppen, in Leiter- und Partnerverhältnissen, die Entwicklung solcher psychischer Dispositionen wie intellektuelle Fähigkeiten, Einstellungen, Wertorientierungen, Leistungsmotivation, soziale Kompetenz. Die Bausteine sollen im wahren Wortsinne als *Schlüsselbegriffe* fungieren. Bestimmte wichtige sozialpsychologische Kategorien werden – von ihrer Kernbedeutung ausgehend – so dargestellt, daß sie die entsprechenden Bereiche der sozialen und psychischen Wirklichkeit „aufschließen", sie einer theoretischen Interpretation zugänglich machen.

Damit sollen insbesondere Probleme der Erziehung und Ausbildung, der Leitungs- und Propagandatätigkeit, aber auch der persönlichen Lebensgestaltung getroffen und ihrer Klärung nähergeführt werden.

Die Autoren waren bemüht, abstrakte, lebensferne Abhandlungen zu vermeiden, statt dessen durch aktuelle Beispiele, neuere

Forschungsergebnisse sowie durch eine populärwissenschaftliche Darstellungsweise die bedeutenden Möglichkeiten der Sozialpsychologie bei der Gestaltung unserer sozialistischen Gesellschaft aufzuzeigen. Die sozialpsychologischen Grundlagen der Persönlichkeitsentwicklung bzw. Sozialisation, des Zusammenlebens und Kommunizierens der Menschen tiefer und vielseitiger zu erforschen, ist eine Aufgabe hoher Priorität für marxistische Sozialpsychologen und andere Gesellschaftswissenschaftler. Sie schließt die Forderung nach anschaulicher Vermittlung der Erkenntnisse ein, soll eine stärkere gesellschaftliche Effektivität erzielt werden.

Mit diesem Buch wird keine *systematische Darstellung* der Sozialpsychologie vorgelegt. So kann weder die wechselvolle, produktive, fast hundertjährige Geschichte der Sozialpsychologie, noch können die heute verbreiteten Schulmeinungen, ihre theoretischen Konzeptionen und methodologischen Herangehensweisen ausreichend untersucht werden. Zahlreiche, durchaus wichtige Aspekte und Forschungsbereiche – Besonders der bürgerlichen Sozialpsychologie – bleiben unberücksichtigt. Aus eben diesem Grunde haben wir uns auch – nach einigen Diskussionen – zur alphabetischen Reihenfolge der „Bausteine" entschlossen. Andere Anordnungen hätten gewiß noch mehr Fragen und kritische Einwände hervorgerufen. Allerdings gibt es eine Ausnahme: Der Baustein „Persönlichkeit und Gesellschaft" wird vorangestellt. Er enthält eine Einführung in unsere eigene theoretische Position, die der Leser nicht erst suchen soll.

Wir vertreten eine weite Auffassung von Gegenstand und Inhalt der Sozialpsychologie, was schon in der Auswahl der „Bausteine" zum Ausdruck kommt.

Gegenstand und Inhalte der Sozialpsychologie werden gegenwärtig sowohl von bürgerlichen wie von marxistischen Sozialpsychologen (sozialpsychologischen Schulen) sehr unterschiedlich definiert, oft nur auf interpersonale Interaktion und auf soziale Verhaltensweisen begrenzt. Andere nicht minder wichtige Bereiche der Persönlichkeitsentwicklung, der Mensch-Gruppe-Gesellschaft-Dialektik werden der Soziologie, der Persönlichkeits- oder der Entwicklungspsychologie, der Intelligenzforschung usw. zugeordnet.

Diese historisch entstandene Arbeitsteilung soll hier keineswegs in Frage gestellt werden, es soll lediglich auf die nicht theoretisch begründbaren (nur traditionell/pragmatisch zu rechtfertigenden) engeren Konzeptionen vieler Sozialpsychologen hingewiesen werden. Sie werden vermutlich solche Bausteine wie Makrogruppen, Intelligenz, geschlechtsspezifisches Verhalten, vielleicht auch Lebenslauf, Schule, Betrieb, Hochschule als nicht zur klassischen Sozialpsychologie gehörend ablehnen. Wenn wir sie hier aufgenommen haben, geschah das nicht, weil wir eine theoretische Gegenstandsdiskussion provozieren wollen, sondern weil wir meinen, daß diese Kategorien nicht künstlich voneinander isoliert werden dürfen. Sie können miteinander durchaus in einen Kontext gebracht werden, weil ihnen gemeinsam ist: Soziale Determinanten oder sozial determinierte psychische Erscheinungen/Prozesse zu sein.

Im übrigen plädieren wir für eine mehr *interdisziplinäre* Betrachtung, Erforschung und theoretische Erörterung sozialpsychologischer Probleme.

Die Autoren des Buches sind – mit Ausnahme von W. Müller, H. Starke und H. Stolz – Mitarbeiter (bzw. ehemalige Mitarbeiter) des Zentralinstituts für Jugendforschung, Leipzig. Das erklärt die in einigen Bausteinen etwas überrepräsentierte Bezugnahme auf Beispiele und Forschungsergebnisse zur Jugendentwicklung. Doch können diese Daten und Beispiele fast immer auch als Präzedenzfälle für Angehörige älterer Generationen angesehen werden.

Mit „Sozialpsychologie für die Praxis" wenden wir uns vorwiegend an Leiter, Erzieher und Propagandisten, an Funktionäre gesellschaftlicher Organisationen, an Gesellschaftswissenschaftler und Studenten gesellschaftswissenschaftlicher Fachgebiete.

Das Buch setzt kein Psychologiestudium voraus, wohl aber bestimmte Grundlagenkenntnisse der marxistisch-leninistischen Gesellschaftswissenschaften sowie eine gewisse Aufgeschlossenheit an sozialen und psychischen Problemen.

Herausgeber und Autoren danken Prof. Dr. Toni Hahn und Prof. Dr. Gisela Ehrhardt für zahlreiche kritisch-konstruktive Hinweise, Herrn Peter Hertzfeldt vom VEB Deutscher Verlag der Wissenschaften für die stete Förderung des Projekts, Frau Dr. Uta Schlegel für wichtige redaktionelle Arbeiten.

Mögen sich die 20 Bausteine als praxisrelevant, als nützlich für das Lösen der Aufgaben und Probleme des sozialen Alltags erweisen.

W. Friedrich

Persönlichkeit und Gesellschaft

Walter Friedrich

Daß der Mensch ein „zoon politicon" (ARISTOTELES), ein die Gesellschaft produzierendes wie durch die Gesellschaft reproduziertes (determiniertes) Lebewesen ist, gehört heute fast schon zu den sozialwissenschaftlichen Selbstverständlichkeiten. An der „Dialektik" Mensch bzw. Persönlichkeit und Gesellschaft kann wissenschaftlich nicht mehr vorbeigegangen werden.

Die Sozialpsychologie verdankt diesem dialektischen Zusammenhang ihre Existenzberechtigung, und sie hat viel zu seiner Erforschung, Klärung, Konkretisierung beigetragen.

Wenn auch die wechselseitige Bedingtheit von Mensch und Gesellschaft „im allgemeinen" weitgehend anerkannt wird, so finden sich jedoch bei näheren Bestimmungen sehr unterschiedliche Anschauungen, Konzeptionen, Modelle. Die Geschichte, aber auch der gegenwärtige heterogene Stand der bürgerlichen Sozialpsychologie liefert dazu genügend Belege: Die grundlegende historische Dimension dieser Dialektik, die geschichtliche Entwicklung der Menschheit, die Funktion der Arbeit, der Tätigkeit in diesem Prozeß, überhaupt die konkret-historische Betrachtungsweise des Sozialen und Psychischen werden unterschätzt oder negiert, biotische oder psychische Dispositionen, die Rolle des Mikromilieus, der Kommunikation abstrakter Personen (ego/alter) bzw. anderer aus deren gesellschaftlichem Kontext herausgegriffener sozialer Faktoren werden überschätzt oder verabsolutiert.

Die marxistische Sozialpsychologie hat ihr festes Fundament in den Erkenntnissen des historischen Materialismus zur Mensch – Gesellschaft – Dialektik. Damit sind theoretische Grundlagen und Grundlinien vorhanden. Doch darf nicht übersehen werden, daß der speziellere sozialpsychologische Erkenntnisstand bei Detailproblemen ebenfalls oft noch unzureichend, wenig ausgereift ist und daher vielfach noch uneinheitlich, auch kontrovers dargestellt wird.

Das verwundert nicht, denn das Problemgebiet ist tatsächlich ein

„weites Feld", hat zahlreiche Aspekte und wird von den Autoren recht unterschiedlich akzentuiert.

Die sozialpsychologische Betrachtung des Verhältnisses Persönlichkeit – Gesellschaft verlangt ein differenziertes Herangehen. Verschiedene Einteilungen sind möglich.

Wir unterscheiden hier folgende drei Analyseebenen:
– Mensch – Gesellschaft,
– Typus – soziale Gruppe,
– Person – Lebenslage.

Mensch – Gesellschaft

Auf dieser allgemeinsten Analyseebene werden die philosophischen Bestimmungen jenes Grundverhältnisses untersucht. Der Mensch wird als Gattungswesen, die Gesellschaft als „menschliche Sozietät" betrachtet.

Die Entwicklung des Menschen wie der Gesellschaft ist ein *naturhistorischer Prozeß.*

Die anatomisch-physiologischen Gattungsmerkmale des Homo sapiens haben sich in einem über mehr als 15 Millionen Jahre dauernden Evolutionsprozeß herausgebildet, der etwa vor 40 000 Jahren seinen Abschluß gefunden hat (vgl. HERRMANN 1985). Der Genbestand (Genpool) der Menschheit hat sich seitdem nicht mehr verändert.

Die *spezifischen biotischen Gattungsmerkmale* sind grundlegende und notwendige Voraussetzungen für die Entwicklung der Gesellschaft wie für die Vergesellschaftung des Menschen. Man darf sie nicht gering bewerten oder gar übersehen.

MARX und ENGELS haben diesen Tatbestand genau reflektiert. In der „Deutschen Ideologie" schreiben sie: „Die erste Voraussetzung aller Menschengeschichte ist natürlich die Existenz lebendiger menschlicher Individuen. Der erste zu konstatierende Tatbestand ist also die körperliche Organisation dieser Individuen und ihr dadurch gegebenes Verhältnis zur übrigen Natur ...

Alle Geschichtsschreibung muß von diesen natürlichen Grundlagen und ihrer Modifikation im Lauf der Geschichte durch die Aktion der Menschen ausgehen" (MEW, Bd. 3, S. 20 f.).

Neben verschiedenen anderen wichtigen morphologischen und funktionellen Besonderheiten des menschlichen Organismus (z. B. aufrechter Gang, Greifhand, Vervollkommnung der Sinnesorgane,

10

Differenzierung und Koordination der Feinmotorik der Sprechorgane) kommt der Entwicklung des zentralen Nervensystems entscheidende Bedeutung für die Menschwerdung zu.

Das Gehirn des Menschen unterscheidet sich in seiner Größe, inneren Struktur und physiologischen Funktionsweise grundlegend von dem der Tiere, auch von dem der „nächsten Verwandten", der Anthropoiden.

Dadurch besitzt es ein qualitativ höheres Leistungsniveau. Aus psychologischer Sicht sind folgende Merkmale wesentlich:

– starke Erweiterung der Gedächtnisfähigkeit, Zunahme der assoziativen und kombinatorischen Speicherkapazität;

– Fähigkeit zur begrifflich-sprachlichen Widerspiegelung der Wirklichkeit (problemlösendes Denken und sprachliche Kommunikation);

– Fähigkeit zur Antizipation möglicher künftiger Ereignisse, zur Zielbildung, zum gedanklichen Durchspielen von Tätigkeitsvarianten aller Art, von Handlungsplänen im Bewußtsein (bewußtes Planen);

– Fähigkeit zum Ichbewußtsein, zur Erkenntnis der Ichidentität. Der Mensch vermag seine Vergangenheit, seine Erfahrungen, Erlebnisse als *seine* Biographie, seine Zukunftspläne und -intentionen, seine gegenwärtigen Handlungen, sein gesamtes Denken, Fühlen, Wollen, sich selbst zuzuordnen, als sein eigen zu erkennen;

– Fähigkeit zu komplizierter Handlungsregulation.

Die typische menschliche Handlung (Arbeit, Lernen, Spiel, soziales Verhalten) beruht auf komplexen Strukturen: Handlungsaufgaben werden wahrgenommen, erkannt; in Abhängigkeit von der vorhandenen Bedürfnis- und Motivationslage werden Handlungsziele festgelegt, Varianten der Zielrealisierung werden entworfen und die Entscheidung für die am zweckmäßigsten erscheinende Handlungsvariante wird herbeigeführt, das Ergebnis der Tätigkeit, der Erfolg oder Mißerfolg der Handlung wird zurückgemeldet und vom Subjekt bewertet, für sein künftiges Handeln gespeichert, „verarbeitet".

Die in der Tier-Mensch-Übergangsperiode so intensiv[1] verlau-

---

[1] In den letzten zwei Millionen Jahren hat sich das Hirnvolumen der „Menschenartigen" – vom Affenmenschen zum Neandertaler – mehr als verdoppelt (vgl. Herrmann 1985).

fende Gehirnevolution hat nicht nur zu qualitativ neuen kognitiven Leistungsfähigkeiten geführt, sondern auch die Dispositionen
für emotionales (ästimatives) Verhalten verändert.

Die Bedürfnisse nach Tätigkeit, nach Lernen und neuen Erfahrungen, nach Umweltkontrolle, nach Selbstverwirklichung, nach
Kommunikation, nach Liebespartnern und Sexualität usw. haben
sich aus ihren (tierischen) Keimformen heraus teilweise völlig neu
entwickelt. Sie sind weit plastischer geworden, wenig oder gar
nicht mehr an instinktive Verhaltensweisen gekoppelt, gewinnen
ihre Ausprägung im Vergesellschaftungsprozeß der Menschen, durch
die gesellschaftliche Determination des Individuums. Der Mensch
verfügt also über spezielle biotische Dispositionen für die Ausbildung solcher kognitiver Fähigkeiten und emotional-motivationaler
(ästimativer) Wertungen, die ihn zur Produktion und Reproduktion
der Gesellschaft, der eigenen Existenz in der Gesellschaft befähigen.

So hat der Mensch auf phylogenetischem Wege, in der letzten
Etappe unter dem Einfluß der von ihm „künstlich" veränderten
Umwelt die genetisch verankerte biotische Funktionsgrundlage sei-
ner Lern- und Entwicklungsfähigkeit erworben.

Der Mensch ist das einzige Lebewesen, das auf Grund seiner
artspezifischen biotischen Entwicklungspotenzen zur Gesellschaftlichkeit fähig ist. HOLZKAMP (vgl. 1983, S. 179 f.) hat das kürz-
lich sehr differenziert untersucht. Man darf keinen Gegensatz zwischen der Natur und der Gesellschaftlichkeit des Menschen konstruieren. Der Mensch ist eine biosoziale Einheit, sein Leistungs-
und Sozialverhalten, seine gegenstandsbezogene wie kommunikative Tätigkeit sind gesellschaftlich determiniert, aber eben nur, *weil*
er über die dazu notwendigen natürlichen Dispositionen verfügt.

Historisch betrachtet, ist die Arbeit diejenige Tätigkeitsform, mit
der der Mensch auf die Natur einwirkt, sie verändert, sich damit
die Bedingungen für die individuelle wie für die gesellschaftliche
Lebenssicherung und Weiterentwicklung schafft.

„Die Arbeit ist . . . ein Prozeß zwischen Mensch und Natur, ein
Prozeß, worin der Mensch seinen Stoffwechsel mit der Natur durch
seine eigene Tat vermittelt, regelt und kontrolliert . . . Indem er . . .
auf die Natur außer ihm wirkt und sie verändert, verändert er
zugleich seine eigene Natur" (MEW, Bd. 23, S. 192).

Die menschliche Arbeit hat zwei Grundaspekte:

Sie ist gegenstandsbezogene Tätigkeit. Der Mensch tritt mit der ihn umgebenden Natur in Wechselwirkung, befriedigt seine Lebensbedürfnisse, sichert seine individuelle Existenz. Sie ist kooperative bzw. kollektive Tätigkeit. Der Mensch tritt in der Arbeit mit anderen Menschen ins Verhältnis, er ist auf gemeinsame *kollektive* Tätigkeit, auf die Kommunikation und Kooperation mit anderen angewiesen. Aus dieser interpersonellen Wechselwirkung zwischen dem Menschen und seinen Mitmenschen resultiert insgesamt die Entwicklung der sozialen Lebensformen, der Gesellschaft wie auch der (sozialdeterminierten) Persönlichkeit. Die Arbeit ist also das Medium des gesamten gesellschaftlich-historischen Prozesses, das die Entwicklungsbedingungen sowohl für die Gesellschaft wie für die Persönlichkeit schafft. Sie ist „die erste Grundbedingung des menschlichen Lebens" (MARX). In der Arbeit, in der zweckgerichteten, werkzeugvermittelten Tätigkeit, produziert und verändert der Mensch Gegenstände, die dann seine selbstgeschaffene „künstliche" Umwelt bilden. Die Gegenstände seiner Arbeit enthalten und widerspiegeln zugleich seine „Wesenskräfte", seine Erfahrungen, Fähigkeiten, Zwecksetzungen. Sie gewinnen dadurch Bedeutung und damit einen Gebrauchswert für andere. Der individuelle Erfahrungsstand, die intellektuellen Fähigkeiten und Fertigkeiten, die Bedürfnisse und strategischen Ziele der Menschen werden durch die Arbeit objektiviert, finden ihren materialisierten Niederschlag in den Gegenständen der Umwelt. Sie werden *vergegenständlicht*. MARX sagt: Die Gegenstände sind und erscheinen dem Menschen als die „*Vergegenständlichung* seiner selbst . . . als *seine* Gegenstände" (MEW, Ergbd. I, S. 541). Die menschlichen Gattungserfahrungen („Wesenskräfte") können also im Arbeitsprozeß objektiviert, exteriorisiert werden, damit sind sie wieder „abrufbar" geworden, können reproduziert, von anderen Menschen, von späteren Generationen rezipiert und wieder angeeignet werden. Sie können nicht genetisch, wohl aber in den Gegenständen der Produktion, in den materialisierten Formen der Kultur, Kunst, in Sprachmedien und in sozialen Gewohnheiten gespeichert und von daher beliebig reproduziert werden. Die in den Umweltgegenständen enthaltene Information (Bedeutung, Gebrauchswert) kann somit wieder erkannt und genutzt werden.

Die Gattungserfahrungen der Menschheit können auf diesem einzigartigen Wege sehr schnell und in theoretisch unbegrenzter

Mannigfaltigkeit weitervermittelt werden, was z. B. die Kenntnis-explosion der letzten Jahrzehnte auf faktisch allen Wissensgebieten und die enorme Informationsverbreitung über die modernen Medien eindrucksvoll veranschaulichen.

Die Objektivierung der Erfahrungen außerhalb des Individuums in den Umweltgegenständen (von den einfachsten Produktionsinstrumenten bis zu den gegenwärtigen Medien- und EDV-Technologien) *und* ihre Wiederaneignung, ihre Rezeption, Speicherung, geistige Verarbeitung und schöpferische Weiterentwicklung sind die zwei Glieder dieses elementaren Wechselwirkungsprozesses, auf dem die Entwicklung der Gesellschaft wie der Persönlichkeit beruht. Vergegenständlichung *und* Aneignung; Objektivierung *und* Subjektivierung; Produktion *und* Reproduktion bzw. Konsumtion; Exteriorisation *und* Interiorisation – das sind die für die Kennzeichnung dieser Dialektik häufig benutzten Begriffspaare. K. MARX hat das mit der Formel ausgedrückt: „In der Produktion objektiviert sich die Person, in der Konsumtion (im Sinne der Aneignung' Fr.) subjektiviert sich die Sache", der Gegenstand (MEW, Bd. 13, S. 621). Für die Sozialpsychologie hat der Aneignungsprozeß besondere Bedeutung, weil er den Grundmechanismus der Persönlichkeitsentwicklung, der Sozialisation (Vergesellschaftung) der Individuen darstellt und erklärt.

Die Herausbildung der menschlichen Persönlichkeit geht auf Lern- und Entwicklungsprozesse zurück, deren höhere Qualität etwa gegenüber tierischen Lernprozessen unbedingt beachtet werden muß. Wesentliche Merkmale sollen zusammenfassend nochmals genannt werden:
– das Vorhandensein spezifischer biotischer Dispositionen, die als Grundfähigkeiten dem Individuum die Aneignung der gesellschaftlichen Erfahrungen und Existenzweise ermöglichen. „Mit der artspezifischen Fähigkeit zur individuellen Aneignung gesellschaftlicher Erfahrung übertrifft der Mensch in *seiner biologischen Ausstattung* weit alle bloß tierischen Entwicklungsstufen" (HOLZ-KAMP-OSTERKAMP 1977, S. 240);
– das Vorhandensein einer konkret-historischen Gesellschaft.
Die Persönlichkeit kann sich nicht in Isolation von der Gesellschaft, nicht aus sich heraus entwickeln. Ihr Denken und Verhalten könnte sich ohne soziale Kommunikation (Erziehung, Kontrolle), ohne Rezeption und Verständnis sozialer Informationen nicht ent-

falten, keine menschlichen Züge annehmen. Das spezifisch menschliche Handeln, das gesamte Leistungs- und Sozialverhalten des Individuums ist sozialvermittelt, muß in einem ontogenetischen Sozialisationsprozeß erworben, *angeeignet* werden. Wenn unter Persönlichkeit die „soziale Qualität"[2] (MARX) des Menschen verstanden wird, dann muß diese Qualität von außen, von der Gesellschaft angeeignet, interiorisiert werden. „Aber das menschliche Wesen ist kein dem einzelnen innewohnendes Abstraktum: In seiner Wirklichkeit ist es das Ensemble der gesellschaftlichen Verhältnisse" (MEW, Bd. 3, S. 6);

– der Aneignungsprozeß ist ein aktiver Prozeß und keine passive Übernahme sozialer Erfahrungen, keine mechanische Anpassung an Umweltgegebenheiten. Er wird von einem aktiven, in bestimmter und sehr variabler Weise motivierten und handlungsbereiten Individuum getragen.

Im Aneignungsprozeß (Interiorisationsprozeß, vgl. KOVALEV und RADZICHOVSKIJ 1985) erfolgt die Transformation objektiver Erscheinungen bzw. gesellschaftlicher Informationen aller Art in innere psychische Repräsentationsformen und deren schöpferische Reproduktion, Vergegenständlichung in der geistigen sowie gegenständlichen praktischen Tätigkeit.

Der Aneignungsprozeß ist kein Prozeß „der bloßen Anpassung des Individuums an die existierenden materiellen, gesellschaftlichen Bedingungen ... Vielmehr ist die Aneignung der gesellschaftlichen Erfahrungen ein dialektischer Prozeß der selektiven Übernahme gesellschaftlicher Werte, Handlungsziele, -normen und -verfahren, ihrer aktiven inneren Verarbeitung, Speicherung und Interiorisation als psychische Abbilder, sowie der eigenständigen Erarbeitung von Handlungsvoraussetzungen, also der schöpferischen Neuproduktion von Handlungszielen, Motiven und Strategien und deren Entäußerung (Exteriorisation) in der produktiven Tätigkeit..." (SCHMIDT-KOLMER 1984, S. 183).

Wenden wir uns jetzt einer spezielleren Analyseebene zu.

---

[2] Marx formulierte, daß „das Wesen der ‚besonderen Persönlichkeit' nicht ihr Bart, ihr Blut, ihre abstrakte Physis, sondern ihre *soziale Qualität* ist" (MEW, Bd. 1, S. 222).

Typus – soziale Gruppe

Jeder Mensch wird in eine bestimmte konkret-historische Gesellschaft hineingeboren. Er findet hier ganz spezifische und konkrete Entwicklungsbedingungen vor.[3] Das Individuum lebt und kommuniziert nicht mit einer Gesellschaft an sich. Seine Gesellschaft befindet sich auf einer bestimmten Stufe der sozial-ökonomischen Entwicklung, des Niveaus ihrer Produktivkräfte und Produktionsverhältnisse, der sozialen Differenzierung (Klassen- und Sozialstruktur), der kulturell-geistigen und politisch-ideologischen Entwicklung. Sie ist durch nationale Besonderheiten, internationale Verflechtungen, durch Sprache, durch den Stand der Informationstechnologien und viele andere Merkmale charakterisiert.

Jede spezielle Gesellschaft erzeugt ihren speziellen Persönlichkeitstyp. In Klassengesellschaften sind die Klassen entscheidende Differenzierungsfaktoren. Damit wird keine mechanische Prägung eines uniformen Verhaltens behauptet. Aber der sozial-ökonomische, kulturell-geistige und politische Charakter einer Gesellschaft oder Klasse drückt sich deutlich im psychischen Wesen ihrer Mitglieder, im Entwicklungsstand und in der Eigenart ihrer Persönlichkeit aus.

Er erzeugt natürlich eine gewisse Konformität im Denken, Werten und Verhalten der Individuen, in ihren intellektuellen und praktischen Fähigkeiten, in ihren Bedürfnissen, Wertorientierungen, Einstellungen, Interessen, Charaktereigenschaften. Den Denk-, Verhaltens- oder Ideologietyp, den Persönlichkeitstyp dieser oder jener sozialökonomischen Gesellschaftsformation oder historischen Gesellschaften bzw. Kulturen zu analysieren ist Sache der Historiker und Kulturanthropologen bzw. Ethnologen.

Die Ausprägung der verschiedensten Persönlichkeitsmerkmale kann in gegenwärtigen Gesellschaften mit soziologischen bzw. sozial-psychologischen Methoden wissenschaftlich exakt untersucht werden. Besonders ergiebig sind interkulturelle Vergleichsforschun-

---

[3] „In der gesellschaftlichen Produktion ihres Lebens gehen die Menschen bestimmte, notwendige, von ihrem Willen unabhängige Verhältnisse ein, Produktionsverhältnisse, die einer bestimmten Entwicklungsstufe ihrer materiellen Produktivkräfte entsprechen ... Es ist nicht das Bewußtsein der Menschen, das ihr Sein, sondern umgekehrt ihr gesellschaftliches Sein, das ihr Bewußtsein bestimmt" (MEW, Bd. 13, S. 8 f.).

gen. Es muß allerdings vorausgesetzt werden und bestätigt sich in jeder wissenschaftlichen Forschung: Der Persönlichkeitstypus ist nur in starker Verallgemeinerung als Beschreibung weitverbreiteter und hervorstechender Merkmale bzw. Eigenschaften zu bestimmen. Ist das Merkmal besonders häufig und stark ausgeprägt vorhanden, kann es als *typisch* bewertet werden. Sozialpsychologische Untersuchungen liefern genaue und repräsentative Informationen über die Häufigkeit und den Ausprägungsgrad solcher typischer Merkmale bzw. typischer Persönlichkeitsstrukturen.

Dabei stellt sich heraus, daß in Klassen und in weiteren Teilgruppen der betreffenden Gesellschaft unterschiedliche Verhaltens- bzw. Merkmalsstrukturen, mehr oder weniger andersgeartete Persönlichkeitstypen nachgewiesen werden können.

Der Persönlichkeitstyp (*die* Mentalität) einer Gesellschaft stellt eine Abstraktion von den Klassen, Schichten und allen anderen sozialbedingten Varianten, „Subtypen", selbstverständlich auch von den individuellen Varianten dar. So bleibt die Charakteristik des Persönlichkeitstypus einer Gesellschaft, Epoche oder Kultur notwendigerweise eine sehr abstrakte Beschreibung.

Wir wenden uns nun einzelnen Typen im knappen Überblick zu (ausführlicher dazu vgl. Baustein „Makrogruppen").

Der einzelne Mensch ist im Rahmen seiner Gesellschaft *Träger verschiedener sozialer Positionen,* die sich heute – im Zeitalter tiefgreifender ökonomischer, sozialer, politischer und wissenschaftlich-technischer Entwicklungen – besonders schnell und teilweise grundlegend ändern.

Unter „sozialer Position" wird die Zugehörigkeit des Individuums zu sozialen Klassen, Gruppen oder sozialen Funktionen (z. B. Vater, Erzieher, Leiter, Funktionär) verstanden.

Jede sozialhistorisch höher entwickelte Gesellschaft besteht aus einer komplexen Struktur sozialer Gruppen, Funktionen und anderer Differenzierungen, die für die jeweilige Gesellschaft große objektive Bedeutung haben. Sie konstituieren den gesellschaftlichen Organismus und gewährleisten sein Funktionieren. Struktur, Inhalte, soziale Wirksamkeit sozialer Funktionen werden vom gesamtgesellschaftlichen Entwicklungsstand determiniert.

Die sozialen Klassen, Gruppen und Funktionen haben eine unterschiedliche Stellung in der Struktur ihrer Gesellschaft, haben in ihr unterschiedliche Aufgaben zu realisieren.

Unterschiedlich sind auch ihre durchschnittlichen Existenzbedingungen, die Arbeits- und Lebensbedingungen, die Herkunft und Erziehung, die Entwicklungsperspektiven der ihnen zugehörenden Individuen.

Insbesondere existieren spezifische Wert- und Anforderungsstrukturen (soziale Werte, Verhaltensnormen, Anforderungen an Lernen und Arbeit, an Freizeit- und Lebensgestaltung, an Moral und Ideologie), die an das Leistungs- und Sozialverhalten der Gruppenmitglieder gerichtet sind und es beeinflussen. Diese Gruppen bzw. Sozialfunktionen besitzen also einen Komplex spezifischer materieller und sozialkultureller Existenzbedingungen. Sie sind durch ein mehr oder minder stark ausgeprägtes System *spezifischer Umweltfaktoren* charakterisiert, woraus sich eine unterschiedliche Alltagslebensweise ergibt. Der einzelne Mensch, der Träger dieser oder jener Position ist (d. h. dieser oder jener Klasse, Gruppe, sozialen Funktionen zugehört), ist mit diesen spezifischen Bedingungen seiner gesellschaftlichen Umwelt konfrontiert, muß sich mit ihnen auseinandersetzen, ein den Werten, Normen und Anforderungen entsprechendes Verhalten entwickeln. Er findet hier ein spezielles „soziales Milieu" vor, das sein Denken, Werten und Handeln in starkem Maße mitdeterminiert, das positionstypische Persönlichkeitsmerkmale, also den positionsentsprechenden Persönlichkeitstyp formt.

Wichtige Positionen sollen hier nur kurz angedeutet werden (vgl. Baustein „Makrogruppen").

– Klassenposition

In der Klassengesellschaft existieren klassenabhängige Persönlichkeitstypen, die sich aus den unterschiedlichen Entwicklungsbedingungen der jeweiligen Klassen und Schichten (aus der klassenspezifischen Umwelt) ergeben. Die Individuen erhalten „von der Klasse ihre Lebensstellung und damit ihre persönliche Entwicklung angewiesen" (MEW, Bd. 3, S. 54). Dabei ist zwischen der sozialen Herkunftsposition und der durch Ausbildung, Qualifikation, Arbeitstätigkeit erworbenen, zugeordneten Klassenposition zu unterscheiden. Sozialpsychologie und Soziologie haben die Aufgabe, die verschiedenen Entwicklungswege zu erforschen.

Von Bedeutung sind weitere klasseninterne Differenzierungen. Innerhalb einzelner Klassen können sich Teilgruppen stark voneinander unterscheiden, wie die Sozialstrukturforschung nachgewiesen hat (vgl. ADLER und KRETZSCHMAR 1978, LÖTSCH und LÖTSCH 1985).

– Bildungsposition

In Abhängigkeit vom Bildungsgrad können oft relevante Unterschiede in Verhaltens- und Persönlichkeitsmerkmalen nachgewiesen werden. Diese resultieren aber nicht einfach aus diesem oder jenem Bildungsniveau, obwohl der Bildungsgrad mit bestimmten Interessenstrukturen, Lebens- und Selbstansprüchen korreliert. Die inneren, intrapersonalen Bedingungen der Träger unterschiedlicher Bildungspositionen sollen keinesfalls unterschätzt werden. Von größerem Einfluß dürften jedoch jene Umweltfaktoren, Arbeits- und Lebensbedingungen sein, die sich aus der unterschiedlichen beruflichen und gesellschaftlichen Tätigkeit sowie Klassen- und Schichtpositionen der Angehörigen verschiedener Bildungsgruppen ergeben.

– Berufsposition

Die früher stark ausgeprägten Differenzen in der Umwelt, Lebensweise und im Persönlichkeitstyp der Angehörigen verschiedener Berufe (z. B. Kooperationen, Berufskomment, Kleidung, Berufsstolz bei Handwerkern) sind heute weitgehend nivelliert, von wenigen Berufen abgesehen. Das hängt mit den völlig veränderten Anforderungen und Technologien der Arbeit, des gesamtgesellschaftlichen Produktionsprozesses zusammen, der sich im Zeitalter der wissenschaftlich-technischen Revolution rapide weiter wandelt. Zwischen Berufs- und Bildungspositionen bestehen heute immer enger werdende Zusammenhänge. Bestimmte Berufe setzen unterschiedliche Bildungsgrade voraus.

– Altersposition

In jeder Gesellschaft wird notwendigerweise das Individuum entsprechend seinem Alter bewertet und behandelt.

Stets existieren – in Abhängigkeit vom gesamtgesellschaftlichen Entwicklungsstand – Systeme von Erwartungen, Standards, Normen, Anforderungen an das Leistungs- und Sozialverhalten der verschiedenen Altersstufen, Vorstellungen von alterstypischen Verhaltensweisen.

Besonders für das sogenannte Entwicklungsalter, etwa für die ersten beiden Lebensjahrzehnte, gibt es differenzierte Altersgliederungen, die auf gesellschaftliche Festlegungen zurückgehen. In jeder folgenden Altersstufe wird der Heranwachsende mit neuen, höheren Anforderungen konfrontiert, die er sich aneignen muß. Altersgruppen, Alterspositionen sind wichtige Orientierungs- und Bezugspunkte für die Sozialisation des Individuums. Sie sichern seine kontinuierliche Integration in die Gesellschaft. Eine entsprechende Funktion erfüllen dabei die Erziehungs- und Bildungsinstitutionen wie Kindergarten, Schule, Berufsausbildung. Die Lehr- und Erziehungsprogramme sind Musterbeispiele für die auf das Alter (genauer: auf die bis zu diesem kalendarischen Alter von den Individuen angereicherten Erfahrungen, Kenntnisse, Fähigkeiten) bezogenen Normen und Anforderungen. Doch auch im Erwachsenenalter sind solche altersbezogenen Erwartungen und Verhaltensnormen sowie spezielle Lebensbedingungen vorhanden, die alterstypische Verhaltensweisen und Persönlichkeitszüge determinieren. Vom 30jährigen wird ein anderes Verhalten als vom 50jährigen, von diesem wieder ein anderes als vom Rentner erwartet – und die Individuen *sind* auch anders entsprechend ihrer Altersposition. Das Individuum durchläuft also in seinem Leben viele Alterspositionen, die aufeinanderbezogen sind; es wird stets „altersgemäß" bewertet und unterliegt unterschiedlichen Normanforderungen.

– Geschlechterposition

Jungen und Mädchen unterliegen bekanntlich von kleinauf einer speziellen Verhaltensnormierung durch die Familienerziehung, aber auch durch andere erzieherische Einflüsse (vgl. Baustein „Geschlechtstypisches Verhalten").

Auch wenn die Nivellierung der früher viel ausgeprägter vorhandenen psychischen Geschlechterdifferenzen in unserer Gesellschaft klar erkennbar ist, sind doch teilweise gravierende Interessen- und Einstellungsunterschiede zwischen Mädchen/Frauen und Jungen/Männern noch vorhanden. Diese erfahren mitunter nach der Familiengründung noch eine Zuspitzung, besonders wenn die Frau für die Kinderpflege und Hauswirtschaft aufkommen muß. Das ist ein Ergebnis ihrer speziellen Lebensbedingungen und Lebensweise (der sogenannten „Geschlechterrolle"), nicht aber ihrer biotischen Beschaffenheit. Die Geschlechterposition und das ihr zugehörige typische Verhalten der Jungen/Mädchen bzw. Männer/Frauen ist primär gesellschaftlich determiniert.

Neben den hier genannten sozialen Positionen können noch viele weitere unterschieden werden. Wir können nicht näher darauf ein-

gehen, auch keine systematische Darstellung geben, sondern nur beispielsweise anführen:
– die Zugehörigkeit zu Nationen oder zu Rassen,
– die Zugehörigkeit zu Konfessionen,
– demographische Positionen, etwa Wohnregion (Erzgebirge – Mecklenburg), Wohnort (Dorf – Großstadt), Familienstand,
– betriebliche und gesellschaftliche Funktionen.

Die soziale Struktur der Gesellschaft ist sehr differenziert, demzufolge sind es auch die Persönlichkeitstypen der Individuen. „Die soziale Typologie der Persönlichkeit ist Produkt und Widerspiegelung einer bestimmten Sozialstruktur. In dieser Hinsicht tritt die Persönlichkeit objektiv als eine besondere Personifikation bestimmter sozialer Kräfte, als Vertreter sozialer Gruppen auf, deren Lebensweise, Tätigkeit und somit deren Denkweise sie teilt" (BUJEWA 1978, S. 273).

Vor allem ist zu beachten, daß der einzelne Mensch immer gleichzeitig *Träger mehrerer sozialer Positionen* ist. Er kann z. B. in einem Moment seines Lebens folgende Positionen einnehmen:

40 Jahre / Mann / Sohn eines Arbeiters / Hochschulingenieur / Abteilungsleiter / verheiratet / Familienvater / Großstadtbewohner / Atheist ... Diese Positionen stehen nicht wie Mosaiksteine nebeneinander, sie sind eng miteinander verflochten. In der Regel agiert das Individuum im Alltag gar nicht von einer einzigen Position aus, sondern von einer Kombination seiner Positionen, von einem bestimmten Standort seines Positionsgeflechtes. Sein Verhalten kann eher als Funktion verschiedener Positionsvariablen (im Sinne von mehreren Vektoren) interpretiert werden. Der Einfluß einer *einzelnen Position,* die Wirkung der speziellen Umwelt dieser oder jener Gruppe bzw. Sozialfunktion auf die Herausbildung des entsprechenden Verhaltens- und Persönlichkeitstyps kann daher nur schwer genau ermittelt werden. Darin besteht ein gewisses Dilemma der sozialpsychologischen und soziologischen Forschung. Theoretisch kann an der Existenz der Gruppen und Sozialfunktionen überhaupt nicht gezweifelt werden, ebensowenig an den zu ihnen gehörenden speziellen Umweltfaktoren („Teilkulturen"), aber empirisch kann ihre persönlichkeitsformende, typuserzeugende Wirkung kaum in destillierter Reinform bestimmt werden. Natürlich lassen sich genügend empirische Belege finden, aber diese sind meist kärglich und spiegeln *nicht* die tatsächliche Wirkung einer

einzelnen Position wider. Das hängt wesentlich mit der genannten Verflechtung der sozialen Position zusammen.

Durch multivariate Datenanalysen (statistische Mehrebenenanalysen) kann der Forscher versuchen, der Lösung dieses Problems näher zu kommen.

Zu berücksichtigen ist ferner, daß jede der hier genannten Gruppen und Schichten eine bedeutende *Binnenstruktur* aufweist. Sie kann aus der Kombination der verschiedenen sozialen Positionen, aber auch aus dem Einfluß anderer sozialer und psychischer Faktoren (z. B. Wertorientierungen, Interessen, Lebenspläne) resultieren.

Das kann in empirischen Forschungen oft recht anschaulich aufgezeigt werden. So können nicht selten bestimmte, für die Gesamtgruppe durchaus typische Persönlichkeitsmerkmale in Teilpopulationen gar nicht oder im Gegenteil extrem stark ausgeprägt sein.

Weiter ist zu beachten: Der individuelle Träger sozialer Positionen darf nicht abstrakt betrachtet werden, er ist eine *konkrete* Persönlichkeit mit *vielen Besonderheiten.* Er ist auf Grund einer ganz speziellen Biographie, seiner Lebenserfahrung, seines kognitiv-motivationalen Entwicklungsstandes zu eigenständigen Wertungen, Zielsetzungen, Handlungsentscheidungen fähig. Er besitzt eine mehr oder minder stark ausgeprägte Kompetenz zur Selbstbestimmung. So hat das Individuum, die entwickelte Persönlichkeit, ein bestimmtes aktives, reflektierendes, selbständiges Verhältnis zu seinen Positionen, ein *Positionsbewußtsein.* Vom frühen Kindesalter abgesehen, ist es den an die Positionen geknüpften Erwartungen, Verhaltensforderungen und anderen Umweltbedingungen nicht passiv ausgeliefert.

Das Individuum kann sich daher sehr different zu seiner Position verhalten: Es kann sich voll mit ihr identifizieren oder den Anforderungen, Normen überlegt, auswählend, kritisch, vielleicht unwillig nachkommen oder seine Position sogar ablehnen, sie nicht akzeptieren, sich positionskonträr verhalten. Der objektive Positionsträger muß demzufolge in seinem *subjektiven Verhältnis zu seinen jeweiligen Positionen* gesehen werden.

Seine Identifizierungsbereitschaft ist natürlich von hoher Bedeutung für die Herausbildung des positionstypischen Verhaltens, des Persönlichkeitstyps.

Je stärker der Identifizierungsgrad, desto größer ist die Wirkung der Position auf die Entwicklung des ihr gemäßen Persönlichkeitstyps. Dieses Problem hat auch BUJEWA (1978, S. 271) angesprochen: „Das innere Verhältnis des Menschen zu seinem Platz und seiner Rolle in der Gesellschaft hat wesentlichen Einfluß auf seine Tätigkeit und sein Verhalten, es äußert sich in allen seinen gesellschaftlichen Beziehungen. Der Mensch kann die Bedingungen seines Seins akzeptieren oder nicht, sie befriedigen ihn oder er findet sich bloß mit ihnen ab . . . oder er lehnt sich mit einem unterschiedlichen Grad an Aktivität gegen die bestehende Lage auf." Bei gleichen objektiven Bedingungen kann der Mensch doch eine unterschiedliche Haltung zu ihnen haben.

Die individuelle psychische Verarbeitung der Anforderungen einer Position ist eine sehr wichtige verhaltensmodifizierende Variable. Das Positionsverhältnis eines Individuums trägt immer personspezifische Züge.

Die Probleme dieses Abschnittes, die Wechselbeziehungen zwischen Individuum und den sozialen Gruppen sowie Funktionen, werden bekanntlich in der Soziologie und Sozialpsychologie seit längerer Zeit erforscht und diskutiert. In den bürgerlichen Sozialwissenschaften wird meist auf das Konzept der sozialen Rollen zurückgegriffen, das von G. H. MEAD, PARSONS, DAHRENDORF u. a. entwickelt wurde. Die Rollentheorie hat zwar weite Verbreitung gefunden, kann aber von ihren theoretischen Grundlagen sowie von der „verwirrenden Mehrdeutigkeit rollentheoretischer Begrifflichkeit" (JOAS, in: Hurrelmann und Ulich 1980, S. 147) her nicht befriedigen. Rollen werden vorwiegend als „normative Letztheiten", als „Satz von Verhaltensnormen", als „normatives Erwartungsmuster" definiert. Die materiellen Lebensbedingungen, die letztlich bestimmenden Produktionsverhältnisse, die historische Entwicklung der Gesellschaft, werden von den Rollenstrukturen verdeckt. Die Vertreter funktionalistischer Rollentheorien abstrahieren jedoch davon (kritisch dazu HAUG 1972, SCHULTE-ALTENDORNBURG 1977).

Von marxistischer Position hat sich besonders SÈVE konstruktiv mit dieser Problematik beschäftigt. Sein Konzept der gesellschaftlichen Individualitätsformen hat Wesentliches zur Präzisierung der theoretischen Grundlagen beigetragen und die Diskussionen belebt (vgl. DÖLLING 1979, RÖHR, ADLER in DÖLLING 1982, HOLZKAMP-OSTERKAMP 1977, SCHMIDT 1982).

Auf dieser Analyseebene betrachten wir die Persönlichkeitsentwicklung des *konkreten* Individuums (Person) unter den *konkreten* Bedingungen seiner Umwelt (Lebenslage). Damit wenden wir uns dem Prozeß der Vergesellschaftung (Sozialisation), der Persönlichkeitsentwicklung (Personalisation)[4] des einzelnen Menschen in der Ontogenese zu.

Mit dem Terminus „Person" soll zum Ausdruck gebracht werden, daß wir es hier mit einem *sozialisierten* Individuum zu tun haben, das bereits einen bestimmten Stand der Persönlichkeitsentwicklung erreicht hat, also Träger einer konkreten Persönlichkeitsstruktur ist.

„Lebenslage" bezeichnet die Gesamtheit der Bedingungen der gesellschaftlichen Umwelt, mit denen die Person unmittelbar in Kontakt steht (bzw. stand). Diesen Begriff einzuführen ist für das wissenschaftliche Verständnis der Persönlichkeit notwendig. Das bedarf jedoch weiterer Erläuterungen.

Der einzelne Mensch (die Person) kommuniziert selbstverständlich immer nur mit ganz speziellen, sehr begrenzten Ausschnitten der sozialen Wirklichkeit seiner Gesellschaft. Er wächst in einer bestimmten Familie, Nachbarschaft, Schule, Stadt, Region heran, trifft dort auf ganz konkrete Kontaktpersonen (Freunde, Lehrer, Vorbilder), Medien, materielle Lebensbedingungen, Gewohnheiten, Traditionen usw.

Die Lebenslage einer Person ist Teil der jeweiligen konkret-historischen Gesellschaft und kann nicht isoliert von ihr betrachtet werden. Neben deren allgemeinen Bedingungen enthält sie aber viele spezielle Momente. Sie ist zugleich der Schnittpunkt jener Umweltfaktoren, die mit den verschiedenen sozialen Positionen des Individuums verknüpft sind. Die allgemeinen gesellschaftlichen Bedingungen werden durch die Lebenslage in individual-spezifischer Weise gebrochen, gefiltert.

Die Lebenslage umfaßt also die Gesamtheit der unmittelbaren

---

[4] Vergesellschaftung/Sozialisation des Individuums und Persönlichkeitsentwicklung/Personalisation sind nur zwei Aspekte ein und desselben Grundvorgangs. Einmal mehr wird die determinierende Funktion der Gesellschaft (soziale Umwelt) betont, zum anderen mehr der aktive Aneignungsprozeß durch den einzelnen.

sozialen und materiellen Lebensbedingungen einer Person, sie ist ihre unmittelbare soziale Umwelt.[5]

Nur Faktoren der Lebenslage können das Verhalten der Person direkt beeinflussen, als objektive Determinanten der Persönlichkeitsentwicklung wirksam werden. Die Person wird im Rahmen ihrer Lebenslage tätig, entwickelt sich in der tätigen, aktiven Auseinandersetzung mit diesen, ihren konkreten Umweltbedingungen. Über ihre Lebenslage vermittelt, gewinnt sie ihre sozialen Erfahrungen. Die Lebenslage wird in der Literatur teilweise auch als „Mikromilieu", als individuelle oder „personenspezifische Umwelt" als „Lebenswelt" benannt. Der Begriff Lebenslage ist in seiner Differenziertheit zu sehen.

Der Sozialforscher wird natürlich immer nur die Faktoren der Lebenslage von Personen herausgreifen, bei denen er einen *wesentlichen* verhaltens-, persönlichkeitsverändernden Effekt theoretisch voraussetzen oder empirisch nachweisen kann. Von zufälligen, wenig wirksamen Lebensumständen wird er abstrahieren.

Darüber hinaus ist für die Definition der Lebenslage wichtig festzulegen, ob die gesamte bisherige Entwicklung bzw. ein bestimmter Entwicklungsabschnitt oder ob die gegenwärtige, aktuelle Situation einer Person bzw. Personengruppe analysiert werden soll. Im ersten Falle ist der Lebenslagebegriff weitaus komplexer, inhaltsreicher, er bezieht ja auch längst vergangene Lebensumstände, frühere Umwelten mit ein (z. B. solche aus der frühen Kindheit, aus dem Schul- und Jugendalter). Die aktuelle Lebenslage ist dagegen enger, auch vom Forscher eindeutiger zu erfassen. Man kann die aktuelle Lebenslage auch Lebenssituation nennen.

Weiter zur Person:

Auf dieser konkreten Analyseebene muß die Person in ihren mannigfachen Besonderheiten, in ihrer Variantenvielfalt betrachtet werden. Das betrifft sowohl die biotischen Besonderheiten wie die im Sozialisationsprozeß entwickelten inneren psychischen Bedingungen.

---

[5] Holzkamp definiert: „Die ‚Lebenslage' des Individuums . . . ist Inbegriff der gesellschaftlich produzierten gegenständlich-sozialen Verhältnisse, vom realen Standpunkt des Individuums aus, also soweit und in der Weise wie es damit tatsächlich in Kontakt kommt" (1983, S. 197).

Der Hinweis auf die allen Menschen eigenen artspezifischen biotischen Merkmale genügt hier nicht, jetzt steht die Frage nach den
individuellen Besonderheiten im Vordergrund.

Die Personen (Individuen) unterscheiden sich untereinander in
der Ausprägungsform nahezu aller morphologischen und funktionellen Merkmale. Sie sind sich, biologisch gesehen, durchaus nicht
gleich. Die interindividuellen Differenzen in der körperlichen Konstitution, in der Anatomie und in den physiologischen Funktions-
parametern der verschiedenen Organe können genetisch oder durch
pränatale bzw. postnatale Einflüsse determiniert sein.

In der Psychologie interessieren primär die interindividuellen
Unterschiede des neuroendokrinen Systems, besonders des zentralen Nervensystems und der Sinnesorgane, die als Anlagen bezeichnet werden.

Anlagen, auch „anatomisch-physiologische" Besonderheiten des
Nervensystems genannt, haben einen großen Einfluß auf das psychische Verhalten, verursachen bedeutende psychische Unterschiede
zwischen den Individuen. Sie sind das organische Korrelat der
funktionellen Besonderheiten, der Verlaufsqualitäten des psychischen Verhaltens. Diese können sowohl im Bereich der Grundbe-
dürfnisse, im Bereich des Sozialverhaltens (Temperamentsbesonderheiten), als auch besonders im Bereich des kognitiven Verhaltens, des Leistungsverhaltens interindividuell stark variieren. Für
die Entwicklung intellektueller Fähigkeiten, für den gesamten Prozeß der Aufnahme, Speicherung und Verarbeitung kognitiver
Informationen, haben solche (anlagenbedingten) funktionellen Besonderheiten wie z. B. Schnelligkeit der assoziativen Verknüpfung,
Leichtigkeit der Informationsspeicherung, Gedächtniskapazität,
Merkmale der analytisch-synthetischen Denkprozesse eine große
Bedeutung.

Diese Anlagenunterschiede dürfen nicht übersehen werden. Allerdings ist es bis heute noch außerordentlich schwierig, sie exakt
zu diagnostizieren. Von hohen bzw. schwachen intellektuellen Leistungen in Schule, Beruf oder in anderen Lebensgebieten kann man
nicht direkt auf die Anlagen schließen. Auch keiner der bekannten
Intelligenztests mißt die genetische bzw. anlagenbedingte Intelligenz, obwohl das bis heute noch oft unterstellt wird. Die intellektuelle Leistungsfähigkeit eines Menschen ist das Produkt seiner
bisherigen Lebensgeschichte, eines komplexen biopsychosozialen

Entwicklungsprozesses. Das Individuum besitzt eine *spezifische* Anlagenausstattung (genetisch/biotische Dispositionen), wächst in einer *spezifischen* sozialen Umwelt auf, entwickelt eine *spezifische* Motivationsstruktur (Interessen, Lebensziele, Wertorientierungen, Selbstansprüche usw.), hat *spezifische* Lebens- und Tätigkeitserfahrungen.

Nur in Extremfällen, bei besonders Leistungsstarken (Hochbegabten) oder bei Leistungsschwachen (etwa bei Schwachsinnigen) kann mit hoher Wahrscheinlichkeit auf direkte Anlagenwirkungen geschlossen werden.

Anatomisch-physiologische Besonderheiten des Nerven- und Hormonsystems sind wesentliche Variablen der Persönlichkeitsentwicklung und beeinflussen – vermittelt durch die soziale Lebenspraxis der Menschen – interindividuelle Verhaltensunterschiede.

Vor kurzschlüssigen Reduktionen muß jedoch gewarnt werden. Mit der Geburt beginnt die soziale Existenz des Individuums. Das Kind wird in eine ganz bestimmte soziale Umwelt (Lebenslage) hineingeboren, die es sich nicht aussuchen kann. Im Rahmen seiner konkret-historischen Gesellschaft wächst es in einer bestimmten Familie und sozialen Umgebung heran. Seine Eltern leben in einem bestimmten Ort, haben diesen oder jenen Beruf, Bildungsgrad, politisch-moralischen Standpunkt, vielleicht ganz spezielle Wünsche, Pläne, Erziehungsvorstellungen, -methoden und -praktiken. Das Kind ist „infolge seines hilfsbedürftigen Ausgangszustandes" (SCHMIDT-KOLMER) anfangs vollständig auf die Pflege und Unterstützung durch die Eltern oder andere Erwachsene angewiesen. Es lernt sozial-vermittelt seine Welt kennen, sich in ihr zurecht zu finden. Sein Weltbild, sein Wissen und Können, sein Sich-Verhalten werden ihm in den ersten Lebensjahren anerzogen, regelrecht „beigebracht". Die Sozialisation ist im frühen Kindesalter notwendigerweise ein stark einseitiges Verhältnis zwischen den dominanten und kompetenten Erwachsenen und dem abhängigen, wenig eigenständigen Kleinkind.

Erst allmählich bildet sich eine eigenständige Handlungskompetenz, die Selbständigkeit im Urteilen und Verhalten heraus. Die Kinder wachsen von kleinauf in die Gewohnheiten, Sitten, in die Sprache (Muttersprache) ihrer Umgebung und damit auch in das Denken, Werten und Handeln ihrer Umgebung hinein. Dabei spielt die Familie eine entscheidende Rolle. Die Meinungen der

Vorschulkinder, ihre moralischen Wertungen und Einstellungen weisen allgemein eine hohe Familienkonformität auf.

Wenn es keine gravierenden Identifizierungskonflikte mit den Eltern gibt, bleiben diese familienkonformen Anschauungen, Wertorientierungen, „Charaktere" auch später im Jugend- und Erwachsenenalter noch erhalten.

Die Familie ist eine wichtige Sozialisationsinstanz, die für die soziale Erstorientierung des Individuums, für seine „Einführung", Integration in die Gesellschaft sehr relevant ist (s. Baustein „Familie"). Hier werden dem Kleinkind vor allem die Primärerfahrungen vermittelt und damit die Grundstruktur der Persönlichkeit, Motivation, Charaktereigenschaften, Gewohnheiten geformt (Primärsozialisation). Das erklärt sich nicht nur daraus, daß das Kleinkind noch leicht formbar ist, noch keine stabilen Verhaltensdispositionen besitzt, sondern auch, weil seine Beziehungen zu den Eltern und anderen Erziehern emotional sehr intensiv sind.

Neben der Familie haben natürlich auch solche Pflege- und Erziehungsinstitutionen wie Kinderkrippe und Kindergarten einen großen Einfluß auf die kognitive und emotional-motivationale Entwicklung des Vorschulkindes.

Mit dem Eintritt in die Schule erweitert sich der Erfahrungskreis des Heranwachsenden bedeutend. Täglich werden dort neue Kenntnisse erworben, Fähigkeiten, die neue Formen der Kommunikation erschließen, wie Lesen und Schreiben, werden angeeignet. Der Schüler muß aber auch lernen, sich den strengen Verhaltensnormen und Vorschriften der Schule, seines Klassenkollektivs unterzuordnen. Die Zahl seiner informellen Kontakte (Freunde, Freizeitgruppen) nimmt zu, ebenfalls die Nutzung und verhaltensorientierende Wirkung von Massenmedien. In der Berufsausbildung und späteren beruflichen Arbeit wird die Person ständig weiter mit neuen Lebenslagen (Erfahrungshorizonten, Anforderungen, Kontaktpartnern, Freizeitmöglichkeiten usw.) konfrontiert, muß sich mit ihnen auseinandersetzen, wird von ihnen „beeindruckt", geprägt.

Die Sozialisation der Person (bzw. die Persönlichkeitsentwicklung) ist ein lebenslanger Prozeß. Sie endet nicht mit den „Entwicklungsjahren", auch wenn diese Prozesse hier intensiver verlaufen. Es ist an der Zeit, die vereinfachenden Stereotype vom unreifen, labilen, sich entwickelnden Kind bzw. Jugendlichen und vom angeblich reifen, stabilen unveränderlichen Erwachsenen aufzugeben. Auch der Erwachsene befindet sich in einem permanenten Entwicklungs- und Veränderungsprozeß, der nicht nur seine kognitiven, sondern auch seine ästimativen Strukturen umfaßt, also auch seine Gefühle, Motive, seine Wertorientierungen, Lebensziele, Interessen und Ansprüche (vgl. Baustein „Einstellungen – Wertorientierungen").

Die Sozialisation vollzieht sich auf der Grundlage der gegenstandsbezogenen (psychischen) Tätigkeit von Personen. Die aktive Tätigkeit der Person ist das Medium, in dem sie sich entwickelt, in dem sich die Sozialisationseinflüsse realisieren. Wirksam werden können nur jene objektiven Faktoren, die Gegenstand und Bestandteil der Tätigkeit der Person werden.

Die Person korrespondiert mit den Faktoren ihrer Lebenslage in und durch die Tätigkeit. Ob und in welcher Weise diese Faktoren die Person beeinflussen, das hängt vom Charakter der Tätigkeit, insbesondere vom zugrunde liegenden psychischen Zustand der Person ab. „Die Persönlichkeit wird durch die objektiven Umstände geschaffen, jedoch nur über die Gesamtheit der Tätigkeit des Subjekts, die seine Beziehung zur Welt realisiert. Diese Gesamtheit der Tätigkeit bestimmt auch den Typ der Persönlichkeit" (LEONTJEW 1979, S. 207).

Die gleiche objektive Lebenslage kann von verschiedenen Personen sehr unterschiedlich wahrgenommen und bewertet werden, kann zu ganz unterschiedlichen Tätigkeiten und psychischen Effekten führen. Man muß den subjektiven Faktor, der in der konkreten Tätigkeit zum Ausdruck kommt, sehr hoch veranschlagen. Deshalb ist er für die wissenschaftliche Erforschung des Sozialisations- bzw. Personalisationsprozesses, für die genauere Analyse der Tätigkeit der Person entscheidend. Einen anderen Zugang hat die Sozialpsychologie nicht. Die Analyse der Tätigkeit der Person, die die Analyse ihrer psychischen Dispositionen ebenso wie der konkreten Faktoren ihrer Lebenslage einschließt, ist der Schlüssel zum wirklich wissenschaftlichen Verständnis der Persönlichkeit (LEONTJEW).

Die sozialpsychologische Analyse der Tätigkeit hinsichtlich ihrer Persönlichkeitsformung ist jedoch kompliziert und kann bis heute theoretisch noch nicht befriedigen. Oft werden in der Literatur solche Aneignungsmechanismen hervorgehoben wie Nachahmung,

Identifikation, Belehrung, Unterweisung. Aber das sind bei genauerem Hinsehen doch ziemlich vage Beschreibungskategorien, die bei komplizierten Prozessen der Persönlichkeitsentwicklung wenig Erklärungshilfe leisten können.

Auch die klassischen Lerntheorien der Psychoanalyse (FREUD, ERIKSON), des Behaviorismus (WATSON, TOLMAN, SKINNER), der kognitiven Psychologie (HEIDER, FESTINGER, KOHLBERG, PIAGET), so interessant und wichtig im Detail sie auch sein mögen, erweisen sich doch als zu große Reduktionen. Sie können spezielle Gruppen psychischer Entwicklungserscheinungen, nicht aber den Gesamtprozeß der Personalisation bzw. Sozialisation erklären. Daher bleibt gegenwärtig nur die Aufgabe, die Dialektik der Person und ihrer Lebenslage so genau wie möglich zu erforschen, wobei vom Tätigkeitsprinzip auszugehen ist.

Diese drei Ebenen „Mensch – Gesellschaft", „Typus – soziale Gruppe", „Person – Lebenslage" dürfen nicht verabsolutiert werden. Sie sind als eine sozialpsychologisch *mögliche Betrachtungsweise* der komplexen Sozialisations- und Personalisationsprozesse, der sozialen Determination der Persönlichkeitsentwicklung zu bewerten. Sie sind – wie jedes andere theoretische Modell auch – ein „Kunstprodukt" unserer theoretischen Analyse.

Natürlich kann man die drei Beziehungsebenen nicht schematisch nebeneinander stellen. Sie sind in ihrem hierarchischen Verhältnis zueinander zu betrachten. Mensch – Persönlichkeitstypus – Person bzw. Gesellschaft – soziale Gruppe (Gruppenumwelt) – Lebenslage verhalten sich wie Allgemeines – Besonderes – Einzelnes zueinander.

Die historisch entstandene konkrete Gesellschaft produziert, determiniert die besonderen und individuellen Existenzformen des sozialpsychischen Lebens ihrer Mitglieder.

Exkurs: Handlung und Handlungssituation

In einem speziellen Abschnitt wollen wir den Tätigkeitsprozeß der Person kurz analysieren. Damit wird von einem bestimmten Aspekt her der Mechanismus der Persönlichkeitsentwicklung näher untersucht. Der Mensch verrichtet im Verlaufe eines Tages die verschiedensten Tätigkeiten, er ist ständig „mit etwas" beschäftigt. Eine Tätigkeit wird von der anderen abgelöst. Die Art der Tätigkeiten kann sehr unterschiedlich sein, das hängt vom Entwicklungsstand der Person, ihren Interessen, den aktuellen Anforderungen und Selbstanforderungen, wie auch von ihrer aktuellen sozialen Situation ab. Die Person kann beispielsweise mit der Lösung einer komplizierten Lern- und Arbeitsaufgabe beschäftigt sein, ein Gespräch über kulturelle bzw. politische Themen führen, die Kinder belehren, sich einen Fernsehfilm ansehen, über persönliche Probleme nachdenken ... Ungeachtet der großen Vielfalt und scheinbaren Unvergleichbarkeit der Tätigkeiten im Alltag lassen sich doch gewisse Regelmäßigkeiten, psychische Ordnungsmuster erkennen, die für viele Tätigkeitsformen charakteristisch sind.

Die Psychologie hat sich in letzter Zeit der Tätigkeitsanalyse verstärkt zugewandt, besonders intensiv die Arbeits- und Lerntätigkeit untersucht (vgl. HACKER 1980, KOSSAKOWSKI 1980). Die elementare Einheit einer Tätigkeit wird als Handlung bezeichnet. Handlungen sind bewußte und zielgerichtete Tätigkeiten, die inhaltlich und zeitlich abgrenzbare Einheiten (des Tätigkeitskontinuums) darstellen. „Die menschliche Tätigkeit existiert nicht anders als in Form von Handlungen oder einer Kette von Handlungen" (LEONTJEW 1979, S. 103).

Handlungen weisen eine gewisse Grundstruktur auf, unterliegen einer bestimmten Psycho-Logik. Wir wollen hier die typische Handlungsstruktur am Beispiel von Leistungshandlungen (Arbeit, Lernen, Studieren, Sporttreiben) kurz skizzieren.

Am Modell der Leistungshandlungen, eines „reifen", differenzierten Handlungstyps, kann das psychologische Wesen der Handlung gut verdeutlicht werden. Wir folgen hier weitgehend einer eigenen Arbeit (FRIEDRICH 1986 a).

Psychologisch werden meist drei Phasen des Handlungsverlaufes unterschieden:

1. Zielorientierung,
2. Zielrealisierung (Handlungsausführung),
3. Resultatbewertung.

Diese Phasen können bei einzelnen Handlungen sehr unterschiedlich in Erscheinung treten.

– Die *Zielorientierung* kann kurz und problemlos, aber auch für die Person sehr kompliziert, widerspruchsvoll, anstrengungsreich verlaufen. Bei anspruchsvollen Leistungshandlungen können zwei Teilphasen unterschieden werden: die Zielakzeptierung und die Aufgabenplanung. Handlungsziele können von außen (als Arbeits-,

Lernaufgaben) an die Person herangetragen oder von ihr selbst gesetzt werden (Arbeiten, Lernen aus Interesse).

Die Zielorientierung beginnt mit der gedanklichen Auseinandersetzung mit den fremd- oder selbstgesetzten Anforderungen. Je gründlicher sich die Person mit dem Handlungsziel beschäftigt, je wertvoller es für sie erscheint, desto höher wird – wenn das Ziel persönlich akzeptiert ist – die Anstrengungsbereitschaft zur Zielrealisierung sein.

Ziele sind gedanklich vorweggenommene Handlungsresultate. Mit der Zielorientierung wird das künftige Leistungsergebnis sowie der Weg dorthin, werden die Lösungsschritte der Aufgabe festgelegt. Ist das Ziel akzeptiert, dann wird nicht nur die Lösung der betreffenden Anforderung bzw. Aufgabe erwartet, sondern vor allem auch ein bestimmter subjektiver Wert (z. B. persönliches Erfolgserlebnis, Befriedigung von Interessen, Prestigeansprüchen, Stärkung des Selbstvertrauens. Größere Leistungen wie Prüfungs- oder Diplomarbeiten dienen der Realisierung von Lebensplänen und weiterreichenden Wünschen). So können Handlungsziele sehr unterschiedlich und auf vielfältige Weise mit dem Streben, mit der gesamten Ziel- und Motivationsstruktur der Person verknüpft sein.

Ist das Handlungsziel von der Person akzeptiert, dann beginnt die Planung der *Handlungsausführung* (oft schon während der Akzeptierungsphase).

Die Mittel und Wege der Aufgabenlösung sind festzulegen, ein „Aktionsprogramm" der Zielrealisierung ist zu entwerfen. Doch darf man den Prozeß der Zielorientierung nicht nur als einen „intrapersonalen" Vorgang, als „binnenpsychisches" Ereignis betrachten. Die Person befindet sich zu jeder Zeit in einer speziellen sozialen Handlungssituation. Sie muß bei ihrer Entscheidung für oder gegen das Ziel die Interessen und Ansprüche ihrer sozialen Umwelt, des Kollektivs, der Eltern, Freunde, Lehrer usw. berücksichtigen, in seine Bewertung einbeziehen.

– Nach der Zielakzeptierung erfolgt der Übergang zur praktischen Handlungsausführung.

Die Handlung wird stets in einer speziellen Situation, unter konkreten Umweltbedingungen verwirklicht. Handlungssituationen dürfen nicht abstrakt, sondern müssen in ihrem Zusammenhang mit dem gesellschaftlichen Hintergrund, mit den materiellen und sozialkulturellen Bedingungen gesehen werden. Besonders wichtig sind die konkreten sozialpersonalen Verhältnisse im Rahmen der Handlungssituation (Arbeitskollektiv, Leiter, Stellung der Person in der Gruppe).

Person und Situation sind in ihrem dialektischen Wechselverhältnis zu betrachten. Die objektive Leistung (Zielrealisierung) wie auch die subjektive Leistungszufriedenheit durch die Handlung werden von dieser Interaktion stark beeinflußt.

In der Phase der Handlungsausführung ist die Person besonders aktiv. Oft muß mit großer Anstrengung auch über längere Zeit gearbeitet, gelernt werden, um die betreffende Aufgabe zu lösen:
– Vom Aspekt der Persönlichkeitsentwicklung her gesehen kommt der *Resultatbewertung* größte Bedeutung zu. Gerade von dieser Handlungsphase gehen wesentliche persönlichkeitsformende Wirkungen aus. Nachdem die Handlung ausgeführt worden ist, werden die erreichten Ergebnisse von der Person (bzw. auch von anderen Personen, Gruppen) bewertet. Das erzielte Leistungsresultat wird eingeschätzt.

Die Person nimmt einen Ziel-Resultat-Vergleich vor und beurteilt, ob die Aufgabe vollständig oder nur in gewissem Grade gelöst worden ist, ob sie die angestrebten (subjektiven) Ziele und Motivbefriedigungen damit erreicht hat. So wird die Handlung als mehr oder minder erfolgreich bzw. erfolglos bewertet, was entsprechende Gefühle der Zufriedenheit oder Unzufriedenheit hervorruft.

Die Bewertung des Handlungsresultats ist ein komplizierter, mehrschichtiger Rückkoppelungsprozeß, der von zahlreichen Variablen der Person und sozialen Situation beeinflußt wird. Wir können hier nur die wichtigsten Komponenten hervorheben.
– Die Bewertung des Leistungsergebnisses durch die Person. Die Person schätzt ein, ob und in welchem Gütegrade sie die Aufgabe gelöst hat. Sie vergleicht ihre Leistung mit der von anderen (Schulklasse, Arbeitskollektiv) oder mit früheren Leistungen von sich selbst. Es handelt sich hier also um Informationen über die Leistungsaufgabe und über deren Lösungsweg. Diese Rückinformationen führen zur Anreicherung und Präzisierung der vorhandenen Kenntnisse, zur Perfektionierung der Fähigkeiten und Fertigkeiten. Sie beeinflussen vor allem die kognitiven Voraussetzungen der Person, tragen zur Optimierung der Leistungsfähigkeit, somit des künftigen Verhaltens bei.

– Die Bewertung des persönlichen Nutzens:
Ausgehend von der Zielstellung, schätzt die Person den persönlichen Nutzen der Handlung ein. Das Handlungsresultat, der aufgewandte Einsatz werden in bezug auf die zugrunde liegenden Ziele und Motive bewertet. Hat das Handlungsergebnis das gebracht, was die Person damit subjektiv erreichen wollte?

Konnten die daran geknüpften Hoffnungen, Interessen, Ansprüche erwartungsgemäß befriedigt werden?

Diese Bewertungskomponente beeinflußt die emotional-motivationale Sphäre der Persönlichkeit, ihre künftige Leistungsbereitschaft und Zufriedenheit.

– Die Bewertung des Handlungsresultats durch andere Personen:
Leistungsergebnisse und ihr Zustandekommen unterliegen zumeist externen Bewertungen. Sie können von anderen Personen (Lehrer, Leiter, Brigadier, Eltern, Freunden, Kollegen), von Kollektiven (Schulklasse, Brigade, Institut, Betrieb) oder von der gesellschaftlichen Öffentlichkeit (Massenmedien, Auszeichnungen) beurteilt sowie mit positiven oder negativen Sanktionen bewertet werden. Solche sozialen Bewertungen, besonders die angewendeten Sanktionen, haben eine bedeutende verhaltensorientierende Funktion.

Positive Sanktionen (wie verbale Werturteile, Prestigezuweisung, Prämien, andere Formen des Lobens und der Anerkennung) sollen zu ähnlichen oder besseren Leistungen anregen. Negative Sanktionen (wie Tadel, Kritik, Strafen, Prestigeaberkennung) sollen künftig ähnliche (schwache) Leistungen verhindern, indirekt also auch zu besseren Leistungen stimulieren.

Sanktionen sind auf die Gefühle und Motive (auf die ästimative Struktur) der Person gerichtet und zielen damit auf die „Schaltzentrale" des künftigen Verhaltens.

Allerdings wirken Sanktionen nicht per se, sondern nur über die Person, auf die sie gerichtet sind. Je nachdem, wie die handelnde Person die Sanktionen, die Sanktionsgeber und andere Faktoren der sozialen Situation für sich selbst bewertet, ob sie sie akzeptiert oder ablehnt, wird auch die Wirkung der Sanktionen variieren. Unter bestimmten Bedingungen kann genau das Gegenteil von dem erreicht werden, was der Sanktionsgeber bezweckt.

Die Rückmeldung der Handlungsresultate ist, wie hier angedeutet werden sollte, ein komplexer Prozeß, in dem zahlreiche Variablen in dialektischen Wechselbeziehungen zueinander stehen.

Hier konnte nur ein knapper und sehr allgemeiner Überblick über die Grobstruktur der menschlichen Handlung gegeben werden. Der Zusammenhang von Handlung und Persönlichkeit ist evident. Die Persönlichkeit widerspiegelt sich in ihren Handlungen, findet hier ihren Ausdruck. Zugleich aber *entwickelt, verändert sie sich durch ihre Handlungen.* Handlungen als die Grundeinheiten der Tätigkeit sind das unmittelbare Entwicklungsmedium der Persönlichkeit. Sozialisations- und Persönlichkeitsforschung sollten den spezielleren Handlungstypen (Tätigkeitstypen) noch mehr Aufmerksamkeit schenken.

Alltagsbewußtsein

Werner Müller

Alltag – Realität und Begriff

Zweifellos hat wohl jeder von uns zunächst recht plastische Vorstellungen davon, was Alltag ist. So oder so beinhalten sie: was in der eigenen Familie, im Freundes- und Kollegenkreis heute „anliegt", gestern passierte und morgen zu erwarten ist. Sie beziehen sich auf Gemeinsames und Unterschiedliches in unserem tagtäglichen Wirkungs- und Gesichtskreis – wie wir gearbeitet und gelernt haben, was wir gedacht, gefühlt und (im weitesten Wortsinne) getan haben, was wir mit wem erlebten, gegenwärtig genießen und zukünftig zu gestalten wünschen. Alltagsleben ist so in unserem Verständnis vor allem gekennzeichnet durch die konkreten Bedingungen und Formen unserer Tätigkeit sowie die Befriedigung unserer Bedürfnisse im individuellen Lebensbereich, in den Gemeinschaftsbeziehungen der Familie, des Betriebes, des Wohngebietes, des Territoriums.

Besonders KUCZYNSKI hat mit seiner fünfbändigen „Geschichte des Alltags des deutschen Volkes" von 1600 bis 1945 unser Nachdenken über das alltägliche Leben der Werktätigen angeregt. Es ist informativ und beeindruckend, in welch vorbildlicher Weise hier vielfältige allgemeinhistorische, wirtschafts-, regional-, kultur- und ideologiegeschichtliche Belege und Dokumentationen ausgewählt, geordnet und bewertet sind. Auch die Belletristik hat für das Erfassen der konkreten Alltagsrealität große Bedeutung. Man denke z. B. an BALZACs und FREYTAGs, GORKIs und SEGHERS', FALLADAs und STRITTMATTERs Romane, Novellen, Erzählungen und an die Memoirenliteratur. Als ungewöhnlich aufschlußreich und beeindruckend sei das erschütternde Bild des unvorstellbar harten Alltags der Leningrader zur Blockadezeit genannt, das aus den ungeschminkten Schilderungen dreier Tagebücher über Leben, Atmosphäre, Vorgänge in der belagerten Stadt sowie von der geistigen Haltung ihrer Bewohner vor uns entsteht

(A. ADAMOWITSCH und D. GRANIN, Das Blockadebuch. Berlin 1984).

Eines wird aus alledem klar: Der Alltag der Menschen – wie auch immer wir ihn begrifflich fassen – ist *historisch veränderlich.* Er ist vor allem geprägt durch die Arbeits- und Lebensbedingungen, die Lebenstätigkeit in allen Bereichen, d. h. durch die Lebensweise in einer historischen Epoche, in der die Menschen als soziale Subjekte ihre eigene Geschichte machen – als Klassen und Völker, als soziale Gruppen und Individuen. Von dieser Grunderkenntnis ist stets auszugehen. Dies zu betonen ist deshalb bedeutsam, weil offensichtlich eine fertige und umfassend angelegte universal- und kulturgeschichtliche, soziologische und philosophische Begriffsbildung „Alltag" bisher nicht vorliegt. Der Terminus wird mit recht unterschiedlicher Bedeutung, oft salopp, zumeist umgangssprachlich verwendet. Bemerkenswert ist zudem, daß selbst neueste marxistische Wörterbücher der Philosophie, der Geschichte, der Soziologie dieses Stichwort nicht enthalten. Etymologisch hat das Wort „Alltag" – zumindest seit der Sturm- und Drang-Zeit – eine negative Färbung, wenn damit auf graues Einerlei, auf das Gewöhnliche, auf Gemeines verwiesen wird. Übrigens ist es, wie wir noch sehen werden, nicht verwunderlich, daß dies auch auf das Wort „Alltagsbewußtsein" abgefärbt hat.

Deshalb ist es wichtig zu betonen, daß weder von „dem" Alltag „des" Menschen noch vom Alltagsleben sozialer Subjekte in abwertender, negativer Weise gesprochen werden darf.

Das Thema „Alltag" umspannt mannigfaltige Seiten und Prozesse menschlicher Lebensweise. Unter Alltag – als Alltagsleben eines konkret-historischen sozialen Subjekts – ist die Gesamtheit der Erscheinungsformen der gesellschaftlichen Verhältnisse und der konkreten Tätigkeiten der Menschen zu verstehen. Dabei sind vor allem folgende Momente zu beachten:

– Der Alltag umgreift alle Lebensbereiche, in denen Geschichte (die stets Resultat praktischer gesellschaftlicher Tätigkeit ist) tatsächlich massenhaft gemacht und erfahren wird. Wenn wir von Alltag sprechen, geht es also gerade um die Vermittlung allgemeiner Zusammenhänge, Strukturen und Prozesse mit der massenhaften und zugleich individuellen Lebenspraxis.

– In diesem Sinne ist Alltag als die (einfache und erweiterte) Reproduktion aller Erscheinungsformen des gesellschaftlichen, kollektiven und individuellen Lebens auf einem konkret-geschichtlichen Niveau zu bezeichnen. Mit dem Begriff „Alltag" drücken wir das sich wiederholende, reproduzierende massenhafte Leben der Menschen aus, d. h. den regelmäßigen Vollzug jener Lebenstätigkeiten, die unter gegebenen (und sich verändernden) Bedingungen tagtäglich verrichtet werden.

– Alltag als Sphäre der elementarsten, von den Individuen selbst praktizierten gesellschaftlichen Lebensprozesse ist zugleich am unmittelbarsten und in bestimmter Hinsicht am intensivsten bewußtseins- und handlungsbildend – denken wir an Lebenserfahrung, gesunden Menschenverstand wie auch an Blick und Sinn für Neues.

– Alltagsleben im realen Sozialismus macht die wachsende Rolle des subjektiven Faktors sichtbar: In alltäglich gewordenen Errungenschaften verwirklicht sich die sozialistische Revolution und zugleich werden tiefgreifende historische Wandlungen in allen Lebensbereichen zu einer langfristigen Aufgabe des Alltags.

– Wie die sozialistische Revolution in unserem Lande zeigt, bewirken objektive und subjektive Determinanten – mit der Herausbildung sozialistischer Überzeugungen und verantwortungsbewußten Verhaltens und Handelns organisch verbunden –, daß und wie Noch-nicht-Alltägliches nach und nach zu einem Bestandteil des Alltags wird, „in Fleisch und Blut übergeht".

Das Verständnis dieser Dialektik von Erscheinung und Wesen, von Konkretem und Allgemeinem, von Individuum und Gesellschaft, von Spontanem und Bewußtem ist von prinzipieller Bedeutung, wenn Spezifik und Platz des Alltagsbewußtseins in der Lebensweise der Werktätigen konkret-historisch zu bestimmen sind.

Alltagsbewußtsein – Spezifik und Platz in der Lebensweise

Um dem „Alltagsbewußtsein" auf die Spur zu kommen, ist es zweckmäßig, sich des bekannten Satzes von ENGELS zu erinnern: Alles was die Menschen tun, muß durch ihren Kopf hindurch. Damit ist unter anderem die wichtige Feststellung getroffen, daß Lebensweise und Denkweise, praktisches Handeln und geistige Tätigkeit im wirklichen gesellschaftlichen, kollektiven und individuellen Lebensprozeß untrennbar miteinander verbunden sind. Jeder von uns kann dies empirisch bestätigen, lassen wir uns in unserem alltäglichen Verhalten und Handeln doch so oder so von bestimmten Überzeugungen, Kenntnissen, Gefühlen, Stimmungen leiten, die mit diesen oder jenen Fähigkeiten, mit mehr oder weniger ausgeprägten Willensqualitäten usw. verknüpft sind. Und zwar betrifft dies vor allem unsere berufliche Arbeit (oder/und die Vorbereitung dazu in unserer Aus- und Weiterbildung), die Intensität unserer gesellschaftspolitischen Aktivität wie auch die Art und Weise unseres Umgangs in der Familie, mit Arbeitskollegen, Freunden und Bekannten. Zum Alltagsbewußtsein gehören vielfältige geistige, emotionale und willensmäßige Momente: ideologische, wissenschaftliche, sozialpsychische Aspekte wie Bedürfnisse und Interessen, Gewohnheiten und Erfahrungen, Meinungen und Motive, Wünsche, Absichten und Ziele und vieles mehr – dabei gewiß in inhaltlich-konkreter Gestalt und mit spezifischem Gewicht. So verhalten wir uns in aktuellen Lebenssituationen in unserem Alltag in der Regel, wie wir es „gewohnt" sind; freilich ist dies nicht nur routinemäßig, „unbewußt", sondern kann auch mehr oder weniger „schöpferisch" sein. (Wir kommen darauf zurück.)

Alltagsbewußtsein widerspiegelt die innere Welt der Erscheinungen und Prozesse, ihr Wesen insofern, inwieweit dies im Rahmen der alltäglichen praktischen Tätigkeit notwendig und möglich ist. Es ist somit unmittelbar in die praktisch-umgestaltende Tätigkeit der Menschen eingeflochten. Alltagsbewußtsein ist mit dem Subjekt (dem Individuum und der sozialen Gemeinschaft, der es zugehört) und seiner Tätigkeit „verschmolzen". Es bildet sich an der „Nahtstelle", an der Bewußtsein praktisch wird.

Nun erhebt sich natürlich die Frage, wodurch sich Alltagsbewußtsein vom gesellschaftlichen Bewußtsein unterscheidet, das diese Spezifik nicht besitzt, also in gewissem Sinne Nicht-Alltagsbewußtsein ist. Oder anders gefragt: Welchen Platz nimmt das Alltagsbewußtsein in der Struktur des gesellschaftlichen Bewußtseins insgesamt ein? Diese Frage ist berechtigt, wenn man von LENINs bekannter These ausgeht, daß das Bewußtsein des Menschen die Welt nicht nur widerspiegelt, sondern sie auch schafft, daß also das gesellschaftliche Bewußtsein nicht nur die Funktion hat, die Entwicklungsgesetze in Natur, Gesellschaft und Denken zu erkennen und zu erklären, sondern dies zur praktischen Veränderung der natürlichen und sozialen Umwelt im Interesse des Menschen anzuwenden ist.

Für unser Verständnis des Wesens und der Funktion des Alltagsbewußtseins ist es nützlich, historisch vorzugehen. Dabei wird an der Tatsache der gesellschaftlichen Arbeitsteilung deutlich, daß und wie Alltagsbewußtsein mit dem Charakter der gesellschaftlichen Verhältnisse, Beziehungen der Menschen zusammenhängt: Auf den frühen Entwicklungsstufen der menschlichen Gesellschaft, in der Urgemeinschaft, existierte das Bewußtsein als gewöhnliches Bewußtsein oder als „Gang-und-gäbe-Denkformen" (MARX). Das heißt, es war – wie MARX und ENGELS in ihrer Arbeit „Die deutsche Ideologie" 1845/46 schrieben – „verflochten in die materielle Tätigkeit und den materiellen Verkehr der Menschen, Sprache des wirklichen Lebens. Das Vorstellen, Denken, der geistige Verkehr der Menschen erscheinen hier noch als der direkte Ausfluß ihres materiellen Verhaltens" (MEW, Bd. 3, S. 26).

Im Prozeß der gesellschaftlichen Arbeitsteilung vollzog sich eine „Spaltung" des Bewußtseins, als sich die materielle und die geistige Tätigkeit auf unterschiedliche soziale Gruppen (Klassen) konzentrierte. Vom Alltagsbewußtsein als unmittelbar in die gesellschaftliche Lebenspraxis der Menschen eingebundene geistige Komponente, hob sich ein Bewußtsein ab, das in spezialisierter geistiger Produktion von besonderen sozialen Gruppen entwickelt wurde. Dennoch bleibt das Alltagsbewußtsein dabei notwendige Bedingung der materiellen Produktion und behält es seinen unmittelbaren Zusammenhang mit den produzierenden Individuen. Freilich nimmt das Alltagsbewußtsein im Prozeß der historischen Entwicklung eine bestimmte, sich verändernde Gestalt an; es bilden sich spezifische, vor allem traditionelle Mechanismen seines Funktionierens heraus. Damit ist es unrichtig, Alltagsbewußtsein generell – und dazu unhistorisch – als absolut spontan funktionierend zu bezeichnen. Stets findet – in den weltgeschichtlichen Epochen der Menschheitsgeschichte äußerst vielfältig und verschiedenartig – ein lebendiges Wechselspiel von Alltagsbewußtsein und Theorie, Ideologie, Kunst statt. Denken wir nur an die Vermittlung vorhandener Erkenntnisse, üblicher Normen und Wertungen an die nachfolgenden Generationen.

Halten wir fest: Konkret-historisch ist die Lebensweise der Menschen mit einer spezifischen Ausprägung ihres Alltagsbewußtseins, d. h. ihres unmittelbar praktischen Handlungsbewußtseins verbunden. Dieses wird wesentlich durch den Charakter der gesellschaftlichen Verhältnisse geprägt, in denen die Menschen ihrer sozialen Lage gemäß materiell und geistig tätig sind. Dabei ist allerdings immer im Auge zu behalten, daß im realen Sozialismus die sozialökonomischen Grundlagen kapitalistischer Ausbeutung beseitigt sind, aus denen – wie MARX im „Kapital" allseitig begründete – fetischistische Denkweisen und verkehrtes Alltagsbewußtsein hervorgehen. Gewiß prägt die wissenschaftlich-technische Revolution unserer Tage das Alltagsbewußtsein mehr oder weniger aller Menschen. Aber es ist nicht zu übersehen, daß die Dialektik des Sozialismus dem Alltagsbewußtsein des sozialistischen Staatsbürgers ein qualitativ neues, wenngleich natürlich sozial differenziertes Gepräge verleiht. Vor allem werden hier Erfahrungen unmittelbar gewonnen und zugleich sozial weiter vermittelt. So erfaßt die spezialisierte geistige Produktion (insbesondere die Theorie und Strategie der entwickelten sozialistischen Gesellschaft) einerseits die „unmittelbare" Erfahrung der Massen, die sich im alltäglichen Bewußtsein fixiert hat, und organisiert andererseits diese Erfahrung um die gesellschaftlich bedeutsamen Ideen.

Wenden wir uns den Erfahrungen zu, auf denen Alltagsbewußtsein beruht, in denen es wesentlich begründet ist. Unter Erfahrung verstehen wir hier (a) die durch unmittelbares Erleben von einem einzelnen oder mehreren Menschen selbst erworbenen Kenntnisse, sowie (b) alle überlieferten Erfahrungen – historische und zeitgenössische –, die das Individuum selbst nicht gewonnen hat, sie jedoch als wahr akzeptiert und in das eigene Erfahrungswissen integriert. Als Beispiel seien Redensarten, Sprichwörter usw. genannt – als klassische, durch die Zeit geprägte Formen des Alltagsbewußtseins, in denen die Volksweisheit, der Klasseninstinkt der Unterdrückten und Ausgebeuteten, die Ängste und Hoffnungen des Volkes zum Ausdruck kommen. In den letzten Jahren wurde zu philosophischen Fragen sozialer Erfahrung eine intensive Diskussion geführt. Interessante Publikationen liegen vor (WITTICH 1983, OPITZ 1983, HIERSCHMANN 1985, TRÄDER 1985). Folgende Gesichtspunkte sind dabei bedeutsam:
– Erfahrung ist die Hauptform aller geistigen Aneignungsweisen der Wirklichkeit bzw. aller Arten der Erkenntnisse und der Gefühlswelt der Menschen. Indem die alltäglichen praktischen Erfahrungen an die täglich zu lösenden Aufgaben gebunden sind, sind sie geistige Komponenten primärer Lernprozesse, d. h. der Formung durch das Leben selbst.
– Erfahrungswissen ist gedankliche Verarbeitung unmittelbar selbst

erlebter, konkreter und vermittelter Erfahrungen. Es ist in seiner Konstituierung durch Bedürfnisse und (Klassen-)Interessen, Einstellungen, Emotionen und Willen geprägt.

– Lebenserfahrung verfügt – naturgemäß mit dem selbst erworbenen, verarbeiteten Erfahrungswissen verbunden – über ein höheres Maß an Wertungs-, Entscheidungs- und Verhaltenssicherheit bezüglich der dem Subjekt gewohnten Lebensbedingungen.

– „Gesunder Menschenverstand" bildet zweifellos den wesentlichsten, lebenswichtigen Inhalt des Alltagsbewußtseins. Allerdings ist nicht zu übersehen, daß im Alltagsbewußtsein realistische und vernünftige Gedanken mit irrationalen, unwissenschaftlichen und abwegigen Vorstellungen in Konflikt geraten können. Alltagsbewußtsein ist janusköpfiger Natur: Es kann unter bestimmten objektiven und subjektiven Bedingungen rückständig, konservativ sein, den Denkprozeß behindern und das praktische Verhalten lähmen und desorientieren, z. B. Vorurteile. Übrigens zielt die konservative „Alltagswende" zeitgenössischer imperialistischer Pädagogik mit ihrer Meinungsmanipulierung gerade in diese Richtung. Alltagsbewußtsein kann aber auch – im LENINschen Sinne – „Keimform der Bewußtheit" sein und werden. Es vermag zuweilen (und immer wieder) schneller als theoretisches Bewußtsein auf neue soziale Erscheinungen im Alltag, auf neuartige soziale Prozesse zu reagieren, die in der praktischen Lebenstätigkeit der Menschen aktuell ausgelöst werden oder sich abzeichnen.

– Soziale Erfahrungen wirken auf die Aktivität des Subjekts zurück: Sie können Kenntnisse festigen, erweitern oder korrigieren, Haltungen stabilisieren oder in Frage stellen, Einsichten in Gestaltungsmöglichkeiten gesellschaftlicher Prozesse usw. wecken. Kurz: Soziale Erfahrungen im System der praktisch-geistigen Triebkräfte haben für schöpferisches Denken, Verhalten und Handeln der Menschen einen wesentlichen eigenständigen Stellenwert und erfüllen eine aktive – stabilisierende, orientierende und mobilisierende – Funktion bei der Entwicklung sozialistischer Persönlichkeiten und ihrer Kollektive.

– Freilich ist stets der innere Zusammenhang von Erfahrung und Erkenntnis zu beachten, der konkret-historisch durch das dialektische Verhältnis von Spontaneität und Bewußtheit geprägt ist. Unter sozialistischen Bedingungen sind beide Bestandteile des gesellschaftlichen Bewußtseins – theoretische Erkenntnisse und vom

Alltagsleben geprägte Erfahrungen der Persönlichkeit – eine mächtige Kraft. Erfahrungen sind und bleiben Quelle wissenschaftlicher Erkenntnis; jedoch aus Erfahrung allein entsteht noch nicht sozialistisches Bewußtsein. Dazu bedarf es der Grundlage des Marxismus-Leninismus, um das Erfahrungswissen der Werktätigen zur Erkenntnis gesellschaftlicher Gesetzmäßigkeiten bei der Durchsetzung des historischen Fortschritts zu führen.

Bei unseren Überlegungen zum „Alltagsbewußtsein" haben wir ausdrücklich vermieden, in erkenntnistheoretischer Hinsicht Alltagsbewußtsein und wissenschaftliches Bewußtsein absolut gegenüberzustellen. Bis in jüngste Zeit führte eine derartige Sicht dazu, Alltagsbewußtsein als generell vorwissenschaftlich, außerwissenschaftlich oder unwissenschaftlich im Vergleich mit theoretischen Formen des Bewußtseins als oberflächlich, unentwickelt, nicht vollwertig, eben als generell mangelhaft abzuwerten. Natürlich ist es unbestritten, daß sich das Alltagsbewußtsein der Persönlichkeit von wissenschaftlicher Theorie als Ergebnis spezialisierter geistiger Produktion unterscheidet. Aber Alltagsbewußtsein und theoretisches Bewußtsein hängen vielfach zusammen. Insbesondere im Sozialismus, wenn dessen Vorzüge mit den Errungenschaften der wissenschaftlich-technischen Revolution verbunden werden, verstärkt sich die Relativität der Unterschiede – bezüglich des Kenntnisaufbaus, der Bedeutung und Funktionsweise, der Beziehung zum dialektischen Denken, der Stufe der Regulierung und Genauigkeit des Wissens sowie einer Reihe anderer Merkmale.

Alltagsbewußtsein ist seiner Entstehung nach in gewissem Sinne „elementar" – was freilich keineswegs primitiv oder voraussetzungslos, lediglich routinemäßige oder nur kleinliche Fragen betreffend bedeuten kann. Gewiß ist die Herausbildung des Alltagsbewußtseins keineswegs nur, aber auch ein spontaner Prozeß: Unmittelbares Miterleben der Ereignisse des persönlichen und gesellschaftlichen Lebens, unwillkürliches Einprägen des aktuellen Geschehens verdeutlichen dies.

Unbestritten dürfte auch sein, daß wir in unserem praktischen Handeln, in unserem (nicht selten konfliktgeladenen) wechselseitigen Verkehr in gewissem Sinne authentisches Wissen und Handlungskompetenz erwerben. Zwar ist dies im unmittelbaren Handlungs-, Planungs-, Anpassungs- und Erlebnisraum zumeist von begrenzter Reichweite. Aber es entsteht der (scheinbar plausible)

Eindruck, daß nach der Wahrheit dieses unmittelbaren Erfahrungswissens nicht zu fragen sei, weil es sich im praktischen Handeln mehr oder weniger bewährt hat. Das führt immer wieder zur Neigung, das Bekannte – gerade wenn und weil es aus der Reproduktion und damit der Wiederholung hervorgeht – schon für das Erkannte zu halten (HEGEL). So ist Alltagsbewußtsein auch latente Erfahrung, in unserem Gedächtnis gespeichert, so daß wir rasch Fragen beantworten, richtige Schlüsse ziehen oder Probleme lösen können, ohne durch anderes, dafür nicht wesentliches Wissen belastet zu werden.

Die Kompliziertheit und Vielgestaltigkeit der Struktur des Alltagsbewußtseins ist bestimmt durch die Vielfalt der historisch sich entwickelnden Lebenserfahrungen der Massen, durch das Funktionieren des Alltagsbewußtseins in den verschiedensten Bereichen der Erkenntnis und der praktischen Tätigkeit. Wie der sozialistische Alltag zeigt, formiert sich und wirkt hier Alltagsbewußtsein keineswegs nur als spontan-empirisch-unmittelbares Bewußtsein des einzelnen. Alltagsbewußtsein – natürlich in konkret-historisch qualitativ verschiedenartiger Weise und mit unterschiedlichen Inhalten – schließt ein: (a) praktische Erfahrungen und Kenntnisse aus der materiellen Produktionstätigkeit, aus der gesellschaftspolitischen Arbeit und allen anderen Tätigkeitsbereichen; (b) empirisches Wissen aus verschiedenen Bereichen des geistigen Lebens (politisches, ökonomisches, philosophisches, sittliches, ästhetisches u. a. Bewußtsein); (c) die rationale und emotionale Seite von Sitten und Gebräuchen, Traditionen und Gewohnheiten usw. Damit ist auch gesagt, daß im Alltagsbewußtsein unterschiedliche Komponenten miteinander verknüpft sind: rationale und empirische Inhalte, Vorstellungen und Meinungen, Emotionen und Wertungen. Als so oder so verinnerlichte Lebenserfahrungen können sie eine bestimmte (relative) Stabilität aufweisen. Zugleich werden sie durch aktuelle Erfahrungen, Erlebnisse und das unmittelbare Lebensmilieu ständig mehr oder weniger modifiziert, gar „erschüttert".

Alltagsbewußtsein ist eben nicht einfach ein kontemplatives Betrachten, empirisches Beschreiben, passives Abbilden äußerer Eindrücke, das die ureigensten Bedürfnisse und Interessen nicht berühren, die Aktivität des Individuums, seiner Denkweise und Gefühlswelt nicht herausfordern würde. Vielmehr ist das Alltagsbewußtsein als praktisch-geistiges Erleben und Denken durch aktuelle individuelle (und gesellschaftliche) Bedürfnisse und Interessen der Individuen determiniert, durch ihre Einstellungen und Wertungen, Motive und Zielstellungen geprägt und zugleich durch Traditionen und Gebräuche wie auch vielfältige Gewohnheiten, durch die geistig-kulturelle Atmosphäre der unmittelbaren Umwelt, die öffentliche Meinung und die mit ihr verbundenen Kommunikationsbeziehungen beeinflußt. Im realen Sozialismus wird dabei die Annäherung des wissenschaftlichen und des Alltagsbewußtseins zur wichtigsten Entwicklungstendenz des gesellschaftlichen Bewußtseins.

Dieser Prozeß ist begleitet von wesentlichen Veränderungen in Inhalt und Struktur des alltäglichen praktischen Bewußtseins der werktätigen Massen. Inhaltlich drückt sich dies in erster Linie im Aneignen und Nutzen wissenschaftlicher Kenntnisse, im Überwinden irrationaler Momente sowie in der Fähigkeit aus, auf neue Anforderungen schöpferisch zu reagieren. Strukturell wächst im Massenbewußtsein die Rolle des alltäglichen politischen Bewußtseins. Alltagsbewußtsein, das in sozialistischer Überzeugtheit wurzelt, äußert sich in einem engagierten Verhältnis zur eigenen Leistung und ist mit moralischen und ästhetischen Positionen mehr oder weniger unmittelbar verbunden, es paßt sich nicht mehr einfach den vorhandenen Bedingungen an, sondern stimuliert – als unmittelbar praktisches Handlungsbewußtsein – zu aktiver, verantwortungsbewußter, schöpferischer Tätigkeit der Menschen und ihrer Kollektive.

Der Betrieb als Sozialisationsfaktor

Werner Gerth

Die Sozialisation des Menschen, seine Entwicklung als Persönlichkeit vollzieht sich bekanntlich auf der Grundlage seiner Tätigkeit, d. h. der aktiven Auseinandersetzung mit den konkreten Bedingungen seiner Umwelt, oder besser: seiner Lebenslage (vgl. Baustein „Persönlichkeit und Gesellschaft").

Mit dem Verlassen der Schule ändert sich die Lebenslage der Persönlichkeit beträchtlich: Die Etappe ihrer *allgemeinen Vorbereitung* auf das Leben und Wirken als „vollwertiges" Mitglied der Gesellschaft ist abgeschlossen; sie tritt in den gesellschaftlichen Arbeitsprozeß ein. Dieser realisiert sich unter den gegenwärtigen konkret-historischen Bedingungen vornehmlich als berufliche Tätigkeit in den Betrieben der Volkswirtschaft sowie in den Einrichtungen des Bildungs-, Gesundheits- und Rechtswesens, der Massenmedien, des Staatsapparates sowie in wissenschaftlichen, kulturell-künstlerischen und sonstigen Institutionen der Gesellschaft. Betrieb und die in ihm vollzogene Arbeitstätigkeit werden jetzt für die weitere Entwicklung der Persönlichkeit bedeutsam.

Betriebe bilden heute die typische, weil zweckmäßigste Form des Zusammenwirkens von Menschen mit den Produktionsmitteln für die Herstellung, den Transport und den Umsatz von Produktions- und Konsumtionsmitteln oder für die Verrichtung von Dienstleistungen. Sie sind historisch aufgrund des erreichten Standes der Produktivkräfte und der gesellschaftlichen Arbeitsteilung mit der Herausbildung der kapitalistischen Produktionsweise entstanden, und zwar mit ihrer Hauptform, der industriellen Produktion. Sie verlangte eine neue Art von Produktionsstätten, die „Fabriken". Heute wird für alle Einrichtungen des gesellschaftlichen Reproduktionsprozesses der übergreifende Begriff „Betrieb" verwendet. In ihnen vollzieht sich die Haupttätigkeit der Menschen, die Arbeit.

Nun ergibt sich die Frage: *Wie* wirkt der Betrieb auf die Entwicklung der Persönlichkeit, wodurch wird er zum Sozialisationsfaktor? Nur dieser Aspekt der Beziehung Betrieb – Arbeit – Mensch soll hier betrachtet werden.

Die Arbeit als die entscheidende Tätigkeit der Menschen ist nicht Arbeit „an sich". Sie wird stets unter konkreten gesellschaftlichen Verhältnissen sowie unter speziellen materiell-technischen und technologischen, ideellen und sozialen Bedingungen der jeweiligen Arbeitsstätten vollzogen. Ihr liegen genau definierte Ziele, Aufgaben, Handlungsschritte, Realisierungsvorschriften, Kooperationsnotwendigkeiten der Werktätigen untereinander usw. zugrunde, nach denen sie sich richten müssen. Gleichzeitig besitzen die Menschen bestimmte Kenntnisse, Fähigkeiten, Bedürfnisse und Interessen, die sie in und mit ihrer Arbeitstätigkeit verwirklichen wollen. Aus dieser komplizierten Wechselwirkung resultiert ein bestimmtes Verhältnis des Menschen zu seiner Arbeitstätigkeit, das wiederum eine Voraussetzung dafür ist, daß sich die Kenntnisse und Fähigkeiten erweitern, sich die Interessen-, Bedürfnis- und Motivstrukturen verändern und ausprägen, sich neue Verhaltensweisen herausbilden.

Welche Bedingungen spielen dabei vor allem eine Rolle, wie erfolgt das im einzelnen?

Die gesellschaftlichen Verhältnisse

Von grundlegender Bedeutung sind zunächst die gesellschaftlichen Verhältnisse, unter denen die Arbeit in den Betrieben geleistet wird. Sie kann den Menschen – wie z. B. im Kapitalismus, wo es primär um Kapitalverwertung und Profitmaximierung geht – vor allem als „Mittel zum Zweck", als „notwendiges Übel" zur Sicherung der persönlichen Existenz und Bedürfnisse dienen. Natürlich bilden sich auch unter diesen Bedingungen Kenntnisse und Fähigkeiten heraus, gelingt es, persönliche Interessen und Neigungen in der Arbeitstätigkeit zu verwirklichen, können Freude und Befriedigung an der konkreten Tätigkeit empfunden werden. Das Hauptinteresse der Menschen ist jedoch darauf gerichtet, überhaupt Arbeit verrichten zu können, und mit ihr andere, außerhalb der Arbeit liegende Interessen und Bedürfnisse zu realisieren, die sie – unter diesen Bedingungen – als die „eigentlichen" Bedürfnisse ihres Lebens, ihres Menschseins ansehen (müssen). Der Mensch entwickelt sich als Persönlichkeit selbstverständlich auch in der Ausbeutergesellschaft, aber nur in dem Grade und in den Richtungen, für die das jeweilige Ziel der Produktion Raum läßt (vgl. STOLLBERG 1978, S. 14 f.).

Unter sozialistischen Produktionsverhältnissen ist selbstverständlich die Arbeit für die Menschen zunächst auch primär Mittel zur persönlichen Lebensgestaltung und der Befriedigung von Bedürfnissen, die vornehmlich außerhalb des Arbeitsprozesses liegen. Der entscheidende Unterschied zu den kapitalistischen Produktionsverhältnissen liegt jedoch darin, daß aufgrund des Wesens und Zieles der gesellschaftlichen Produktion im Sozialismus das Grundbedürfnis nach Arbeit gesichert ist. Die Existenz und Gestaltung des persönlichen Lebens wird somit vorrangig von den *eigenen* Fähigkeiten und Leistungen in der Arbeitstätigkeit bestimmt. Mehr noch, unter sozialistischen Verhältnissen sind die übergroße Mehrheit der Werktätigen nicht nur Produzent und Konsument, sondern gleichzeitig auch Eigentümer der Produktionsmittel, Machtausübende, Subjekt der Produktion und ihrer Leitung und Planung. Daß damit der einzelne ein ganz anderes Verhältnis zur Arbeit gewinnt, ist einleuchtend. Dadurch können die auf die Arbeitstätigkeit selbst gerichteten Interessen und Bedürfnisse der Menschen (und nicht die Sorge um den Arbeits*platz)* immer stärker zum hauptsächlichsten Vermittlungsglied ihrer Identifikation mit der ausgeübten Tätigkeit im Betrieb werden. Eine vielseitigere Entwicklung der Persönlichkeit der Werktätigen wird dadurch ermöglicht. Wie widerspiegeln sich nun diese gesellschaftlichen Verhältnisse in den konkreten betrieblichen Bedingungen und wie wirken diese auf die Persönlichkeitsentwicklung der Werktätigen?

Die materiellen und ideellen betrieblichen Bedingungen
Wesentlich sind zunächst der *Gegenstand* und die *Art der Produktion bzw. der Dienstleistung* des Betriebes, d. h. welche Zwischen- oder Endprodukte er herstellt, welche Art von Leistungen er für den gesellschaftlichen Reproduktionsprozeß vollbringt oder durch welche spezifischen Tätigkeitsvollzüge er gekennzeichnet ist. Sie treffen auf bestimmte Bedürfnisse und entsprechenden Bedarf der Menschen an den Produkten, Ergebnissen, Leistungen sowie auf Interessen an der spezifischen Art und Weise der Produktions- und Arbeitsprozesse des Betriebes. Häufig sind solche Interessen schon in der Schulzeit entstanden und haben über die Berufswahl zum

Eintritt in den jeweiligen Betrieb geführt. Bei anderen bilden sie sich oft im Laufe der beruflichen Ausbildung und der Berufstätigkeit heraus. Stets ist eine solche Interessiertheit an den betrieblichen Produkten oder Leistungen, zu der Art und Weise, wie sie hergestellt oder realisiert werden, ein wichtiges Medium zur Identifikation der Werktätigen mit dem Betrieb. Seine sozialisierende, die Persönlichkeit spezifisch weiter entwickelnde Rolle wird damit bekräftigt. Nicht zu unterschätzen ist in diesem Zusammenhang auch das allgemeine „Rufbild", das Image des Betriebes in der territorialen öffentlichen Meinung, seine volkswirtschaftliche Bedeutung, sein internationales Renommé. Sie bestimmen den Grad der persönlichen Zuwendung der Menschen zu diesem oder jenem Betrieb deutlich mit. Gleiche oder ähnliche Bedingungen der Arbeit in verschiedenen Betrieben werden durch das Prisma des jeweiligen „Bildes vom Betrieb" akzentuiert, das bei den Werktätigen existiert.

Sozialwissenschaftliche Untersuchungen ergaben beispielsweise, daß das Interesse von Jugendlichen gegenüber mehreren größeren, gleichermaßen im Republikmaßstab bekannten volkseigenen Betrieben ihrer Heimatstadt deutlich unterschiedlich ist. Betrieb A, der über einen jahrzehntelangen traditionell guten „Ruf" als Garant für Präzisions- und Qualitätsarbeit verfügt, was sich nahezu uneingeschränkt bis in die Familien der dort Beschäftigten fortsetzt, der eine dominierende Rolle im Territorium einnimmt, er-

Tab. 1: *Zuwendung von Schülern (7. und 8. Schuljahr) zu verschiedenen Großbetrieben ihrer Heimatstadt (Angaben in %)*

| | Betrieb | | |
	A	B	C
Allgemeines Interesse am Betrieb	69	17	14
Gute Kenntnisse über die Erzeugnisse	84	5	11
Absicht, in dem Betrieb einen Beruf zu erlernen	43	12	22*

* Die restlichen 23 % wollten in weiteren Betrieben oder Einrichtungen der Stadt einen Beruf erlernen.

fuhr eine wesentlich größere Zuwendung als zwei andere größere Betriebe derselben Stadt.

Das Wissen über Betrieb A und seine Erzeugnisse ist beträchtlich größer, ebenso die allgemein interessierte Zuwendung sowie der Wunsch, dort einen Beruf zu erlernen bzw. tätig zu sein, als bei den anderen beiden Betrieben. Der Identifizierungsprozeß der jungen Menschen mit den jeweiligen Betrieben beginnt somit unter recht unterschiedlichen Voraussetzungen. Erhebliche Bedeutung für die Entwicklung der Persönlichkeit besitzt ferner das *technologische Regime* in den Betrieben. Die Tätigkeit der Menschen ist bekanntlich im betrieblichen Arbeitsprozeß in vorgegebene Zeit- und Qualitätskriterien eingeordnet. Es existieren Normen, was in welcher Zeit produziert, geleistet, realisiert werden muß, die bedeutsam sind vor allem im Hinblick darauf, daß im technologischen Prozeß der vorgesehene Zeitaufwand für den einen Arbeitsschritt mit dem des nachfolgenden abgestimmt ist. Zum anderen sind die Produktions- und Arbeitsabläufe durch bestimmte Qualitätskriterien normiert, d. h. im Hinblick auf den qualitätsgerechten „Gebrauchswert" des Ergebnisses des einen Arbeitsschrittes für den nächsten.

Die Notwendigkeit, den Zeit- und Qualitätserfordernissen zum Nutzen aller und damit auch zum eigenen Nutzen nachzukommen, wird den Werktätigen im betrieblichen Arbeitsprozeß nachdrücklich vor Augen geführt. Die Einstellungen und Verhaltensweisen zu Pünktlichkeit, Beharrlichkeit, Kontinuität und Exaktheit erfahren somit neue Inhalte, werden durch weitere Kriterien und Erfahrungen angereichert und können sich als wichtige Verhaltensmerkmale der Persönlichkeit weiter ausformen.

Damit wird zugleich eine weitere wichtige Seite des betrieblichen Arbeitsprozesses berührt, die für die Entwicklung der Persönlichkeit außerordentlich bedeutsam ist, die *Kooperation*. Sie ist ein Wesensmerkmal der arbeitsteilig organisierten betrieblichen Produktion oder Dienstleistungen; die Werktätigen übernehmen jeweils bestimmte Teilaufgaben oder -funktionen zur Realisierung der Gesamtergebnisse des Betriebes. Verschiedene Formen der Kooperation kennzeichnen in gewisser Weise den Grad, die Ausprägung bzw. die Art und Weise der individuellen Kooperationsbeziehungen im betrieblichen Arbeitsprozeß (vgl. auch STOLLBERG 1978, S. 39 f.):

– individuell relativ isolierte, selbständige Arbeitstätigkeit, deren kooperativer Charakter in der Bedeutung für die Realisierung des technologischen Gesamtprozesses liegt, wie z. B. beim Dispatcher, Schaltwärter, Instandhalter, Gütekontrolleur, Lokführer, Materialverwalter;

– parallele Arbeitstätigkeiten im Gruppenverband, beispielsweise in der Massenfertigung in Maschinen- oder Produktionshallen, an Maschinen, Aggregaten, in Zeichen- und Schreibbüros, Industrielaboratorien. Die Kooperation liegt hier in dem Zusammenwirken von Werktätigen mit gleichen Arbeitstätigkeiten, wodurch sich infolge des Kontakts untereinander, unter Umständen aber auch durch den Vergleich und gegenseitige Hilfe ein zusätzlicher „Wetteifer und eine eigne Erregung der Lebensgeister" (MEW, Bd. 23, S. 345) in und für die Arbeitstätigkeit herausbilden;

– arbeitsfunktionell unmittelbar verknüpfte Tätigkeit im Gruppenverband, in der jeder Werktätige Arbeitsaufgaben erledigt, die die Voraussetzungen für die Arbeitsaufgabe des anderen sind (Fließbandarbeiten, Montagelinien u. ä.).

Darüber hinaus haben sich unter diesen Bedingungen besonders im Zusammenhang mit den Erfordernissen der wissenschaftlich-technischen Revolution weitere Kooperationsformen herausgebildet, z. B. die Zusammenarbeit in Neuerer-, MMM- und Jugendforscherkollektiven, in Rationalisierungsgemeinschaften, teilweise über den eigenen Betrieb hinaus. Sie stellen eine neue Qualität kooperativer Tätigkeit dar, indem das Zusammenwirken nicht ausschließlich auf die unmittelbare Arbeitsaufgabe gerichtet ist, sondern auf die Weiterentwicklung und Rationalisierung der Arbeitsprozesse, auf die Entwicklung neuer Produkte, auf die Einsparung von Material und Energie usw. Werktätige unterschiedlicher Qualifikation und Berufe bis hin zu Mitarbeitern von Hochschulen und wissenschaftlichen Einrichtungen wirken dabei in sozialistischer Gemeinschaftsarbeit zusammen.

In allen diesen Formen – wenn auch mit unterschiedlicher Relevanz – erfährt der Werktätige die verbindliche Notwendigkeit, seine individuelle Tätigkeit als Teil des Ganzen zu betrachten, seine Leistungen in den betrieblichen Gesamtprozeß einzuordnen und den Sinn und Zweck seines Tuns für Endergebnis oder -produkt zu begreifen. Seine Tätigkeit, seine Leistungen sind nicht – wie beispielsweise in der Schule oder weitgehend im Studium –

nur für ihn selbst von Bedeutung, sondern primär für andere, für die Abteilung, den Betrieb, letztlich für die Gesellschaft und daraus rückwirkend wieder für ihn selbst. Diese Erkenntnis prägt ein neues Verhältnis des Menschen zu seiner (Arbeits-) Tätigkeit aus, ist eine wichtige Voraussetzung zur weiteren Vertiefung von Verantwortungsbewußtsein, Pflichtgefühl, Zuverlässigkeit.

Von nicht zu unterschätzendem Einfluß auf die Persönlichkeitsentwicklung ist darüber hinaus der *Inhalt* der Tätigkeit des Werktätigen im Betrieb. Man versteht darunter die konkrete Arbeitstätigkeit des Menschen und ihre spezifischen Merkmale, wie vor allem vorwiegend körperliche oder geistige Beanspruchung, Anforderungsvielfalt, Handlungsspielraum, Kooperationsnotwendigkeit u. ä. In sozialwissenschaftlichen, besonders psychologischen Untersuchungen konnten eindeutig Zusammenhänge nachgewiesen werden zwischen solchen wesentlichen Merkmalen der Arbeitstätigkeit wie Anforderungsvielfalt und Handlungsspielraum und den Einstellungen der Werktätigen zur individuellen Leistung im Arbeitsprozeß, der Bereitschaft zur schöpferischen Mitwirkung an der weiteren Rationalisierung der technologischen und technischen Prozesse bis hin zum Interesse, aktiv an den Leitungs- und Planungsaufgaben im Betrieb teilzunehmen. Werktätigen unterschiedlicher Qualifikation, die eine Tätigkeit mit vielfältigen Anforderungen und großem Handlungsspielraum ausüben, zeichnen sich im Ergebnis dieser fordernden, anspruchsvollen Tätigkeit durch eine höhere Leistungsbereitschaft und tatsächlich höhere Leistungen aus als jene, die ihre Fähigkeiten und Interessen in ihrer konkreten Tätigkeit nicht voll entfalten können. Letztere geben sich deutlich häufiger mit bloßer Normerfüllung zufrieden. Ähnlich verhält es sich mit qualitativen Leistungserfordernissen. Bemühungen um leichtere, schnellere und billigere Arbeitsvollzüge – ein grundlegendes Erfordernis unserer Zeit – zeigen häufiger jene Werktätigen, die Tätigkeiten mit großer Anforderungsvielfalt und breitem Entscheidungsspielraum ausführen. Arbeitspsychologische Hypothesen gehen schließlich davon aus, daß „unterfordernde, einförmig-gleichbleibende Arbeitsaufgaben, welche gleichzeitig keine Möglichkeiten zur völligen gedanklichen Abwendung bieten, bei langfristiger Wirkung Seiten der Persönlichkeitsentwicklung hemmen können" (HACKER 1973, S. 423).

Natürlich sind diese Zusammenhänge nicht direkt kausal bestimmt; zumeist liegen mehrfache Vermittlungen vor. Einen wichtigen Stellenwert besitzen hierbei u. a. die Bildungsvoraussetzungen und die daraus objektiv resultierenden unterschiedlichen Einsatzmöglichkeiten im betrieblichen Arbeitsprozeß sowie die damit verknüpften differenzierten subjektiven Fähigkeiten, Interessen, Erwartungen und Ansprüche der Werktätigen an ihre Arbeitstätigkeit. So kann sich ein Werktätiger mit relativ niedrigem Bildungsabschluß (8. Klasse oder darunter), dem demzufolge weitgehend nur Tätigkeiten offenstehen, die mehr durch körperliche Anforderungen und gleichförmige Abläufe als durch geistig-schöpferisch anspruchsvolle Inhalte gekennzeichnet sind, mit dieser Tätigkeit durchaus identifizieren, mit ihr „zufrieden" sein. Es sind nicht die angeführten materiellen und ideellen Bedingungen der Tätigkeit im Betrieb „an sich", die die Persönlichkeitsentwicklung mitbestimmen. Ihr Einfluß kommt stets durch die Reflexion dieser Bedingungen durch die Werktätigen auf der Basis ihrer bereits vorhandenen Fähigkeiten, Wertorientierungen, Interessen, Bedürfnisse und Motive zustande. Dennoch ist gegenwärtig noch nicht auszuschließen, daß eine Reihe von Arbeitstätigkeiten inhaltliche Merkmale aufweisen, die trotz möglicher individueller Zufriedenheit und Identifikation nicht befriedigend die Entwicklung der Persönlichkeit der Werktätigen befördern und erst schrittweise im weiteren Verlauf der Entwicklung der sozialistischen Gesellschaft überwunden werden können. Neue Fragen entstehen in diesem Zusammenhang mit der Einführung von rechnergestützter Konstruktion und Produktion (CAD-CAM). Die arbeitsfunktionellen Beanspruchungen verändern sich sichtbar. Hohe fachliche Qualifikation und schöpferische Tätigkeiten der Werktätigen sind erforderlich, gleichzeitig mindert sich – vor allem in der Produktion – der Handlungsspielraum, teilweise auch die Anforderungsvielfalt. Die Kooperationsnotwendigkeit der Werktätigen untereinander sinkt. Die Bezüge zur Entwicklung der Persönlichkeit, ihres Wissens, ihrer Kreativität, ihrer Identifikation mit der beruflichen Tätigkeit, ihrer Interessen und Motive unter diesen Bedingungen sind gegenwärtig noch nicht genügend erforscht.

Die sozialen Bedingungen und Beziehungen

Die sozialen Bedingungen, die im Betrieb existieren, sind für die Entwicklung der Persönlichkeit von außerordentlicher Bedeutung. Es wurde schon mehrfach deutlich, daß die Menschen im Betrieb nicht nur Sachzwängen in Form von technologischen, technischen und ökonomischen Bedingungen und Anforderungen unterliegen. Ihr arbeitsteiliges Zusammenwirken bedingt auch objektiv *soziale* Kooperation und Kommunikation. Und dort, wo es der Arbeitsprozeß direkt weniger verlangt (vgl. die oben genannte erste Form arbeitsprozeßbedingter Kooperation), aber nicht nur in diesen Fällen, ergeben sich soziale Kontakte z. B. durch die räumliche Nähe im Arbeitsprozeß, in den Pausen, bei den An- und Abfahrten, auf Veranstaltungen, in betriebseigenen Ferienheimen. Sie sind getragen durch die Erkenntnis der Zugehörigkeit zum gleichen Betrieb, womit bestimmte gemeinsame sach-(betriebs-, tätigkeits-) bezogene, aber auch person- und sozialorientierte Interessen verknüpft sind.

Es ergeben sich im Betrieb demzufolge zum einen offizielle soziale Kommunikationsbeziehungen, die eng an die technologischen und betriebsorganisatorischen Strukturen sowie an die Realisierung der betrieblichen Aufgabenstellung gebunden sind (z. B. innerhalb der Arbeitsgruppen, -brigaden, Abteilungen, Schichten, aber auch von Leitern zu den jeweils Untergebenen, innerhalb von Leitungsgremien, Neuerer- und Rationalisatorengruppen usw.). Zum anderen enstehen auf der Grundlage gemeinsamer persönlicher Interessen zwischen verschiedenen Werktätigen vielfältige inoffizielle soziale Kontakt- und Kommunikationsstrukturen.

Die Rolle der sozialen Bedingungen im Betrieb für die Persönlichkeitsentwicklung kann nicht hoch genug veranschlagt werden. Immerhin sind die Werktätigen in der Regel täglich 8 Stunden und länger mit anderen Werktätigen (überwiegend denselben) in einer sozialen Gemeinschaft vereint – und das über Jahre und Jahrzehnte. Aber es ist nicht allein der Zeitfaktor. Die Werktätigen sind nicht zufällig zusammengeschlossen, sondern verfolgen jeweils bestimmte gemeinsame Zwecke und Ziele. Jeder leistet dazu einen individuellen Beitrag, der dem Gesamtziel untergeordnet ist. Ferner werden über die soziale Kooperation und Kommunikation die materiellen und ideellen Sachbedingungen der Arbeitstätigkeit im Betrieb beträchtlich mitvermittelt.

Die Werktätigen setzen sich nicht nur allein individuell mit ihnen auseinander, sondern vor allem im Verein mit den anderen. Von ihnen erfährt der einzelne Orientierungen, Wertungen, Stellungnahmen usw. zu diesen sachlichen Bedingungen, die in sein eigenes Urteil, in sein Denken und Verhalten eingehen. Ferner sind die Werktätigen und ihre Beziehungen untereinander selbst eine Seite der betrieblichen Bedingungen, mit denen der einzelne Werktätige konfrontiert ist. Über die persönlichen Kontakte zu anderen Werktätigen, über die soziale Kooperation und Kommunikation werden solche wichtigen Bedürfnisse und Interessen des Menschen realisiert wie soziale Integration und Geborgenheit, soziale Anerkennung, Solidarität.

Vieles von dieser sozialen Ein- und Unterordnung haben die Werktätigen schon in der Kindheit und in der Schulzeit, vor allem in der sozialen Gemeinschaft der Schulklasse, der Pionier- und Jugendorganisation, aber auch in den Freizeitgruppen erfahren. Die objektiv notwendige sachbezogene Kooperation, die Integration in die Erfüllung von wirklichen *Gruppenzielen,* wie sie als typisch für die Ausbildungs-, vor allem aber für die Arbeitsgruppen im Betrieb auftreten, verleiht der sozialen Kooperation und Kommunikation hier nun eine neue Verbindlichkeit.

Aus der Fülle der sozialen Bedingungen im Betrieb können an dieser Stelle nur zwei näher betrachtet werden, die für die Persönlichkeitsentwicklung der Werktätigen wesentliche Bedeutung besitzen: die sozialen Beziehungen in den Arbeitsgruppen und die zwischen Leitern und Werktätigen.

Worauf beruht die persönlichkeitsformende Wirkung der Ausbildungs- und Arbeitsgruppen im Betrieb (vgl. dazu auch Baustein „Mikrogruppe")?

Arbeitsgruppen werden administrativ nach technologischen und ökonomischen Gesichtspunkten zur Realisierung der Gesamtaufgaben des Betriebes geschaffen (Brigaden, Bereiche, Abteilungen, Schichten o. ä. im unmittelbaren technologischen Prozeß oder Neuererkollektive, zeitweilige Stabs-, Arbeits-, Forschungs- oder Kontrollgruppen). Durch die damit übertragenen Teilaufgaben existieren für die Arbeitsgruppen jeweils eindeutige Zielstellungen, zu deren Verwirklichung jedes Mitglied der Gruppe seinen speziellen Beitrag zu leisten hat. Daraus folgen eine Reihe spezifischer Bedingungen und Konsequenzen, die die besondere Funktion der Arbeitsgruppen für die Persönlichkeitsentwicklung ausmachen.

1. Aus der Realisierung der Arbeitsaufgaben der Gruppe resultiert zwischen den Werktätigen jeweils eine wesentlich engere

„raum-zeitliche Koexistenz" und fachliche sowie soziale Kooperation und Kommunikation als zu den Werktätigen anderer Arbeitsgruppen. Das gegenseitige Zu- oder das Miteinanderarbeiten fördert das Kennenlernen, wodurch wiederum die jeweils spezifischen
individuellen Fähigkeiten, Interessen, Wünsche, Verhaltensweisen
optimaler zur Erfüllung des kollektiven Ziels genutzt werden können. Das stimuliert und aktiviert den einzelnen Werktätigen, prägt
diese oder jene Seiten seines Denkens und Verhaltens weiter aus,
hemmt jene, die nicht auf kollektives Interesse stoßen.

Allerdings ist auf Grund des Arbeitsgegenstandes sowie technologischer Erfordernisse die Kommunikations- und Kooperations-
frequenz in den verschiedenen Arbeitsgruppen teilweise unterschiedlich. Das setzt bestimmte Akzente für den Inhalt und die
Gestaltung der sozialen Beziehungen in den einzelnen Arbeitsgruppen. Fließreihentätigkeit z. B. schränkt die sozialen Kontakte im
Arbeitsprozeß erheblich ein und verlagert sie stärker in den Pau-
sen- und Freizeitbereich. Ähnliches findet man bei Reparatur- und
Instandhaltungsbrigaden, Bau- und Montagekollektiven, in denen
die Arbeitsaufgaben jeweils von einem oder wenigen Werktätigen
relativ isoliert von den anderen erledigt werden. Daraus ergeben
sich anders akzentuierte soziale Bedürfnisse und ihre Realisierung
in der Gruppe als bei solchen Tätigkeiten, die im Arbeitsprozeß
ein unmittelbares kooperatives Miteinander aller oder der Mehrheit der Arbeitsgruppe erfordern. Bei ersteren werden die sozialen
Kontakte stärker aus persönlichen Motiven und Kontaktbedürfnis-
sen abgeleitet, bei letzteren durchdringt das gemeinsame Arbeits-
anliegen deutlicher die Motivierung und Gestaltung der sozialen
Kommunikation. Sozialpsychologische Untersuchungen zeigen, daß
sich Werktätige aus Arbeitsgruppen mit arbeitsbedingten Ge-
sprächskontakten in der Tendenz in diesen Arbeitsgruppen häufiger
sozial wohlfühlen als andere, die nur ab und zu solche Kontakte
realisieren können.

2. Bei den Werktätigen bildet sich – von einzelnen Ausnahmen
abgesehen – in bezug auf die Arbeitsgruppe ein bestimmtes „Wir"-
Bewußtsein, eine Identifikation mit der Gruppe heraus. Man fühlt
sich in ihr als integriertes, anerkanntes Mitglied geborgen. Sie ist
deshalb auch der entscheidende Bereich der individuellen sozialen
Anerkennung. Das Denken, Fühlen, Werten und Verhalten wird
nach den Maßstäben und Belangen der Arbeitsgruppe orientiert.

Tab. 2: *Zusammenhang der objektiv im Arbeitsprozeß möglichen Gesprächskontakte und dem sozialen Wohlfühlen in der Arbeitsgruppe (Angaben in %)*

Möglichkeit bzw. Notwendigkeit von Gesprächskontakten	Wohlfühlen		
	völlig	mit Einschränkungen	kaum bzw. überhaupt nicht
Ständig	33	59	8
Häufig	26	66	8
Ab und zu	21	73	6

Gleichzeitig wirkt aber auch der einzelne Werktätige mehr oder weniger an der weiteren Entwicklung, Präzisierung oder Veränderung dieser Maßstäbe mit.

Dieses „Wir"-Bewußtsein mit seinen angeführten konstituierenden Elementen ist der entscheidende Ansatzpunkt dazu, die Gruppenbeziehungen schrittweise zu sozialistischen Kollektivbeziehungen zu entwickeln. Es geht dabei darum, mit der Gruppe die Ziele, Aufgaben und Normen der sozialistischen Gesellschaft mitverwirklichen zu helfen, das eigene Kollektiv als Bestandteil der großen Gemeinschaft des Betriebes zu sehen und Mitverantwortung für die Verwirklichung ihrer Ziele und Aufgaben zu tragen.

Aber auch hier ergeben sich Differenzierungen, z. B. im Hinblick auf die Größe der Arbeitsgruppe. Sozialpsychologische Untersuchungen verweisen darauf, daß im allgemeinen Arbeitsgruppen mit etwa 10 bis 20 Mitgliedern (abhängig vom Arbeitsgegenstand, vom Niveau der kollektiven Beziehungen und anderen Faktoren) im Hinblick auf eine *gesamtkollektive* Einflußnahme auf die Persönlichkeitsentwicklung am wirksamsten werden. Die Planung und Erfüllung der Arbeitsaufgaben, die Lösung der damit verbundenen technischen und sozialen Fragen, Prozesse und Probleme können noch sinnvoll im Rahmen der gesamten Gruppe erfolgen, jeder hat noch mit jedem nahezu die gleichen Kommunikations- und Kooperationsmöglichkeiten. Dadurch existieren außerordentlich günstige Bedingungen für gegenseitige, durch die Belange der Gruppe stimulierte und auf sie orientierte erzieherische Einflüsse. Bei zahlenmäßig größeren, aber auch kleineren Arbeitsgruppen gestalten sich diese Bedingungen partiell weniger günstig.

3. In den Arbeitsgruppen, -brigaden, -abteilungen usw. existieren kollektive Maßstäbe, Normen, Richtlinien, Gewohnheiten, Traditionen usw., die die Hauptprinzipien des Arbeitens und Lebens der Gruppe bestimmen. Ihre Ableitung erfolgt aus den allgemeinen Orientierungen und Prämissen unserer Gesellschaft bzw. aus entsprechenden gesetzlichen Festlegungen und Verlautbarungen. Sie sind zum Teil durch den Betrieb offiziell vorgegeben und/oder werden von den Leitern der Arbeitsgruppen zielgerichtet der Gruppe unterbreitet. Darüber hinaus bilden sich allmählich gruppenspezifische Normen und Regeln heraus auf Grund sachlich-fachlicher oder sozialer Erfahrungen, die die Werktätigen in den Gruppen bei der Gestaltung der innerkollektiven Beziehungen oder durch die Kommunikation mit kollektiv-äußeren Bedingungen, mit der Betriebsöffentlichkeit gewonnen haben. Leitungserfahrungen wie auch sozialpsychologische Untersuchungen verweisen darauf, daß die Herausbildung solcher gruppenspezifischer Normen und Regeln sowie ihre allgemeine Verbindlichkeit im allgemeinen etwa bis zu 2 Jahren nach Gründung der Arbeitsgruppe in Anspruch nimmt. Sie sind von beträchtlicher denk- und verhaltensorientierender, also persönlichkeitsformender Relevanz, hängt doch von ihrer Respektierung die soziale Anerkennung in der und durch die Gruppe ab. Ihre Ausprägung kann weder allein als gruppeninterner Vorgang angesehen werden, noch der Spontanität überlassen bleiben. Die Herausbildung, Vertiefung und Weiterentwicklung solcher Normen und Traditionen fordert die Mitverantwortung durch die staatlichen Leitungen und gesellschaftlichen Organisationen des Betriebes. Entscheidende Vermittler dieser Gruppennormen sind meist die älteren bzw. langjährigen Gruppenmitglieder.

Neue Bedingungen im Hinblick auf die soziale Geborgenheit im Kollektiv ergeben sich mit der weiteren sozialistischen Rationalisierung. In ihrem Verlauf werden notwendigerweise Arbeitsplätze eingespart, den Werktätigen neue Arbeitsaufgaben übertragen. Damit ist oft ein Wechsel des Arbeitskollektivs verbunden. Neue soziale Integration und Identifikation ist für den einzelnen notwendig. Hier wird die Bedeutung der Herausbildung sozialistischer

Kollektivbeziehungen nachhaltig unterstrichen. Die feste Erkenntnis der Einordnung des eigenen Kollektivs, der eigenen Person in die Belange des gesamten Betriebes kann die wenig angenehm empfundene Trennung vom bisherigen Kollektiv und seinen Angehörigen überwinden helfen. Neue Normen und Maßstäbe in den Arbeitskollektiven sind in dieser Hinsicht zu entwickeln. Damit bilden sich auch neue Persönlichkeitsmerkmale heraus, wie z. B. das Bewußtsein der Verantwortung für das Ganze.

4. Die Arbeitsgruppen bzw. -kollektive bilden den organisatorischen Rahmen für den sozialistischen Wettbewerb. Eindeutig kommen hier die gesellschaftlichen Verhältnisse zum Ausdruck. Das Wetteifern der Werktätigen erfolgt nicht wie in den Ausbeutergesellschaften in Konkurrenz zu den anderen, sondern im Zusammenwirken mit ihnen bei der Erfüllung selbstgesteckter Aufgaben und Ziele. Konsequent verwirklicht fördert er solche Denk- und Verhaltensweisen wie Solidarität, gegenseitiges Verantwortungsgefühl, Uneigennützigkeit u. ä. Die Prüfung der Leistungen jedes einzelnen bei der Realisierung der Zielstellung hilft solche Persönlichkeitsmerkmale wie Kritik und Selbstkritik, Offenheit herauszubilden. Die gegenseitige Hilfe führt darüber hinaus zur weiteren Ausprägung der jeweiligen Kenntnisse, Fähigkeiten und Fertigkeiten. Allerdings wirkt der sozialistische Wettbewerb nicht spontan. Immerhin handelt es sich um komplizierte Prozesse der Denk- und Verhaltensentwicklung von Menschen. Das Streben z. B. nach sozialer Anerkennung im Kollektiv muß sich verbinden mit dem Interesse der Förderung und Unterstützung anderer, wobei letzteres unter Umständen auf Kosten des ersteren erfolgt. Hier ist zugleich eine gezielte ideologische und erzieherische Einflußnahme durch die Kollektivangehörigen untereinander sowie durch den Leiter und die gesellschaftlichen Kräfte notwendig.

5. Die Bewertung der Leistungen und des Verhaltens der Werktätigen in der und durch die Arbeitsgruppe schließlich ist von außerordentlicher sozialer Wirksamkeit. Die große Mehrheit der Werktätigen bejaht vorbehaltlos die Notwendigkeit und Berechtigung der Bewertung ihres Könnens und Verhaltens durch die Arbeitsgruppe. Sie sind daran interessiert, denn damit werden wichtige Orientierungen für künftiges Verhalten gegeben, findet ihr Denken und Tun Anerkennung oder auch Mißbilligung. Beides jedoch vertieft die Erkenntnis der Zugehörigkeit zur Gruppe, (vor-

ausgesetzt natürlich, daß das im Interesse des Werktätigen liegt) und verstärkt die erzieherische Relevanz des kollektiven Urteils.

Eine wichtige Funktion bei der Gestaltung dieser kollektiven und damit persönlichkeitsdeterminierenden Prozesse haben die *Leiter* der Arbeitsbrigaden, -abteilungen, -gruppen usw., aber nicht nur hierfür. Als Verantwortliche für die Organisierung, Sicherung und Leitung bestimmter Teilabschnitte des betrieblichen Reproduktions- und Produktionsprozesses sind sie dem einzelnen Werktätigen gegenüber direkt weisungsberechtigt. Mit diesem sachlichen Vorgesetzten-Untergebenen-Verhältnis bilden sich auch sozial personale Beziehungen zwischen den Werktätigen und ihren Leitern heraus. Natürlich sind auch hier die gesellschaftlichen Bedingungen ausschlaggebend. Der Leiter ist nicht Vertreter privatkapitalistischer Eigentümer, Vollstrecker von Ausbeutungsverhältnissen, sondern Beauftragter der sozialistischen Gesellschaft, die ökonomischen Prozesse in seinem Bereich im gesellschaftlichen Interesse optimal zu leiten. Das erfordert zugleich die Führung von Menschen, die wiederum als Produzenten und sozialistische Miteigentümer eine objektiv andere Stellung in den ökonomischen Prozessen einnehmen, Mitverantwortung für die Leitung, Planung und Verwirklichung der betrieblichen Aufgaben tragen. Das stellt den sozialistischen Leiter vor spezifische Leitungsaufgaben. Die sozialpersonalen Beziehungen zwischen Leiter und Werktätigen sind von nicht zu unterschätzender Bedeutung für die Identifikation des Werktätigen mit der Tätigkeit, dem Kollektiv, dem gesamten Betrieb. Sie bedingen sein soziales Wohlfühlen wesentlich und verstärken bzw. hemmen die persönlichkeitsfördernden Einflüsse, die von den materiellen und ideellen Seiten des Betriebes ausgehen oder führen unter Umständen zu den gesellschaftlichen Erziehungszielen des Sozialismus wenig adäquaten Denk- und Verhaltensweisen, wie Anpassung, Unterwürfigkeit u. ä.

Wie wichtig soziales Wohlfühlen auch im Verhältnis zu den Leitern für die Werktätigen ist, wird z. B. dadurch unterstrichen, daß ein nicht geringer Anteil derjenigen Werktätigen, die den Betrieb verlassen, das mit Konflikten mit dem oder den Leitern begründen, junge Werktätige häufiger als ältere, weibliche mehr als männliche.

Sozialpsychologische Untersuchungen belegen immer wieder, daß vor allem folgende Verhaltensweisen und Eigenschaften des Leiters zu konstruktiven, von gegenseitiger Achtung und wechselseitigem Vertrauen erfüllten Beziehungen zwischen ihm und den Werktätigen beitragen:

- gründliche fachliche Kenntnisse und Erfahrungen,
- Entscheidungsfreudigkeit und Konsequenz bei der Realisierung von Entscheidungen,
- klare und eindeutige politisch-ideologische Haltung zum sozialistischen Staat, zur sozialistischen Gesellschaftsordnung,
- differenzierte Kenntnis und Nutzung der individuellen Fähigkeiten, Neigungen, Interessen, Wünsche der Werktätigen bei der Erfüllung der Arbeitsaufgaben,
- persönliches Vorbild, d. h. die Übereinstimmung von Wort und Tat sowohl im persönlichen Verhalten als auch in den Führungs- und Leitungsprozessen,
- Beratung, Konsultation, Gedankenaustausch mit den unterstellten Werktätigen bei der Vorbereitung von Entscheidungen und Urteilen, die das gesamte Arbeitskollektiv oder auch nur einzelne Werktätige betreffen.

Abschließend soll nochmals hervorgehoben werden: Alle diese materiellen, ideellen und sozialen Bedingungen, mit denen die Werktätigen im Betrieb konfrontiert werden, wirken nicht „einfach auf sie ein". Ihr Denken und Verhalten wird nicht schlechthin von diesen Bedingungen „geprägt". Vielmehr treten die Werktätigen aktiv, als handelnde, als lernende und arbeitende Subjekte mit diesen Bedingungen in Wechselwirkung. Sie verinnerlichen sie individuell spezifisch und verändern sie als handelnde Subjekte auf Grund ihrer bereits ausgeprägten Denk- und Verhaltensweisen, ihrer Interessen, Bedürfnisse, Motive, die dadurch weiter entwikkelt, verändert, akzentuiert werden, ein Vorgang, der kurz gesagt, die Entwicklung der Persönlichkeit kennzeichnet.

Die Ehe als Zweierbeziehung

Arnold Pinther

Zur Spezifik der Ehe

Mit der Thematik Ehe und ihren Problemen beschäftigen sich viele Wissenschaften, z. B. Sozialhygiene, Sexuologie, Geschichte, Kulturgeschichte, Rechtswissenschaften, Pädagogik, Soziologie, Entwicklungs-, Persönlichkeits- und Sozialpsychologie. Die institutionellen Unterschiede weisen einesteils auf eine gewisse und notwendige Heterogenität der Erforschung hin, andererseits sind sie auf ein gemeinsames Ziel – die Förderung und Erhaltung der Partnerschaft von Mann und Frau – gerichtet. Fragen, die sich mit der Ehe befassen, spiegeln demzufolge das sehr komplexe und zugleich differenzierte Phänomen der Zweierbeziehung zwischen Mann und Frau wider. Durchschnittlich vergehen etwa drei bis vier Jahre, bis aus der Ehe eine Familie wird. Diese ersten Ehejahre bilden entscheidende Voraussetzungen für die Gestaltung und das Gelingen des späteren Familienlebens.

In dieser Betrachtung geht es deshalb ausschließlich um diese Zweierbeziehung – also die Paargemeinschaft der kinderlosen Ehe bzw. um die auf eheähnliche Beziehungen orientierten Lebensgemeinschaften ohne Kinder.[1]

Unter soziologischem und sozialpsychologischem Aspekt ist es legitim, die Ehe dem System kleiner sozialer Gruppen zuzuord-

---

[1] Mit der freien Entscheidung über die Formen des Zusammenlebens entstehen heute manche Partnerschaften ohne Heiratsurkunde. Jedoch deutet vieles darauf hin, daß es sich dabei nicht um eine alternative Entscheidung handelt, sondern häufig um Vorformen oder Übergangsformen zu Ehe und Familie. Der Charakter der sozio-emotionalen Beziehungen solcher Partnerschaften unterscheidet sich nicht prinzipiell von dem ehelicher oder familiärer Bindungen. Wir sind uns aber der Problematik solcher Gleichsetzungen bewußt, insbesondere was die unterschiedlichen rechtlichen Positionen zwischen Familie und Lebensgemeinschaft betrifft.

nen, denn in ihr herrschen – wie in anderen solcher Einheiten – Wechselseitigkeit der Beziehungen, Informationsaustausch untereinander und mit Ausschnitten der gesellschaftlichen und natürlichen Umwelt vor; auch lebt sie von gemeinsamen Zielsetzungen, gestaltet sich in Form von Aktion und Reaktion, zeigt Stabilität und Dynamik. Die Ehe entspricht zugleich weiteren wesentlichen Kriterien der Mikrogruppe, wenngleich das Merkmal „differenzierte Binnenstruktur" bei der Paargemeinschaft logischerweise entfällt. Zutreffend sind aber Dauerhaftigkeit, unmittelbare soziale Kommunikation, hohe Zahl gemeinschaftlicher Aktionen (Kooperation), großer Ertrag gemeinsamer Erfahrungen, dabei Interaktionen (wechselseitige Einwirkung und Steuerung der Kontaktpartner) mit Belohnungseffekt, Motivbefriedigung und gegenseitige Sympathie, außerdem auch Herausbildung spezifischer Normen, Regeln, moralischer Verpflichtungen und Rituale. Dies alles unter dem Einfluß und abhängig vom Stand der Gesellschaftsformation und ihrem Entwicklungsniveau. Skizzenhaft sollen nun Merkmale der *Ehe als soziale Institution mit mehreren speziellen Funktionen* dargestellt werden.

– Ein Hauptmerkmal der Ehe als Zweierbeziehung besteht darin, daß sie auf der Grundlage einer (heute) freien und freiwilligen beiderseitigen Partnerwahl bzw. Partnerfindung entstanden ist. Sie ist eine auf Dauer konzipierte, wechselseitig partnerorientierte Gemeinschaft erwachsener Personen unterschiedlichen Geschlechts.

– Die Beständigkeit der Beziehungen wird durch die Bedingung unterstützt, daß Ehepartner im allgemeinen fast immer (mit Ausnahme der Berufsarbeit) zusammen sind und zusammen leben.

– Eine weitere Spezifik besteht darin, daß die Ehe – mehr als jede andere soziale Verbindung – die Bedürfnisse nach Intimität und Zuwendung erfüllt und daß sich diese an jenen richten, der gleichzeitig der Sexualpartner ist. Hierbei steht die „Monopolisierung" des Geschlechtsverkehrs und die mit ihr verbundene Erleichterung der geschlechtlichen Beziehungen im Vordergrund. Die eheliche Sexualität hat starke ehebindende Funktionen.

– Fürsorge, Verständnis, praktische Hilfe füreinander, dabei Bereicherung des Selbstwertgefühls sind (neben der Erfüllung des Kinderwunsches) der Selbstzweck der Ehe. So geschieht eine Vielzahl von Handlungen um der Partnerschaft willen. Das Bestreben nach Beständigkeit des Paarverbandes wird im Treueverhalten realisiert; dies verleiht Glauben an die Verläßlichkeit des anderen, an seine Berechenbarkeit.

– In der Ehe verbinden mehr gemeinsame Bedingungen die Partner als in anderen kleinen sozialen Gemeinschaften (Freizeit, Wohnung, Haushalt, ökonomische Interessen, politische Grundwerte und -ziele, kulturelle Ambitionen und Besitzobjekte u. a.).

Daraus folgt, daß sich die Ehe als Zweierbeziehung auch im Hinblick auf die Bewertung und Verwirklichung vielschichtigster Bedürfnisse stark heraushebt.

– Die Ehe fungiert meist als Zentrum sozialer Rekreation (Wiedergewinnung der geistigen und körperlichen Spannkraft), also der Entspannung wie der Anregung. Denn das Eheleben an sich und die Qualität der Partnerbeziehungen insbesondere können Ventilfunktionen wahrnehmen, um Belastungen aus anderen Bereichen zu absorbieren, negative Erlebnisse zu kompensieren, außerhäusliche Beanspruchungen zu mindern. Sozialtherapeutisch wäre hier vor allem der „Trosteffekt" hervorzuheben. Gleichermaßen aber sind die Partnerbeziehungen soziales Anregungspotential für die Motivierung mannigfacher Ziele und Tätigkeiten.

– Im allgemeinen kann davon ausgegangen werden, daß in der Ehe eine einzigartige intime Kommunikation vorherrscht. Sie gestattet somit, emotionale Regungen zu artikulieren und zu realisieren, Affekte freizulegen, welche anderswo gemeinhin unterdrückt werden (müssen). Hinzu treten die für jedes Paar im einzelnen geltenden und im Verlauf der Ehe entwickelten partnerbindenden Rituale, Traditionen, Gepflogenheiten, z. B. die Rhythmisierung des Tagesablaufes, das abendliche Gespräch, Einschlaf- und Weckzärtlichkeiten, der Wochenendspaziergang.

– In Zweiergemeinschaften wird die besondere Individualität der Partner nicht nur wahrgenommen, sondern ausdrücklich gewünscht und akzeptiert. Hier steht die Totalität der Person, weniger dagegen die Spezialität des Partners für bestimmte Funktionen im Vordergrund. Im Mittelpunkt ehelicher Beziehungen steht die Persönlichkeit des anderen als Ganzes, zugleich das Bestreben, die Wir-Befindlichkeit zu erhalten oder zu erhöhen.

– Ein weiteres Merkmal ist die Dialektik zwischen Selbständigkeit und Abhängigkeit der Partner, zwischen „Selbstverwirklichung als Ehe" (Willi 1982), zwischen Partnerbindung und Beibehalten der Selbständigkeit.

– Gleichsinnigkeit ebenso wie Widersprüche in der Ehe werden durch eine Vielzahl von Ausdrucksmitteln und -möglichkeiten der Partner sehr schnell erkennbar. Wegen des starken Bedarfs an Einvernehmlichkeit, Identität und Gleichwertigkeit im Selbstgefühl werden Sanktionen (positive oder negative Bewertungen im Sinne von Bestätigungen oder Zurückweisungen) in sehr spezieller Form gegeben und angenommen.

Die für die Ehe genannten Merkmale, Bedingungen und mit ihnen verbundenen Interaktionen sind demzufolge sehr reichhaltig. Sozialpsychologisch haben sie deshalb eine begünstigende Wirkung auf die partnerschaftliche Kohäsion.

– Umweltoffenheit der Partner, ausgelöst durch Auseinandersetzungen mit der gesellschaftlichen Umwelt, durch Wertungen der Umwelteinflüsse und realisiert in mannigfachen Umweltbezügen, wird in der Ehe durch die Spezifik der Partnerbeziehungen „gefiltert" und in ein gemeinschaftliches Wertesystem gebracht. Damit wird die Ehe auch Ausgangspunkt vieler übergreifender gemeinsamer Motivationen und Handlungen der Partner in der und für die Gesellschaft.

Mit dem letztgenannten Merkmal soll die spezifische Wechselwirkung zwischen Binnen- und Außenbeziehungen angedeutet werden. Die Ehe und die Qualität der Ehebeziehungen existieren nicht in zeitlosem oder wertfreiem Zustand. Damit wird die Gesellschaftsbedingtheit der Institution Ehe hervorgehoben.

Zur Gesellschaftsbedingtheit der Ehe (ein knapper Exkurs)
Die Inhalte der Ehebeziehungen sind historisch determiniert. Geschichte und Kulturgeschichte liefern mannigfache Beispiele für den Zusammenhang und die Abhängigkeit zwischen dem Stand der allgemeinen gesellschaftlichen Entwicklung, der Entwicklung sozialer Verhältnisse, den Überbauerscheinungen und ihnen entsprechenden Moralnormen und den Normen und Inhalten der Paarbeziehungen. Hier kann auf Engels verwiesen werden, der die Funktion der Monogamie im Zusammenhang mit der Herausbildung des Privateigentums als historische Erscheinung erkannte, zugleich aber betonte, daß sich mit der Beseitigung des Privateigentums neue Züge in der Entwicklung der Monogamie, nämlich die „individuelle Geschlechtsliebe", herausbilden würden (MEW, Bd. 21, S. 78).

In dieser Hinsicht hat die sozialistische Revolution (im Gefolge des Aufbaus der neuen Gesellschaft) in der DDR eine Umwälzung der Anschauungen über eheliche (vor allem auch sexuelle) Beziehungen hervorgebracht.

Mit der Durchsetzung der Ideologie der Arbeiterklasse und der Gestaltung sozialistischer Beziehungen auf der Grundlage sozialistischer Eigentumsverhältnisse bildeten und bilden sich auch Merkmale einer der sozialistischen Lebensweise entsprechenden Partnerbeziehung in der Ehe heraus. Sie unterscheiden sich – gegenüber bürgerlichen Auffassungen und Praktiken – durch die allgemeine Aufhebung der Unterordnung der Frau, welche konventionell am patriarchalischen Selbstverständnis des Mannes orientiert war. Sie zeigten und zeigen sich im Abklingen bzw. Verschwinden der Benachteiligung der Frau in der Ehe (die juristisch allerdings völlig gleichgestellt ist). Das sozialistische Bildungssystem brachte für Mann und Frau gleichhohe Bildung und entsprechende Ansprüche mit sich.

Mit dem hohen Bildungsniveau, der steigenden gesellschaftlichen Interessiertheit und Engagiertheit von Mann und Frau, der Orientiertheit auf und der Hinwendung zur Gleichberechtigung stiegen gegenseitige Erwartungen und Wünsche an die Qualitäten partnerschaftlichen Verhaltens. Die Anforderungen an Ehepartnerschaft wurden subtiler und differenzierter. Das Selbstbewußtsein der Frau, ihre berufliche Emanzipation machten sie unabhängiger von einem Partner, der als Ehegefährte nicht ihren Vorstellungen entspricht. Ein Ausdruck dessen ist – im negativen Bereich der Ehebeziehungen –, daß Scheidungsbegehren heute mit etwa Zweidrittelmehrheit durch Frauen beantragt werden. Auch die Erwartungen der Männer änderten sich. Deren Partnerwunschbild richtet sich heute weit mehr als früher auf die beruflich tüchtige Frau, aber viel weniger auf die Nur-Hausfrau. Im Wunschbild beider Geschlechter stehen mehr denn je Kinderliebe und Aufgeschlossenheit zu den Grundfragen unserer gesellschaftlichen Entwicklung. „Auch in den Beziehungen von Mensch zu Mensch, zwischen Frau und Mann, revolutionieren sich Gefühle und Gedanken" (Lenin).

Mit den genannten, allerdings allgemeinsten Bedingungen und Voraussetzungen sind die Möglichkeiten für eine neue Art der Partnerschaft gegeben. Sie bilden den Rahmen für höhere Qualitäten sozialer Beziehungen in der Ehe, wirken beispielsweise auf sehr konkrete Erwartungen an Mitbeteiligung, Mitentscheidung, an bejahende unverbildete unverkrampfte Sexualität. Hinzu treten die in den außerhäuslichen Bereichen und Bezugsgruppen der Eheleute erworbenen Erfahrungen über soziales Miteinander, oft auch Informationen über Partnerbeziehungen anderer, Orientierungen über die Lösung sozialpersonaler oder ökonomischer Fragen zwischen Eheleuten u. a. m.

Solche Werte, Erfahrungen und Erwartungen werden durch die Partner in die Ehe eingebracht und setzen gegebenenfalls Impulse zur Entwicklung der Ehe als Ganzes oder zur Veränderung des individuellen Partnerverhaltens. Das schließt Störfaktoren nicht aus, die den Alltag der Ehe beeinflussen können, beispielsweise negative Wertungen der Ehe aus Kreisen der Arbeitskollektive, sich verändernde Arbeitsinhalte oder Arbeitszeiten im Gefolge der technischen Revolution, sich verändernde Bedürfnisse im Hinblick auf größere Anschaffungen oder modische Kleidung oder im Genußmittelkonsum. Viele Umwelteinflüsse und Umweltbezüge werden aber – bei allen individuellen Voraussetzungen und Unterschieden – auch in das „innere System der Zweiergruppe" übersetzt, worauf gemeinsame Reaktionen der Partner, eine gemeinsame „Sprache", gemeinsame Wertungen und Urteile sowie eine beiderseitig hohe Zustimmung und Bereitschaft zur Weiterqualifizierung hinweisen. Dies ist Ergebnis hoher Identifikation mit dem anderen, Resultat der Entwicklung einer relativ dauerhaften paarspezifischen Interaktion wie auch der Wechselwirkung zwischen Gesellschaft und Individuum. Die Qualitäten zwischenmenschlicher Beziehungen sind also Bedingung wie auch Ergebnis der Veränderung der im sozialen Verkehr stehenden bzw. beteiligten Individuen.

Entwicklungsaspekte der Partnerbeziehungen

Besonders in der Ehe sind die Partner bestrebt, ihre spezifischen Bedürfnisse zu artikulieren und *diese gegenseitig zu erfüllen.* Insofern kann bei ihnen von begünstigenden Voraussetzungen für die weitere Ehe- und zugleich Persönlichkeitsentwicklung ausgegangen werden.

Dabei ist das Verhalten jedes einzelnen Partners zunächst wesentlich determiniert von seiner Vorgeschichte, d. h., jeder bringt seine in der Vergangenheit erlernten, erworbenen Verhaltensweisen und Erwartungen ein, bei der allerdings schon durch den Prozeß der Partnerwahl allzu extreme Persönlichkeitszüge eliminiert wurden. Doch wird – allmählich und meist sich verstärkend – das Verhalten des einen auch durch das Verhalten des anderen Partners mitbestimmt, welches wiederum durch dessen Vorgeschichte in der Persönlichkeit manifest wurde. So vollziehen sich Interaktionen und Persönlichkeitsentwicklung auf dem Hintergrund früher erworbener Persönlichkeitszüge und des Partnerschaftsverhältnisses „heute".

Von Ehebeginn an besteht die Absicht, feste Vereinbarungen für bestimmte Lebensziele und Lebensstile zu treffen. Dieses Bedürfnis nach Übereinstimmung fördert die gegenseitige Abstimmung, fordert und fördert Verläßlichkeit:

– Die Partner bemühen sich, die Attraktivität, die sie füreinander haben (hatten), beizubehalten. Das geschieht durch Anpassung, insbesondere aber auch durch das Einbringen neuer Aspekte, durch die Berücksichtigung des Bedarfs nach Abwechslung, durch Abkehr von verschlissenen Gewohnheiten, die den Reiz des Neuen nicht mehr tragen.

– Die Partner streben danach, die Dauerhaftigkeit ihrer Beziehungen durch Merkmale der Stabilisierung, vor allem durch Übereinkünfte, Vereinbarungen über beiderseitige Aktivitäten oder durch dem Partner zugestandene Kompetenzen zu stützen.

– Die Partner sind bestrebt, sich selbst und dem anderen lustvolle sexuelle Befriedigung zuteil werden zu lassen, ihre sexuelle Attraktivität für den anderen zu erhalten oder weiterzuentwickeln, sexuelle Regungen partneradäquat zu signalisieren (untersetzt mit liebevollem Umgangston und entsprechender Gestik). Sie erwarten allgemein gleichsinniges geschlechtliches Begehren. Dieser (zugestanden ideale) Zustand wird einerseits über die Gesamtheit der Ehebeziehungen beeinflußt, andererseits trägt er sehr entscheidend zur Harmonisierung der Ehe bei.

– Die Weiterentwicklung der Partner wird mittels Sanktionen gefördert. Erwünschtes Verhalten wird durch Verstärkung der Zuwendung, unerwünschtes durch dämpfendes Verhalten gesteuert. Liebeszuwendung und Liebesentzug haben enorm hohe Bedeutsamkeit für die Ehepartner und ihr soziales Verhalten gegenüber dem anderen; oft fungieren sie auch als Verstärker weiterer begleitender sozialer Sanktionen.

– Interaktionsmuster entwickeln sich nicht allein durch Sanktionierungen, sondern ebenso durch gegenseitiges Informieren, Werten, Vermitteln bestimmter Fertigkeiten, durch Zeichen gegenseitiger Solidarität, durch Ergänzung des anderen oder Unterstützung in Belastungssituationen, überhaupt durch viele soziale Erfahrungen. Die Nähe und Enge der Partnerschaft begünstigt diese Prozesse der Persönlichkeitsentwicklung.

Diese skizzenhafte Darstellung muß notwendigerweise sehr abstrakt und unvollständig bleiben. In Wirklichkeit sind die Bedingungen und Faktoren zur Persönlichkeitsentwicklung der Ehepartner weitaus differenzierter, vielschichtiger, meist aber stark emotional besetzt. Zur näheren Darstellung weiterer Punkte bieten sich Aspekte der sozialen Kommunikation zwischen Eheleuten an.

Aspekte der Partnerkommunikation
Kommunikation (Gedanken- und Informationsaustausch) gehört in der Ehe mit zu den wichtigsten und sensibelsten Kriterien von Ehebeziehungen.

In die eheliche Kommunikation gehen allgemein viel stärker Gefühle und Erwartungen ein als bei anderen, durch Sachziele verbundenen Personen.

Ihre wesentlichsten Aspekte sind der Austausch von Informationen, oft verbunden mit Wertungen bzw. Urteilen, und von „Botschaften". Eine Besonderheit ehelicher Kommunikation betrifft ihre Spannweite. Es gibt kaum einen Bereich des Alltages, über den in der Ehe nicht gesprochen wird. Eine weitere Besonderheit ist ihr Beziehungsaspekt. Denn wer etwas zum Ehepartner sagt, drückt sehr häufig damit auch sein Verhältnis und zugleich auch seine aktuelle Befindlichkeit aus (Wortwahl, Tonfall, begleitende Gestik). Außerdem begünstigt die Ehesituation auch das Ausmaß und die Möglichkeiten von Gesprächen. Hier haben ja die Partner die Möglichkeit, sich „zu jeder Tages- und Nachtstunde" (Arbeitszeit ausgenommen) zu unterhalten. Das schließt rituelle Formen des Gesprächs (Abendunterhaltung, Mittagsgespräch, Wochenendbilanz) nicht aus.

Kommunikation festigt die Partnerbeziehungen auch durch die Erhöhung des gegenseitigen Informationsbestandes. Sie erzeugt Übereinstimmungen der Wertbeziehungen und Urteile. Allerdings setzt gelungene Kommunikation voraus, sich vom Partner verstanden zu wissen, also eine „gleiche Sprache" zu sprechen wie er.

Diese scheinbare Selbstverständlichkeit wird aber nicht immer realisiert. Das erhöht die Störanfälligkeit der Ehe.

Allgemein gilt: Solange man zusammen ist, kommuniziert man auch. Nach der pragmatischen Kommunikationstheorie von Watzlawick bedeutet dies aber auch, daß selbst Schweigen, Sprachlosigkeit Signale der eigenen Befindlichkeit oder der Wertung des anderen sein können – ebenso wie verbale Kommunikation.

Dabei ist Kommunikation nicht das einzige Verständigungsmittel. Auch andere Formen, z. B. Blumen im Zimmer, Bilder, eine brennende Kerze, eine festliche Tafel können in dieser Weise wirken. Diese symbolischen Interaktionen, die gleichfalls den Charakter von Signalen tragen oder andere Signale verstärken, haben in vielen Ehen große partnerbindende Wirkung.

Eine produktive Kommunikation verlangt, das Ausmaß des erforderlichen persönlichen Freiraumes der Gedanken nicht zu dezimieren. Erwartete Hyperidentifizierung durch völlige Übereinstimmung würde der erforderlichen Dynamik der Beziehungen nur schaden. Notwendig ist deshalb, daß sich Kommunikation einerseits zwischen Eheleuten auf der Basis der Wir-Zentrierung, des Partnerverständnisses, des Verantwortungsgefühls für den anderen und für beide vollzieht, andererseits im Sinne der Persönlichkeitsentwicklung auch Autonomie beachtet, Selbständigkeit anerkennt, Eigenentscheidung berücksichtigt und fordert. Dieses Wechselspiel von Gebundenheit und Individualität ist an einen Lernprozeß gebunden. Partnerschaftliche Kommunikation in der Ehe erfordert aber auch, zuhören zu können, spüren zu lassen, daß man an der Mitteilung des anderen interessiert ist. Das ist durch und mit dem Zweierkontakt besonders gut zu ermöglichen. Die Voraussetzungen hierfür sind allerdings Eindeutigkeit der Wortwahl und nondominantes Verhalten zueinander.

Das letztliche Erfolgskriterium jeglicher Kommunikation in der Ehe ist, daß beide Gatten einander respektieren, beide beim anderen Qualitäten wissen, die sie schätzen, beide Toleranz zu üben imstande sind und voneinander konstruktives Verhalten erwarten können.

Auch in der Ehe kann man nicht pausenlos kommunizieren, sonst degeneriert die Unterhaltung entweder zum Geschwätz, oder der Partner „schaltet ab". Doch scheint – nach den Erfahrungen der Ehescheidungsanalysen und der Eheforschung – eher ein Mehr an

Kommunikation angebracht, dies insbesondere, weil sich Bedürfnisse, Ansichten und Gewöhnungen durch die wechselnden Anforderungen des Ehelebens ändern.

Veränderungen und Entwicklungsstörungen der Partnerschaft
Keine Ehe bleibt so wie am Tage der Hochzeit oder wie in den ersten Wochen und Monaten. Deshalb ist die Dynamik, die Elastizität und Variabilität der Partnerbeziehungen eine Voraussetzung für ihre Weiterentwicklung. Das Verhalten der Partner wird dabei determiniert durch zunehmende Erfahrungen mit dem anderen, durch weitere soziale Erfahrungen außerhalb der Ehe, durch die die Ehegestaltung begleitenden objektiven Anforderungen und gesellschaftlichen Bedingungen. So liegt es „in der Natur der Sache", daß sich Veränderungen einstellen können, die sich über die gesamte Spannweite von Positiv zu Negativ erstrecken. Solche Veränderungen beeinflussen in der Regel auch den Differenzierungsgrad zwischen erwartetem (Partnerwunschbild) und erlebtem (Partneristbild) Verhalten, nehmen also Einfluß darauf, wie der Partner (jetzt) erlebt wird, und steuern oder bestimmen damit auch eigene Reaktionen ihm gegenüber.

Insofern ist die Veränderung erlebten Partnerverhaltens meist auch Ausdruck veränderter eigener Ansprüche und Wertbeziehungen und nicht nur der Entwicklung und Veränderung des anderen. Untersuchungen im Eheverlauf machen auf unterschiedliche Aspekte des Partnererlebens aufmerksam, zeigten beispielsweise im Zeitraum der ersten sieben Ehejahre Tendenzen, die auf unterschiedliche Entwicklung einzelner (erlebter) Verhaltensweisen hindeuten und zugleich differente Einschätzungen durch Männer und Frauen erkennen ließen. Zur Vereinfachung der Lesbarkeit der folgenden Übersicht wurde nur die jeweils positive Einschätzung dargestellt (Tab. 1).

Hier kann nicht auf Einzelheiten der auszugsweise dargestellten Einschätzung eingegangen werden. Untersuchungsresultate dazu weisen auf folgendes hin:
– Die Ausprägung des Grades an Partnerschaftlichkeit ist rückläufig; die Partner bewerten einander kritischer, die Toleranzschwelle in der Beurteilung des Zusammenlebens scheint herabgesetzt und zum Teil unterschiedlich zu sein.
– In einzelnen Bereichen erfolgen die Partnereinschätzungen nicht

Tab. 1: *Partnerbewertungen nach Ehejahren (Ej.) (Angaben in %)*

Mein Ehepartner ...	Männer bewerten ihre Frauen			Frauen bewerten ihre Männer		
	1. Ej.	4. Ej.	7. Ej.	1. Ej.	4. Ej.	7. Ej.
Läßt mich seine Zuneigung spüren	89	73	73	87	73	68
Ist zu mir freundlich und kameradschaftlich	84	71	59	85	78	58
Hält gegebene Zusagen ein	70	68	64	63	52	42
Nimmt Rücksicht auf meine Interessen und Probleme	60	49	43	58	48	44
Nimmt Anteil an meinen beruflichen Problemen	55	50	54	57	56	54

gleichartig, was auf verschieden entwickelte Verhaltensweisen schließen läßt.

– Alle hier angeführten Partner„eigenschaften" stehen in deutlichem Zusammenhang mit der Gesamtqualität der Eheführung. Damit wird auch evident, daß jene auf Partnerschaftlichkeit zielenden Verhaltensweisen bei der Vorbereitung der Jugend auf die Ehe besonderer Aufmerksamkeit bedürfen.

Die hier deutlich gewordenen Verläufe signalisieren zwar ein Nachlassen von Partnerschaftlichkeit, doch liegen die allermeisten der nun weniger positiv gewordenen Einschätzungen im Bereich *eingeschränkter Zustimmung.* Eine Deformation der jungen Ehen wird damit nicht angezeigt, wohl aber eine Zunahme an Widersprüchlichkeiten und ungelösten Problemen.

Widersprüche im Partnerverhalten sind nicht unnormal; allerdings ist ihre konstruktive Lösung die Voraussetzung dafür, daß eine Partnerschaft nicht verkrustet. Die Erfahrung, soziale Konflikte gemeinsam gelöst zu haben, verleiht mancher Ehe sogar höhere Stabilität.

Spannungszustände, die sich im Eheverlauf einstellen, beeinflussen also nicht zwangsläufig das Gelingen der Ehe.

Wer für die weitere Entwicklung der Ehe stets volle Symmetrie, immer ständige „Balance" erwartet, erliegt Illusionen. Wer allerdings starke Spannungen ungeklärt läßt, zu konstruktiven Lösungen keinen Weg findet, wer zuläßt, daß sich die Widersprüche aufblähen, der verkennt das Entwicklungsprinzip einer haltbaren Zweierbeziehung. Nun ist es aber Tatsache, daß in nicht wenigen Ehen Konflikte entstanden sind, die entweder nicht von den Partnern allein gelöst werden können, oder von ihnen wird keine Lösungsstrategie angestrebt, bzw. der Wille zur Lösung ist bei beiden ungleich stark entwickelt. Auf die Problematik der Konfliktentstehung soll in gebotener Kürze hingewiesen werden. Folgende Konstellationen sind möglich:

– Beide Partner stehen sich nicht mehr „gleichgewichtig" gegenüber. Sie halten sich nicht mehr an den Grundsatz gegenseitigen Gebens und Nehmens: Die Gleichberechtigung ist verletzt. Im Vordergrund steht nicht mehr das gemeinsame Problem des Paares, sondern (nur) das individuelle eines Partners (dominantes Verhalten).

– Positives Verhalten tritt stark zurück gegenüber aversiven Aktionen oder Reaktionen. Wenn überhaupt, so wird das erforderliche Gleichgewicht auf niederer Ebene (Ausgleich durch negative Sanktionen des Betroffenen) wiederhergestellt (Entwertungen der Persönlichkeit).

– Ein Partner oder beide ist/sind unfähig oder unwillig, die Gefühle des anderen zu verstehen oder auch die eigene Befindlichkeit dem anderen deutlich zu machen.

Kritik kann nicht produktiv verarbeitet werden, weil sie entweder unklar, zu wenig konkret ausgesprochen wird oder mißverständlich verarbeitet wird oder überhaupt absichtlich zweideutig angelegt war. (Sie verstehen sich nicht mehr.)

– Der Partnerschaft fehlen neue Anreize und Ziele. Bisher Gewohntes wirkt als Sättigung, blockiert die Beziehungen. Was früher besonders wünschenswert erschien (mit dem anderen zusammenzusein, möglichst oft und lange allein beieinander zu sein), wird jetzt als belastend empfunden, weil vom anderen nichts Attraktives, Anregendes mehr ausgeht. (Ihnen fällt nichts Neues mehr ein.)

– Einer der Partner gibt auf (gibt sich auf), weil er sich dem anderen unterlegen fühlt, sich abgelehnt fühlt, sich überflüssig glaubt und schließlich versucht, durch Nachgeben das Trennende beseitigen zu können (fehlerhafter Kompensationsversuch).

In der Praxis lassen sich viel mehr als die genannten Störquellen auffinden. Zudem sind Konflikte oft hinsichtlich ihrer Entstehung äußerst komplex, dabei differenziert, vielfältig vernetzt und verflochten.

Eine weitere Analyseebene zur Diagnostizierung von Ehestörungen – zugleich nützlich für die Selbsttherapie – legten Obzow und Obzowa zugrunde. Sie unterscheiden nach dem Zustandekommen
– psychologische Diskrepanzen,
– psychophysiologische Diskrepanzen,
– diskrepante Auffassungen von Partnerschaft,
– diskrepante Wertorientierungen und Lebensziele.

Hierzu kurz die wesentlichsten Gedanken dieser Analyseebenen:

Psychologische Disharmonien entwickeln sich hauptsächlich aus unterschiedlich sich herausgebildeten Einstellungen zum Partner und in bezug auf sich selbst. Negative Merkmale sind: unangemessenes Kommunikationsverhalten, darunter absichtliches Verletzen des anderen, befehlen, wortreiche Anschuldigungen oder Klagen, beiderseitiges Schweigen, Zitieren des Sündenregisters des anderen, Reaktionen auf Kritik durch Gegenkritik. In der Regel impliziert dies fehlende Toleranz, unrealistische Erwartungen an den Partner, übersteigerte Besitzansprüche an ihn (oft verbunden mit übersteigerter Eifersucht), aber auch mangelnde Bereitschaft, eigene Schwächen zu erkennen und diese zuzugeben. (Solche Gründe waren auch besonders häufig in den von uns analysierten „Motiven der Trennung junger Ehen" angeführt worden.)

Psychophysiologische Disharmonien drücken sich in Differenzen aus, die entweder aus Temperamentsbesonderheiten resultieren oder (und vor allem) in unterschiedlicher sexueller Appetenz (Überforderung, Unterforderung) sowie in der Störung emotionalerotischer Kontakte ihren Ausdruck finden. (So steht in unseren Eheuntersuchungen die sexuelle Übereinstimmung bzw. Nichtübereinstimmung und unterschiedliche Wunschhäufigkeit von Männern und Frauen nach sexuellen Kontakten in deutlichem Zusammenhang mit der Harmonie der Ehegestaltung.)

Diskrepante Auffassungen von Partnerschaft und Ehe äußern sich in unrealistischer Erwartungshaltung, etwa der Vorstellung von ständiger Übereinstimmung in allen Fragen, unterschiedlicher

Auffassung von Treue, Kompetenzstreitigkeiten wegen mangelhafter Pflichterfüllung, eklatante Verletzung der Gleichberechtigung bei Entscheidungen, Nichtbewältigung der Dialektik zwischen Bindung und Freiheit in den Paarbeziehungen. (Unsere Untersuchungen ergaben: Wer Treue nicht als eine unabdingbare und sehr bedeutsame Voraussetzung für das Glück in der Ehe bewertet, ist häufig Partner gestörter Zweierbeziehungen.)

Nichtübereinstimmung in den Wertorientierungen und Lebenszielen findet ihren Ausdruck in unterschiedlichen Lebensstilen und Lebenszielen, Konflikten wegen der Notwendigkeit oder der Reihenfolge von Anschaffungen, wegen des Umfanges oder der Inhalte von Freizeitunternehmungen, verschiedenartigen Einstellungen zu Weiterbildung, Mode, Kultur, gesunder Lebensweise u. a. (In jungen Ehen steigt die Konflikthäufigkeit mit steigendem Verbrauch von Genußmitteln und mit verengten, einseitigen Freizeitgewohnheiten eines oder beider Partner.)

Lösungsmöglichkeiten für Ehekonflikte
Hier muß vorausgeschickt werden, daß die eigentlichen Bedingungen und Quellen für Konflikte zumeist in den inneren Bedingungen der Partner, bzw. in ihren eigenen Einstellungen und Verhaltensweisen bzw. der Reaktion auf das Verhalten des anderen liegen. Sogenannte objektiv bedingte Konflikte sind selten, meist treten sie applikativ hinzu, kaum aber als ursächliche Spannungsquelle.

Eine elementare Voraussetzung ist die Erkenntnis beider, daß eine Lösung des Konfliktes nur möglich ist, wenn sie sich auf das Gemeinsame, nicht aber auf das Trennende orientieren. Sie müssen zu tragfähigen, aufrichtig erkämpften und *beiderseitig* akzeptierten Einvernehmlichkeiten bereit sein. In diesem Sinne sind auch Vorleistungen für Verhaltensänderungen einzubringen. Jeder muß auf seine Weise zur Verständigung beitragen. Die Auseinandersetzungen sollten sich dabei auf ein konkretes Problem beschränken. Dabei müßte jeder Partner prüfen, an welchem Punkt der Differenz er seinen Anteil hat. Diese Selbstprüfung ist auch erforderlich im Hinblick darauf, wie man Kritik verarbeitet (auch wie der Partner Kritik verarbeitet), ob eventuell Überempfindlichkeiten im Spiele sind.

Nicht nur der Tonfall ist maßgeblich auch für das Austragen von Konflikten, sondern oft die Form, wie die Aussprache eingeleitet wird. Rechthaberei verbietet sich, will man zu Übereinkünften gelangen. Der andere sollte dabei erkennen, daß das Gefühl seines Partners für ihn auch davon abhängt, wie er ihm in der Auseinandersetzung begegnet. Mitunter ist auch eine Selbstbesinnung darauf notwendig, ob man eventuelle „Vorsignale" im Verhalten des anderen – bewußt oder unbewußt – übersehen oder überhört hat. Alles, was für einen Betroffenen bedeutsam erscheint, sollte er auch *sehr persönlich* formulieren, seine Gefühle und Gedanken dazu konkret äußern. Für eine gelungene Kommunikation in Konfliktfällen ist es erforderlich, so zu formulieren, daß man den Partner damit wirklich „erreicht". Der angesprochene Partner müßte erforderlichenfalls auch Rückmeldung darüber abgeben, ob und *wie* er das Mitgeteilte verstanden hat. Bekanntlich hat der Grad, mit dem eine Argumentation einleuchtend erscheint, positiven Einfluß auf den Vorsatz, das eigene Verhalten zu kontrollieren.

Um Ausufern zu vermeiden, müßte der Gedankenaustausch „an der Sache bleiben", deshalb wäre Ausweichen auf Vergangenes zu vermeiden. In vielen Fällen hat es sich als nützlich erwiesen, das Gespräch (bzw. die Meinungsverschiedenheit) zu einem beiderseitig genehmen Zeitpunkt (zu vereinbaren bzw.) stattfinden zu lassen.

Einstellungen – Wertorientierungen

Walter Friedrich

Die Menschen können bekanntlich zu den Gegenständen und Erscheinungen ihrer Umwelt, besonders zu den sozialen Werten, Normen, Anforderungen, zu den Mitmenschen und Gruppen ihrer Gesellschaft, ein sehr unterschiedliches Verhältnis haben.

Das drückt sich aus in der Richtung und Intensität ihrer inneren Wertbeziehungen (Gefühle, Wert-, Bedeutungserleben) sowie in ihrem gesamten verbalen und praktischen Verhalten diesen Umweltobjekten gegenüber.

Auf der Grundlage ihrer sozialen Erfahrung, besonders der gesellschaftlichen Erziehung, bilden sich bei ihnen relativ dauerhafte charakteristische Wertungs- und Verhaltensweisen heraus, die ihr Persönlichkeitsprofil, ihren Charakter kennzeichnen. Das kann jeder an beliebigen Beispielen im Alltagsleben beobachten.

Während viele Schüler gern zur Schule gehen, dort ehrgeizig und fleißig lernen, mangelt es anderen an solchem Schulengagement. Ihre Beziehungen zu speziellen Unterrichtsfächern oder zu Lehrern können ebenfalls recht verschieden sein.

Oder: Während einige unserer Bekannten sportbegeistert und in dieser oder jener Sportart auch aktiv sind, haben andere dafür wenig übrig. Sie bevorzugen andere „Freizeitwerte", gehen vielleicht künstlerischen Hobbys nach, sind mit Qualifizierungs- bzw. anderen beruflichen Arbeiten beschäftigt, sind gesellschaftlich sehr aktiv, gern im Garten tätig oder verbringen ihre Zeit vor dem Fernseher.

Bei näherer Bekanntschaft entpuppt sich so jeder als Individualität, mit eben für ihn charakteristischen (typischen) Wertungs- und Verhaltensweisen. Das Werten und Verhalten der Menschen ist also durch eine (mehr oder weniger ausgeprägte) Gleichförmigkeit und Stabilität gekennzeichnet.

Obwohl die Persönlichkeit zeitlebens Wandlungsprozessen unterliegt, bleiben doch ihre wichtigsten Wertbeziehungen über lange

Zeiträume, oft über das ganze Leben hinweg relativ gleich, teilweise in erstaunlichem Grade stabil. Das betrifft vor allem die Beziehungen zu solch strategischen Wertbereichen wie Weltanschauung, Moral, Arbeit, Politik, Kunst, Familie, d. h. den Kern der persönlichen Lebensphilosophie.

– Wie ist diese Gleichförmigkeit und Stabilität[1] des Wertens bzw. Verhaltens der Persönlichkeit zu erklären?

– Wie entstehen und entwickeln sich solche Erlebens- und Verhaltensweisen?

– Was kann über den zugrunde liegenden psychologischen Mechanismus gesagt werden?

– Welche Methoden der Beeinflussung haben sich als effektiv erwiesen?

Die bürgerliche Sozialpsychologie befaßt sich seit über 50 Jahren ausgiebig mit dieser Thematik. Inzwischen dürften die Zahlen der dazu verfaßten Publikationen und Qualifizierungsarbeiten in die Tausende gehen.

Das sozialpsychologische Einstellungskonzept

Zum Kristallisationspunkt des theoretischen Denkens wurde die Kategorie Einstellung (engl. attitude).

Die Grundidee der Einstellungskonzeption ist relativ einfach. Ausgehend a) von der unbestreitbaren Gleichförmigkeit und Stabilität des sozialen Verhaltens im Leben der Menschen (das trotz wechselnder Situationen zum Ausdruck kommt) und b) von seiner großen interindividuellen Variabilität (die bis zur Einzigartigkeit der Persönlichkeit reicht), muß die Existenz einer speziellen Klasse psychischer Dispositionen angenommen werden. Ohne die hypothetische Voraussetzung einer solchen Disposition kann die Gleichförmigkeit und Stabilität des Verhaltens wie die gesamte Persönlichkeitsentwicklung des Menschen *nicht* erklärt werden. Unter Einstellung wird also eine Klasse psychischer Dispositionen verstanden, die das Werten und Handeln der Menschen, bezogen auf bestimmte Objekte, regulieren.

Diese allgemeine Bestimmung dürfte von den meisten Autoren

---

[1] Gleichförmigkeit und Stabilität darf jedoch nicht als unveränderliche Konstanz aufgefaßt werden. Solche Dispositionen gibt es im menschlichen Wertverhalten nicht.

akzeptiert werden. In der detaillierten Charakteristik von Einstellungen gibt es allerdings bis heute weitaus weniger Übereinstimmung, man hat im Gegenteil den Eindruck, daß der Grundbestand theoretischer Konvention schrumpft, daß wir jedenfalls von einer allgemein anerkannten Einstellungstheorie noch weit entfernt sind.

Die hier vorgestellte Konzeption ist diesem unbefriedigenden Zustand natürlich ebenfalls verhaftet. Sie widerspiegelt *unseren* speziellen Standpunkt und ist in dieser *Relativität* zu sehen. Der Terminus „Einstellung" wird in der Psychologie bereits seit Ende des 19. Jahrhunderts, allerdings mit unterschiedlichem Bedeutungsgehalt, verwendet. Anfangs setzte sich der allgemeinpsychologische Begriff durch. Einstellung wurde als Erwartungshaltung, als unbewußte „determinierende Tendenz", als ein Zustand der Aufmerksamkeit u. ä. interpretiert. Gemeint wurde damit eine selektive Funktion, die sich bei Wahrnehmungs-, Gedächtnis- und Denkprozessen, aber auch beim „Fühlen, Wollen und Handeln, kurz in unserem ganzen Erleben äußert" (MARBE). Also eine sehr weite Begriffsfassung.

Auch der Einstellungsbegriff von USNADSE (1976) ist hier einzuordnen, obgleich Usnadse wichtige neue Aspekte – wie den Zusammenhang der Einstellungen mit dem Bedürfnissystem und mit der sozialen Existenz der Menschen – hinzugefügt hat.

Die sozialpsychologische Einstellungskonzeption ist bedeutend enger. Sie wurde vor allem seit den zwanziger Jahren von Psychologen und Soziologen in den USA ausgearbeitet und erlangte dort bald eine große Popularität.

ALLPORT, ein bekannter USA-Psychologe, bezeichnete den Attitudenbegriff als das „wahrscheinlich bestimmendste und unerläßlichste Konzept... als einen Grundpfeiler im Gebäude der amerikanischen Sozialpsychologie" (1954, S. 15 f.). Obwohl die Zahl der Kritiker in den letzten zwei Jahrzehnten erheblich zugenommen hat, ist die Attitudenkonzeption noch heute „ein sehr zentrales Konzept der Sozialpsychologie" (KRECH und CRUTCHFIELD 1985, S. 56) und wird von den verschiedensten theoretischen Positionen her diskutiert (z. B. behavioristische Verstärkungstheorien, psychoanalytische Konzeptionen und die verschiedensten Modelle kognitiver Konsonanz bzw. Dissonanz).

ALLPORT selbst hat bereits 1935 folgende, von vielen Autoren zitierte Definition gegeben: „Eine Einstellung ist ein geistiger und neuraler, durch die Erfahrung organisierter Bereitschaftszustand, der auf die Reaktion des Individuums auf alle Objekte und Situationen, mit denen sie in Verbindung gebracht wird, einen richtenden und dynamischen Einfluß ausübt" (1954, S. 22).

Wesentliche Charakteristika der Einstellung sind demzufolge:
– Sie ist ein Bereitschaftszustand im Sinne einer Verhaltensdisposition.
– Sie ist auf bestimmte Objekte bzw. Situationen der Umwelt gerichtet.
– Sie ist durch die Erfahrung des Individuums, also durch einen Lernprozeß determiniert.
– Sie besitzt neurophysiologische Grundlagen.
– Sie orientiert und dynamisiert das Verhalten des Individuums.

Das ist eine – gegenüber den damals noch vorherrschenden Trieb- und Instinktlehren sowie den aus dem seelischen Binnenleben herausdeutenden Charakterologien – wirklich progressive, die wissenschaftliche Forschung stimulierende Bestimmung, die man heute mit Recht als klassisch bezeichnen kann.

Empirische Forschungen zur Verbreitung, Entstehung und Änderung von Einstellungen sind in den USA vorwiegend auf nationale und rassische Vorurteile (Stereotypen über Farbige, Juden, Emigrantengruppen), auf Fragen der persönlichen Hygiene, des Rauchens, auf Konsumwünsche und einige politische Streitthemen gerichtet. Die meisten Untersuchungen wurden unter Laborbedingungen arrangiert. Das alles führte verständlicherweise zu gravierenden Lücken, Einseitigkeiten, vor allem aber zu ernsten theoretischen und methodologischen Problemen. Eine ausführliche Darstellung über soziale Einstellungen gibt SCHWARZ, (in: Hiebsch, Vorwerg u. a. 1978).

Einstellung und Realverhalten

Wir können das hier nur an einem Problem veranschaulichen, das seit den sechziger Jahren im Zentrum der Kontroversen zur empirischen Einstellungsforschung steht. Gemeint sind die häufig beklagten nur schwachen Zusammenhänge zwischen den von Personen verbal geäußerten Einstellungen und ihrem praktischen Verhalten im Alltag. Tatsächlich hat sich in vielen Untersuchungen herausgestellt, daß die Übereinstimmung von den im mündlichen Interview bzw. im Fragebogen erfaßten Einstellungen und bestimmten realen Verhaltensweisen nicht sehr hoch ist. „Die Kovariation von gemessenen Einstellungen und Verhalten überschreitet nur selten Werte um $r = 0.30$... Das aber bedeutet, daß 90 oder mehr Prozent der Verhaltensvariabilität in der Regel nicht durch die Ausprägung der gemessenen Attitude, sondern durch andere psychische Bedingungen sowie durch Eigenschaften der Situation gesteuert werden" (FASSHEBER 1979, MUMMENDEY 1979, MEINEFELD 1977, HORMUTH 1979). Zweifellos eine ganz ernstzunehmende kritische Aussage.

Stellt sie aber das Einstellungskonzept als Disposition für relativ gleichförmiges und stabiles Verhalten prinzipiell in Frage, wie manche meinen? Natürlich nicht, sie weist jedoch auf die Haltlosigkeit naiver theoretischer Vorstellungen hin und fordert zu methodologisch-methodisch fundierten Forschungsstrategien auf. Zur Begründung der ziemlich schwachen Korrelationen zwischen verbal geäußerten Einstellungen und realem (sogenannten offenem) Verhalten lassen sich zahlreiche Argumente anführen. Hier können nur einige der wichtigsten genannt werden:

1. Theoretisch naiv ist die früher durchaus vertretene Auffassung, bestimmte Verhaltensakte (Handlungen) werden vollständig von den entsprechenden inneren Bedingungen der Person, von ihren Einstellungen determiniert. Eine solche funktionale Abhängigkeit einzelner Handlungen von den zugrunde liegenden Einstellungen gibt es natürlich nicht. Zwischen Einstellungen und speziellen Handlungen besteht kein 1:1-Ursache-Wirkungs-Verhältnis. Jede konkrete Handlung ist stets zu betrachten als Produkt

– des aktuellen psychischen Gesamtzustandes der handelnden Persönlichkeit und

– der aktuellen (meist sehr komplexen) Situation, in der sich die Handlung vollzieht.

Daß spezielle Einstellungen nur im Kontext dieser psychischen und sozialsituativen Faktoren wirksam werden können, erklärt, daß die Korrelationswerte mit bestimmten Alltagshandlungen allgemein nicht sehr hoch sein können.

Genaugenommen müßte die Wirkung der habituellen Disposition „Einstellung" ja auch im *habituellen* Verhalten, also nicht in einer einmaligen Handlung, sondern im typischen Handeln über längere Zeit analysiert werden. Das geschieht aber nur selten.

Langzeitforschungen, wie Trendanalysen, Intervallstudien, biographische Untersuchungen, Beobachtungen unter natürlichen Lebensbedingungen, erfordern allerdings einen hohen personellen, organisatorischen und materiellen Aufwand, den die meisten Forscher scheuen.

Laborversuche, die im allgemeinen leichter zu bewerkstelligen sind, zielen aber meist nur auf den Zusammenhang von (habitueller) Einstellungsdisposition und (aktuellem) einzelnem Verhaltensakt z. B. einer aktuellen Meinung oder Entscheidung – was eben höchst problematisch ist.

2. Die in Laborversuchen gewonnenen Ergebnisse können nicht einfach auf das Alltagsverhalten der Menschen übertragen werden. Sie besitzen nur eine geringe Gültigkeit für das alltägliche Leben, haben keine hohe „ökologische Validität". Im Labor werden überwiegend einfache, persönlich unwichtige, teilweise auch konstruiert und eigenartig wirkende Urteile und Handlungsentscheidungen untersucht, die zur Erklärung des komplexen sozialen Verhaltens wenig beitragen.

3. Sowohl was als Einstellung wie auch, was als einstellungsadäquates zu prüfendes Verhalten definiert wird und mit welchen Methoden es analysiert wird, darüber gibt es wenig Einigkeit, das „ist im allgemeinen der Intuition des Forschers überlassen" (HORMUTH 1979, S. 6). Oft werden so sehr spezielle theoretische Konzeptionen geprüft oder subjektive Forschungsinteressen befriedigt, was sich in der Regel negativ auf die Korrelation von Einstellung und Verhalten auswirken muß.

4. Der Aspekt der Verhaltensbereitschaft (der Handlungsintention) wurde und wird noch in den meisten Studien vernachlässigt. Allgemein wird zwar die persönliche Bedeutung, die emotionale Bewertung zu den Einstellungsobjekten erfaßt, seltener jedoch das Aktivitätsniveau, das Personen gegenüber diesen Objekten besitzen. Aber es ist bekannt: Trotz hoher persönlicher Bewertung von Objekten kann die Bereitschaft zum realen Verhalten schwach ausgeprägt sein – und umgekehrt.

Die Bewertung der Verhaltensbereitschaft in empirischen Studien erhöht beträchtlich den Übereinstimmungsgrad von Einstellung und realem Verhalten.

5. In der bisherigen Einstellungsforschung wurde zu wenig der Zusammenhang von lebensbedeutsamen Wertorientierungen mit

den entsprechenden Verhaltensweisen berücksichtigt. Doch ist erwiesen, daß die Korrelation von Einstellungen und Wertorientierungen mit hoher persönlicher Bedeutung und relevanten Kriterien des Alltagsverhaltens der Individuen ziemlich hoch ist: Je stärker die Identifikation, die „Ichbeteiligung" bei weltanschaulichen, politischen, moralischen oder ästhetischen Werten und je höher das Engagement an diese Werte (also die Verhaltensbereitschaft) ausgeprägt sind, desto nachhaltiger wird durch sie das entsprechende Alltagsverhalten beeinflußt. Zum Beispiel existieren zwischen den weltanschaulich-ideologischen Wertorientierungen unserer Jugend und ihren gesellschaftlichen Aktivitäten sehr enge Zusammenhänge. Leider werden solche Themenbereiche in der bürgerlichen Einstellungsforschung nicht genügend beachtet. Selbst die Ergebnisse der Meinungsforschung, die bekanntlich bei Wahlen eine hohe Prognosezuverlässigkeit besitzen, werden von den „reinen" Einstellungsforschern kaum ausgewertet.

SHERIF vermerkt kritisch: „Da man zwischen Einstellungen von großer persönlicher Bedeutung für die Individuen und Meinungen oder Urteilen über persönlich unwichtige Dinge keinen Unterschied machte, wurde die Literatur über Einstellung und Einstellungsänderung zu einem Dschungel widerspruchsvoller Schlußfolgerungen" (1979, S. 222).

Wertorientierungen

In den letzten Jahren werden auch bei uns Probleme der gesellschaftlichen Werte, ihrer Struktur, Entwicklungsbedingungen, ihrer historischen Veränderungen, vor allem aber ihrer Aneignung und Ausprägung zu stabilen Verhaltensregulativen der Individuen in verschiedenen Gesellschaftswissenschaften verstärkt diskutiert.

Die Sozialpsychologie konzentriert sich – im Rahmen der interdisziplinären Forschung zur Werteproblematik – primär auf die Analyse des Aneignungsprozesses sozialer Werte durch die Individuen sowie auf die Erscheinungsformen und Beeinflussungsmöglichkeiten ihres auf Werte orientierten Verhaltens.

Was sind Wertorientierungen? Wir verstehen unter Wertorientierungen Verhaltensdispositionen von Individuen, die auf soziale Werte gerichtet sind. Wertorientierungen sind psychische Erscheinungen, sie regulieren das Werteverhalten der Menschen von innen heraus.

Mitunter wird in der Literatur auch von Werthaltung, Wertvorstellung usw. gesprochen. Eine terminologische Konvention steht noch aus.

Wertorientierungen können als eine spezielle Klasse von Einstellungen betrachtet werden. Entscheidend ist, daß sie im Unterschied zu der diffusen Vielfalt von Einstellungen[2] eine eng begrenzte Klasse von Verhaltensdispositionen umfassen, die meist klar profiliert sind, über *längere Zeit* existieren sowie für die Persönlichkeit von *großer Lebensbedeutung* sind. Wertorientierungen repräsentieren den Kernbereich der Persönlichkeitsstruktur. Was die Persönlichkeit in ihrem Wesen auszeichnet, was ihren Charakter ausmacht, was also typisch ist für Richtung und Inhalte ihres Denkens, Wertens, Strebens und Realverhaltens, das wird von ihren Wertorientierungen bestimmt. Die strategische Funktion der Wertorientierungen für die Entwicklung der Persönlichkeit ist offensichtlich. Psychologisch können Wertorientierungen in knapper Form so charakterisiert werden:

1. Bezug auf soziale Werte
Wertorientierungen sind auf soziale Werte bezogen. Sie widerspiegeln somit die konkrete Gerichtetheit der Persönlichkeit zu einem bestimmten Zeitpunkt ihres Lebens.

Die Existenz von Wertorientierungen erklärt die Zielstrebigkeit des Handelns einer Persönlichkeit, ihre mittel- und langfristigen Pläne, Orientierungen, Lebensziele, ihre Aktivitäten und Bemühungen zur Verwirklichung dieser Ziele.

2. Aneignung in der Ontogenese
Wertorientierungen bilden sich im individuellen Leben heraus, sind Resultate komplexer Lernvorgänge bzw. Aneignungsprozesse in der Ontogenese. Sie entwickeln sich in der gegenstandsbezogenen Tätigkeit der Persönlichkeit unter konkreten sozialen Bedingungen. Der Prozeß ihrer Herausbildung setzt sehr früh, bereits im frühen

---

[2] Einstellungen reichen vom ersten Eindruck gegenüber fremden Personen, von der Bevorzugung einer Zigarettensorte oder eines anderen Konsumartikels (jedenfalls in den Auffassungen und Untersuchungen vieler bürgerlicher Einstellungsforscher) bis zu weltanschaulichen und politischen Positionen. Damit werden aber die spezifischen Merkmale, mindestens der Extrempole, verwischt.

Kindesalter ein. Gewisse Basisstrukturen werden schon im ersten Lebensjahrzehnt geformt. Entscheidende Profilierungen erfolgen im 2. Lebensjahrzehnt, im Jugendalter.

Wertorientierungen sind *dynamische* Dispositionen, die sich im Leben der Menschen immer stärker verfestigen, stabilisieren, aber doch auch ständig durch soziale oder individuelle Ereignisse Veränderungen erfahren *können* (bis zu Konversionen von Grundwerten). Es sind *relative Invarianten!*

Wie unsere Forschungen nachweisen, ist bei Schulkindern, aber auch noch bei jungen Menschen im 2. und 3. Lebensjahrzehnt eine deutliche Familienkonformität vorhanden. Die Herkunftsfamilie übt einen starken Einfluß auf die Wertorientierungen der Kinder aus, besonders wenn eine hohe Identifikation mit den Eltern gegeben ist. Auch der Einfluß anderer *Bezugspersonen* und *-gruppen* (Freunde, Vorbilder, Kollektive, Gruppierungen aller Art) ist groß.

3. Physiologische Grundlagen

Neurophysiologisch betrachtet, haben Wertorientierungen den Charakter *funktioneller Systeme.* Es sind physiologische „Neubildungen", die sich ontogenetisch in der Tätigkeit der Menschen herausbilden und verändern (ANOCHIN, LEONTJEW). Für ihre Entwicklung sind auch neurologische Prozesse im Hirnstamm (Formatio reticularis, Limbisches System) von Bedeutung. Emotionen, Motivationen, energetische Potentiale stehen mit diesen Regionen in enger Beziehung.

4. Wertorientierungen sind Faktoren komplexer psychischer Strukturen

Wertorientierungen existieren nicht isoliert voneinander, nicht in der Form unverbundener Mosaikbausteine. Sie stehen untereinander in Wechselwirkungszusammenhängen und werden letztlich von der gesamten psychischen Struktur der Persönlichkeit beeinflußt, auch ihre Verhaltenswirksamkeit ist davon abhängig. Daraus erklärt sich, wie schon bei Einstellungen angedeutet, der „bedingte", oft gar nicht so hohe Zusammenhang bestimmter Wertorientierungen und entsprechender Werthandlungen.

Wichtig, wenn auch sehr schwierig ist es, die hierarchische Struktur der Wertorientierungen von Personen oder Personengruppen aufzufinden. Man kann wohl davon ausgehen, daß sie nicht gleich-rangig nebeneinandergeordnet, sondern in einer gewissen Über-Unter-Ordnung zueinander stehen. Es gibt mehr oder weniger do-minante Wertorientierungen, denen andere, speziellere Einstellun-gen, schließlich konkrete Verhaltensweisen subordiniert sind.

Solche Wertorientierungshierarchien empirisch herauszuarbeiten und ihre Bedeutung für das Alltagsleben nachzuweisen ist eine wichtige Forschungsaufgabe der Sozialwissenschaften.

5. Psychische Komponenten der Wertorientierung

Die weitere psychologische Analyse von Wertorientierungen läßt zwei Grundkomponenten (Teilstrukturen) erkennen: die kognitive und die ästimative.

Die *kognitive Komponente* von Wertorientierungen umfaßt die beim Individuum vorhandenen Kenntnisse und Vorstellungen vom betreffenden sozialen Wert. Wir nennen das (nicht ganz exakt) *Wertvorstellung.* Wertvorstellungen beinhalten das Wissen, die kognitiven Informationen über das Wertobjekt.

Natürlich gibt es keine Wertung bzw. Wertbeziehung ohne Vor-stellungen vom betreffenden sozialen Wert. Werten hat Wertvor-stellungen, kognitive Informationen vom Wertobjekt zur Grund-lage, ist aber darauf nicht zu reduzieren. Die kognitive Kompo-nente ist keine hinreichende Erklärungsbasis für die Funktion von Wertorientierungen. Das kann im Alltag leicht beobachtet werden, z. B. kommt es häufig, trotz guter Kenntnisse von diesem oder jenem Wert, zu ganz anderen, oft konträren Wertungen und Wert-handlungen. Trotz klarer Kenntnisse vom Wert muß dieser ja noch nicht von der Persönlichkeit akzeptiert werden. Eine Person kann, gerade weil sie einen Wert heftig ablehnt, sehr an Informationen über ihn interessiert sein. Der „Gegenwert" ist unter Umständen sehr genau bekannt, um ihn widerlegen zu können, wie das in der weltanschaulich-ideologischen Auseinandersetzung unserer Zeit nö-tig sein kann.

Die *ästimative Komponente* einer Wertorientierung umfaßt die persönliche Wertbeziehung, die die Person gegenüber einem sozia-len Wert besitzt. Sie widerspiegelt die Bedeutung, die die Person dem betreffenden Wert beimißt. Nicht der Wert „an sich", sondern der Wert „für sich", für die Persönlichkeit kommt in der ästimati-ven Komponente zum Ausdruck.

Die ästimative Komponente (die Wertbeziehung) kommt der Person in Form von Emotionen und Motivationen zum Bewußtsein.

Je intensiver die Wertbeziehung einer Person, also je mehr Bedeutung ein sozialer Wert für sie hat, desto stärker wird ihr Alltagsverhalten davon beeinflußt.

Der Grad der persönlichen Akzeptation eines sozialen Wertes, der Identifizierung mit seinen (immanenten) Verhaltensanforderungen ist sehr wesentlich für die Verhaltensregulierung durch Wertorientierungen. Daher sollten Erziehung und andere Formen der gesellschaftlichen Kommunikation den persönlichen Wertbeziehungen, den Identifikationen der Menschen zu in unserer Gesellschaft gültigen Werten größere Aufmerksamkeit schenken. Es gilt, stabile Wertorientierungen zu den sozialistischen Werten herauszubilden. Die ästimative Teilstruktur reflektiert aber nicht nur die persönliche Wertbeziehung, die Bedeutungsrelation zwischen der Person und dem sozialen Wert, sondern auch das *aktive Verhältnis* der Person zu den Werten, ihre Zu- oder Abneigung, ihr Hin- oder Wegstreben, also die Motivation gegenüber dem gegebenen sozialen Wert.

Für die empirische Erforschung der Wertorientierungen ist es sehr wichtig — wenn auch ziemlich schwierig — die Motivation, die Aktivität der Person zu diagnostizieren. Die Verhaltensbereitschaft (Handlungsintention) ist — wie gesagt — ein entscheidender Faktor der Wertorientierungsdisposition und für die Messung der Verhaltenswirksamkeit einer Wertorientierung, des Zusammenhanges von Wertorientierungen und entsprechendem Alltagsverhalten unerläßlich. Je stärker die Verhaltensbereitschaft, die Aktivität der Person zu bestimmten sozialen Werten ausgeprägt ist, desto sicherer und engagierter wird sie sich in ihrem Leben von ihnen leiten lassen.

Die ästimative Komponente hat entscheidenden Einfluß auf das Werthandeln der Person. Sie determiniert die Aktivität der Person: die Gerichtetheit des Handelns, die dementsprechende Selektion der Wahrnehmung und aktuellen Handlungen, die Handlungsentscheidung, die Initiativen zur Verwirklichung der Handlungen, die Ziele und strategischen Orientierungen der Person.

Sie bildet die *energetische Basis* zur Selektion, Initiierung, Realisierung des gesamten Werthandelns und Wertverhaltens.

Es ist an der Zeit, der ästimativen Komponente, den motivationalen Strukturen mehr Aufmerksamkeit zu schenken. Sie sind in den letzten Jahren in der Zeit der Verabsolutierung „kognitiver Interpretationen" ziemlich vernachlässigt worden (vgl. COOPER und CROYLE 1984, S. 420 ff.).

Über Wertorientierungen unserer Jugend

Trotz der großen Bedeutung, die sozialen Werten und individuellen Wertorientierungen im Leben der Menschen zukommt, steckt die empirische Werteforschung international noch in den Kinderschuhen. Im Rahmen mehrerer Forschungen haben wir in den vergangenen Jahren bestimmte Wertorientierungen unserer Jugend untersucht und dabei folgende Ergebnisse gewonnen:

– Bereits 14jährige besitzen ausgeprägte und ziemlich stabile Wertorientierungen, die sich in den folgenden Lebensjahren immer weiter verfestigen. Das belegen Intervallstudien.

– Zwischen verschiedenen Herkunfts- und Bildungsgruppen unserer Jugend kann es erhebliche Unterschiede in der Ausprägung bestimmter Wertorientierungen geben (Baustein „Makrogruppen").

– Die Wertorientierungen der Geschlechter haben sich heute allgemein stark angenähert. Doch gibt es auch einige typische Divergenzen (Baustein „Geschlechtstypisches Verhalten").

– Wertorientierungen der Jugend sind stets in ihrem historischen gesellschaftlichen Bezug zu sehen. Gegenwärtig finden gewisse Veränderungsprozesse im Wertebewußtsein der Menschen, besonders auch der Jugend statt, die einer exakten Erforschung bedürfen. Sie verlaufen offenbar in größerer Dynamik als zu früheren Zeiten.

– Erhebliche Unterschiede in den Wertorientierungen treten dann zutage, wenn man junge Leute nach anderen relevanten Kriterien gruppiert, etwa nach grundlegenden weltanschaulich-politischen Positionen oder nach dem Grad ihrer gesellschaftlichen Aktivität.

Unsere Forschungen widerspiegeln enge Zusammenhänge zwischen bestimmten Wertorientierungen und dem Leistungsverhalten der Jugendlichen. Der leistungsstimulierende Einfluß gut ausgeprägter sozialistischer Wertorientierungen geht daraus deutlich hervor. Sie sind wichtige Bestandteile der komplexen Leistungsmotivation.

Folgende Zusammenhänge sollen genannt werden:

– Zusammenhänge mit weltanschaulich-ideologischen Wertorientierungen

Wir fanden bei Jugendlichen unseres Landes klare Zusammenhänge zwischen Lern-, Studien- und Arbeitsleistungen einerseits sowie der weltanschaulich-ideologischen Position andererseits. Je stärker die Verantwortung für die Mitgestaltung unseres Staates ausgeprägt ist, desto höher die Leistungsergebnisse. Je größer das persönliche Engagement an die sozialistischen Ziele und Werte, desto höher die Leistungen.

– Zusammenhänge mit moralischen Lebens- und Wertorientierungen

Unsere Forschungsergebnisse belegen: Je klarer, anspruchsvoller und langfristiger die Lebensziele der Jugendlichen ausgeprägt sind, desto höher sind ihre Leistungen in Schule, Hochschule und im Betrieb. Je mehr die Wertorientierungen auf hochgeschätzte sozial-moralische Anschauungen unserer Gesellschaft und humanistische Prinzipien gerichtet sind, desto besser sind die Leistungsergebnisse. Persönliche und materielle Ziele können ebenfalls eine bedeutende leistungsstimulierende Funktion besitzen, in bestimmten Fällen auch zu Höchstleistungen antreiben.

– Zusammenhänge mit Arbeits- und Berufsbewertung

Arbeit und Beruf stehen in der Rangordnung der Lebenswerte bei unserer Jugend ganz vorn. So ist verständlich, daß auch diese Wertorientierungen die Leistungsbereitschaft deutlich beeinflussen.

Wir fanden z. B. folgende Zusammenhänge: Je höher die Bewertung der beruflichen Arbeit im Wertgefüge der Persönlichkeit, desto besser deren Leistung. Je tiefer die Verbundenheit mit dem Studienfach bei Studenten, desto erfolgreicher die Studienleistungen. Je stärker die Identifikation mit den unmittelbaren Leitern und Vorgesetzten, desto größer der Leistungserfolg. Je tiefer die Kollektiv- und Betriebsverbundenheit, desto größer der Leistungseffekt.

Diese Zusammenhänge sollen nicht den Eindruck einer einseitigen Ursache-Wirkungs-Relation erwecken. Wir müssen hier Wechselwirkungsrelationen in Rechnung stellen. So können komplexere, tieferliegende Faktoren beide Variablen solcher Zusammenhänge determinieren. Diese Dialektik sollte man nicht übersehen. Ebenso eindeutige Zusammenhänge haben wir auch beim Vergleich von Wertorientierungen mit „objektiven" Verhaltensaktivitäten von

Schülern, Studenten, jungen Arbeitern (z. B. mit Schulzensuren, Studienaktivitäten, Kriterien der Arbeitsleistungen, Aktivitäten des politischen und kulturellen Verhaltens; vgl. dazu Tab. 1).

Tab. 1: *Zusammenhang zwischen dem Lebenswert „Überdurchschnittliches leisten wollen" und Studienleistungen von Studenten (n = 623/3. Studienjahr; Angaben in %)*

Ausprägung der Lebenswerte	Zensurenmittel 1,0–1,6	2,0–2,2	Hohe fachliche Diskussionsaktivität
Sehr stark	39	72	70
Mittel	5	36	35
Sehr schwach	1	27	29

Je stärker diese Wertorientierung ausgeprägt ist, desto höher sind Studienleistungen und (zahlreiche) Studienaktivitäten. Die starke verhaltensstimulierende Motivkraft bestimmter zentraler Wertorientierungen kann kaum eindrucksvoller veranschaulicht werden.

Zur sozialen Beeinflussung von Wertorientierungen

Im Rahmen der klassischen Einstellungsforschung wurde den Methoden und Faktoren der *Veränderung von Einstellungen* stets große Aufmerksamkeit geschenkt.

Die Untersuchungen dienten meist der Hypothesenprüfung einer der theoretischen Konzeptionen, sie waren oft auf engbegrenzte Einstellungsobjekte gerichtet und wurden vorwiegend unter Laborbedingungen organisiert. Auch wenn wir heute von einer geschlossenen Theorie des „Einstellungswandels" noch weit entfernt sind, darf doch nicht übersehen werden, daß diese häufig mit großer methodischer Akribie arrangierten Forschungen eine Vielzahl bedeutsamer Ergebnisse geliefert haben. Mit ihnen konnten wichtige Erkenntnisse im Bereich der interpersonalen und Massenkommunikation, der sozialen Beeinflussung des menschlichen Verhaltens gewonnen bzw. präzisiert werden.

Einige dieser allgemeinen Erkenntnisse, die für die Entwicklung und Veränderung von Wertorientierungen besonders relevant sind, sollen hier hervorgehoben werden. Konsequenzen für die Praxis der Erziehung, der Propaganda, der sozialen Kommunikation überhaupt, sind leicht ableitbar.

– Wie bereits erwähnt, bilden sich Wertorientierungen in Form von Verhaltensgewohnheiten schon sehr früh heraus. Ihre Formung und Beeinflussung im ersten Lebensjahrzehnt, vor allem im Vorschulalter weist natürlich Spezifika auf. So stehen hier Erziehungsmethoden der Belehrung, der Demonstration (des Vormachens), des Verhaltenstrainings und der ständigen Sanktionierung im Vordergrund.

Das Kind erwirbt durch Anpassung, durch wiederholtes Lernen, durch einfache Nachahmung des Verhaltens der Identifikationspersonen seiner Umgebung (Eltern, Geschwister, Kindergärtnerin), später zunehmend durch Einsicht in die Wertforderungen und durch selbständiges, aktives Handeln, die den Werten entsprechenden Orientierungen und Verhaltensweisen. Es gewinnt allmählich eine eigenständige, teilweise auch kritische Position zu den Werten, bezieht sich auf eigene Erfahrungen. Dieser Prozeß der Kenntniserweiterung (immer klarere Wertvorstellungen), der wachsenden Differenzierung, Stabilisierung der Wertorientierungen, der immer profilierteren persönlichen Identifizierung mit den Werten erreicht im frühen Jugendalter bereits ein hohes Niveau. Schon 12- bis 14-jährige betonen ihre eigenständige Position gegenüber bestimmten sozialen Werten, reflektieren über deren Gültigkeit, über ihren „Sinn", stellen kritische, auch selbstkritische Fragen, wollen überzeugende Antworten, besitzen bereits relativ stabile Auffassungen und Verhaltensweisen, die sie engagiert verteidigen. In den folgenden Jahren entwickelt sich ein den Erwachsenen gemäßes Wertbewußtsein und Wertverhalten.

Für die Veränderung bzw. Beeinflussung der Wertorientierungen spielt selbstverständlich das *individuelle Entwicklungsniveau* der Wertorientierungen (der gesamten Persönlichkeit) eine entscheidende Rolle.

Forschungen bei Jugendlichen und Erwachsenen haben z. B. ergeben: Je stabiler die Wertorientierungen einer Person ausgeprägt sind, desto schwieriger ist es, sie zu verändern. Je bedeutungsvoller ein Wert für die Person ist, also je zentraler („ich-näher") seine

Stellung im System ihrer Wertorientierungen, desto widerstandsfähiger ist die Wertorientierung gegenüber äußeren Veränderungseinflüssen.

Es ist kompliziert, erfordert viel Erfahrung und Feinfühligkeit, zentrale Wertorientierungen einer Person zu verändern. Dies ist meist nur graduell möglich; große Umschwünge sind in kurzer Zeit selbstverständlich nicht zu erreichen. Bloße Appelle, Anweisungen, Verbote, Moralpredigten, andere frontale Überredungsformen, die die psychische Situation und Selbstansprüche einer Person wenig beachten, haben keine oder nur eine sehr geringe Wirkung. Oft kommt es sogar zu Kontraeffekten. Solche Einflüsse führen dann nicht zum Abbau, sondern umgekehrt zur Festigung der betreffenden Wertorientierungen. Die Person wird dadurch in ihren Überzeugungen, in ihren Werten bestärkt. Personen mit ausgeprägten Wertorientierungen bzw. Einstellungen und hoher persönlicher Identifikation beurteilen Beeinflussungsaktivitäten (der Erziehung, Propaganda, alltäglichen Kommunikation), überhaupt alle entsprechenden Informationen, von einer starken, eindeutigen und selektiven Position. Die ihren Wertorientierungen entsprechenden Informationen werden gesucht und bevorzugt bewertet. Widersprüchliche Informationen werden entweder nicht zur Kenntnis genommen, abgewertet bzw. klar abgelehnt, oder sie werden mit typischen Abwertungs- und Abwehrmechanismen (Reduktion kognitiver Dissonanz) zurückgedrängt. Stark an ihre Werte engagierte Personen sind also konträren Beeinflussungen und Argumenten gegenüber sehr wenig zugänglich. Das zeigt sich besonders bei weltanschaulichen, politischen und zentralen moralischen Wertpositionen.

– Wertorientierungen müssen erkenntnismäßig gut fundiert sein. Je klarer die Zusammenhänge des Wertbereichs erkannt und mit der täglichen Lebenspraxis verknüpft werden können, je sicherer, konsistenter und realistischer die kognitive Basis ist, desto besser sind die Voraussetzungen für ihre stabile Entwicklung.

Aber Kenntnisse führen nicht automatisch zu Bekenntnissen, seien sie auch noch so tief begründet. Die entscheidende handlungsmotivierende Instanz ist die persönliche Identifikation mit den Werten. Eine hohe Identifikation kann allerdings auch auf einer vergleichsweise schmalen, wenig ausgereiften kognitiven Basis zustandekommen.

Kognitive Informationen, Kenntnisse über Werte kann sich die Person auf unterschiedliche Weise aneignen. In der Schule, über gesellschaftliche Bildungsformen, Massenmedien wird dieses Wissen systematisch vermittelt.

Natürlich müssen solche Informationen *mehrfach* geboten werden. Die Wiederholung bestimmter Kenntnisse ist eine unverzichtbare Methode der Festigung von Wertorientierungen, besonders im ersten Lebensjahrzehnt.

Werden jedoch die Informationen nur formal wiederholt, bringen sie zu wenig Neues und Interessantes, dann kann es zu den bekannten Erscheinungen der Sättigung bzw. Übersättigung kommen. Übermäßige Wiederholungen, monoton dargebotene Informationen oder Belehrungen führen nicht selten zu Langeweile, Desinteresse; das Engagement der Person für die Werte wird nicht gefördert, sondern erlahmt.

Die beste „Kontraindikation" sind abwechslungsreiche Diskussionen und Streitgespräche, die Vermittlung neuer Informationen, keine Belehrungen durch intolerante, alles besserwissende Kommunikatoren.

Zahlreiche Forschungsergebnisse belegen, daß Wertorientierungen dann stabil bleiben, wenn die Person wichtige gegenteilige Argumentationen kennt und sie vor allem fähig ist, sich selbständig mit ihnen auseinanderzusetzen.

Wird die Person mit gegenteiligen (gegnerischen) Argumenten und Informationen konfrontiert und ist sie darauf nicht ausreichend vorbereitet, diese zu entkräften, zurückzuweisen, die gegnerischen Absichten und Taktiken zu durchschauen, dann kann es unter Umständen zur Labilisierung der betreffenden Wertorientierungen, zum nachlassenden persönlichen Engagement kommen.

– Für die Formung und Veränderung der Wertorientierungen ist die Aktivierung der Person sehr wichtig. Je höher der Aktivitätsgrad einer Person in der Auseinandersetzung mit bestimmten Wertbereichen, desto größer ist der diese Wertorientierungen stabilisierende Effekt. Deshalb sollten alle Möglichkeiten und Formen der Aktivierung genutzt werden, wie z. B. Aussprachen, Gruppendiskussionen, in denen der eigene Standpunkt begründet und verteidigt werden muß, praktische Bewährungsproben und Entscheidungen aller Art, die Beweise für die persönliche Überzeugung und Einsatzbereitschaft liefern. Die engagierte Tätigkeit im Alltagsleben, die Durchsetzung des eigenen Wertestandpunktes in der Kommunikation mit anderen Menschen sind wohl der wirksamste Weg der Herausbildung und Festigung von Wertorientierungen.

– Im Prozeß der Beeinflussung von Wertorientierungen bzw. Überzeugungen kommt dem Kommunikator (z. B. Lehrer, Propagandist, Medienakteur, Autor, Medieninstitution) eine wichtige Funktion zu. Entscheidend dabei ist, wie die zu beeinflussende Person den Kommunikator bewertet, welches Bild sie von ihm hat. Die Einstellung der Person zum Kommunikator ist ausschlaggebend für dessen Wirksamkeit.

Wenn der Kommunikator aus irgendwelchen Gründen von der Person abgelehnt wird, dürfte er wenig, keine oder gar gegenteilige Effekte auf ihr Wertbewußtsein erzielen, auch wenn seine Argumentationen „objektiv" gut begründet sein sollten. Je höher die Glaubwürdigkeit des Kommunikators, desto größer seine Wirkung auf die Wertorientierungen der zu beeinflussenden Personen.

Zahlreiche Untersuchungen, besonders bei Kommunikationen im Medienbereich, haben ergeben, daß die Glaubwürdigkeit des Kommunikators vor allem abhängt

– vom Grad der fachlichen Kompetenz, die er ausstrahlt bzw. den die Person ihm unterstellt,

– von der bei ihm bekannten bzw. vermuteten ideologisch-moralischen Haltung und Kompetenz (z. B. gesellschaftliche Stellung, Beruf, akademischer Grad),

– von der Institution, die er vertritt,

– von der persönlichen Attraktivität (körperliches Aussehen, Alter, modisches Exterieur, Sprache, Charme). Junge Leute engagieren sich besonders für Kommunikatoren, die ihren Modevorstellungen entsprechen,

– von weiteren bekannten bzw. angenommenen Eigenschaften (z. B. zuverlässig, fleißig, feinsinnig, vorbildliche Lebensführung, rechthaberisch, egoistisch),

– von der bekannten bzw. bei ihm vermuteten *Absicht,* in dieser oder jener Richtung zu beeinflussen, zu agitieren. Man merkt die Absicht und ist verstimmt – das kann schon sein. Aber weit häufiger wird man in der alltäglichen Kommunikation aufgeschlossen sein, wenn die Absicht klar bekannt ist.

Informationen und Argumentationen von hochgeschätzten, sympathischen Kommunikatoren erscheinen der Person *glaubwürdiger,* gültiger, besser begründet als von wenig geschätzten, abgelehnten und unsympathischen.

Ihre Akzeptionsbereitschaft wird von ihrem Verhältnis zum Kommunikator wesentlich beeinflußt. Indem sie dessen Meinungen, Werturteile, Argumente akzeptiert, werden auch mehr oder weniger ihre Wertorientierungen verändert.

Das alles gilt sowohl für die Medienkommunikation als auch für die interpersonale Kommunikation im Alltag. Die Funktion von Bezugspersonen und Bezugsgruppen ist gut bekannt, auch empirisch vielfach untersucht. In jeder Kommunikation, besonders jedoch bei Kindern und Jugendlichen, spielt die persönliche Beziehung zu den Kontaktpartnern (Eltern, Lehrer, Vorgesetzte, Funktionäre, Propagandisten, Freunde u. a.), die Einschätzung ihrer Kompetenz, die Sympathie zu ihnen eine große Rolle für die Anerkennung ihrer Argumente und Verhaltensforderungen.

Das Paradebeispiel hierfür ist die Liebesbeziehung. Der Liebespartner besitzt eine große Überzeugungskraft gegenüber dem Liebenden, wenn dieser ihn als kompetent betrachtet. Besonders in jungen Jahren kann es durch Liebesidentifikation zu massiven Wandlungen in den Wertorientierungen bzw. Einstellungen, zu erstaunlichen Anpassungen und Charakterveränderungen bei den Partnern kommen.

Ähnliche Wirkungen gehen von den Bezugsgruppen aus. Die Person akzeptiert die Normen, Werte, Gewohnheiten von Kollektiven und Gruppen, die dort vertretenen Anschauungen, Meinungen, Argumentationen um so eher, je mehr sie sich mit ihnen identifiziert, verbunden fühlt.

Die Mitgliedschaft zu dieser oder jener Gruppe wie Schulklasse, Arbeitskollektiv, FDJ-Gruppe festzustellen ist wichtig, reicht aber nicht aus, um auf deren persönlichkeitsdeterminierenden Einfluß zu schließen. Entscheidend ist hierfür das persönliche Verhältnis der Person zu diesen Gruppen, das von engagierter Verbundenheit und Solidarität über Passivität bis zur Ablehnung, Sichunwohlfühlen reichen kann.

Je stärker die Solidarität mit den Kollektiven oder Gruppen ist, desto größer ist ihr orientierender Einfluß auf das Werten und Verhalten der Person.

Je aktiver das Gruppenleben, je interessanter und offener die Diskussionen, je eindeutiger die Standpunkte und Wertungen in der Bezugsgruppe, desto größer ist der Effekt auf Bewußtsein und Verhalten der einzelnen Gruppenmitglieder.

Sehr intensiv können verständlicherweise die Einflüsse von Freundschafts- und anderen Freizeitgruppierungen wirken. Es sind ja selbstgewählte Bezugsgruppen, in denen bevorzugt Meinungen über alle bewegenden Alltagsprobleme, über interessante Sendungen der Massenmedien, über Fragen der Liebe, Freundschaft, Familie, der Arbeit, der Politik, Kunst, über Hobbys und Intimitäten aller Art ausgetauscht werden.

Die Einstellungen und Wertorientierungen der Menschen besitzen eine hohe Konformität zu den Werten, Normen und Erwartungen ihrer Bezugspersonen bzw. Bezugsgruppen.

Soziale Bedingungen beeinflussen jedoch nicht mechanisch das Verhalten der Menschen, bewirken nicht durch ihre Existenz „an sich" Änderungen von Einstellungen und Wertorientierungen.

Ihr Effekt ist immer von der gesamten psychosozialen Situation abhängig. Die beteiligten psychischen und sozialen Variablen stehen zueinander in komplexer Wechselwirkung. Von grundlegender Bedeutung ist die psychische Verfassung der Person: besonders die Stabilität ihrer bisherigen Wertorientierungen, das Niveau ihrer Kenntnisse, ihre aktuellen Ziele, Einstellungen, Stimmungen, ihre Beziehungen zu den Kommunikationspartnern. Nur wenn diese psychischen Bedingungen der Persönlichkeit hinreichend berücksichtigt werden, können soziale Einflüsse wie Erziehung, Propaganda, Agitation, andere Kommunikationsformen den gewünschten Erfolg haben.

Der Faktor Persönlichkeit kann für die Effektivität der sozialen Kommunikation kaum überschätzt werden.

Familie

Otmar Kabat vel Job

Die Zeit, in der mehrere Generationen in einer Familie zusammenleben, ist weitgehend vorbei. Heute bilden meist nur noch Eltern und Kinder die Familie.

Die Familie ist eine der wichtigsten Gruppen im Leben des Menschen. Sie gewährt ihren Mitgliedern Geborgenheit und Liebe, gegenseitige Unterstützung und gegenseitiges Helfen, materielle Grundvoraussetzungen des Lebens. Alles, was diesen Bedürfnissen entgegensteht, vereinsamt den Menschen, macht ihn unglücklich. So ist es nur zu verständlich, daß junge Menschen ihre Vorstellungen vom zukünftigen Leben und Glück besonders eng mit der Gründung einer eigenen Familie verbinden. Liebe geben und geliebt werden, mit dem geliebten Menschen zusammenleben und Kinder erziehen gehören mit zu ihren höchsten Werten und wichtigsten Lebenszielen. Dabei spielt sicherlich auch das Bedürfnis der Erwachsenen eine Rolle, sich selbst in den eigenen Kindern zu verwirklichen bzw. wiederzusehen.

Die Familie ist die erste und wichtigste Sozialisationsinstanz, die dem Heranwachsenden vom ersten Tag an bis zum Jugendalter Erfahrungen mit der Umwelt, Maßstäbe zur Beurteilung von Handlungen, Werte, Normen und Kenntnisse vermitteln. Wenn die Ehe der Eltern zerbricht und die Bedürfnisse der Heranwachsenden nach Liebe, Geborgenheit und Sicherheit dadurch beeinträchtigt werden, dann kommt es bei ihnen oft zu starken psychischen Belastungen, die gar nicht so selten zu Verhaltensproblemen führen.

Bei dieser Betrachtungsweise der Familie soll nicht übersehen werden, daß sich gegenwärtig Formen des familiären Zusammenlebens ausgebreitet haben, die unter dem Begriff der Lebensgemeinschaft bekannt sind, oder daß es viele alleinstehende Mütter gibt. Auch bei diesen Formen und Bedingungen familiären Zusammenlebens bleibt der hohe Wert der Familie als soziale Gruppe für Erwachsene wie Heranwachsende unbestritten. Das gemeinschaftliche Leben in einer Familie muß aus den Bedürfnissen des einzelnen wie der Gesellschaft als ein langzeitlicher Prozeß verstanden werden, an dem alle Familienmitglieder teilhaben. Die Langzeitorientierung familiärer Beziehungen gibt den einzelnen Familienmitgliedern die notwendige Sicherheit und ermöglicht ihnen die Befriedigung der genannten Bedürfnisse. Die Familie wird so gewissermaßen zur emotionalen Heimat, ihr oberstes Ziel sollte stets das Wohlbefinden ihrer Mitglieder sein. Um Bestand zu haben, muß die Familie aber von beiden Ehepartnern als eine gute Form gemeinschaftlichen Lebens, als Möglichkeit der eigenen Selbstverwirklichung, der Entwicklung und des gemeinsamen Erlebens aufgefaßt werden. Daraus resultieren für Mann und Frau hohe Ansprüche auf ein verantwortungsbewußtes Zusammenleben mit Kindern, denen viele zu wenig gerecht werden. Darauf weisen nicht zuletzt auch die hohen Scheidungsziffern hin. So wird erkennbar, daß die Familie auch für die Entwicklung der sozialistischen Gesellschaft einen hohen Stellenwert und eine wichtige Funktion hat.

Die Gestaltung der Partnerbeziehungen, die Organisation des Familienlebens spielen eine oft entscheidende Rolle für die Bewältigung der beruflichen Aufgaben und Alltagsprobleme. Einerseits wirkt sich positiv für die Familie (für die Erziehung der Kinder) aus, wenn Vater und Mutter eine hohe berufliche Qualifikation erwerben, ihren Beruf mit Verantwortung und hohem Leistungsstreben ausüben und sich für die Gesellschaft engagieren. Andererseits schafft die Familie gerade über die Gestaltung der innerfamiliären Beziehungen Voraussetzungen dafür, wie Eltern und Heranwachsende durch berufliche Arbeit, Lernen und gesellschaftliche Aktivitäten bei der weiteren Gestaltung der Gesellschaft mitwirken.

Neue Merkmale der Familie

In der sozialistischen Gesellschaft ist die gegenseitige Liebe und Achtung und Gleichberechtigung von Mann und Frau die Grundlage der Ehe und Familie. Die Durchsetzung der Gleichberechtigung von Mann und Frau, die gleichberechtigte Teilnahme der Frau am gesellschaftlichen Leben und ihre Berufstätigkeit hat das gesamte Familienleben tiefgreifend beeinflußt. Das betrifft die familiäre Arbeitsteilung bei der Hausarbeit, der Kinderbetreuung und -erziehung, die Organisation der Freizeit sowie die Gestaltung der Partnerbeziehungen.

Durch ihre Berufstätigkeit wird die Frau ökonomisch unabhängig und erhält damit eine neue soziale Stellung in der Familie. Damit beide Eltern die familiären Aufgaben mit ihrer Berufstätigkeit und ihren anderen gesellschaftlichen Aufgaben in Übereinstimmung bringen können, verändert sich die Organisation und der Inhalt des gesamten Lebens der Familie. Vor allem müssen die Familienmitglieder in die Arbeitsteilung mit einbezogen werden. Gerade dabei treten jedoch in vielen Familien noch Probleme auf.

Fassen wir die Bedeutung und Aufgaben der Familie für den einzelnen wie für die Gesellschaft zusammen, so kristallisieren sich 4 Hauptfunktionen der Familie in der sozialistischen Gesellschaft heraus:

1. Die Familie reproduziert das menschliche Leben und sichert den Fortbestand der Bevölkerung (demografische oder reproduktive Funktion).

2. Eine ökonomische Funktion hat die Familie als Konsumtions- und Versorgungseinheit. Sie erbringt eine Vielzahl von Leistungen zur Befriedigung materieller Bedürfnisse ihrer Mitglieder (ökonomische Funktion).

3. Außerordentlich wichtig ist die Funktion der Familie bei der Entwicklung der Persönlichkeit ihrer Mitglieder. Als Hauptfunktion der Familie in der sozialistischen Gesellschaft wird ihre kulturell-erzieherische Einflußnahme auf die Erziehung der Heranwachsenden zu sozialistischen Persönlichkeiten bewertet (Sozialisationsfunktion).

4. Auf der Grundlage tiefer gefühlsmäßiger Beziehungen gewährt die Familie Geborgenheit, Zuneigung, Liebe und Solidarität, was für das Wohlbefinden und die psychische Reproduktion ihrer Mitglieder notwendig ist (soziale Funktion).

Die Familie genießt in der DDR den Schutz und die Förderung der Gesellschaft. Soziale Sicherheit und sozialpolitische Maßnahmen machen es den Eltern objektiv möglich, ihre familiären Aufgaben ohne Existenzsorgen zum Wohle aller zu realisieren. Das bedeutet jedoch keineswegs, daß das Familienleben, die Erziehung der Kinder oder die Gestaltung der Beziehungen zueinander in den einzelnen Familien ohne Widersprüche, Probleme und Konflikte abläuft. Kenntnisse darüber, welche sozialpsychologischen Prozesse und Erscheinungen die Gestaltung des Familienlebens charakterisieren und wie sie beeinflußbar sind, können helfen, auftretende Probleme konstruktiv zu bewältigen (s. hierzu auch Baustein „Ehe").

Mit der Gestaltung der entwickelten sozialistischen Gesellschaft bildet sich bei aller Differenziertheit der Familien ein neuer Familientyp, die sozialistische Familie, heraus:

– Die Beziehungen der Eltern sind durch Liebe, gegenseitige Achtung und Verständnis charakterisiert.

– Vater und Mutter fühlen sich *gemeinsam* verantwortlich für die Erziehung ihrer Kinder und arbeiten aktiv mit den gesellschaftlichen Erziehungsträgern (wie z. B. Schule und FDJ) bei deren Erziehung zusammen.

– Eltern und Heranwachsende sind *gesellschaftlich aktiv.* Sie engagieren sich in vielfältiger Weise für die Stärkung des Sozialismus und damit für die Sicherung des Friedens.

– Das Bildungsniveau beider Eltern gründet auf eine *hohe Allgemeinbildung,* die ihnen die sozialistische Schule vermittelt hat. Die neue Elterngeneration nutzt die vorhandenen großen Möglichkeiten für ihre politische und fachliche Weiterbildung in zunehmendem Maße.

– Im Ergebnis der Einheit von Wirtschafts- und Sozialpolitik unseres Staates verbesserten sich die materiellen und geistig-kulturellen Bedingungen der Familien.

Obgleich sich diese Entwicklung zum einheitlichen Grundtyp der sozialistischen Familie in allen Klassen und Schichten unserer Bevölkerung vollzieht, muß bei der Analyse dieses Prozesses auch auf folgendes hingewiesen werden: Trotz vieler Gemeinsamkeiten unterscheiden sich die Familien in bezug auf die dargestellten Bedingungen und ihre Wirksamkeit bei der familiären Erziehung der Heranwachsenden in vielfältiger Weise. Dabei kommt der sozialen Position der Eltern eine besondere Bedeutung zu (vgl. Baustein „Makrogruppen" und „Persönlichkeit und Gesellschaft"). NISOWA, WALTER und SCHARNHORST (1978, S. 14) heben folgende Differenzierungen hervor:

● unterschiedliches materielles Lebensniveau und unterschiedliche Nutzung der vorhandenen materiellen Möglichkeiten,

- unterschiedliches allgemeines Bildungs-, Qualifikations- und Kulturniveau der Eltern und in Abhängigkeit davon unterschiedliche Voraussetzungen und Möglichkeiten für die Familienerziehung,

- unterschiedliche Stabilität der Familien: Einer nicht geringen Zahl von Ehepartnern gelingt es nur unzureichend, das Familienleben harmonisch zu gestalten und auftretende Probleme und Konflikte gemeinsam zu überwinden.

Die Familie ist eine Bezugsgruppe

Der Einfluß der Familie auf die Persönlichkeitsentwicklung ihrer Mitglieder vollzieht sich vor allem im Ergebnis wechselseitigen Handelns, wie es bei der Realisierung der verschiedenen familiären Anforderungen (Arbeitsteilung), der Gestaltung der gemeinsamen Freizeit und der sozialen Beziehungen notwendig ist. Denn so, wie sich der einzelne in seiner Lebenstätigkeit mit seiner familiären Umwelt auseinandersetzt, so wird er in dieser Lebenstätigkeit und durch sie geformt.

Die gesellschaftliche Determination des Menschen vollzieht sich also vor allem in der kooperativen Tätigkeit, und diese wird konkret in Gruppen realisiert. Für die Entwicklung der Persönlichkeit ist damit die Dialektik von Individuen und Gesellschaft ein mittelbares Verhältnis, und die Vermittlung geschieht vor allem durch die Dialektik von Individuum und Gruppe (GENTNER u. a., in: HIEBSCH, VORWERG u. a. 1979, S. 57).

Das einzelne Familienmitglied gehört meist mehreren Mikrogruppen zugleich an. Der Heranwachsende ist z. B. Mitglied seiner Familie, in der Schule Mitglied seines Klassenkollektivs und seiner Pioniergruppe und in seiner Freizeit Mitglied einer Arbeitsgemeinschaft und informeller Freizeitgruppen. Alle diese „kleinen Gruppen" haben als Bezugsgruppen für die Entwicklung seiner Persönlichkeit eine hohe Bedeutung. Die bedeutsamste aber ist unumstritten seine Familie, weil er sich in der Regel mit den hier vorherrschenden Wertmaßstäben am stärksten identifiziert; in ihr verbringt er auch die meiste Zeit.

In der Familie erhält das Kind die primäre Sozialisation, d. h., es macht hier seine *ersten Erfahrungen* mit der sozialen Umwelt. In den ersten Lebensjahren bilden sich die psychischen Verhaltensdispositionen (Fähigkeiten, Interessen, Bedürfnisse, Einstellungen usw.) heraus, die als Basisstruktur für die weitere Entwicklung seiner Persönlichkeit bedeutsam sind. Spätere Erziehungseinflüsse können nur gebrochen durch die bisherigen bzw. bereits vorhandenen Persönlichkeitsmerkmale wirksam werden. Deshalb bezeichnet man die Familie als die Primärgruppe des Heranwachsenden.

Warum gerade die Familie als Bezugsgruppe fungiert, wird aus ihren spezifischen Merkmalen ersichtlich.

Zwischen Kindern und Eltern und den Partnern bilden sich besonders intensive emotionale und langandauernde soziale Beziehungen heraus, die das Bedürfnis nach Fürsorge, Liebe und Geborgenheit in starkem Maße erfüllen. Dadurch erhalten die sozialen Beziehungen zwischen den Familienmitgliedern eine besondere Qualität. So verstärken sie von der frühen Kindheit bis zum Jugendalter die erzieherischen Maßnahmen der Eltern, indem sie den Heranwachsenden veranlassen, sich mit Vater und Mutter weitgehend zu identifizieren und auch deren Forderungen und Sanktionen als besonders verbindlich zu erleben. Das wird noch dadurch begünstigt, daß die Familie als Gruppe konstant bleibt und zahlenmäßig klein ist.

Über die elterliche Vorbildwirkung werden für den Heranwachsenden Moral- und Wertnormen für das eigene Verhalten als Muster und Leitbilder seines Strebens und seiner Selbsterziehung wirksam. Das gilt natürlich nicht nur in positiver Hinsicht. Eltern beeinflussen auch (meist ungewollt) über das eigene negative Vorbild das Verhalten ihrer Kinder.

Ein weiteres charakteristisches Merkmal der Gruppe „Familie" äußert sich in einer großen Intensität, Unmittelbarkeit und Differenziertheit der hier stattfindenden interpersonalen Kommunikation. In der Familie können Erfahrungen und Standpunkte über alle persönlich bedeutsamen Lebensbereiche ausgetauscht und diskutiert werden. Derartig vielgestaltig und intim sind in keiner anderen sozialen Gruppe die Inhalte der Gespräche und gemeinsamen Aktivitäten wie Freizeitgemeinsamkeiten, Gespräche und Diskussionen über Fernsehsendungen, politische Tagesereignisse, über Erlebnisse auf Arbeit, in der Schule und mit Freunden, die Erledigung familiärer Aufgaben usw. In der Familie erhält z. B. der Heranwachsende bei der Kommunikation mit Eltern und Geschwistern ständig und kurzfristig Sanktionen verschiedenster Art. Er wird gelobt oder getadelt, belohnt oder bestraft. Familiäre

Sanktionen sind deshalb erzieherisch besonders wirksam, weil die Kinder (Sanktionsempfänger) starke gefühlsmäßige Bindungen zu Vater und Mutter haben (Sanktionsgeber). Als spezifische Sanktionsmittel werden von den Eltern häufig emotionale Zu- und Abwendungen eingesetzt, die besonders bei jüngeren Kindern sehr wirksam sein können. Für den Erfolg bzw. für die Wirkung der elterlichen Sanktionen ist es bedeutsam, ob Vater und Mutter das Verhalten ihrer Kinder einheitlich bewerten. Es wird ersichtlich: Der Einfluß der Familie auf die Persönlichkeitsentwicklung ihrer Mitglieder resultiert aus dem gesamten familiären Leben und ist darin fest integriert. Die Lebensweise der Familie und damit ihre erzieherische Wirkung wird auch davon beeinflußt, inwieweit die einzelnen Familienmitglieder außerhalb der Familie verschiedene soziale Positionen einnehmen und ihre Aufgaben realisieren (vgl. KABAT VEL JOB und PINTHER 1981, S. 21 ff.).

Bedingungen des erzieherischen Einflusses der Familie

Aus dem bisher Gesagten wird erkennbar: Zu den wesentlichen Faktoren, die den Einfluß der Familie auf die Persönlichkeitsentwicklung der Heranwachsenden bestimmen, gehören die Persönlichkeit der Eltern und ihr Erziehungsverhalten im engeren Sinne, die innerfamiliären Beziehungen sowie die materiell-kulturellen Lebensbedingungen der Familie. Hinzu kommen noch andere Faktoren wie Anzahl der Kinder, Stellung in der Geschwisterreihe, Vollständigkeit der Familie. Auf die Bedeutung und Wirkung einiger dieser familiären Entwicklungsbedingungen des Heranwachsenden soll ausführlicher eingegangen werden.

Die Persönlichkeit der Eltern, ihre Wertorientierungen, Bedürfnisse und Interessen spielen bei der Erziehung des Heranwachsenden in der Familie eine zentrale Rolle. Das gilt besonders für das Streben nach hohen Leistungen, das Engagement für die Ziele des Sozialismus sowie für die politische Interessiertheit und eine aktive Lebenshaltung. Die Eltern bestimmen wesentlich, wie das Leben in der Familie abläuft, und determinieren damit die Lebenstätigkeit der Kinder.

Bei der großen Mehrheit der Eltern hat sich eine bewußtere Einstellung zum Kind, zu seiner Erziehung herausgebildet. Das kommt zum Ausdruck

– in der Überzeugung, daß Eltern entscheidend den Prozeß der Persönlichkeitsentwicklung ihres Kindes beeinflussen können,
– im gestiegenen Anteil des Vaters bei der Betreuung und Erziehung der Kinder,
– in der aktiven Zusammenarbeit mit Schule, FDJ und anderen Erziehungskräften.

Zwischen den vorherrschenden Erziehungseinstellungen und -praktiken der Eltern (oft als Erziehungsstil bezeichnet) und dem Verhalten ihrer Kinder bestehen enge Zusammenhänge.

Eltern erziehen z. B. besonders erfolgreich ihre Kinder zu einer hohen Leistungsbereitschaft und einem positiven Leistungsverhalten, wenn sie
– das Leistungsvermögen, die aktuellen schulischen Belastungen sowie die Interessen ihrer Kinder mit berücksichtigen, aber konsequent auf der Erledigung der übertragenen Pflichten bestehen und sie kontrollieren,
– die gestellten Forderungen den Kindern stets aufs neue als für alle Familienmitglieder bzw. für das gemeinsame Leben als notwendig einsichtig machen,
– von klein auf bei ihren Kindern durch immer wiederkehrende Pflichten feste Gewohnheiten in bezug auf Verantwortung und Leistungsbereitschaft herausbilden und
– über die Vermittlung und das Vorleben entsprechender Werte Leistungsmotive herausbilden.

Dabei werden auch für das Leistungsverhalten der Heranwachsenden solche wirksamen Charaktereigenschaften herausgebildet wie Willensstärke, Ausdauer und Zielstrebigkeit. Kinder und Jugendliche, die in der Familie regelmäßig Pflichten nachkommen, haben im allgemeinen eine verantwortungsbewußtere Einstellung zur Arbeit und zum Lernen als andere Kinder.

Mädchen werden nach wie vor stärker in häusliche Pflichten einbezogen als Jungen. Das ist eine Ursache für ihr zuverlässigeres, pflicht- und verantwortungsbewußteres Verhalten auch beim schulischen Lernen (KABAT VEL JOB 1979).

Die Existenz eines oder weiterer Geschwister bereichert die sozialen Beziehungen des bisherigen einzelnen Kindes bedeutend. Neben dem Vater und der Mutter zählen Bruder und Schwester zu jenen Personen im Kindes- und Jugendalter, zu denen die intensivsten und am längsten währenden Kontakte gepflegt werden.

Aus vielen Beispielen wissen wir, daß z. B. ein älteres Geschwister oft gegenüber dem jüngeren Aufgaben der Eltern übernimmt und auch eine ähnliche Wertung findet wie Vater oder Mutter.

Eine Vielzahl der persönlichkeitsformenden Einflüsse der Familie geht auf ihre spezifischen *intrafamiliären Beziehungen* zurück oder steht mit diesen in engem Zusammenhang. Sie prägen die Atmosphäre, in der die Erziehung stattfindet, schaffen bestimmte Erziehungssituationen und wirken für die erzieherischen Einflüsse wie ein Filter oder Verstärker. Gerade die innerfamiliären Beziehungen befriedigen das Bedürfnis des Kindes nach Fürsorge, Zuneigung und Geborgenheit in einzigartiger Art und Weise. Eine ausgeglichene, freundliche Familienatmosphäre (welche harmonische Partnerbeziehungen der Eltern voraussetzt) und positive Kind-Eltern-Beziehungen sind für eine harmonische und optimale Persönlichkeitsentwicklung der Heranwachsenden unersetzlich. Gestörte innerfamiliäre Beziehungen führen hingegen zum Erlebnis mangelnder Geborgenheit und zu Störungen der Persönlichkeitsentwicklung.

In der psychologischen Literatur wird auf die besondere Bedeutung der emotionalen Zuwendung hingewiesen, die dem Säugling und Kleinkind durch die Eltern zuteil wird. Sie ist entscheidend für seine harmonische und allseitige Entwicklung.

Es ist erwiesen, daß die Eltern-Kind-Beziehungen im Kleinkindalter für die weitere Persönlichkeitsentwicklung sehr bedeutsam sein können. Aber auch im Jugendalter haben die sozialen Beziehungen zwischen dem Heranwachsenden und seinen Eltern für dessen Persönlichkeitsentwicklung eine sehr große Bedeutung.

Zuneigung und Liebe, Achtung und Gleichberechtigung werden nicht durch Worte bzw. Erklärungen, sondern durch entsprechende Handlungen in den vielfältigsten Lebenssituationen realisiert. Dabei kommt der familiären Arbeitsteilung und den Freizeitgemeinsamkeiten besondere Bedeutung zu. In der Freizeitgestaltung allgemein und hinsichtlich der bevorzugten Musik und Bekleidung bilden sich deutliche jugendtypische Verhaltensweisen heraus. Dadurch entstehen in vielen Familien zwischen den Jugendlichen und ihren Eltern Streitigkeiten, die sich oft auch zu Konflikten ausweiten. Vor allem im Freizeitbereich treten Verständnisschwierigkeiten auf. Der Jugendliche möchte hier zunehmend selbständig handeln und reagiert auf Kritik und Bevormundung sehr empfindlich.

Die Eltern sollten unterscheiden, ob es sich bei den Streitigkeiten um ein wirkliches Problem handelt, das einer konsequenten Klärung bedarf oder nur um eine mehr periphere Angelegenheit mit jugendpsychologischem Hintergrund.

Die meisten Eltern versuchen, dem notwendigen Streben des Jugendlichen nach Selbständigkeit und Eigenverantwortlichkeit, Anerkennung der Persönlichkeit und gleichberechtigter Partnerschaft Rechnung zu tragen. Dennoch ist eine mangelnde Bereitschaft mancher Eltern, ihr „Kind" Schritt für Schritt erwachsen werden zu lassen, aber auch ein nicht jugendgemäßes Erziehungsverhalten durchaus noch verbreitet. Ein Kennzeichen jugendgemäßer Erziehung ist die sorgfältige Entscheidung der Eltern darüber, wie und wann sie ihren Kindern schon Selbständigkeit gewähren und wann nicht.

Die allmähliche Entwicklung zum Erwachsenen schließt ein, daß der junge Mensch Fehler machen darf. Jeder Jugendliche wird von Zeit zu Zeit vor Situationen gestellt, bei denen die Eltern nur auf das Vertrauen in die bisherige Erziehung ihres Kindes setzen können. Sehr bedeutsam für beide Seiten ist jedoch, daß Eltern bei Schwierigkeiten diejenigen sind, die helfen, das Problem zu überwinden und in ehrlicher Zusammenarbeit nach den Ursachen suchen. Eltern, die bei jedem Fehlverhalten des Jugendlichen selbstgerecht moralisieren, versagen ihm letztlich ihre Hilfe.

Geschlechtstypisches Verhalten

Walter Friedrich

Das Geschlecht ist neben Alter, Beruf und Bildungsgrad ein wichtiges Kennzeichen für die globale Einschätzung einer Persönlichkeit.

Wir lassen uns beim „ersten Eindruck" von einem Menschen stets auch von seiner Geschlechtszugehörigkeit leiten. Ein „geschlechtsloser" Kommunikationspartner ist kaum vorstellbar, von Männern bzw. Jungen werden andere Verhaltensweisen, Fähigkeiten, Interessen als von Frauen und Mädchen erwartet.

Niemand bestreitet, daß es Unterschiede im Verhalten und Erleben der Geschlechter gibt. Aber in Alltagsdiskussionen gehen die Meinungen oft weit auseinander, wenn zu sagen ist, worin sich die Geschlechter unterscheiden. Ist das „starke Geschlecht" intelligenter, leistungsfähiger, selbstbewußter, politisch engagierter? Sind Mädchen bzw. Frauen passiver, gefühlsbetonter, leistungsschwächer, an Berufsarbeit und öffentlichen Angelegenheiten weniger interessiert?

Dies sind heute noch oft Streitpunkte, ebenso wie die Frage nach den *Ursachen* solcher eventuell behaupteter Unterschiede. Sind sie angeboren, sind sie Ausdruck des „Wesens" der Geschlechter, oder sind sie gesellschaftlich determinierte Erscheinungen?

Auf diese Fragen kann die Sozialpsychologie – in Verbindung mit anderen psychologischen Teildisziplinen und anderen Wissenschaften – heute empirisch wie theoretisch gut begründete Antworten geben.

Psychische Geschlechtsunterschiede hat es in der Geschichte der Menschheit zu allen Zeiten gegeben, was historische Überlieferungen ebenso wie ethnologische und kulturanthropologische Forschungen bestätigen.

Einerseits zeigen diese historischen und ethnologischen Vergleiche, daß sich gewisse Grundzüge des „Geschlechtscharakters" von Männern und Frauen in den meisten Gesellschaften stark ähneln. Das resultiert letztlich aus der Arbeitsteilung zwischen den Geschlechtern und der *patriarchalischen* Organisation der Gesellschaften. Andererseits konnten aber auch von Gesellschaft zu Gesellschaft bedeutende psychische Unterschiede zwischen den Geschlechtern festgestellt werden, was auf die ökonomischen, sozialen, kulturellen und politischen Besonderheiten der betreffenden Gesellschaften zurückgeht. Sozialwissenschaftliche Forschungen belegen, daß sich auch gegenwärtig noch die Männer und Frauen verschiedener Gesellschaften und Nationen in vielen Merkmalen ihres Geschlechtscharakters stark ähnlich sind, in anderen aber auch weitgehend unterscheiden können.

Andererseits sind wir jedoch selbst Augenzeugen eines enormen Wandels der psychischen Geschlechtsbesonderheiten in unserem Land.

In der DDR hat sich die gesellschaftliche Stellung der Frau grundlegend geändert, ihre Gleichberechtigung ist garantiert, günstige gesellschaftliche Voraussetzungen für ihre Bildung, berufliche Befähigung und gesamte Persönlichkeitsentwicklung wurden geschaffen. Die sozialistische Gesellschaft verfolgt eine sozialpolitische und ideologisch-erzieherische Strategie, die auf die Gleichberechtigung der Geschlechter in allen Lebensbereichen gerichtet ist. Das schlägt sich selbstverständlich im geschlechtstypischen Verhalten der Männer und Frauen, besonders der heranwachsenden Jugend nieder.

All das beweist die *gesellschaftliche Abhängigkeit* des psychischen Verhaltens der Geschlechter. Der typisch männliche bzw. der typisch weibliche Geschlechtscharakter ist primär gesellschaftlich determiniert. Seine wissenschaftliche Untersuchung kann nicht ohne Bezug zur jeweiligen Gesellschaft erfolgen, setzt deren konkrethistorische Analyse voraus.

Diese Erkenntnisposition hat sich allerdings – trotz der ins Auge fallenden empirischen Beweise – erst in den letzten Jahrzehnten wissenschaftlich durchgesetzt. Noch Mitte unseres Jahrhunderts herrschten biologisierende Erklärungen vor. Das geschlechtstypische Verhalten wurde auf Unterschiede der biologischen Anlagen zwischen Mann und Frau zurückgeführt (biologischer Reduktionismus). Vor allem wurde damit versucht, die angeblich psychische Unterlegenheit und Minderwertigkeit der Frau, ihre vermeintlich intellektuelle Inferiorität gegenüber dem Manne als biologisches Schicksal hinzustellen. „Über den physiologischen Schwachsinn der Frau" hat der Leipziger Nervenarzt P. MÖBIUS noch 1905 ein Buch verfaßt (vgl. KABAT VEL JOB 1979).

Biologische Voraussetzungen der Geschlechterentwicklung

Natürlich darf auch eine sozialpsychologische Betrachtung nicht die biologischen Strukturen der Individuen außer acht lassen, die sich im Laufe der Phylogenese herausgebildet haben und genetisch verankert sind. Sie sind Voraussetzungen, organische Grundlagen ihres Verhaltens und haben für die Entwicklung des geschlechtstypischen Verhaltens eine nicht unerhebliche Bedeutung. Deshalb wollen wir auf einige dieser geschlechtsspezifischen Besonderheiten kurz hinweisen.

Die individuelle Geschlechtsentwicklung ist ein sehr komplizierter Prozeß.

Biologisch werden unterschieden:

– Genetisches Geschlecht (Chromosomengeschlecht)

Es ist mit der Befruchtung fixiert. Alle Individuen besitzen bekanntlich zwei Geschlechtschromosomen, weibliche zwei X-, männliche je ein X- und ein Y-Chromosom (von Ausnahmen abgesehen).

– Keimdrüsengeschlecht (Gonadales Geschlecht)

Die Geschlechtschromosomen steuern die Entwicklung und Differenzierung der Keimdrüsen, der Ovarien bzw. Hoden. Die dort schon im Embryonalstadium produzierten Hormone (Androgene, Östrogene) haben entscheidenden Einfluß auf die Ausformung des geschlechtsspezifischen Körperbaues.

– Morphologisches Geschlecht (Geschlechterkonstitution)

Damit wird die Ausprägung der primären und sekundären Geschlechtsmerkmale bezeichnet. Sie erfolgt besonders in der pränatalen und in der Pubertätsphase (Abb. 3. 2. in STARKE und FRIEDRICH 1984, S. 54, veranschaulicht die Unterschiede in der Geschlechterkonstitution).

Die körperlichen Unterschiede zwischen Mann und Frau sind, über die auffälligen sekundären Merkmale hinaus, bedeutend. Frauen sind im Durchschnitt gegenüber Männern etwa um 10 cm kleiner, um etwa 10 kg leichter. Sie besitzen etwa 12 kg Muskelmasse weniger, was sich in 20 % bis 30 % geringeren Muskelkraftleistungen auswirkt. Ihr Herzgewicht ist etwa um 50 g geringer (etwa 15 %). Die Vitalkapazität der Lungen beträgt bei Frauen ungefähr 3,5, bei Männern rund 5 l.

Die Sportleistungen der Mädchen und Frauen, die maximalen Kraft-, Ausdauer- und Schnellkraftfähigkeiten liegen durchschnittlich 10 % bis 20 % unter denen der Jungen bzw. Männer (vgl. Märker 1983). Das sind Fakten. Doch dürfen diese beträchtlichen Unterschiede und ihre biotisch-genetische Bedingtheit im morphologisch-physiologischen Bereich nicht einfach auf die Psychologie der Geschlechter übertragen werden. Solche Extrapolationen sind *nicht* statthaft. Vor oberflächlichem Analogiedenken muß man sich hüten.

– Soziales Geschlecht (Geschlechtsidentität)
Das geschlechtstypische Verhalten wird durch bestimmte soziale und psychische Grundprozesse determiniert.
Wohl die wichtigste Frage bei der Geburt eines Kindes ist die nach seinem Geschlecht. Sie wird in der Regel vom Arzt bzw. der Hebamme beantwortet (sogenanntes Hebammengeschlecht).

Diese Art der sozialen Definition des Geschlechts ist im allgemeinen unproblematisch. Bei seltenen Intersexformen kann es jedoch kompliziert werden, wodurch mitunter sogar eine Revision der ursprünglichen Festlegung erforderlich wird.

Die Eltern und anderen Kontaktpartner orientieren sich von klein auf stark am Geschlecht ihres Kindes, bemühen sich durch Farb- und Kleidungsnuancen schon im Babyalter, den Jungen/das Mädchen hervorzukehren. Die soziale Zuwendung zu Mädchen soll z. B. durchschnittlich intensiver sein, meinen viele Autoren. Vom 2. Lebensjahr an kann bereits von geschlechtstypischen Erziehungsstrategien der Eltern und anderen Erzieher gesprochen werden. Sie schlagen sich z. B. in folgenden Fähigkeits- und Verhaltensunterschieden der Kinder nieder:

Mädchen sind Knaben gegenüber in ihrer Sprachentwicklung voraus. Sie beginnen durchschnittlich einen Monat eher erste Worte zu sprechen, artikulieren besser, haben einen größeren Wortschatz und beherrschen die Grammatik besser als gleichaltrige Jungen. Sie sind aber auch – nach den großangelegten Untersuchungen von SCHMIDT-KOLMER bei 2- bis 3jährigen Krippenkindern – in der Selbständigkeit, im musischen und Spielverhalten, in der gesamten sozialen Kommunikation den Jungen überlegen.

Ende des 2., besonders jedoch im 3. Lebensjahr kommt es bereits zu charakteristischen Präferenzen von Spielsachen. Während Mädchen stark Puppen und „hauswirtschaftliche" Spieltätigkeiten bevorzugen, sind Jungen mehr auf Bau- und technisches Spielen (Auto, Kran, Wasserpistole usw.) gerichtet. Diese unterschiedlichen Gegenstandsinteressen fixieren sich von Jahr zu Jahr immer deutlicher. Daß die genannten Entwicklungsvorsprünge der Mädchen und Spielpräferenzen durch soziale Einflußfaktoren, vor allem durch die geschlechtstypischen Erziehungsstrategien determiniert sind, steht außer Frage. Ob darüber hinaus auch organische Reifungsfaktoren zugunsten der Mädchen mit im Spiele sind, kann insbesondere bei den sprachlichen Fähigkeiten nicht ausgeschlossen werden. Verschiedene Autoren vertreten diese Hypothese.

Von großer Bedeutung für die Persönlichkeitsentwicklung von Jungen und Mädchen ist jene Entwicklungsphase, in der sich die *Geschlechtsidentität,* das Bewußtsein von der eigenen Geschlechtszugehörigkeit herausbildet.

Damit wird die bewußte Wahrnehmung bzw. Erkenntnis und die emotionale Akzeptation des eigenen Geschlechts durch das Individuum gemeint. Das ist ein tiefgreifender frühkindlicher Prägungsprozeß, der zu einem eindeutigen, bald auch stabilen und irreversiblen, stets sehr gefühlsbetonten „subjektiven Geschlechtskonzept" führt. Dieser kognitiv-emotionale Identifikationsprozeß setzt Mitte des 2. Lebensjahres ein und erreicht seinen Höhepunkt bereits im 3. Lebensjahr. Die eigene Geschlechtszugehörigkeit erscheint dem Kinde dann völlig sicher, selbstverständlich, wird nicht mehr hinterfragt. Wird sie spielerisch in Zweifel gezogen, protestiert es sehr energisch.

MONEY und EHRHARDT (1975) haben den Prozeß der Geschlechtsidentifikation am aufsehenerregenden Beispiel einer Gruppe von Hermaphroditen untersucht. Diese Kinder besitzen zwar ein bestimmtes genetisches Geschlecht, ihre primären Geschlechtsmerkmale lassen aber eine eindeutige Diagnose nicht zu bzw. tendieren zum anderen Geschlecht. In solchen Fällen ist es oft nahezu eine Ermessensfrage, ob die Eltern ihr Kind als Junge oder als Mädchen betrachten wollen. Die beiden USA-Forscher fanden, daß sich die Geschlechtsidentität wie das gesamte geschlechtstypische Verhalten dieser Kinder entsprechend der sozialen Definition, also der Entscheidungen der Eltern und deren Erziehungsstrategien, entwickeln. Weder das genetische noch das morphologische Geschlecht hatten darauf entscheidenden Einfluß.

Werden genetisch männliche Hermaphroditen als Jungen definiert und erzogen, so fühlen sie sich auch als Jungen, und es entwickelt sich ein jungentypisches Verhalten. Werden aber genetisch männliche Hermaphroditen als Mädchen erzogen, so entwickeln sich eine weibliche Identität und Charakterstruktur. Die gleichen Verhaltensentwicklungen konnten bei genetisch weiblichen Hermaphroditen beobachtet werden. Ausnahmen traten selten auf.

Wichtig ist, daß die Geschlechtsbestimmung vor dem 18. Lebensmonat erfolgt. Nach dem 3. Lebensjahr ist eine Änderung kaum noch möglich. Wird aus irgendwelchen Gründen eine Geschlechtsänderung im 2. oder 3. Lebensjahr erzwungen, so kommt es bei den betreffenden Kindern zu starken Konflikten, Ängsten, Aggressionen, nach dem 3. Lebensjahr zu schweren neurotischen Störungen, und die Versuche mißlingen oft.

In späteren Jahren verfestigt sich das subjektive Geschlechtskonzept weiter. Ältere Kinder, Jugendliche, Erwachsene reflektieren im allgemeinen nicht über ihre Geschlechtsidentität, sie ist im Unbewußten verankert. Labilisierungs- und Änderungsprozesse sind sehr selten, kommen aber vor (z. B. Transvestiten). Der sozialpsychologisch sehr interessante Vorgang der Geschlechtsidentifizierung ist ein überzeugender Beweis für die Macht der sozialen Verhaltensdetermination.

Geschlechtsunterschiede bei Jugendlichen und Erwachsenen
Gegenwärtig besteht kein Mangel mehr an empirischen Forschungsergebnissen zum geschlechtstypischen Verhalten. Neben Hunderten von speziellen Studien, die sich hauptsächlich auf das Kleinkind- und auf das Jugendalter beziehen, fallen Daten aus Geschlechtervergleichen bei fast allen psychologischen und soziologischen Untersuchungen an. Allerdings werden diese nur selten systematisch zusammengestellt und ausgewertet.

MACCOBY und JACKLIN haben in ihrem vielzitierten Buch die Ergebnisse von über 1500 Studien kritisch verglichen und sind zu wichtigen Verallgemeinerungen gelangt (1974, vgl. PERVIN 1981).

Am Zentralinstitut für Jugendforschung wurde 1986 von BERTRAM u. a. eine Sekundäranalyse zum Geschlechtervergleich erarbeitet, die sich auf Daten aus über 130 empirischen Studien der Jugendforschung stützt.

Obwohl man die in den verschiedensten Ländern gewonnenen Forschungsergebnisse stets nur in Abhängigkeit von deren konkret-historischem gesellschaftlichem Entwicklungsstand betrachten darf und daraus kein Bild der „Geschlechter an sich" konstruieren kann, zeichnet sich doch weitgehend übereinstimmend ein gewisser Trend ab: Die Erlebnis- und Verhaltensweisen der beiden Geschlechter haben sich in vielen Bereichen angenähert. Offensichtlich findet ein Nivellierungsprozeß der früher stärker ausgeprägten psychischen Geschlechtsunterschiede statt, der sich sicher auch künftig weiter fortsetzen wird. Dabei vollziehen sich massive Verhaltensänderungen beim weiblichen Geschlecht.

Von Land zu Land können allerdings teilweise erhebliche Unterschiede, spezifische Seiten, ja auch Widersprüche dieses Annäherungsprozesses beobachtet werden.

In Auswertung der internationalen Literatur und eigener Forschungsergebnisse sollen nun einige Merkmalsbereiche skizziert werden, bei denen der Laie oft größere Geschlechtsunterschiede vermutet.

– Intellektuelle Fähigkeiten

Nicht selten wird noch behauptet, Jungen seien intelligenter, klüger, in ihrem kognitiven Leistungsvermögen den Mädchen überlegen. Das wird meist mit deren besseren genetischen Anlagen begründet. Gerade auf diesem Gebiet gibt es heute zahlreiche Untersuchungen, z. B. Vergleiche von Schul- und Intelligenztestleistungen.

Eigene Untersuchungen bestätigen: Mädchen erreichen durchschnittlich in allen Schuljahren bessere Zensuren als Jungen, besonders in den sprachlichen und musischen Fächern sowie im allgemeinen Schulverhalten (Betragen, Fleiß). Etwas geringer sind die Mittelwertdifferenzen in Mathematik und in den naturwissenschaftlichen Fächern. Im Sport erreichen die Jungen meist bessere Zensuren (Tab. 1). Die Leistungsüberlegenheit der Mädchen in der Schule ist also offensichtlich. Die meisten Autoren führen das Leistungsplus der Mädchen auf ihre höhere Schulmotivation und -disziplin zurück. Mädchen sind anstrengungsbereiter, anpassungsfähiger, disziplinierter, leichter zu lenken und zu motivieren, ihr Schulverhalten wird stärker von sozial-emotionalen Beziehungen

Tab. 1: *Zensuren von Schülern aus 8. und 10. Klassen (Mittelwerte),* n = 2 300

Fach		Klassen 6.	8.	10.
Deutsch	m	2,54	2,52	2,64
	w	2,14	2,09	2,22
Russisch	m	2,81	2,86	2,86
	w	2,19	2,19	2,25
Biologie	m	2,55	2,58	2,62
	w	2,26	2,33	2,32
Mathematik	m	2,83	2,75	2,77
	w	2,59	2,54	2,59
Sport	m	2,18	2,26	2,09
	w	1,94	2,06	2,16
Betragen	m	2,57	2,56	2,37
	w	1,85	1,89	1,82

beeinflußt (z. B. emotional engere Bindungen zu Lehrern, zur Klasse, sie lernen mehr den Eltern, Freunden oder anderen Kontaktpartnern zuliebe; vgl. OTTO 1976).

Ob eine „mädchenfreundlichere" Zensierung, also eine sanftere, großzügige Einstellung der Lehrer gegenüber Mädchen hier eine wesentliche Rolle spielt, ist wenig wahrscheinlich.

Intelligenztestergebnisse bieten zwar ein differenzierteres, aber doch kein grundsätzlich anderes Bild. Geschlechtsunterschiede lassen sich oft statistisch nicht nachweisen oder fallen weniger deutlich als bei den Zensuren aus. Mädchen erreichen teilweise höhere IQ-Werte als Jungen, vor allem bei bestimmten Untertests.

Der Literatur zufolge sind die durchschnittlichen Leistungen der Mädchen in Verbaltests und der Merkfähigkeit besser, die der Jungen bei mathematischen, besonders bei räumlich-figuralen Testaufgaben. Aber unsere eigenen Untersuchungen belegen, daß sich auch hier weitere Wandlungen vollziehen: Mädchen in der DDR haben heute im mathematisch-logischen Denken gegenüber den gleichaltrigen Jungen *keinen Rückstand* mehr. Das kann als großer historischer Fortschritt gewertet werden.

Wir haben 1982 über 2 000 Schüler der 7. bis 9. Klassen mit verschiedenen bekannten Intelligenztests analysiert. Daraus wenige Ergebnisse:

Tests	Geschlechtervergleich
– allgemeine Intelligenz nach PMT (RAVEN)	Mädchen erreichen etwas bessere Punktwerte
– mathematisch-technische Fähigkeiten (LPS nach HORN)	keine signifikanten Unterschiede
– logisches Denken (LPS nach HORN)	in 8. Klassen keine Unterschiede, in 9. Klassen leichte Überlegenheit der Mädchen

Jungen der oberen Klassen haben ein besseres räumliches Vorstellungsvermögen als Mädchen. Dieser Befund entspricht ganz der internationalen Literatur, nach der sich die Dominanz der Jungen vom 10. Lebensjahr an bis zum Erwachsenenalter immer stärker ausprägt. Weil es hierzu kaum widersprechende Ergebnisse gibt, wird diese Erscheinung gern genetisch erklärt. Neuere verhaltensgenetische Forschungen in den USA bestreiten jedoch diese Hypothese (vgl. VANDENBERG 1986). Alles deutet darauf hin, daß auch diese „Geschlechterbesonderheit" sozial determiniert ist.

Insgesamt betrachtet unterscheiden sich aber Jungen und Mädchen hinsichtlich ihrer intellektuellen Fähigkeiten wenig voneinander. Mit zunehmendem Alter gibt es dann einige Verschiebungen meist zugunsten der jungen Männer, die sich aus den unterschiedlichen beruflichen Entwicklungswegen mit ihren spezifischen Tätigkeitsanforderungen sowie veränderten Interessen, Wertorientierungen und Alltagsaktivitäten ergeben.

– Interessen, Wertorientierungen, Lebensziele
Männer und Frauen haben in vielen Aspekten unterschiedliche Interessen-, Wert- und Lebenszielstrukturen. Das findet auch seinen Niederschlag in tieferen Dimensionen ihres Wertens, ihres emo-

tionalen und motivationalen Lebens. Diese sozial determinierten Unterschiede bilden sich frühzeitig heraus, sie sind bereits bei Jugendlichen in geschlechtstypischen Formen ausgeprägt.

Mädchen bzw. Frauen sind – global betrachtet – stärker auf die soziale Mitwelt (Eltern, Freundeskreis, Liebespartner, Kinder, unmittelbare Kollektive) orientiert. Sie interessieren sich mehr für Wohnung, Kleidung, Mode, soziale Kontakte, für Probleme und Sorgen der Mitmenschen. Ihre Wertungen sind von einer höheren Gefühlsintensität bestimmt. Sympathien und Antipathien spielen eine größere Rolle als beim männlichen Geschlecht.

Jungen bzw. Männer sind dagegen durchschnittlich sachlicher, etwas weniger problemempfindlich für sozialpersonale Sachverhalte. Sie besitzen weit stärkere Interessen für Technik und Sport. Doch ist hier vor jeder vorschnellen Etikettierung besonders zu warnen. Das Mehr oder Weniger ist relativ, fällt mitunter auch nur schwach ins Gewicht und kann individuell stark variieren. Wie FÖRSTER in einer Sekundäranalyse nachgewiesen hat, gibt es auch in bestimmten Teilgruppen der Jungen und Mädchen erhebliche Unterschiede. In manchen Teilgruppen können die „durchschnittlichen" Geschlechterdifferenzen ganz fehlen oder umgekehrt extrem stark ausgeprägt vorhanden sein. *Die* Geschlechterunterschiede gibt es überhaupt nicht (vgl. dazu auch BRUHM-SCHLEGEL 1983).

Mehrere empirische Untersuchungen unseres Instituts zeigen übereinstimmend, daß die Wertorientierungen und Lebensziele von Jugendlichen beider Geschlechter heute nicht mehr so stark divergieren, wie das für frühere Zeiten angenommen werden kann oder wie das mitunter auch noch für die Gegenwart vermutet wird. Tab. 2 aus einer 1984 durchgeführten Studie ($n = 2\,200$) belegt das.

Mädchen und junge Frauen wollen in ihrem Leben etwas mehr für die Familie und für andere Menschen da sein, sind auch etwas selbstkritischer und zielbewußter als junge Männer.

Junge Männer wollen häufiger schöpferische Arbeit leisten und ein breites Wissen erwerben.

Doch sind die Differenzen zwischen den Geschlechtern erstaunlich gering. Man kann also feststellen: Die Wert- und Lebensorientierungen beider Geschlechter sind bei der DDR-Jugend hoch konkordant.

Tab. 2: *Ausgewählte Lebensziele 16- bis 25jähriger Lehrlinge bzw. junger Arbeiter, differenziert nach dem Geschlecht (starker Ausprägungsgrad, in Klammern nur sehr starker Ausprägungsgrad)*

	Lebensziele	Männlich		Weiblich	
1	Zufriedenheit mit der Familie	94	(76)	97	(87)
2	Sinnerfüllte Arbeit	86	(43)	85	(42)
3	Selbstkritisch sein	83	(31)	89	(38)
4	Für andere Menschen da sein	77	(25)	87	(38)
5	Zielbewußt leben	76	(24)	81	(27)
6	Umfangreiches Wissen erwerben	73	(27)	70	(20)
7	Schöpferisch sein	59	(20)	42	(8)
8	Lebensgenuß	56	(27)	50	(22)

Mädchen und junge Frauen haben heute *kein* geringeres Politikinteresse als Jungen oder junge Männer. Ihre Bewertung politischer Ereignisse ist jedoch stärker emotional begründet als die der Männer. In der Schulzeit sind sie auch gesellschaftlich aktiver, übernehmen eher Funktionen bei den Jungen Pionieren oder in der FDJ. Fast 60 % der FDJ-Funktionäre in den 8. bis 10. Klassen sind Mädchen. Wenn später die Aktivitäten der jungen Frauen zurückgehen, dann hängt das hauptsächlich von ihren veränderten Lebensbedingungen ab (Familiengründung, Sorge um die Kleinkinder).

Einerseits ist die Einstellung zur beruflichen Arbeit, die Akzeptation der Arbeit als Lebenswert bei beiden Geschlechtern gleich positiv ausgeprägt, andererseits aber bestehen große Unterschiede im Berufswunsch und in den gewählten Berufen (vgl. BERTRAM 1986).

Große Veränderungen haben sich in den letzten Jahrzehnten auch im Partnerverhalten vollzogen. Die erreichte gesellschaftliche Gleichberechtigung findet immer stärker ihren Niederschlag im Liebes- und Sexualleben der Geschlechter.

Junge Frauen sind heute aktiver, selbstbewußter, anspruchsvoller, entscheidungsfreudiger gegenüber dem männlichen Partner. Sie warten nicht passiv auf das Erhörtwerden, sondern fühlen sich als und sind gleichwertige Kommunikationspartner, die aktiv Liebeskontakte suchen bzw. sie beenden, wenn der Partner nicht ihren Erwartungen entspricht (vgl. STARKE und FRIEDRICH 1984).

117

Schlußfolgerungen

1. Psychische Geschlechterunterschiede sind historisch variante Erscheinungen. Sie variieren von Epoche zu Epoche, von Gesellschaft zu Gesellschaft. Die sozialökonomische Basis, der kulturelle, politische und geistige Überbau einer konkret-historischen Gesellschaft bestimmen die soziale Stellung der Geschlechter (Arbeitsteilung, Rechtsstatus, Bildungszugang, Teilnahme und Mitbestimmung am gesellschaftlichen Leben, speziellere Verhaltensnormen), dadurch vermittelt sie auch die Besonderheiten ihres Denkens, Wertens, Verhaltens. Mit dem Aufbau des Sozialismus wurde in der DDR die Gleichberechtigung der Frau gewährleistet und günstige Bedingungen für die Persönlichkeitsentwicklung der Mädchen bzw. Frauen von klein auf geschaffen. Das gesellschaftliche Verhältnis der beiden Geschlechter hat sich grundlegend gewandelt. Das spiegelt sich auch in der zunehmenden Konformität vieler Merkmale des Leistungs- und Sozialverhaltens der Geschlechter wider.

2. In jeder Gesellschaft existieren spezielle, auf die Geschlechter bezogene Erwartungen, Anforderungen, informelle Normvorstellungen, Erziehungsstrategien usw., die im Sinne von Verhaltensorientierungen funktionieren. Dafür hat sich der Begriff Geschlechterrolle eingebürgert.

Unter „Geschlechterrolle" wird das Insgesamt der auf die Geschlechter bezogenen sozialen Erwartungen, Vorschriften, informellen Sollwerte, Zwänge verstanden. Eltern, Erzieher, alle Kontaktpartner leiten davon ihre Erziehungs- und Kommunikationsstrategien ab. „Geschlechterrolle" ist ein (in der bürgerlichen Sozialpsychologie und Soziologie durchaus nicht klar definiertes) Beschreibungskonzept für wesentliche soziale Determinanten des geschlechtstypischen Verhaltens. Es ist zu beachten:

– Geschlechterrollen sind nur in Abhängigkeit und im Kontext des gesamtgesellschaftlichen Entwicklungsstandes zu betrachten. Sie sind keine „universellen Letztheiten", sondern vermittelte soziale Tatbestände.

– Geschlechterrollen determinieren und standardisieren nicht automatisch das Verhalten. Die Herausbildung des geschlechtstypischen Verhaltens ist von den inneren Bedingungen des Individuums abhängig, besonders natürlich vom Entwicklungsniveau seiner Geschlechtsidentität (Geschlechtsbewußtsein) und seiner bisherigen geschlechtsspezifischen Erfahrungen.

3. In der Psychologie gibt es seit langem Versuche, die Entwicklung des geschlechtstypischen Verhaltens mit Hilfe lerntheoretischer Modelle zu erklären. Dabei werden besonders hervorgehoben:
– Konzeptionen des sozialen Lernens (nach dem behavioristischen Verstärkungsprinzip (BANDURA, MISCHEL u. a.),
– Konzeptionen der Imitation und Identifikation (oft in Anlehnung an die Psychoanalyse),
– Konzeption der kognitiven Selbstkategorisierung (KOHLBERG 1974).

Die genannten lerntheoretischen Modelle verweisen zwar auf wichtige Mechanismen der Persönlichkeitsentwicklung und können auch die Entstehung dieser oder jener Verhaltensweise – besonders im Kleinkindalter – erklären. Aber die Herausbildung des Geschlechtscharakters vom Säugling bis zum Erwachsenen kann von keiner dieser Konzeptionen hinreichend interpretiert werden.

Das dürfte zur Zeit nur – wie die Persönlichkeitsentwicklung überhaupt – im Rahmen komplexer Sozialisationstheorien zu leisten sein.

4. Die wissenschaftliche Forschung kann heute noch keine exakten Belege für die spezifische Wirkung genetischer, hormoneller oder anderer biologischer Faktoren auf die Entwicklung von psychischen Geschlechtsunterschieden liefern.

Auf biologische Anlagen könnte geschlossen werden, wenn
– ein Merkmal universell ausgeprägt, also bei allen Angehörigen eines Geschlechts vorhanden wäre (wie das bei morphologisch-physiologischen Merkmalen der Fall ist);
– eine physiologische Basis nachgewiesen werden kann, etwa wenn die Ausprägung eines Verhaltensmerkmals mit dem Hormonspiegel korreliert;
– dieses Merkmal auch phylogenetisch (z. B. bei Primaten) beobachtet werden kann.

Alle diese Kriterien treffen jedoch auf die psychischen Geschlechtsunterschiede des Menschen *nicht* zu.

Es gibt keine psychischen Merkmale, die dichotomisch auf die Geschlechter verteilt wären. Jedes psychische Merkmal, ob bestimmte Fähigkeiten oder beliebige Interessen, Wertorientierungen, Eigenschaften, andere Verhaltensweisen, kann bei beiden Geschlechtern auftreten. Aber die *Häufigkeit* des Auftretens und die *Intensität* der Ausprägung können differenzieren. Der einzelne

Mann, die einzelne Frau kann das betreffende Merkmal besitzen oder nicht besitzen, es kann bei ihnen zwischen maximal stark bis maximal schwach ausgeprägt sein. Die Wahrscheinlichkeit des Auftretens und der Ausprägungsgrade von psychischen Merkmalen kann zwischen den Geschlechtern variieren – von Gesellschaft zu Gesellschaft, oft auch innerhalb von Klassen, Schichten, Bildungsgruppen und weiteren Teilpopulationen unterschiedlich sein. Das alles widerspiegelt das Wesen der psychischen Geschlechtsunterschiede: ihre soziale Determiniertheit.

Hochschule als Sozialisationsfaktor

Gustav-Wilhelm Bathke und Kurt Starke

Sozialisation, wie verschieden der Begriff auch immer gefaßt wird (JAROSCHEWSKI 1975 u. a.), berührt die gesellschaftlichen Aspekte der Persönlichkeitsentwicklung, das Hineinwachsen in die Gesellschaft, die Vergesellschaftung des Individuums, die sozialen Determinanten und den sozialen Prozeß des Werdens der Persönlichkeit. Sozialisation beruht auf der Auseinandersetzung des gesellschaftlich handelnden Subjekts mit der sozialen Umwelt, vollzieht sich in einem bestimmten, konkret-historischen Rahmen und wird von Sozialisationsinstanzen gefördert, in denen sich die gesellschaftliche Einwirkung materialisiert. Hochschulsozialisation ist „derjenige Teil dieses Prozesses, der mit dem Studium an einer Hochschule einhergeht" (HUBER 1980, S. 521). Der Blick ist dabei zum einen auf die Instanz zu richten, die für die Sozialisation der studierenden Jugendlichen zuständig ist, auf die Hochschule,[1] in der die Erziehung und Ausbildung der Studenten erfolgt. Zum anderen aber – und das hat prinzipielle Bedeutung – ist die *Studientätigkeit* des Studenten, das Studium eines Fachgebietes anzusprechen und als Sozialisationsgeschehen zu betrachten. Der Impuls für die Sozialisation geht von der Aufgabe aus, vor der der Student steht, die Leistung wird bei der Lösung dieser (gesellschaftlich gestellten) Aufgabe erbracht, und die Persönlichkeitsentwicklung erfolgt durch dieses Tätigwerden. Dieser Mechanismus läßt sich pointiert durch ein altes Wort FICHTES ausdrücken: „Der . . . Anstoß geschieht auf das Ich, insofern es tätig ist, und er ist demnach nur insofern ein Anstoß, als es tätig ist. . .: Keine Tätigkeit

---

[1] Wir konzentrieren uns in diesem Beitrag auf die Hochschule und Hochschuldirektstudenten. Das Fernstudium und andere Studienformen weisen zu viele Besonderheiten auf, als daß sie hier berücksichtigt werden könnten. Auf die Fachschulen wird ebenfalls nicht eingegangen, vieles des hier Gesagten trifft aber auf sie mutatis mutandis zu.

des Ichs, kein Anstoß" (1971, S. 156). Die besten Erziehungsprogramme fruchten nichts, wenn sie den Studenten nicht erreichen; die Sozialisationsinstanz Hochschule funktioniert nicht durch ihre bloße Existenz, sondern nur insofern, als der Student in ihr tätig wird und wirklich studiert. Der aktive Student ist das Subjekt seiner Sozialisation. Die wichtigste sachliche Komponente für die Qualifizierung des Studenten ist das jeweilige Fach. Der fachliche Gegenstand des Studiums diktiert Inhalt und Form des Lernens. Verbunden mit der angezielten beruflichen Tätigkeit, determiniert er Sinn und Ziel des Studiums. Daraus leitet sich auch der besondere Stellenwert der *Sektion* als Sozialisationsinstanz ab. Insbesondere an den Universitäten und großen Hochschulen ist die Sektion der Repräsentant einer bestimmten Studienrichtung und zugleich die für Erziehung und Ausbildung entscheidende soziale Einheit (ROCHLITZ 1978). Untersuchungen der Studentenforschung verweisen auf bedeutende Unterschiede der Studenten der verschiedenen Sektionen, auf charakteristische Sektionsprofile und teilweise recht unterschiedliche Bedingungen an den Sektionen einschließlich eines besonderen „Sektionsklimas" (STARKE 1979).

Diese Ansätze schließen die Verständigung über folgendes ein:
1. Es ist notwendig und wichtig, das Studium unter dem Gesichtspunkt der Persönlichkeitsentwicklung zu betrachten, genauer gesagt, als *eine Etappe* der Sozialisation. Dabei besteht ein dialektisches Wechselverhältnis zwischen der fachlichen Seite des Studiums und der „allgemeinen" Sozialisation. Der fachlich kompetente Spezialist mit ausgeprägtem Persönlichkeitsprofil und hoher Leistungsbereitschaft steht am Ende dieser Etappe.
2. Hochschule und Studium tragen zur Reproduktion der Sozialstruktur der Gesellschaft bei und leisten Wesentliches bei der Sozialisation der künftigen Intelligenz. Sie wird befähigt, ihre Funktion in Wirtschaft und Gesellschaft zu erfüllen.

Sozialisationsinstanz Hochschule
Ausgangspunkt dieser Betrachtung ist eine bestimmte Auffassung von *Persönlichkeitsentwicklung* einerseits und von *Hochschulbildung* andererseits. Unsere Untersuchungen zeigen: Die Persönlichkeitsentwicklung der Studenten ist ein langfristiges, dynamisch-widersprüchliches, differenziertes und komplexes Geschehen, das nicht nur die Zeit des Studiums, sondern auch das Davor und Da-

nach einschließt. Die Sozialisationsinstanz Hochschule wiederum ist vielfältig in die Gesamtgesellschaft integriert, und gerade diese Integration verleiht der Sozialisation der Studenten ihren charakteristischen gesellschaftlichen Bezug. Das Hochschulwesen ist Teil unseres Bildungssystems. Durch sein wichtigstes Produkt, die Absolventen, ist es mit der Gesellschaft in erster Linie funktionell verbunden. Jährlich werden in der DDR über 20 000 Absolventen von Universitäten und Hochschulen der Volkswirtschaft zugeführt.

Hochschulbildung ist (besondere) Berufsbildung. Nicht Bildung an sich, getragen von einem abstrakten Persönlichkeitsideal oder elitären Konzeptionen, sondern (hochqualifizierte) Vorbereitung auf einen bestimmten Beruf oder doch wenigstens auf eine hochqualifizierte, überwiegend geistig-schöpferische berufliche Tätigkeit (ermöglicht durch die mit dem Hochschulstudium verbundene vergleichsweise hohe Disponibilität) charakterisiert die Funktion des Hochschulwesens. Dies geschieht massenhaft, insbesondere in einigen Berufen wie Ingenieur (32 % aller Hochschuldirektstudenten studieren technische Wissenschaften), Lehrer (21 % pädagogische Fachrichtungsgruppen), Arzt (12 % Medizin), Ökonom (10 % Wirtschaftswissenschaften). Diese klare Orientierung auf die berufliche Tätigkeit, verbunden mit der sozial so wichtigen *Garantie* eines Arbeitsplatzes, erwächst aus den Erfordernissen und Möglichkeiten unserer Gesellschaft, die an einer bloßen Sozialisation auf Sozialstatus hin nicht interessiert ist. Der Effekt der Sozialisation an der Hochschule wird daran gemessen, wie eine den gesellschaftlichen Erfordernissen entsprechende Reproduktion der Intelligenz und eine adäquate Vorbereitung der Studenten auf ihre Tätigkeit im System der gesellschaftlichen Arbeitsteilung und als Akteure des gesellschaftlichen und wissenschaftlich-technischen Fortschritts gelingt. Das vorrangige Anliegen der Universitäten, Hoch- und Fachschulen besteht darin, „den notwendigen Bildungsvorlauf für die weitere Gestaltung der entwickelten sozialistischen Gesellschaft zu schaffen. Dementsprechend ist das Studium so zu vervollkommnen, daß die praxisverbundene Aneignung fundierter, fortgeschrittenster Grundlagen- und Spezialkenntnisse mit einer gründlichen politischen und weltanschaulichen Bildung einhergeht" (HONECKER 1986, S. 7).

Daraus ergeben sich ständig Veränderungen in der Struktur des Hoch- und Fachschulwesens, in den Studienplänen und Lehrprogrammen, im Ablauf des Studiums bis hin zum Hochschulwechsel. Ein Beispiel ist die Neugestaltung der Ausbildung von Ingenieuren und Ökonomen nach zwei Grundprofilen. Damit soll besser den Bedürfnissen der Einsatzbetriebe entsprochen und generell eine engere Verbindung zur Praxis hergestellt werden. Andererseits kann das Studium als Berufsvorbereitung nicht zu eng aufgefaßt werden. Angesichts der Vielfalt und der Anforderungsbreite der künftigen Arbeitsplätze ist es von vornherein nicht möglich, arbeitsplatzspezifisch auszubilden. Dies müssen Absolvent und Betrieb in der Einarbeitungsphase selbst leisten. Genauso wäre das Hochschulwesen überfordert, wollte es eine Qualifikation vermitteln, die für die lebenslange berufliche Tätigkeit reicht. Gerade in den Hochschulberufen ist infolge des wissenschaftlich-technischen Fortschritts eine stürmische Weiterentwicklung der Anforderungen zu verzeichnen, die auch eine erhöhte berufliche Mobilität mit sich bringt und erfordert. Das Hochschulwesen trägt dem Rechnung, auch durch ein Programm der Weiterbildung, das in den letzten Jahren enorm erweitert wurde.

Sozialisationsbedingungen an der Hochschule

Die sozialpsychologische Situation an der Hochschule weist Besonderheiten auf, die bedeutsam für das Sozialisationsgeschehen sind:
1. Die Sozialisationsinstanz Hochschule hat es mit vergleichsweise „alten" Jugendlichen zu tun. Die Studienanfänger sind im Durchschnitt 20 Jahre alt (die weiblichen 19, die männlichen 21). Die meisten von ihnen haben vor Beginn des Studiums in Betrieben, im Vorpraktikum, in den bewaffneten Organen Erfahrungen gesammelt. Fast drei Viertel kommen nicht direkt vom Abitur zum Studium. Rund 40 % haben ein Vorpraktikum. Ein Viertel hat länger als ein Jahr und die Hälfte unter einem Jahr beruflich gearbeitet. Rund 90 % waren vor Beginn des Studiums Funktionäre des Jugendverbandes. Die Studienanfänger haben eine schon verhältnismäßig lange Lebensgeschichte, sind in verschiedenen Lebensbereichen aktiv gewesen und stabile Persönlichkeiten geworden. Intervalluntersuchungen zeigen, daß die bis Studienbeginn erworbenen Lebens- und Leistungspositionen eine stabile Startbasis für das Studium sind. Insbesondere im weltanschaulich-politischen Bereich, in den grundsätzlichen Leistungseinstellungen, in allge-

meinen moralischen Auffassungen, in der Einstellung zu Studienfach und Beruf, in den kulturellen Interessen und in der Freizeitgestaltung ist ein schon recht verfestigtes Profil vorhanden, das sich als nicht ohne weiteres veränderbar erweist.

2. Hochschulstudenten gehören zu den fachlich besten und gesellschaftlich aktivsten Jugendlichen ihres Jahrgangs. Sie haben die hohen Anforderungen der Oberschule besonders gut bewältigt. Sie zeichnen sich durch gute kognitive Voraussetzungen zur Handlungsorganisation, stabile Lern- und Arbeitseinstellungen, eine hohe Lernfähigkeit, charakteristische Lebenswerte und -ziele und eine vor allem im schulischen Bereich bestätigte Anstrengungsbereitschaft und Belastbarkeit aus. Dies wird besonders bei gegenständlich-geistigen und sozial-kommunikativen Tätigkeitsformen deutlich. Das hohe Fähigkeitsniveau ist Ergebnis der bisherigen Sozialisation und bestimmt den weiteren Bildungsweg und die damit verbundene Tätigkeitsperspektive entscheidend.

3. Die Studenten stammen aus allen Schichten des Volkes, überdurchschnittlich häufig aber aus hochqualifizierten, gesellschaftlich und beruflich besonders aktiven Elternhäusern (Problem der Selbstreproduktion der Intelligenz – BATHKE, in „Soziale Triebkräfte..." S. 228 und BATHKE 1985). Das geistige Niveau der Arbeit der Eltern hat frühzeitig und langfristig Einfluß auf Wertorientierungen und Tätigkeiten der Kinder. Die durch das Elternhaus bedingten Startvoraussetzungen bei Studienbeginn werden jedoch von den Studenten unterschiedlich genutzt. Ein Teil der Studenten aus Intelligenzfamilien baut die günstigen Startbedingungen aus, ein anderer zehrt davon, schöpft sein Leistungsvermögen nicht aus und versucht, das Studium mit linker Hand zu absolvieren. Dem stehen hochmotivierte Studenten aus weniger qualifizierten Elternhäusern gegenüber, die ungünstigere Startbedingungen rasch ausgleichen und zum Teil sogar leistungsstärker, fachverbundener und gesellschaftlich aktiver werden, zumal dann, wenn sie entsprechend gefördert werden.

Schon die Aufnahme eines Studiums, insbesondere aber die Wahl der Studienrichtung, ist stark vom Elternhaus beeinflußt. Das führt dazu, daß die Zusammensetzung an den verschiedenen Sektionen unterschiedlich ist und die Ausgangsbedingungen, vor allem das fachliche und ideologische Profil, stark differieren. Auch innerhalb einer Sektion haben die Studenten einen recht unterschiedlichen familiären Hintergrund, der nicht ohne Einfluß auf die soziale und fachliche Integration im Studium ist.

Die objektiven sozialstrukturellen Herkunftsbedingungen der Hochschulstudenten stehen mit charakteristischen subjektiven Bedingungen im Zusammenhang, die sich in der familiären Atmosphäre, den Erziehungszielen, den Tätigkeitsformen und inhaltlichen (kommunikations- und tätigkeitsorientierten) Anregungen sowie in den Beziehungen zwischen Eltern und Kindern widerspiegeln. Generell besteht der vorherrschende Erziehungsstil darin, die Heranwachsenden zu Selbständigkeit und Eigenaktivität zu erziehen. Die überwiegende Mehrheit der Studenten bekundet eine starke Übereinstimmung mit den politischen Ansichten und den grundsätzlichen Lebensauffassungen ihrer Eltern und hat ein gutes Verhältnis zu ihnen, das während des Studiums erhalten bleibt. Charakter und Inhalt der Arbeit der Eltern, und zwar des Vaters wie der *Mutter,* differenzieren stark das fachliche und kulturelle Profil der studierenden Kinder. Der mütterliche Einfluß ist dabei in den letzten Jahren auf Grund des gestiegenen Bildungsniveaus und einer qualifizierteren Berufstätigkeit der Frau stärker geworden.

Der Sozialisationsfaktor Elternhaus wird während des Studiums ständig aktualisiert. Viele Studenten wohnen noch bei den Eltern, häufiges Heimfahren – bei 55 % wöchentlich und bei weiteren 20 % 14tägig – ist charakteristisch, zumal die meisten Studenten zu Hause günstige Wohn-, Studien- und Rekreationsbedingungen haben.

4. Bei Studienbeginn sind 10 % der männlichen und 5 % der weiblichen Studenten verheiratet. Weitere 5 % heiraten im Verlaufe des 1. und weitere 15 % im 2. und 3. Studienjahr; rund zwei Drittel der Studenten haben eine feste Liebesbeziehung, genau die Hälfte von ihnen zu einem Studenten/einer Studentin. Zu Beginn des 2. Studienjahres haben 15 % der männlichen und 5 % der weiblichen Studenten eigene Kinder zu versorgen. Auch dieser Prozentsatz wächst im Verlaufe des Studiums an. Elternschaft und Studium sind keine unvereinbaren Größen mehr. Aber die Studiensituation hat sich durch die Studentenfamilie und die Studentenkinder stark verändert. Die Sozialisation erfolgt nicht im Vorfeld der oder in Richtung auf die Familiengründung, sondern die eigene Familie ist selbst ein Faktor der Sozialisation ge-

126

worden. Die Paargruppe ist eine ständige Begleitbedingung des Studiums. Der Liebespartner ist herausragende Bewertungsinstanz in allen Fragen des Studiums (Untersuchungen der Studentenforschung). Die physische und psychische Kraft des Studenten ist nicht nur auf das Studium, sondern auch auf Haushalt und Familie gerichtet, und damit sind ganz andere soziale Bindungen, Erfahrungen, Einblicke gegeben, als sie dem ledigen Studenten je möglich waren. Zugleich ist für diese Studenten auf diesem Gebiet die Verantwortungssituation des erwachsenen Staatsbürgers erreicht. Demzufolge scheitern heute alte Sozialisationspraktiken, die – auf einen vorwiegend lebensunerfahrenen, ledigen, jungen, männlichen, zur Untermiete wohnenden Studenten gerichtet – die neue Situation nicht berücksichtigen.

5. Über die Hälfte der Studierenden, im Hochschulwesen 53 % und im Fachschulwesen fast 90 %, sind weiblich. Der Anteil weiblicher Studenten ist in den einzelnen Fachrichtungen extrem verschieden. Besonders stark sind Frauen in den pädagogischen und wirtschaftswissenschaftlichen Fachrichtungen vertreten. Die in den fünfziger Jahren einsetzende Feminisierung des Hoch- und Fachschulwesens hat Einfluß nicht nur auf das Sozialisationsgeschehen an den höchsten Bildungsstätten, sondern wirkt fachrichtungsspezifisch auch auf den sozialen Kontext in den beruflichen Einsatzbetrieben. Zugleich wird eine veränderte Familiensituation insbesondere in den Familien mit Hochschulabschluß der Mutter oder beider Elternteile geschaffen. Die hohe Qualifikation und die berufliche und gesellschaftliche Aktivität der Mutter nämlich, und nicht nur die des Vaters, strahlt auf das geistige Klima in der Familie aus, beeinflußt den Tagesablauf, bestimmt den Inhalt der gemeinsamen Tätigkeiten sowie die Außenbeziehungen der Familie mit. Dies führt zu tiefgreifenden Veränderungen im Alltag der Gesellschaft, die in ihrer Tragweite noch gar nicht voll übersehen werden.

6. Rund drei Viertel der Studierenden wohnen im Wohnheim. Damit ist eine ganz andere Lebens- und Sozialisationssituation als bei den Altersgenossen in den Betrieben gegeben. Das kollektive Wohnen mit seinem Überangebot an Kontakten und seinem Defizit an Ungestörtheit determiniert den Studienalltag entscheidend und hat große Auswirkungen auf Persönlichkeitsentwicklung und Studienerfolg. Die Studenten lernen, miteinander

ganztägig umzugehen, eine Situation, die sich später im Betrieb nicht wiederholt, aneinander zu partizipieren, voneinander zu lernen, miteinander fröhlich zu sein. Zugleich besteht die Gefahr der Leistungsnivellierung (zu Lasten herausragender Leistungen) und generell der Leistungshemmung infolge nicht individuell genügend effektiver und differenzierter Studienbedingungen. Durch spezielle Arbeitsräume, günstige Öffnungszeiten der Bibliotheken u. a. kann und muß dies kompensiert werden.

7. Fast die Hälfte der Studienanfänger, weibliche häufiger als männliche, kommen mit dem Abiturprädikat „ausgezeichnet" oder „sehr gut" zum Studium. Der Zensurendurchschnitt ist auch das Hauptkriterium für die Bewerbung in einer bestimmten Fachrichtung: Je höher der Zensurendurchschnitt, desto größer die Chance, in einer gefragten Fachrichtung angenommen zu werden, unabhängig von der tatsächlichen Eignung für das Fach. Daher dominiert in der Vorstudieneinrichtung die Orientierung auf den hohen Zensurendurchschnitt.

An der Hochschule ändert sich die Leistungsbewertung. Im 1. Studienjahr erreichen knapp 10 % einen Zensurendurchschnitt von 1,0 bis 1,6, wobei dieser Anteil auf Grund der unterschiedlichen Zensurengebung an den einzelnen Sektionen extrem unterschiedlich ist und nicht immer mit den Abiturnoten korreliert.

Insgesamt ist die Zensurengebung strenger. Das ist insbesondere für weibliche Studierende ein Problem: An gute Noten gewöhnt, erhalten sie nun nicht mehr nur Einsen und liegen in ihrem Zensurendurchschnitt außerdem noch unter dem ihrer männlichen Kommilitonen, während sie an der Schule darüber lagen.

8. Die Leistungsentwicklung im Studium ist nicht auf die kumulative Aneignung von Wissen zu reduzieren, sondern stets als widersprüchlicher Prozeß der Entfaltung der ganzen Persönlichkeit aufzufassen. Daraus folgt, daß das Ziel hoher Studienleistungen eine Qualifikation/Qualität ist, die wissenschaftliche und fachliche Kenntnisse, Fähigkeiten und Fertigkeiten, einen hohen Leistungsanspruch, Interesse an der wissenschaftlichen Bewältigung beruflich-fachlicher Probleme und ein breites geistig-kulturelles Profil einschließt.

Das *Hauptproblem* unmittelbar nach Studienbeginn ist die effektive Bewältigung des Übergangs vom primär rezeptiven und fremdgeleiteten Lernen zum eigenverantwortlichen, produktiven Lernen, das an einem wissenschaftlichen Gegenstand festgemacht ist und einem prinzipiell unendlichen Wissensangebot gegenübersteht. Das Studium ist heute wissenschaftlich produktiv angelegt, verlangt einen hohen Grad an Selbständigkeit und einen wissenschaftlichen Arbeitsstil und bringt ein besonderes Zeitregime mit sich. Der produktive Charakter des Studiums, der in vielfältiger Weise zum Ausdruck kommt, in der Gesamtanlage des Studiums, im wissenschaftlichen Meinungsstreit, in Seminarreferaten, in Jahresarbeiten, in wissenschaftlichen Studentenzirkeln u. a., ist eine echte Besonderheit des Sozialisationsgeschehens an der Hochschule. Der Student wird nicht nur auf die Produktion vorbereitet, er ist bereits selbst produktiv, er lernt nicht nur auswendig, vollzieht nicht nur Erkenntnisse nach, sondern kommt selbst zu Erkenntnissen. Die Diplomarbeit als die Krönung seiner Produktivität ist – jedenfalls im allgemeinen – kein bloß didaktischer Leistungsnachweis, sondern mit Erkenntnisfortschritt verbunden, eine wissenschaftliche Leistung, die fest in den Forschungsprogrammen der Universitäten verankert ist. Ein bedeutender Teil der Hochschulforschung beruht auf den Leistungen der Studenten.

Das Problem des Übergangs ist ein doppeltes: Zum einen sind höhere quantitative Forderungen, insbesondere in bestimmten Fächern, zu meistern (es müssen Tausende medizinischer Begriffe oder historischer Fakten oder Vokabeln oder technische Gesetze auswendig gelernt werden), zum anderen muß die Fähigkeit für ein wissenschaftliches, problemorientiertes Studium entwickelt werden. Das erste, das quantitativ orientierte Lernen, wurde bisher geübt, aber doch nicht unter so extremen, oft geradezu unüberschaubaren Anforderungen, sondern wohldosiert, abgestimmt, ausgewogen, kontrolliert. Das zweite, das wissenschaftliche Lernen, wurde bisher noch wenig geübt und muß daher erst habitualisiert werden. Entsprechend dem Inhalt der Ausbildung und der Zusammensetzung der Studentenschaft ist dabei die Situation an den einzelnen Sektionen unterschiedlich.

9. Die Lebensweise der Studenten unterscheidet sich stark von der anderer Schichten der Jugend und der Bevölkerung. Die Anforderungen sind vielfältig und diskontinuierlich. Einen festen Arbeitsplatz gibt es genausowenig wie eine normale Studien-

woche. Der Vorlesungs- und Seminarbetrieb ist von Selbststudium, Praktika, Übungen, Konsultationen durchsetzt und durchbrochen. Der Student ist ein Wanderer zwischen den Welten der Bücher in den Bibliotheken, der Kommunikationen in Hörsaal und Seminarraum, der praktischen Gegenstände seines Berufes in Laborräumen, Praxiseinrichtungen, der Freizeitmöglichkeiten.

Zeitbudgetuntersuchungen im 1. Studienjahr ergeben, daß von den 168 Stunden, die die Woche hat, 62 Stunden auf Studientätigkeiten in engerem Sinn fallen. Dazu kommen noch 7,5 Stunden Wegezeiten im Studienprozeß (die bei Werktätigen im Betrieb selbstverständlich zur Arbeitszeit gehören). Die Studentenschaft ist nicht nur geistig-qualitativ, sondern auch zeitlich ein besonders stark belasteter Teil der Jugend und der Bevölkerung überhaupt. Die Intensität des Studiums hat in den letzten Jahren deutlich zugenommen.

Es ist für einen Studenten selbstverständlich, daß er keinen Achtstundentag hat und auch am Wochenende arbeitet. Im Durchschnitt realisiert er an den Wochenenden 9 Stunden Studium, vor Prüfungen weit mehr. Entgegen landläufigen Auffassungen besuchen Studenten selten Gaststätten.

Ein Teil der Studenten, darunter auch der leistungsstarken, steht so unter Zeitdruck, daß Erholung und Urlaub zu kurz kommen und anspruchsvolle Freizeittätigkeiten, z. B. kulturell-künstlerische Aktivitäten, weniger ausgeübt werden, als man möchte. Dadurch entstehen gesundheitliche Probleme, aber auch Vereinseitigungen.

10. An der Hochschule spielt die personale Kommunikation eine besondere Rolle. Das bezieht sich auf den fachlichen wie auf den sozialen Bereich. Diese Kommunikationen bestimmen entscheidend den Studienerfolg. Studium *ist* zu einem wesentlichen Teil Kommunikation. Es läßt sich in unseren Untersuchungen nachweisen, daß die kommunikationsaktiven Studenten meist auch die leistungsstärksten und die individuell profilierten Studenten sind. Getragen von einem intensiven Literaturstudium und ständigem Üben der theoretischen und praktischen Fertigkeiten und orientiert auf einen produktiven Studienstil, arbeiten diese Studenten aktiver in Seminaren mit, suchen sie den Meinungsstreit, pflegen sie eine konstruktive Fachkommunikation und sind sie auf Gemeinschaftsarbeit in der Forschung und in anderen Formen des

Studiums aus. Nach LANGE (1985) kann die Wirkung der fachlichen Kommunikation auf drei Aspekte konzentriert werden: erstens den Austausch fachlicher und anderer Informationen als produktiver Entäußerung der Persönlichkeit und Aneignung, zweitens die *soziale* Leistungsbewertung und -rückkopplung durch das Kollektiv oder den Kommunikationspartner, drittens die sozialrelative Funktion (Wohlfühlen, sachgebundenes Zusammengehörigkeitsgefühl, Verantwortungsbewußtsein für den anderen u. a.). Da die personale Kommunikation im Studium eine so große Rolle spielt, soll ihr im folgenden am Beispiel der Gruppe und der Hochschullehrkräfte besondere Beachtung geschenkt werden (s. U. STARKE 1985). Damit wird zugleich eine Auswahl aus der Fülle von Faktoren der Sozialisation getroffen.

Sozialpsychologische Faktoren der Sozialisation
Lehrkraft-Student-Verhältnis
An der Hochschule sind die Beziehungen zwischen Lehrkräften und Studenten eine spezielle Erscheinungsform der Sozialbeziehungen. Die Herausbildung dieser Sozialbeziehungen beruht auf der korrespondierenden Wirkung der Lehr- und Studientätigkeit und den dabei entsprechenden zwischenmenschlichen Beziehungen, die auf die Gestaltungsfaktoren des pädagogischen Prozesses zurückwirken und so die Effektivität der Lehr- und Studientätigkeit beeinflussen.

Die Lehrkräfte tragen zweifelsfrei für die Erfüllung der Aufgaben in Ausbildung, Erziehung und Forschung an der Hochschule die entscheidende Verantwortung und sind ein besonders wichtiger personaler Faktor des Bildungs- und Erziehungsprozesses.

Aus dieser Verantwortung der Lehrkräfte leitet sich die bewußte, zielgerichtete und systematische *Führung* des Bildungs- und Erziehungsprozesses an der Hochschule ab.

Dieser Prozeß ist ohne die aktive Mitwirkung der Studenten nicht zu denken. Doch muß diese Mitwirkung der Studenten, besonders im 1. Studienjahr, in den ersten Studienwochen, angeregt, bestärkt und gelenkt werden. Dabei ist es wichtig, die bisher erworbenen Kenntnisse und Fähigkeiten, Interessen und Motive, Stärken und Schwächen der Studenten zu kennen. Die erzieherische Wirksamkeit der Lehrkräfte wird andererseits maßgeblich davon bestimmt, daß die Studenten nachahmenswerte Qualitäten der Lehrkräfte kennenlernen und positiv bewerten. Es gibt überzeugende Belege dafür, daß die Kenntnis von wissenschaftlichen Leistungen der Lehrkraft, besonders infolge der Einbeziehung der Studenten in den Prozeß ihrer Entstehung, also die gemeinsame Tätigkeit von Lehrenden und Studierenden, vielfältige Möglichkeiten bietet, die Einstellung der Studenten zum Studium zu verbessern. Für das wissenschaftliche Engagement der Studenten spielen soziale Kommunikations- und Kooperationsbeziehungen zu den Lehrkräften eine wesentliche Rolle. Dort, wo der Hochschullehrer eine starke Ausstrahlung besitzt, als geistig gebildete, weltanschaulich und moralisch profilierte Persönlichkeit erlebbar ist, bei der Wort und Tat übereinstimmen, wo er die Studenten vom ersten Studientag an als Partner akzeptiert, wo er dem Studenten die Möglichkeit bietet, sich mit ihm zu identifizieren, dort entwickelt sich auch ein konstruktives Verhältnis und eine vertrauensvolle Atmosphäre zwischen Lehrenden und Lernenden. Daran haben die Studenten selbst großen Anteil. Gesellschaftlich und fachlich aktive Studenten suchen nach unseren Untersuchungen eher und häufiger den Kontakt zu ihren Lehrkräften und überwinden die Autoritäts- und Fremdheitsbarrieren schneller.

Es gibt viele gute Beispiele für ein produktives Lehrkraft-Student-Verhältnis. Doch darf auch nicht übersehen werden, daß die Erwartungen der Studenten an ihre Lehrkräfte, vor allem im 1. Studienjahr, oft nicht erfüllt werden. Das bezieht sich auf das gesamte Persönlichkeitsprofil der Lehrkräfte und speziell auf die Fähigkeit, ihr Fachgebiet nahezubringen und über die Lehrveranstaltungen für den zukünftigen Beruf zu begeistern. Um insgesamt ein erzieherisch wirksames Verhältnis zwischen Lehrkräften und Studenten zu gestalten, ist der persönliche Kontakt zwischen Studenten und Lehrkräften Voraussetzung. Im Verlaufe des 1. Studienjahres sprechen jedoch noch zu wenige Studenten mit einer Lehrkraft. Damit sind den Lehrkräften von vornherein wesentliche Einflußmöglichkeiten, insbesondere über den individuellen Kontakt zu einzelnen Studenten oder einer konkreten Studentengruppe, genommen.

Nach wie vor bestimmt die Qualität der Lehrveranstaltungen entscheidend darüber, wie sich die psychosozialen Beziehungen zwischen Lehrkräften und Studenten und das Interesse und Engagement der Studenten entwickeln. Die Wirkung der Lehrveranstaltungen hängt (neben solchen Merkmalen wie problemorientiert und anregend, inhaltlich interessant und informativ, verständlich, wissenschaftlich und pädagogisch-methodisch niveauvoll, anregend für weiteres Selbststudium und begeisternd für den späteren Beruf) maßgeblich davon ab, wie die Lehrkraft den Studenten als Persönlichkeit und Subjekt seines Studienprozesses achtet und selbst als Persönlichkeit und Subjekt seines Faches auftritt. Aus Urteilen der Studenten wird deutlich, wie notwendig neben der fachlichen Kompetenz und dem Niveau der Persönlichkeit soziale und kooperative Fähigkeiten der Lehrkräfte sind.

Seminargruppe – FDJ-Grundkollektiv der Studenten

Die Seminargruppe ist in der Regel personal identisch mit der FDJ-Gruppe, dem Basiselement der politischen Organisation der Studenten. Aus dieser Doppelfunktion – der weitgehenden Identität von studentischem „Arbeitskollektiv" und politischem Grundkollektiv – ergeben sich viele Potenzen für die Bildung und Erziehung der Studenten und günstige Sozialisationsbedingungen.

Die Organisationsform FDJ-Gruppe bietet für den Jugendverband die besten Möglichkeiten, die fachlichen und politischen Initiativen der Studenten auf gemeinsame Ziele zu lenken. Vor allem in den ersten Studienjahren werden viele Veranstaltungen auf dieser organisatorischen Basis realisiert. Die gemeinsame Arbeit, das gemeinsame Studium innerhalb und außerhalb der Lehrveranstaltungen ist die wichtigste inhaltliche Basis für die Entwicklung der Gruppen und ihrer Mitglieder. Von der Arbeit der Gruppen hängt zunächst maßgeblich die Wirksamkeit des Jugendverbandes ab. Bei der Entwicklung und Wirksamkeit dieser Grundkollektive muß berücksichtigt werden, daß diese zunächst mit Studienbeginn administrativ zusammengesetzt werden und die Studienanfänger Kommunikations- und Kooperationsbeziehungen erst aufbauen müssen. Den Studenten gelingt es in der Regel auf Grund ihrer vielfältigen sozialen Erfahrungen (als Schüler im Klassenkollektiv, als Mitglied eines Arbeitskollektivs im Vorpraktikum, als Funktionär im Jugendverband, als Soldat oder Ausbilder in der Armee usw.) und ihrer bereits erworbenen sozialen Kompetenz schnell, soziale Beziehungen unter den veränderten Bedingungen zu entwickeln.

Die FDJ-Gruppe spielt für die Persönlichkeitsentwicklung des einzelnen Studenten eine große Rolle (KASEK und WÄCHTER 1981). Ein Faktor liegt darin begründet, daß die Studenten mit Studienbeginn hohe Erwartungen an die Tätigkeit der FDJ-Gruppe hinsichtlich der Bewältigung der fachlichen und gesellschaftlichen Aufgaben während des Studiums haben und gleichzeitig in der Gruppe ein Hauptfeld ihrer eigenen Aktivität sehen. Sie verbinden ihre Mitarbeit in der FDJ mit der erfolgreichen Bewältigung der Studienanforderungen und der Erreichung des Studienzieles. Da gerade im 1. Studienjahr das Studium wesentlich in der Seminargruppe erfolgt, spielen objektiv und subjektiv die sozialen Kontakte in dieser sozialen Bezugsgruppe eine wesentliche Rolle. Hinzu kommt, daß nicht selten die Seminargruppe gemeinsam im Wohnheim wohnt.

Die Seminargruppe ist im Hochschulstudium die wichtigste Ebene, in der der Student selbst aktiv wird und mit anderen Studenten kooperiert. Sie ist für den Studenten in entscheidenden Fragen des Studiums, z. B. bei der Einschätzung seiner eigenen Leistungsposition und der Bewertung seiner Persönlichkeit, die grundlegende soziale Bezugsgruppe. Die Wirkung der Gruppe auf ihre Mitglieder hängt davon ab, welche Relevanz die Gruppe bei der Erfüllung der an jeden Studenten gestellten gesellschaftlichen Aufgaben erreicht, welchen Beitrag sie zur Bedürfnisbefriedigung ihrer Mitglieder zu leisten vermag und nicht zuletzt von den Möglichkeiten des einzelnen, diese Bedürfnisse auch ohne die Gruppe zu befriedigen. Untersuchungen belegen, daß das Niveau der Arbeit der FDJ-Gruppenleitung der wichtigste innere Faktor für die Entwicklung der Gruppe ist.

Von ihr hängt es ab, ob und wie die im Studienprozeß liegenden Potenzen für die Kollektiventwicklung genutzt werden und wie es gelingt, die Bereitschaft der Gruppenmitglieder zur Mitarbeit zu nutzen (BATHKE, KASEK und WÄCHTER 1987). Intervallstudien belegen, daß FDJ-Funktionen für die Persönlichkeitsentwicklung einen positiven Einfluß haben; dies zeigt sich besonders in der Praxisbewährung dieser Absolventen.

Im Mittelpunkt der Tätigkeit der Gruppe steht in der Regel kein Produkt, sondern ihre Tätigkeit ist primär auf die Entwicklung ihrer Mitglieder gerichtet. Die Bedeutung des Grundkollektivs der Studenten geht von einem organischen Zusammenhang zwischen Kollektivität und Persönlichkeitsentwicklung im Studium aus. Kennzeichnend ist auch hier die gemeinsame Aufgabe, die gesellschaftlich wie persönlich notwendig und in diesem Sinne bedeutsam ist (VOSS 1975).

Einstiege zur Sozialisation
1. Seit langem ist unbestritten, daß die ersten Tage, Wochen und Monate des Studiums besonders wichtig für den Studienverlauf sind. Der Student kommt mit hohen Erwartungen und den besten Vorsätzen an die Hochschule. Er sucht sich in der ungewohnten Umwelt zu orientieren und ist offen gegenüber dem Neuen. In dieser Zeit der Sensibilisierung hat die Sozialisationsinstanz Hochschule insbesondere durch die Lehrkräfte, aber auch die älteren Semester eine hohe Chance, wirksam zu werden. Zugleich sucht der Student die Nähe der Mitbetroffenen. Je eher sich die Seminargruppen- und Zimmerkollektive festigen, desto effektiver ist die Adaption der Studienanfänger an die Hochschule.

Das Wohlfühlen im Kollektiv, gute Beziehungen untereinander, in der FDJ-Gruppe, im Wohnheim, zwischen Lehrkräften und Studenten sind nicht einfach eine schöne Zutat, sondern ein notwendiger Bestandteil einer erfolgreichen Sozialisation an der Hochschule, verbunden mit dem hohen Anspruch, den Jugendliche an das soziale Miteinander haben. Wert zu legen ist auf eine günstige Zusammensetzung der Seminargruppen und Zimmerkollektive, auch auf der Basis freiwilligen Wechsels von einem Kollektiv in das andere.

2. Wichtige Faktoren eines effektiven Übergangs von der Schule zum Studium und einer leistungsorientierten Persönlichkeitsentwicklung sind die Einstellung zum Studium, zum Studienfach, zur Wissenschaft und zum Beruf. Studenten, die fachlich interessiert, wissenschaftlich engagiert, mit einer hohen, inhaltlich orientierten Leistungsmotivation ihr Studium beginnen, gehören mit hoher Wahrscheinlichkeit zu den erfolgreichen Studenten. Studienanfänger ohne Verhältnis zu ihrem Fach haben es weit schwerer, sich in das Studium hineinzufinden.

3. Gemeinsam mit der Motivation der Studenten und in Einheit mit gesellschaftlichem Engagement bilden die fachlichen und wissenschaftlichen Aktivitäten entscheidende Determinanten für hohe Studienleistungen und für eine effektive Sozialisation. Ihre Wirkung beruht sowohl auf der Ausprägung bzw. Bekräftigung fach-

licher Interessen als auch der Förderung leistungsrelevanter Fähigkeiten und volititiver Verlaufsqualitäten (Fleiß, Ausdauer, Beharrlichkeit). Indem sich der Student die fachlichen Gegenstände selbst erschließt und selbst verantwortlich Entscheidungen treffen muß, bildet sich eine tragfähige Motivation seines gesellschaftsrelevanten Handelns heraus. Eine große, ausschlaggebende Rolle spielt dabei der praktisch-schöpferische Umgang mit den beruflichen Gegenständen, verbunden mit Intensiverlebnissen, die mit Studienfach und Beruf in Zusammenhang stehen (OTTO 1985). Solche erlebnisintensiven Situationen mit betont berufsbezogenem Gehalt lassen sich gezielt schaffen, z. B. in wissenschaftlichen Studentenzirkeln. Wichtig ist dabei die Ausstrahlung auf alle Bereiche der Lebensgestaltung der Studenten, die Verquickung der Fachkommunikation und der fachlichen Tätigkeit mit anderer sozialer Kommunikation und Aktivität.

4. Sehr wichtig ist es, die Studenten frühzeitig in das Fach und in den Beruf einzuführen und enge Bezüge zur künftigen Tätigkeit herzustellen. Dazu gehört auch, historische Leitlinien und künftige Entwicklungen aufzuzeigen. Die Studenten haben allgemein hohe Erwartungen an den Praxisbezug des Studiums. Sie wollen sich an den Anforderungen ihrer künftigen Tätigkeit orientieren, rechnen mit den Hinweisen auch praktisch erfahrener Lehrkräfte, wollen praktische Übungen. In dem Maße, wie diese Erwartungen erfüllt werden, festigt sich eine positive Einstellung zu Studienfach und Beruf sowohl in ihrer wertend-emotionalen Komponente als auch in ihrer kognitiven Untersetzung. Ausdrücklich ist an spezifischen Interessen und Neigungen der Studenten anzuknüpfen und die Lust am Studieren und an beruflichen Tätigkeiten zu wecken und zu akzeptieren. Eine lustbetonte Tätigkeitsmotivation erleichtert die Integration in die Gesellschaft und die Bewährung in der beruflichen Praxis.

5. Der Student braucht schon im 1. Studienjahr Erfolgserlebnisse. Leistungen, die ihm Auftrieb geben, sind für ihn wichtig, glückliche Stunden, in denen er Erkenntnisse gewinnt, ein Problem gelöst hat und sich ihm der Reichtum des Faches auftut. Gewiß ist es richtig, dem Studienanfänger zu zeigen, was er nicht kann, welche Lücken er hat, welchen Wissens und Könnens er bedarf, um die Fachprobleme zu begreifen. Aber ein bloß negatives Konzept kann nicht das alleinige Mittel sein. Viel wichtiger ist die

positive Motivierung, die Orientierung auf das, was sich der Student nach und nach erschließen kann. Die Erfahrungen guter Pädagogen zeigen, wie wichtig ein solches positives Konzept für die Persönlichkeitsentwicklung und eine selbstbewußte Integration in den gesellschaftlichen Alltag ist. Die Sozialisation des Studenten an der Hochschule steht in einem Wechselverhältnis mit der Profilierung der Persönlichkeit des Studenten. Im Studium kommt es darauf an, das individuelle Profil zu fördern und gesellschaftlich produktiv zu machen. Es entspricht dem Prinzip des Sozialismus, „alle menschlichen Fähigkeiten zur Entwicklung der eigenen Persönlichkeit und zum Nutzen der Allgemeinheit zu fördern" (HONECKER 1985, S. 3); die Hauptproduktivkraft ist der Mensch mit seinen Kenntnissen, Fähigkeiten und Motivationen. Dies bedeutet für die Zeit des Studiums, differenziert und individuell mit dem einzelnen Studenten zu arbeiten und seine spezifischen Stärken zu entdecken und zu entwickeln.

Intelligenz und Kreativität

Hans-Georg Mehlhorn

Unzureichende Leistungen in der Schule, im Studium, aber auch im Beruf werden häufig damit begründet, daß die Intelligenz der Persönlichkeit, die die Aufgabe nur ungenügend erfüllt, dazu nicht ausreichen würde. Hohe Leistungen werden dagegen auf meist hohe Intelligenz zurückgeführt. Doch bei genauerer Analyse stellt sich oft heraus, daß die bestimmte Persönlichkeit in der Lage sein müßte, die geforderte Leistung zu erbringen, nur mangelte es an dem notwendigen Fleiß, an der Motivation oder an anderen Faktoren.

Was also ist die Intelligenz, wie entwickelt sie sich, und welche Bedeutung hat sie für hohe, auch schöpferische Leistungen, und wie ist dabei ihr Verhältnis zur sozialen Situation, in der eine Persönlichkeit lebt und arbeitet?

In der Psychologie wird die „Intelligenz" generell als die Gesamtheit jener Fähigkeiten angesehen, „die das Niveau und die Qualität der Denkprozesse einer Persönlichkeit charakterisieren" (Wörterbuch der Psychologie 1981, S. 290) und demzufolge zum geistigen Lösen von Aufgaben und Problemen benötigt wird. Die Intelligenz ermöglicht es der Persönlichkeit, die für ihr Leben bedeutsamen Anforderungs- bzw. Leistungsbereiche geistig zu beherrschen. Dieser Bezug der Intelligenz zu den für die Persönlichkeit in einer konkreten Gesellschaft wesentlichen Anforderungen ihres Lebensprozesses ist für eine marxistische Position charakteristisch und deshalb unverzichtbar. In ihr widerspiegelt sich die konkret-historische Bedingtheit der menschlichen Intelligenz. Das heißt, Intelligenz ist immer auf die Bewältigung der Gesamtheit der historisch entstandenen Anforderungen für die Gesellschaft bzw. für das Individuum gerichtet. Sie versetzt die Menschen einer konkreten Gesellschaft in die Lage, die historisch entstandenen Funktionen und Strukturen der von ihnen vorgefundenen Lebensbedingungen zu nutzen und weiterzuentwickeln. Diese aber unterscheiden sich nicht nur zwischen den einzelnen historischen Epochen, sondern auch innerhalb einer konkreten Gesellschaft, so daß sich die Intelligenz auch zwischen einzelnen Menschen der gleichen Gesellschaft unterscheidet. Folglich sind das Niveau und die Differenziertheit der entwickelten Intelligenz primär Ausdruck und Resultat der gesellschaftlichen Arbeitsteilung. Zugleich wird verständlich, weshalb das Intelligenzniveau der Gesamtheit der Menschen einer Gesellschaft um so höher ist, je höher deren sozialökonomischer Entwicklungsstand ist und je selbständiger und umfassender die Gesellschaftsmitglieder die Funktionen ihrer Lebenstätigkeit in Beruf und Gesellschaft wahrnehmen und zu diesem Zwecke auch ihre Fähigkeiten entwickeln müssen. Das betrifft auch die Unterschiede zwischen relevanten Teilgruppen und Gruppen einer Gesellschaft sowie die Unterschiede zwischen Nationen bzw. Völkern und Rassen. Deshalb sind die Intelligenzunterschiede zwischen einzelnen Personen primär in Abhängigkeit von ihrer gesamten Lebenssituation zu analysieren und zu erklären, also als biopsychosoziale Einheit.

Da die Anforderungen, denen eine Persönlichkeit gerecht werden muß, in bestimmten gesellschaftlichen Epochen der Menschheitsentwicklung und innerhalb der Gesellschaft zu jedem konkreten historischen Zeitpunkt für die jeweiligen Teilgruppen (insbesondere für Klassen, Schichten, auch Berufsgruppen) spezifisch sind, determinieren diese die konkrete Tätigkeit und modifizieren damit die Entwicklung der Intelligenz. Aus diesem Grunde sind konkrete Vergleiche der Genese, des Profils und des Niveaus einzelner geistiger Fähigkeiten wie auch der Intelligenz zwischen unterschiedlichen gesellschaftlichen Gruppen gleicher oder verschiedener sozialökonomischer Gesellschaftsformationen nicht oder nur bedingt möglich. ROSEMANN, der Intelligenz „als Fähigkeit zur Lösung von Lebensproblemen, zur konstruktiven Erfassung und Veränderung der Lebenswelt" sieht (1979, S. 24 f.), macht darauf aufmerksam, daß sie nur in der konkreten Lebensbewältigung hervortritt, nur darin sichtbar und meßbar wird, sich nur in der Auseinandersetzung mit der konkreten Lebenswelt entfaltet und bestimmte Qualitäten annimmt (ebenda, S. 25). Er schlußfolgert, daß die Intelligenz nicht im Menschen begründet liegt, „sondern in seiner je besonderen Beziehung zur Umwelt, in der Art und Weise, wie er diese Umwelt ‚verarbeitet', verändert, ihre Normen verinnerlicht usw." (ebenda, S. 25). Aus dieser Sicht ist die Erforschung der Intelligenz nicht nur ein Forschungsproblem der allgemeinen und pädagogischen Psychologie, sondern zugleich der Sozialpsychologie.

Ein hohes Niveau der Intelligenz gestattet der einzelnen Persönlichkeit sowohl die aktuell zu erfüllenden Aufgaben wie auch die unter den jeweiligen Bedingungen neu heranreifenden Probleme zu lösen. Die wichtigste Funktion der menschlichen Intelligenz besteht darin, ideelle Lösungen für objektiv bestehende Probleme zu entwickeln und den Lösungsprozeß geistig zu überwachen. Mit Hilfe ihrer Intelligenz sucht die Persönlichkeit nach Lösungen, entwirft den dafür erforderlichen Lösungsweg und steuert (organisiert, kontrolliert und regelt) die eigenen Tätigkeiten zur tatsächlichen Erreichung der Lösung. Die menschliche Intelligenz realisiert sich bei der Problemlösung über die drei Funktionen geistiger Fähigkeiten, die 1. Identifizierungs- und Anpassungsfunktion, 2. die Programmierungsfunktion und 3. die Organisations- und Regulierungsfunktion (vgl. MEHLHORN und MEHLHORN 1985, S. 73–88).

Unter der Intelligenz einer Persönlichkeit ist immer die Gesamtheit der verfügbaren Dispositionen für kognitive Prozesse (geistige Fähigkeiten) zu verstehen, die es ermöglichen, den für den menschlichen Lebensprozeß relevanten geistig zu erfüllenden Anforderungen gerecht zu werden.

Geistige Fähigkeiten enstehen in der geistigen Tätigkeit und somit im Ergebnis des realen Lebensprozesses der Persönlichkeit. Sie sind als Psychisches ein in bestimmter Weise strukturiertes geistiges Abbild der Struktur-, Funktions- und Verlaufseigenschaften spezifischer geistiger Tätigkeiten. Da von einer Persönlichkeit in ihrem Lebensprozeß zahlreiche kongruente Tätigkeiten auszuführen sind, also Tätigkeiten, die in Struktur, Funktion und Verlauf zur gleichen Klasse von Tätigkeiten gezählt werden können, erwirbt die Persönlichkeit eine Fähigkeit immer als Fähigkeit zur rationellen und zunehmend rationelleren Ausführung einer Klasse von geistigen Tätigkeiten.

Geschwindigkeit und Qualität des internen Aufbaus der Fähigkeit und damit zugleich der Vervollständigung bzw. Profilierung (d. h. der Ausprägung einer bestimmten Richtung) der Intelligenz sind von ihren bisherigen geistigen Fähigkeiten und deren

Verflechtung, also vom gesamten aktuellen Intelligenzniveau abhängig. Bei einer Analyse von Persönlichkeiten mit entwickelten Fähigkeitsprofilen wird die sich in ihnen widerspiegelnde psychosoziale Einheit sichtbar. Ein bestimmtes Fähigkeitsprofil (z. B. dem eines hervorragenden Goldschmiedes, einer einfühlsamen Krankenschwester, eines theoretischen Physikers, eines talentierten Geigers) bedarf spezifischer Kombinationen physischer (biologisch-genetischer), psychischer und sozialer Voraussetzungen, um diese Fähigkeitsprofile überhaupt ausbilden zu können. Zahlreiche Fähigkeiten setzen spezifische physische (insbesondere sensomotorische) Bedingungen voraus, z. B. im Zusammenhang mit der Entwicklung und Kontrolle von Geruchs-, Gehör- und Geschmacksanforderungen.

Bei der Bewältigung der tagtäglichen geistigen Anforderungen stützt sich die Persönlichkeit auf ihre Erfahrungen, ohne daß ihr die jeweils von ihr auszuübenden geistigen Tätigkeiten bewußt werden. Erst dann, wenn sie eine Aufgabe nicht mehr als erfahrungsgestützten geistigen Routineprozeß erfüllen kann, setzt ihr bewußtes und zielgerichtetes Denken ein. Sozialpsychologisch relevant ist die Tatsache, daß mit wachsender beruflicher und Lebenserfahrung der Anteil geistiger Routineprozesse zunimmt, der Anteil von Prozessen, die eine bewußt geistige Tätigkeit erfordern – insbesondere solche, die für die Persönlichkeit Probleme darstellen – dagegen zurückgeht. Dies ist gleichzeitig mit einer Nichtnutzung jener speziellen Fähigkeitsbereiche verbunden, die bei der Bewältigung von Problemlösungen erforderlich sind, was zu einer Reduzierung der verfügbaren Intelligenz führt.

In jüngeren Forschungen wurde nachgewiesen, daß bereits durch kurzzeitiges Training eine Aktualisierung des latenten Potentials bis ins hohe Lebensalter möglich ist (vgl. SCHAIE 1965, HORN 1979, BALTES und WILLIS 1981, WILLIS u. a. 1983). Diese Aktualisierung ist wesentlich höher als bisher vermutet wurde, gaben doch frühere Erklärungen den biologischen Abbauprozessen absoluten Vorrang.

Ergebnisse zum Intelligenztraining im Alter relativieren diese Auffassung erheblich und verweisen auf die Bedeutung sozialer Faktoren (soziale Gestaltung der geistigen Anforderungen). Auch dann, wenn der Anteil geistiger Anforderungen an eine Persönlichkeit mit wachsendem Alter konstant bleibt, kommt es in der

Regel zu einer Reduzierung der geistigen Leistungsfähigkeit, da sie sich bei der Lösung geistiger Routineanforderungen in der Regel auf ihre vorangegangenen Erfahrungen stützt und dafür über abrufbereite Lösungsprogramme verfügt, wodurch lediglich die Anpassungs- und Identifizierungsfunktion der geistigen Fähigkeiten als spezifische geistige Leistung erforderlich ist.

Zur Intelligenzentwicklung

Das Problem der Entwicklung der Intelligenz hat in den letzten Jahren eine entscheidende Veränderung erfahren. Während die Intelligenzentwicklung früher und in der bürgerlichen Psychologie (teilweise bis in die siebziger Jahre) vorwiegend als biologisch determinierter Reifungsprozeß verstanden wurde, der mit dem 14. bis 16. Lebensjahr endete und deshalb auch theoretisch und empirisch recht wenig untersucht wurde, wird sie heute als Teilprozeß der Persönlichkeitsentwicklung angesehen, für den weder eine absolut erreichbare Höhe noch ein genereller und pauschaler Endpunkt angegeben werden kann.

Die exakte Bestimmung der Intelligenzentwicklung stößt gegenwärtig vor allem an methodische Grenzen, da es bisher kein direktes oder indirektes Verfahren gibt, vom Säuglings- bis zum Greisenalter das jeweils lebensprozeßrelevante und zugleich spezifische Intelligenzniveau zu messen und absolut zu bewerten oder auch nur untereinander (intraindividuell sowie interindividuell) in Beziehung zu setzen. Heute wird generell der Auffassung HORNs zugestimmt: „Die Entwicklung der Intelligenz über die Lebensjahre ist eine Sache der Zunahme in einigen Fähigkeiten und der Abnahme in anderen" (1980, S. 313). Allerdings ist dies eine recht globale Feststellung, die zwar ein theoretisches Umdenken signalisierte, aber von geringer praktischer Relevanz ist.

Bereits für das frühe Lebensalter gibt es überzeugende Belege für die Intelligenzentwicklung und nicht nur für die Entwicklung sensomotorischer Funktionen (Bewegungskoordination, motorische Entwicklung). SCHMIDT-KOLMER spricht vom „Differenzierungslernen in der Orientierungsaktivität ab der 2. Lebenswoche", die aber bereits die zweite Lernform darstellt; noch früher, von den ersten Lebenstagen an, beginnt die „Gewöhnung (Habituation)" (1984, S. 185). Forschungen und Experimente haben nachgewiesen, daß die tatsächlichen individuellen Voraussetzungen für die kognitive Entwicklung der Kinder wie auch die Bedingungen für die umfassende geistige Entwicklung der Kinder nicht voll erkannt und die effektivsten Methoden bewußter Förderung noch nicht so weit entwickelt sind, daß bereits seit der frühen Kindheit eine optimale Entwicklung der geistigen Entwicklung erfolgen kann. Hier liegen zukünftig nutzbare Reserven, über deren Umfang bisher nur spekuliert werden kann (vgl. ebenda, S. 187 ff.). In der weiteren Entwicklung in Kindheit und frühem Jugendalter vollzieht sich die Intelligenzentwicklung in enger Beziehung zur (pädagogisch geführten systematischen) Beeinflussung durch die Umwelt. Das gilt besonders dann, wenn die Anforderungen in Krippen und Kindergärten, in der Schulzeit, in der Berufsausbildung und im Studium der Persönlichkeit echte Entwicklungsanreize bieten. Damit wird deutlich, daß sich die Intelligenz in der Interaktion der Persönlichkeit mit ihrer sozialen Umwelt entwickelt und permanent realisiert. Anregend und fördernd auf die Intelligenzentwicklung wirken: das Bildungsklima im Elternhaus (hierzu gehören vor allem das Bildungsstreben der Eltern, die von den Kindern erlebten Bemühungen um ein hohes Bildungsniveau der Eltern, die von den Eltern ausgelösten geistigen und geistig-kulturellen Aktivitäten der Kinder, die Orientierung der Kinder auf geistige Tätigkeiten), die Orientierung der Kinder auf anspruchsvolle, stabile, weltanschaulich begründete Lebensziele, deren Realisierung umfassende, auch geistige Auseinandersetzungen mit ihrer Umwelt erfordern, die Förderung geistiger Interessen, deren Realisierung in der Schule und durch außerschulische Aktivitäten in der Freizeit (Teilnahme an Zirkeln, Arbeitsgemeinschaften usw.), die Herausbildung von die geistige Entwicklung fördernden Lern- und Berufsmotiven, die frühzeitige Orientierung auf eine anspruchsvolle berufliche Tätigkeit, die das entwickelte intellektuelle Potential voll ausschöpft und geeignet ist, es weiterzuentwickeln. Das Niveau der Intelligenz ist nur eine, wenn auch die wichtigste Komponente, die das Niveau der konkreten geistigen Tätigkeit beeinflußt. In der späteren Entwicklung ist die weitere Ausprägung und Erhöhung der Intelligenz vor allem von der beruflichen Tätigkeit und von den in ihr an die Persönlichkeit gestellten geistigen Anforderungen abhängig, so daß es zu der oben beschriebenen Erscheinung der weiteren Entwicklung einzelner und der Stagnation oder Regression anderer Fähigkeiten kommt (vgl. auch KAUKE und MEHLHORN 1985).

Forschungen des ZIJ weisen darauf hin, daß Fortschritte im Bildungsalter auch auf die Ergebnisse in sogenannten kulturfreien Intelligenztests (wie dem Test ,Progressive Matrizen' von RAVEN) von deutlich höherem Einfluß sind als Fortschritte im Lebensalter. Nach dem Ende der Schulzeit steigt in der Regel die Intelligenzleistung jener Jugendlichen noch an, die weiter in Formen systematischer Förderung bleiben (Fach- und Hochschüler) oder Berufe mit für sie relativ hohen geistigen Anforderungen ergreifen. Demgegenüber bleibt die Intelligenzleistung jener Jugendlichen relativ konstant bzw. geht zurück – bei Testprüfungen wohl auch motivational bedingt –, die Berufe ergreifen, die an sie nur geringe geistige Anforderungen stellen. Ihnen fehlen kontinuierliche Anreize aus der Umwelt zur weiteren Intelligenzentwicklung durch intensive geistige Tätigkeit. Zu beachten ist, daß das am Ende des 10. Schuljahres in der DDR erreichte hohe Niveau der allgemeinen geistigen Fähigkeiten in vielen berufsbildenden Einrichtungen gegenwärtig zu Überlegungen zwingt, wie dieses Potential in der Berufsausbildung besser als bisher genutzt werden kann. Möglichkeiten hierzu bieten sich durch die Erhöhung der geistigen Anforderungen im berufspraktischen und besonders im berufstheoretischen Unterricht und durch die stärkere Einbeziehung in die MMM- und Neuererbewegung auf qualitativ hohem Niveau (vgl. Leistungsreserve Schöpfertum 1986, S. 111 bis 119). In welchem Maße die schulische Förderung (wie sie insbesondere durch die Einführung des neuen Lehrplanwerkes, seiner Nachfolgematerialien und der verbesserten Lehreraus- und Weiterbildung sowie der verbesserten materiellen Bedingungen in den sechziger und siebziger Jahren in der DDR geschaffen wurde) Einfluß auf die Intelligenzentwicklung besitzt, zeigt Tab. 1. In ihr werden die Ergebnisse einer Schülerintervallstudie des ZIJ unter etwa 1 000 Leipziger Schülern aus den Jahren 1968 bis 1973 mit Wiederholungsuntersuchungen (Querschnittsuntersuchungen) aus den Jahren 1978 bis 1980 verglichen, nachdem 1978 erstmals Schüler der 10. Klassen die Schule verließen, die vollständig nach dem neuen Lehrplanwerk unterrichtet worden waren (Tab. 1).

Obwohl es in zahlreichen Ländern, in denen die Intelligenz über mehrere Jahrzehnte analysiert wurde, ebenfalls kontinuier-

Tab. 1: *Ergebnisvergleich im Test Progressive Matrizen von Raven*

Intervallstudie (IS) 1968—1972			Analyse 1978/79/80			
Jahr	Klassenstufe	x̄	Klassenstufe	x̄	Punkte-differenz IS 1978/80	IQ-Anstieg
1968	6.	37	6.	44	7	13
1969	7.	40	7.	46	6	12
1970	8.	43	8.	48	5	12
1971	9.	44	9.	49	5	13
1972	10.	45	10.	50	5	12

liche Anstiege in der Intelligenzleistung gibt, die vorwiegend auf eine verbesserte Ausbildungssituation zurückzuführen sind (vgl. z. B. FLYNN 1984, 1986), ist ein vergleichbarer Anstieg wie der hier beschriebene innerhalb eines Jahrzehnts – als Resultat entscheidender Verbesserungen der Ausbildungssituation in gesamtgesellschaftlichen Dimensionen – bisher nirgendwo nachgewiesen worden. Der Anstieg vollzog sich in allen Leistungsbereichen. Vergleichbar niedrige Leistungen – wie sie beispielsweise 1968 noch 24,6 % aller Schüler erreichten (weniger als 33 Punkte im Test ,Progressive Matrizen') – fanden sich 1980 nur noch bei 4,0 %. Dagegen erreichten 29 % die gleichen hohen Punktzahlen (mehr als 48 Punkte) wie 1968 erst 4,9 %. Das letztere Resultat ist besonders interessant, wird doch von bürgerlichen Forschern (vgl. KHATENA o. J., CHAUVIN 1979) ein Umfang von 5 % der in Intelligenztests Besten als eine „vernünftige Schätzung" der Begabten angesehen. Gerade ihr Anteil hat sich besonders stark erhöht. In der internationalen Fachliteratur wird immer wieder auf hohe Intelligenztestleistungsdifferenzen zwischen Kindern unterschiedlicher sozialer Herkunftsgruppen verwiesen. Sie werden vorwiegend als genetisch verursacht interpretiert. Schon in früheren Forschungen des ZIJ wurde festgestellt, daß dies auf die DDR in wesentlich geringerem Umfang zutrifft. In den jüngsten Forschungen sind sie im 7. Schuljahr zwar noch nachweisbar, aber sie gleichen sich bis zum 10. Schuljahr auf dem erreichten

hohen Niveau aus. Dies ist auf die gute pädagogische Tätigkeit
der Mehrheit der Schulen zurückzuführen und widerlegt eindeutig
alle Erklärungsversuche, die genetischen Ursachen favorisieren
(Tab. 2).

Tab. 2: *Annäherung der Intelligenztestwerte von Kindern unterschiedlicher
sozialer Herkunftsgruppen (Punkte im Test Progressive Matrizen)*

| Schul-jahr | Gesamtmittel-wert aller Schüler Punkte (N) | Berufliche Qualifikation der Väter | | Signifikanz |
		Facharbeiter Punkte (N)	Hochschulabschluß Punkte (N)	T
7.	45,05 (811)	43,83 (156)	47,04 (104)	0,001
8.	49,14 (782)	48,96 (216)	49,98 (127)	0,089
10.	49,74 (401)	49,42 (103)	49,99 (78)	0,530

Spezielle Analysen zeigen, daß ein solches hohes Niveau der
pädagogischen Tätigkeit noch nicht in allen Schulen erreicht wird;
es gibt auch heute noch erhebliche Unterschiede zwischen den
Schulen. Interessant ist dabei, daß in den Schulen mit einer sehr
guten pädagogischen Tätigkeit nicht nur die Differenzen zwischen
den Kindern des gleichen Schuljahres am geringsten sind, sondern
daß die Leistungen der Arbeiterkinder deutlich über den Leistungen der Intelligenzkinder aus den pädagogisch noch weniger erfolgreich arbeitenden Schulen liegen. Von der pädagogischen Tätigkeit der Schulen profitieren am stärksten die Kinder von Arbeitern, durch ungenügende pädagogische Tätigkeit werden sie aber
auch am stärksten benachteiligt. Deshalb widmet unsere Gesellschaft dem Erreichen eines günstigen pädagogischen Klimas an
allen Schulen so große Aufmerksamkeit. Hier liegt der Schlüssel
für einen weiteren Anstieg der Intelligenztestleistungen auch in
den nächsten Jahren.

Kreative Denkprozesse und Intelligenz
Wenn wir davon ausgehen, daß das zielgerichtete problemlösende
Denken Ausdruck der entwickeltsten Form der menschlichen Intelligenz ist, dann ist Kreativität als integrierter Bereich der Intelligenz anzusehen. Das schöpferische Denken, die Kreativität,

zielt auf die für die Persönlichkeit im Rahmen ihres Lebensprozesses erstmaligen sinnvollen Lösung eines bisher von ihr nicht bewältigten Problems, wodurch seine Verhaltensmöglichkeiten erweitert werden. Die höchste Form der Kreativität stellen solche Lösungen dar, die welthistorisch neu sind und die Möglichkeiten der Gesellschaft zu ihrer progressiven Weiterentwicklung vergrößern. Dazu gehören Erfindungen und Entdeckungen wie auch vergleichbare künstlerische Leistungen. Kreativität ist nur in einem schöpferischen Denkprozeß des Menschen möglich, obwohl Tieren wie auch Computern gelegentlich Elemente schöpferischen Denkens bzw. kreative Leistungen zugeschrieben werden. Die Untersuchung schöpferischer Denkprozesse zeigt neben einem hohen Niveau der Beherrschung logischer Operationen und des Einsatzes entwickelter Fähigkeiten und Fertigkeiten sowie der sicheren Beherrschung des Wissens in der Regel auch ein überdurchschnittlich hohes Niveau der Verlaufsqualitäten des Denken. Der Verlauf der geistigen Tätigkeit ist vor allem dadurch gekennzeichnet, welche geistigen Operationen in welcher Verflechtung und in welcher Qualität zum Erreichen eines Ziels ausgeführt werden. Daran wird die zentrale Bedeutung der Verlaufsqualitäten des Denkens für jegliche Erkenntnistätigkeit und damit auch für die schöpferische Tätigkeit deutlich. Es handelt sich folglich um keine speziellen Fähigkeiten oder speziellen geistigen Operationen, sondern um qualitativ beschreibbare Eigenschaften des Denkprozesses. In der bürgerlichen Kreativitätsforschung wird eine hohe und spezifische Ausprägung einzelner Verlaufsqualitäten als der eigentliche Kern der Kreativität angesehen. Dazu gehören u. a. hohe Niveaus des divergenten Denkens, der Denkflüssigkeit, der Denkbeweglichkeit, der Originalität, der Planmäßigkeit. Nach unserer Auffassung sind dies generelle Eigenschaften des entwickelten Denkens und damit der entwickelten Intelligenz der Persönlichkeit (vgl. zur Planmäßigkeit z. B. DAS 1984), denen in schöpferischen Denkprozessen allerdings eine besonders große Bedeutung zukommt. Bei den genannten Verlaufsqualitäten handelt es sich jedoch nur um eine Seite von Qualitäten des Denkverlaufs, wodurch die Enge dieser Kreativitätskonzeption mitbestimmt wird. Denn schöpferische Persönlichkeiten zeichnen sich gerade dadurch aus, daß sie über die gesamte Breite des Kontinuums dieser Verlaufsqualitäten verfügen.

Im schöpferischen Denkprozeß lassen sich folgende Dimensionen der Verlaufsqualitäten nachweisen:

– divergent (also möglichst alle Richtungen des Problemfeldes umfassend) bis konvergent (also vor allem eine Richtung des Problemfeldes absuchend);

– flüssig bis stockend, letzteres ist erforderlich beim notwendigen Zurückgreifen auf bereits durchmusterte Ideen, vorwiegend bezüglich Ideensuche und Ausarbeitung des Problems;

– beweglich bis rigide, also bis zu einer gewissen Starrheit im Denken, vorwiegend bezüglich der Ideensuche und der fortwährenden Anpassung des Denkens an die Parameter der Aufgabe bzw. des Problems;

– Adäquatheit/Inadäquatheit, vorwiegend bei der Bewertung der Lösungsideen, des Lösungsweges und des Resultats gegenüber der Aufgabenstellung bzw. der Problemstellung. Zu beachten ist auch hier, daß die Aufdeckung der Ursachen für eine als inadäquat zu bewertende Lösungsidee bzw. einen inadäquaten Lösungsweg oder aber ein inadäquates Resultat – bei letzterem denke man an die Erfindung des Porzellans durch BÖTTGER – für die schöpferische Lösung praktisch bedeutsam werden kann;

– planmäßig bis sporadisch, besonders beim Planen und Beschreiten des Lösungsweges;

– Originalität bis Alltäglichkeit der gefundenen Lösung, der beschrittenen Lösungswege und des Resultats. Originalität ist eine wichtige Bedingung für schöpferische Lösungen. Die bewußte Suche nach Originalität kann aber dazu führen, daß naheliegende und zugleich effektive Lösungen übersehen werden, die ebenfalls dem Problem angemessen sind.

Diese Verlaufsqualitäten gilt es in ihrer ganzen Breite auszubilden und zu beherrschen, um tatsächlich schöpferische Leistungen zu erreichen. Insbesondere für die Arbeit der Lehrer und Leiter sind die folgenden Schwerpunkte zur noch besseren Nutzung eines sich weiter ausprägenden höheren Niveaus des schöpferischen Potentials zu nennen. An ihnen wird zugleich die soziale Verantwortung für die Entwicklung des schöpferischen Denkens und Handeln der Persönlichkeit als höchster Form der intellektuellen Tätigkeit des Menschen deutlich. Genannt werden hier nur Schwerpunkte und Problembereiche, keine Lösungsvorschläge, da diese von den jeweiligen konkreten Bedingungen abhängig sind, eine Klassifizierung nach sich wiederholenden bzw. sich häufenden Bedingungen aber den Rahmen des Beitrages sprengen würde.

1. Die einzelne Persönlichkeit ist besser zur schöpferischen Tätigkeit zu befähigen. Die Hauptaufgabe des Ausbildungsprozesses eines künftigen Erfinders oder Wissenschaftlers besteht in der umfassenden Befähigung dazu, diese beruflichen Aufgaben eines Erfinders oder Wissenschaftlers zu einem möglichst frühen Zeitpunkt und auf einem hohen Niveau zu erfüllen. Vergleiche zwischen dem schöpferischen Arbeitsprozeß des Wissenschaftlers und Erfinders mit dem Ausbildungsprozeß zeigen, daß gerade dort Schwachstellen im Ausbildungsprozeß liegen, wo er am unmittelbarsten mit dem schöpferischen Prozeß verbunden ist (Erarbeitung von Weltstandsanalysen, Nutzung der Patentliteratur und anderer Fachliteratur einschließlich wissenschaftlicher fremdsprachiger Originalarbeiten, Beherrschung von Methoden und Techniken der Problemgewinnung, -bewertung und -lösung, Fähigkeiten zur interdisziplinären Tätigkeit und zur Gemeinschaftsarbeit, insbesondere des kollektiven Problemlösens, wie auch der produktiven Vorbereitung von Informationen sozialer Inhalte, die für kooperative Prozesse bedeutsam sind, und Propagierung der erzielten Resultate; zur breiten volkswirtschaftlichen Nutzung.

2. In den Arbeitskollektiven ist ein schöpferisches Klima herzustellen bzw. zu verbessern. Dazu gehört die Erhöhung des Anspruchsniveaus an die Qualität des Arbeitsresultats, die Orientierung der gestellten Ziele an den international gültigen Parametern des künftigen Prognosezeitraumes, die ständige Erhöhung der gesellschaftspolitischen und fachlichen Kompetenz jedes Kollektivmitgliedes zur Auswahl der für künftige Bearbeitungsprozesse entscheidenden Themen, die Herstellung gleichgerichteter persönlicher Zielstellungen und Verantwortlichkeiten für die Zielerreichung bei allen Kollektivmitgliedern, die Auseinandersetzung mit Werktätigen, die sich aus einem engagierten Arbeitsprozeß zurückziehen und unter ihrem Leistungsvermögen bleiben.

Darüber hinaus muß die hohe Leistungsbereitschaft stärker genutzt werden für die schöpferische Tätigkeit. Nach Forschungsergebnissen des ZIJ sind die generelle Leistungsbereitschaft und das Leistungsvermögen der Werktätigen in deren eigener Bewertung höher als das gegenwärtige Niveau ihrer Ausschöpfung.

Eine Vielzahl von Absolventen werden beispielsweise dadurch unterfordert, daß sie über längere Zeiträume (im Extremfall über Jahre) als unfertige Fachleute angesehen und auch nur so gefordert werden. Damit wird aber von Anfang an systematisch der Aufbau einer Identifikation mit den zu lösenden Arbeitsaufgaben erschwert.

3. Zur besseren Nutzung und Entwicklung des Potentials der Wissenschaftler und Ingenieure gehört auch die der weiblichen und die der älteren, erfahrenen Angehörigen der Intelligenz. Bei weiblichen Erfindern ist der Wunsch, in ihrem Leben als schöpferische Persönlichkeit anerkannt zu werden, geringer ausgeprägt als bei männlichen, obwohl sie beispielsweise etwa zwei Lebensjahre früher als ihre männlichen Kollegen ihre erste Erfindung vorlegen. Trotz vergleichbaren Kenntnis- und Fähigkeitsniveaus sind sie deutlich weniger engagiert und vorwiegend deshalb auch weniger erfinderisch tätig. Die gesetzliche Gleichberechtigung allein reicht nicht aus, um das große Potential der Frauen nicht nur in der Wissenschaft (wo dies in bestimmten Bereichen sehr gut gelungen ist), sondern auch in der Erfindertätigkeit voll zu nutzen und weiterzuentwickeln.

Ein weiteres Problem besteht in der Abnahme des Anteils erfinderisch tätiger älterer Werktätiger, obwohl bekanntlich viele berühmte Erfinder über ihr gesamtes Leben erfinderisch tätig waren. In der letzten Zeit ist zudem festgestellt worden, daß kreative Fähigkeiten, wie sie zur erfinderischen Tätigkeit erforderlich sind, mit dem wachsenden Alter nicht abnehmen. Ursachen für ihren Rückgang sind soziale Faktoren wie veränderte Arbeitsaufgaben mit einer Reduzierung der Zeit für erfinderische Tätigkeit sowie veränderte Motivationen. Solchen Abbauprozessen des erfinderischen Potentials gilt es gezielt entgegenzuwirken. Die Veränderung des Sanktions- und Bewertungsverhaltens ist wohl auch hier ein entscheidender Schlüssel zur besseren Ausschöpfung des Potentials der älteren Werktätigen. Darüber hinaus sollten für die optimalere Gestaltung des Ausbildungsprozesses an Oberschulen, Berufsschulen und Hochschulen die Erfahrungen älterer Erfinder genutzt werden, vor allem auch solcher, die bereits aus dem Arbeitsprozeß ausgeschieden sind.

Zusammengefaßt: Die Entwicklung der Intelligenz läßt sich wie auch ihre wissenschaftliche Analyse nicht auf die rein kognitiven

Prozesse beschränken. Die Intelligenz ist als ein zentrales Persönlichkeitsmerkmal untrennbar mit der Gesamtpersönlichkeit verbunden, in besonderem Maße mit den grundlegenden Wertorientierungen und Zielen, den Interessen und Motiven und den diesen Positionen entsprechendem Verhalten, entwickelt sie sich doch nur in der ziel- und wertbezogenen Tätigkeit.

Interpersonale Kommunikation

Hans-Jörg Stiehler

Interpersonale Kommunikation – das ist ein Fachterminus für den Austausch von Mitteilungen (Informationen, Nachrichten, „Botschaften") zwischen Menschen im direkten Kontakt, also „von Angesicht zu Angesicht". Darunter fällt das Mit- und Gegeneinander-Reden ebenso wie das zustimmende oder das manchmal eisige Schweigen, das erste Lächeln des Kindes bei der Wahrnehmung des Gesichts der Mutter wie die Tränen beim Abschied, das Verschenken eines Blumenstraußes wie das ablehnende Kopfschütteln, das Anschreien wie das zarte Flüstern ... Ordnen wir diese Vorgänge in unseren Alltag ein, so kommen wir schnell auf typische Kommunikationssituationen (wie die Arbeitsberatung und die Versammlung, die Begegnung in der Straßenbahn, auf der Parkbank oder in der Gaststätte, die gemeinsame Mahlzeit oder der Spaziergang in der Familie; das intime Zwiegespräch usw.) oder auf typische Tätigkeiten (wie Überzeugen, Anweisen, Beraten, Vorschlagen, Erläutern, Darstellen).

Gespräch oder interpersonale Kommunikation?
Wenn wir den Begriff „Kommunikation" hören, liegt die Assoziation nahe, zunächst an ein Gespräch zwischen zwei oder mehreren Personen zu denken. Diese Assoziation ist nicht falsch, ist doch das Gespräch (Dialog) *eine* ganz typische Form von Kommunikation. Im ursprünglichen Wortsinn jedoch bedeutet Kommunikation „Verbindung, Zusammenhang, Zusammenwirken". Wenn MARX vor über 100 Jahren das Wort „Kommunikation" verwendete, meinte er damit sogar meist ausschließlich materielle Formen der Verbindungen (Transport, Eisenbahn, Telegraphie usw.). An dieser ursprünglichen Bedeutung wollen wir anknüpfen und sagen: Kommunikation ist eine besondere Form der sozialen Wechselwirkung zwischen Menschen, des sozialen Verkehrs. Das Besondere an dieser Form des sozialen Zusammenhanges liegt im

sellschaftlicher Kommunikationsprozesse. Sie vermittelt (im Sinne von „in Beziehung setzen") das Zusammenwirken im unmittelbaren Mikromilieu der Persönlichkeit.

Das ist ihre „Stärke". Sie ist damit aber auch – für sich genommen – sozial, räumlich und zeitlich beschränkt, „borniert". Das ist in der heutigen Zeit eines „entwickelten" Verkehrs der Menschen, angesichts ihres objektiven, den unmittelbaren Lebensraum sprengenden Beziehungsreichtum auch ihre „Schwäche". Interpersonale Kommunikation „allein" kann daher *heute* den Kommunikationsbedürfnissen von Menschen nur im Zusammenhang mit anderen Formen sozialer Kommunikation gerecht werden.

Kommunikation in der Gesellschaft – Gesellschaft in der Kommunikation

Resümieren wir: Kommunikation findet dort statt, wo Menschen etwas miteinander „zu tun" haben. Sie steht damit von vornherein in einem letztlich materiellen Zusammenhang zwischen Menschen, in einem Produktionszusammenhang (wie wir Gesellschaft auch bezeichnen können). Sie ist als eine besondere Form des sozialen Verkehrs in der Gesellschaft „enthalten". Interpersonale Kommunikation *realisiert* auf besondere Weise, nämlich personifiziert (an Personen gebunden) und ideell gesellschaftliche Verhältnisse. Realisierung ist hier nicht als bloße Erfüllung, sondern auch als aktive Gestaltung zu verstehen. Auch stellt Kommunikation immer einen *Vorgriff* auf zu verändernde gesellschaftliche Tätigkeiten und Bedingungen (Vorwegnahme von Veränderungen, z. B. in Form von Idealen und/oder Illusionen mit anderen und für andere) dar. Leicht ist aus der Allgegenwart des sozialen Vorgangs „Kommunikation" aber auch das Mißverständnis entstanden, alles Gesellschaftliche sei Kommunikation. Tatsächlich läßt sich auf einer gewissen Abstraktionsebene jedes menschliche Verhalten *auch* als Kommunikationsprozeß betrachten, z. B. in der Kybernetik. So gehen die amerikanischen Kommunikationsforscher WATZLAWICK, BEAVIN und JACKSON (1971, S. 23) davon aus, daß in einer Begegnung zweier Menschen alles Verhalten einen Informationswert habe, folglich gelte das Axiom: Man kann nicht nicht kommunizieren. Wird diese in gewisser Hinsicht richtige Aussage aber zur Basis der Analyse von Kommunikationen erhoben (verabsolutiert), dann werden gesellschaftliche Probleme nur als Kommunikationsprobleme verkürzt – und das tun die genannten und viele andere bürgerliche Autoren tatsächlich. Um solche Mißverständnisse und Verkürzungen zu vermeiden, muß auch untersucht werden, wie die Gesellschaft Kommunikation „hervorbringt", sie bedingt und prägt. Die Bedingungen, notwendigen Situationen, Anlässe, Mittel, Normen usw. der Kommunikation sind durch und durch gesellschaftlich-historische Produkte, die sich Menschen in der aktiven Auseinandersetzung (Tätigkeit) aneignen. Die gesellschaftlichen Bedingungen der Kommunikation widerspiegeln sich (erscheinen) ganz konkret in bestimmten *Kommunikationssituationen* und in *Kommunikationsverhältnissen.* Kommunikationssituationen stellen immer eine besondere Menge gesellschaftlicher, räumlicher und zeitlicher Bedingungen dar. In ihnen erscheint der gesellschaftlich-soziale Kontext, die Tätigkeitssituation, in der Menschen kommunizieren, und räumlich-zeitliche Umstände. Sie bestimmen, wozu und warum wer wann wo und wie kommuniziert. Ein und dieselbe „Botschaft" kann sehr unterschiedliche Bedeutung annehmen, wenn sich die Situation ändert. Mit dem Begriff Kommunikationsverhältnisse betonen wir folgenden Sachverhalt: Die Kommunikationspartner sind nur unter anderem Sender und/oder Empfänger von Informationen. Ihre sozialen Positionen widerspiegeln sich auch in der Kommunikation zwischen ihnen, sie werden (sofern die Kommunikation etwas mit diesen Positionen zu tun hat) in der Kommunikation realisiert. Ob sich also zwei Menschen als Leiter und Unterstellter, als Genosse einer Parteigruppe, als Mitglied eines Malzirkels oder eines Elternaktivs oder als Bewohner eines Neubaublocks begegnen, bestimmt nicht nur Thema und Situation ihrer Kommunikation, sondern auch die Art und Weise, wie sie miteinander verkehren, was ihre Äußerungen an Gewicht und Bedeutung haben, welche Normen der Kommunikation sie einhalten, welche gemeinsamen und unterschiedlichen Ziele sie in der Kommunikation realisieren. Die Schwierigkeit, Kommunikation in ihrer gesellschaftlichen Bedingtheit zu betrachten, ergibt sich gewiß zum einen aus der großen Mannigfaltigkeit kommunikativer Vorgänge und ihrer häufig sehr „verdeckten", von Fall zu Fall verschiedenen Beziehungen zu gesellschaftlichen Grundprozessen. Zum anderen steht folgendes Problem: Die Besonderheiten alltäglichen Wahrnehmens und Schlußfolgerns bestehen u. a. darin, daß wir aus den vielfältigen Erscheinungsformen von Kommunikation, Gesprächen usw. jene typischen, immer wieder auftretenden, unveränderten (invarianten) spürbaren Merkmale herausfiltern. Ein solcher Abstraktions- und Verallgemeinerungsprozeß, der vom Sinnlich-Gegebenen ausgeht, verführt leicht dazu, die gesellschaftlichen Bedingungen der Kommunikation zu „vergessen", da sie meist gar nicht „sichtbar" sind. Und schnell landen wir bei der „Idylle" eines Zwiegesprächs zwischen zwei abstrakten ungeselligen Personen, dessen Gelingen oder Mißlingen nur noch von der Einhaltung bestimmter Regeln des Gesprächs abhängt und so ein „persönliches Problem" zu sein scheint. Deshalb ist es auch sehr schwierig, allgemeingültige Maßregeln für effektive Kommunikation zu geben. Ganz abstrakt kann man sagen: Kommunikation muß situationsangemessen und partnerbezogen sein – von der Lautstärke bis zur Wortwahl. Doch vergegenwärtigen wir uns unsere Erfahrungen oder Volksweisheiten und Sprichwörter, so erkennen wir sehr schnell: Mal ist es so, mal so. Ganz abgesehen von: Reden ist Silber, Schweigen ist Gold.

Nichts wäre natürlich verkehrter, als jetzt das Kind mit dem Bade auszuschütten und so zu tun, als gäbe es keine Eigengesetzlichkeiten der Kommunikation. Wir werden auf sie im nächsten Abschnitt eingehen. Doch hat die Beschäftigung mit Eigengesetzlichkeiten der Kommunikation nur dann einen Sinn, wenn wir den gesellschaftlich-historischen Kontext, die Anforderungen des gesellschaftlichen Lebensprozesses nicht außer acht lassen.

Eigenarten der Kommunikation

Kommunikation muß als Tätigkeit und als Prozeß betrachtet werden. Als *Tätigkeit* ist sie eine Form zielgerichteten, aktiven Handelns mit bestimmter Absicht. Das heißt nicht, daß sich das Absichtsvolle, Zweckgerichtete des Mitteilens und Verstehens (auch dieses ist aktives Handeln) in allen Details einer kommunikativen Handlung widerspiegelt. Und es heißt auch nicht, daß man sich immer aller Absichten und Zwecke völlig bewußt ist. Der Kommentar „Das meine ich (so) nicht!" ist ein recht typischer Ausdruck der Tatsache, daß in der Kommunikation meist zugleich „mehr" und „weniger" gesagt wird als bewußt beabsichtigt. Wenn wir von Kommunikation als Tätigkeit sprechen, verweisen wir damit vor allem auf die Zielgerichtetheit, die sich aus dem Handlungszusammenhang ergibt. Es wird – vereinfacht gesagt – nur in

Ausnahmefällen mitgeteilt, „was uns gerade in den Sinn" kommt. Im Normalfall ist die kommunikative Tätigkeit auf ein Ergebnis, eine Wirkung aus, und die innere (psychische) Struktur dieser zielgerichteten Tätigkeit (Planung, Ausführung, Kontrolle) widerspiegelt diesen „strategischen" Charakter der Tätigkeit. Im Normalfall sind Programmierung (Planung), Ausführung und Kontrolle meist automatisch ablaufende Prozesse. Diese Automatisierung ist eine Leistung, die im Lebenslauf erlernt wird und Kommunikation erleichtert, sie „ökonomisch" macht. Erlebte Widersprüche zwischen erforderlichen oder gewünschten und tatsächlichen Kommunikationsergebnissen können, ja müßten eigentlich diese Automatisierungen in Frage stellen und zu bewußter Umbildung führen. Eine wichtige Besonderheit der Kommunikation ist weiterhin ihre Subjektbezogenheit, ihre Gerichtetheit auf einen Partner. Sie ist ein echtes Miteinander-Handeln; und Gelingen/Mißlingen, Wirksamkeit/Ergebnislosigkeit von Kommunikation lassen sich schwer in zwei Teile zerlegen. Insofern sind Kommunikationsstörungen („Wir verstehen uns nicht") kein Grund zu (meist gegenseitigen) Schuldzuweisungen, sondern müssen Anlaß sein, über Kommunikation und ihre zugrunde liegenden Ziele, Interessen und Fähigkeiten, aber auch über soziale Beziehungen nachzudenken und sich zu verständigen. Gegenstand der kommunikativen Tätigkeit, ihr „wirkliches Motiv" ist zwar immer ein Thema, ein bestimmter Aspekt der gesellschaftlichen Wirklichkeit, im tieferen Sinne jedoch die Gestaltung der sozialen Beziehungen zwischen den Kommunikationspartnern selbst und zwischen ihnen und ihrer Umwelt.

Kommunikation als *Prozeß* ist durch Informationsaustausch mit Hilfe sprachlicher und nichtsprachlicher Zeichen gekennzeichnet. Abb. 1 verdeutlicht dies.

Partner A bildet eine Mitteilung, indem er entsprechend seiner Absicht intern eine Äußerung programmiert, sie in Zeichen umsetzt und sie über Signale (materielle Träger wie z. B. Schallwellen) „aussendet". Partner B nimmt diese Signale auf, identifiziert sie und „rekonstruiert" aus den Zeichen die Äußerung von A. In einem „normalen" Gespräch wechseln sich natürlich das „Geben und Nehmen" ab, ja durch „leibhaftiges" Miteinander werden ständig Zeichen produziert und wahrgenommen. Ein gemeinsamer „Vorrat" an Zeichen ist eine Grundbedingung erfolgreicher Kom-

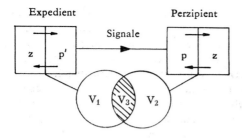

Abb. 1: Einfache sprachliche Kommunikationskette (nach Meyer-Eppler 1959, S. 2 f.).
z = zentrales Organ, p' = peripheres Aktionsorgan, p = peripheres Rezeptionsorgan, V_1 = aktiver Zeichenvorrat des Expedienten, V_2 = passiver Zeichenvorrat des Perzipienten, V_3 = gemeinsamer Zeichenvorrat.

munikation. In unserer Definition hatten wir Kommunikation als geistigen Austausch betrachtet, der sich als Zeichenverkehr realisiert, da die auszutauschenden Produkte geistiger Tätigkeit (Informationen im weiteren Sinne) nicht unmittelbar übertragbar sind. Zeichen (z. B. Worte) haben also eine Mittlerfunktion ganz ähnlich den Arbeitsmitteln in der materiellen Produktion. Es hat sich daher durchgesetzt, sie auch wie Werkzeuge des sozialen Verkehrs *und* des Denkens zu behandeln. Sprachzeichen sind „künstliche", gesellschaftlich geschaffene „Organe" des Menschen. In ihnen sind gesellschaftliche Erfahrungen vieler Generationen aufgehoben, „konserviert". Sind bestimmte Prozesse, Erscheinungen, Gegenstände usw. erst einmal auf den „Begriff gebracht" und mit einem (Sprach-) Zeichen oder Symbol versehen, können wir mit diesen Abbildern „frei" (stellvertretend für die von ihnen widergespiegelten Sachverhalte) umgehen, im Denken ebenso wie in der Kommunikation. Sprachzeichen haben also eine Doppelfunktion: „Intern" fixieren sie Abbilder (Begriffe) und gestatten Operationen mit diesen Abbildern (Denkprozesse), „extern" ermöglichen sie (in der materiellen Existenzform als Signale) den geistigen Austausch (KLIX 1971).

Hier kommen wir zu einigen wichtigen Problemen der interpersonalen Kommunikation.

Ein erstes ist die Beziehung zwischen dem Zeichen und dem von ihm repräsentierten Inhalt (seiner Bedeutung), Kommunikation kann nur vor sich gehen, wenn in einer Kommunikationsgemeinschaft eine einheitliche Verwendung von Zeichen *Norm* ist, also alle „eine Sprache" sprechen, sie auch situationsangemessen verwenden. Diese Norm ist ein historisches Produkt (und damit auch veränderlich). Wir finden jedoch sehr viele Varianten innerhalb eines Normgefüges. So ist z. B. auf der Ebene der Bezeichnungen sehr gut beobachtbar, wie spezifische soziale Gruppen auf Grund ihrer Tätigkeit oder Lebensumstände „Spezialsprachen" entwikkeln. Denken wir nur an die sogenannten Fachsprachen einzelner Berufsgruppen der Wissenschaften oder an die „Jugendsprache" mit ihrem besonderen Vokabular, mit dem sich Erwachsene oft schwer tun. Von ganz anderer sozialer Bedeutung, aber auf ähnlicher Ebene, ist die Unterschiedlichkeit der Bezeichnung gleicher oder ähnlicher Sachverhalte im Rahmen der Sprache der Politik und Ideologie, bzw. die Verwendung gleicher Zeichen für unterschiedliche Sachverhalte (wie z. B. Demokratie, Sozialismus, Menschenrechte). Nun ändern andere Namen (Benennungen) nichts an der Realität. Da wir jedoch die Realität „durch den Begriff hindurch" wahrnehmen, uns in der Kommunikation *im Wort* die Bedeutung erschließen, ist es schon nicht unwichtig, ob die Bezeichnung eines Sachverhaltes exakt oder verzerrend ist, eine positive oder negative „Tönung" anspricht usw. Friedrich Schiller hat hier vor der Sprache gewarnt, „die für Dich denkt und dichtet".

Variationen in der Verwendung von Zeichen gibt es aber noch in einer anderen Ebene, nämlich auf der der Bedeutungen (des Inhalts) von Zeichen. Die gesellschaftlich normierte Festschreibung der Bedeutung von Zeichen (wie sie etwa im Duden oder Wörterbuch erfolgt) ist ein komplizierter Verallgemeinerungsprozeß von „historischer Größenordnung". Im Wort ‚Verallgemeinerung' steckt schon, daß dabei eine *gemeinsame* (gesellschaftliche) Bedeutung eines Sachverhaltes benannt wird. In unserem persönlichen Leben, in unserer Biographie lernen wir eben diese Sachverhalte aber auf spezifische, individuelle Weise *kennen und werten.* Sprachzeichen (und ihre Kombinationen zu Äußerungen, Sätzen usw.) haben neben der objektiven gesellschaftlich normierten auch stets eine persönliche, subjektive Bedeutung. Um es deutlicher zu sagen: Die gesellschaftlich normierte Bedeutung existiert im Alltag in den verschiedenen Varianten, Färbungen, „Brechungen" der persönlichen, subjektiven Bedeutungen. Für den Kommunikationsprozeß, dem ja das Ideal der herbeizuführenden Übereinstimmung (Verständigung) zugrunde liegt, bedeutet die Existenz von sozialen und individuellen Variationen in der Verwendung von Zeichen und im Bedeutungsgehalt von Zeichen eine ständige „Störquelle". Das Wort „Störquelle" benutzen wir hier absichtlich apostrophiert, denn individuelle und soziale Varianten können sowohl Kommunikationsschranken darstellen, Kommunikation behindern oder verfälschen als auch bereichern. Nehmen wir als Beispiel ein langjährig bestehendes Arbeitskollektiv, in dem sich über die Zeit ein gewisser Kommunikationsstil herausgebildet hat, der mit speziellem Vokabular, Andeutungen, Gesten, Abkürzungen usw. *ökonomisch* und *nuancenreich* den Notwendigkeiten der Zusammenarbeit gerecht wird. Da ist es leicht vorstellbar, daß ein neuer hinzukommender Kollege sehr schnell nur „Bahnhof" versteht und „Sprachnachhilfe" in Anspruch nehmen muß.

Dieses Beispiel leitet über zu einem zweiten Problem: Interpersonale Kommunikation wird mit Zeichen der natürlichen (mündlichen wie schriftlichen) Sprache und einer Vielzahl nichtverbaler Zeichen realisiert.

Verstehen ohne Worte?

Für die soziale, zwischenmenschliche Kommunikation ist die Sprache natürlich das wesentliche Instrument. Sie bildet in gewisser Hinsicht den historisch gewachsenen Kern der Kommunikationsmittel und war unser Vorbild in der bisherigen Abhandlung der Zeichenproblematik[1].

In der interpersonalen Kommunikation, im zwischenmenschlichen Kontakt kann alles Sinnlich-Wahrnehmbare (von der Stimmfärbung über den Gesichtsausdruck und die Körperhaltung bis hin zur Kleidung) Zeichencharakter haben, wenn ihm absichtlich oder unabsichtlich, zu Recht oder zu Unrecht, eine Bedeutung gegeben wird. Deshalb ist der Bereich der nichtverbalen Kommunikationsmittel sehr breit. Schon die – auch in der Fachliteratur verwendete – Bezeichnung „nichtverbal" (nichtsprachlich) ist sehr verschwommen, sagt mehr, worum es sich nicht handelt. Auch erfüllen

---

[1] Es gibt eine Reihe interessanter Darstellungen zur Sprache, die sich an ein breites Publikum wenden. Wir verweisen hier auf die Kleine Enzyklopädie Deutsche Sprache und Führmann (1980).

sie von der Sprache teils selbständige, teils mit der Sprache verbundene Funktionen in der Kommunikation (vgl. ausführlich SCHNECKE, in: HIEBSCH, VORWERG u. a. 1980).

Nennen wir einführend einige typische Gruppen nichtverbaler Kommunikationsmittel:

1. Bewegungen und Merkmale des Körpers, Mimik (Gesichtsausdruck und -farbe, Blickkontakt), Gestik (Ausdruck von Hand- und Armbewegungen), Pantomimik (Körperausdruck). Handlungen im Körperkontakt (Streicheln, Händeschütteln usw.). In diesen Kommunikationsmitteln wird besonders deutlich, daß der Mensch in seiner ganzen „Leiblichkeit" an der interpersonalen Kommunikation teilnimmt.

2. Nutzung und Schaffung von Merkmalen der Kommunikationssituation, insbesondere des Raumes (z. B. räumliche Distanz, Sitzordnungen) und der Zeit (z. B. Schweigen, die Fristen bis zu einer Antwort auf eine Frage, die Länge einer Rede). In gewisser Hinsicht kann man hierzu auch die Einrichtung von Räumen rechnen, in die man einen Gesprächspartner einlädt (ihr Stil, ihre Ordnung, Wert der Gegenstände usw.).

3. Verwendung von Gegenständen bzw. Produktion in der Kommunikation sowohl dem Partner gegenüber (z. B. Blumen, Geschenke) wie zur „Gestaltung" der eigenen äußeren Erscheinung (Kleidung, Anstecker, Accessoires, Frisur, Duftnote usw.). Gerade in diesem Bereich vollziehen sich sehr rasch Veränderungen, und gegenwärtig scheint die Rolle dieser Kommunikationsmittel zuzunehmen.

4. Paralinguistische Phänomene (außersprachliche Merkmale des Sprachverhaltens: Tonfall, Akzent, Sprechtempo und -rhythmen, Lautstärke des Sprechens, Sprechfehler usw.).

Diese knappe Aufzählung verrät etwas von der Vielgestaltigkeit nichtverbaler Kommunikationsmittel. Sie verdeutlicht zugleich sehr verschiedene Ursprünge dieser Kommunikationsmittel. Wir finden unter ihnen stammesgeschichtlich sehr alte ursprüngliche Ausdrucksformen von Emotionen wie Überraschung, Ekel, Freude (die sich zum Teil bei Menschenaffen nachweisen lassen) und psychophysiologische Reaktionen (wie z. B. das Erröten). Charakteristisch ist dabei, daß solche Reaktionen trainierbar sind und nicht „rein", sondern in gesellschaftlich bedingten Modifikationen auftreten. Wir finden unter den nichtverbalen Kommunikationsmitteln auch sehr moderne Formen der Mitteilung wie Nutzung mannigfaltiger Gebrauchsgüter. Unter ihnen sind auch (z. B. gestische) Verkürzungen sprachlicher Äußerungen, sogenannte „Embleme" (ein markantes Beispiel ist das berühmte Tippen des Zeigefingers an die Stirn oder das Kopfschütteln bzw. -nicken). Einen anderen Teil der nichtverbalen Kommunikationsmittel stellen „lediglich" unterschiedliche Variationen, Handhabungen von Grundbedingungen interpersonaler Kommunikation dar, wie z. B. die Art und Weise des Blickkontaktes, der räumlichen Distanz und Anordnung, des Sprechens. Schließlich wurzeln einige der genannten Kommunikationsmittel in physiologischen, organischen Eigentümlichkeiten der Kommunikationspartner (Körperhaltung, Stimmorgane). Die nichtverbalen Kommunikationsmittel erfüllen in der interpersonalen Kommunikation vielfältige Funktionen. Eine Hauptfunktion ist die der *Bewertung* der Situation, des Kommunikationspartners, der eigenen Person (vor allem in Form der „Selbstdarstellung" durch Kleidung, Aufkleber, Schmuck, Anstecker usw.) und der sozialen Beziehungen zwischen den Kommunikationspartnern (wie den Ausdruck von sozialen Positionen, z. B. durch Sitzordnungen, Rangabzeichen, Grußritual, räumliche Entfernung, Körperkontakt). Dazu gehört auch das breite Feld der nichtsprachlichen „Kommentierung" eigener und fremder sprachlicher Äußerung. Eine zweite selbständige Funktion ist der *Ersatz* der Sprache, in solchen Fällen, in denen die Benutzung von verbalen Zeichen nicht möglich, nicht notwendig oder gar unzweckmäßig ist. Charakteristische Beispiele sind „Spezialsprachen" wie die der Taubstummen oder auch der Eishockeyschiedsrichter, die ihre Entscheidungen mit einer festgelegten Menge von Hand- und Körpergesten anzeigen. In verschiedenen Kulturen gibt es auch Festlegungen hinsichtlich der Benutzung von Gegenständen, z. B. von Geschenken, standardisierte Bedeutungen von Blumen, von Gesten. Zu erinnern ist auch an den wachsenden Gebrauch von Pictogrammen in öffentlichen Verkehrsräumen. Das Erlernen dieser Symbole ist aber meist sprachgebunden.

Neben diesen selbständigen Funktionen erfüllt nichtverbale Kommunikation Funktionen im Zusammenwirken mit verbalen Kommunikationsmitteln. Zum einen handelt es sich um eine nichtverbale *Illustration*. Sie zeigt sich in einem meist bildlichen Veranschaulichen verbal mitgeteilter Sachverhalte, in gestischen Betonungen von Aussagen (z. B. das Mit-der-Faust-auf-den-Tisch-Schlagen), in der körperlichen Andeutung von Handlungen, im Fingerzeig auf Gegenstände oder Personen. Nichtverbale Illustration geht oft über in den Ersatz von sprachlichen Äußerungen, wenn das Gemeinte nicht mehr „sagbar" ist. In der Funktion der Illustration wird meist die Informationsmenge erhöht, um Eindeutigkeit der sprachlichen Aussage zu erzielen. Zum anderen handelt es sich um die Funktion der *Regulation* des Sprechvorganges. So werden Aufmerksamkeit, Bereitschaft zur Kommunikation, Verständnis, der erhoffte oder notwendige Wechsel der Sprecher-rolle meist nichtverbal signalisiert. Man denke nur an den „erwartungsvollen Blick". Sprachliche Mittel werden dazu meist nur eingesetzt, wenn nichtsprachliche Mittel versagen.

Ein besonders interessantes Phänomen ist die Synchronisation von verbalen und nichtverbalen Kommunikationsmitteln bzw. der Fall widersprüchlich verwendeter Mittel (ein verächtlich ausgesprochenes Lob z. B.). Untersuchungen zeigen, daß häufig dem nichtverbal Ausgedrückten größere Glaubwürdigkeit geschenkt wird.

Wenn wir die Funktion des Ersatzes der natürlichen Sprache (als ein spezieller Fall nichtverbaler Kommunikation dargestellt) etwas in den Hintergrund stellen, so ist festzuhalten, daß die meisten nichtverbalen Kommunikationsmittel auf der Ebene des *Ausdrucks* funktionieren. Sie werden demnach – spezielle Aufmerksamkeitsleistungen einmal ausgeschlossen – vor allem als ganzheitlicher, sinnlicher *Eindruck* verarbeitet, aus dem „Diagnosen" abgeleitet, Schlußfolgerungen über das Gesehene, Gehörte, Gerochene hinausgehend gezogen werden. Diesen wird – meist unbewußt – eine Bedeutung *verliehen,* d. h., aus körperlichen Anzeichen werden Zeichen für etwas, über das Wahrgenommene hinaus. So wird in gewisser Hinsicht auch der „Stil" einer Persönlichkeit (von den verwendeten „Vokabeln" über die Sprechweise, die Kleidung, die Körperhaltung bis hin zur Gestik) zur „Botschaft" über das soziale und individuelle Befinden in der Gesellschaft. Allerdings ist es nicht immer einfach, diesen „Stil" zu entziffern, von der Oberfläche ausgehende Urteile können doch leicht fehlleiten. Aus einem sehr subtilen Niveau ist interpersonale Kommunikation also nicht nur einfach Tätigkeit und Prozeß, sondern auch Anzeichen gesellschaftlicher Umstände.

Interpersonale Wahrnehmung

Dieter Schreiber

Bei oberflächlicher und laienhafter sozialpsychologischer Betrachtung ist die Tatsache erstaunlich, daß mit gleichen Sinnesorganen ausgestattete Menschen häufig zu von der Realität abweichenden und zu sehr unterschiedlich artikulierten Wahrnehmungsergebnissen kommen. Dies beobachten wir um so eher, je weiter wir uns von der Wahrnehmung rein physikalisch gegebener Objekte, Gegenstände zur Wahrnehmung menschlichen Verhaltens hinbewegen.

Aus dieser alltäglichen Erkenntnis ist zu schließen, daß mit der Wahrnehmung sozialen Geschehens besondere Regelhaftigkeiten, Bedingungen verbunden sind, die unseren Blick für die entsprechenden Tatbestände beeinflussen und unsere Urteile darüber entsprechend modifizieren.

Die sozialpsychologische Forschung hält dafür die Bezeichnung ‚soziale Wahrnehmung‘ bereit. Wir wollen hier nicht über die Berechtigung dieser doch recht unspezifischen Bezeichnung diskutieren, sondern nur feststellen, daß sie für uns Hinweisfunktion dafür hat, daß unsere Abbilder über die Realität durch eine Reihe sozialer und persönlichkeitsspezifischer Faktoren beeinflußt werden.

Das zweifellos interessanteste und bedeutungsvollste Forschungsgebiet sozialer Wahrnehmung ist das der „interpersonellen Wahrnehmung und Urteilsbildung". Hier hat auch die marxistische sozialpsychologische Forschung insbesondere in den letzten 10 bis 15 Jahren intensiv gearbeitet und – bei zugegeben noch vielen offenen Fragen – wichtige Ergebnisse geliefert und weiterführende Standpunkte für die Erklärung des Alltagserlebens sowie die Entwicklung unserer Urteilsfähigkeit erarbeitet. Damit wollen wir uns näher vertraut machen.

Im Alltag stehen wir vielfach vor der Aufgabe, Urteile über andere abzugeben, uns ein ‚Bild vom anderen‘ zu machen. Unter Umständen sind wir dazu sogar durch unsere Arbeitstätigkeit gezwungen, aber die Regel ist wohl, daß wir uns selbst diese Urteile abverlangen, um unser Verhalten auf den anderen einzustellen. Daß dazu erhebliche Sachkenntnis einschließlich Kenntnis der eigenen Schwächen gehört, um kein Fehlurteil zu fällen, ist jedem aus eigener Erfahrung geläufig.

Was bedeutet nun *interpersonale Wahrnehmung und Urteilsbildung* für den Wissenschaftler, und von welchen Grundüberlegungen geht die sozialpsychologische Forschung bei der Untersuchung der damit zusammenhängenden Probleme aus?

1. Voraussetzung jeder Wahrnehmung ist die Konfrontation mit einem tatsächlich existierenden Gegenstand, mit seiner sinnlichen Präsenz. Nur so ist es möglich, Informationen mit Hilfe unserer fünf Sinne aufzunehmen, also die tatsächliche Beschaffenheit der Gegenstände zu erkennen oder auch zu verkennen. Sind keine Gegenstände unmittelbar präsent, machen wir auch keine Wahrnehmungen. In solchen Fällen handelt es sich um Vorstellungen, Einbildungen oder auch Halluzinationen. Letztere sind ja z. B. oft in recht verhängnisvoller Weise mit dem unverantwortlichen Verhalten alkoholisierter Kraftfahrer zu beobachten, bei denen sie Informationsverarbeitungen auslösen, die sich auf völlig falsche Voraussetzungen gründen und dann entsprechend schwerwiegende Folgen haben. Der verantwortungsvolle Verkehrsteilnehmer wird dagegen auf Wahrnehmung basierende Informationen aufnehmen, sie in bezug auf die Verkehrssituation handlungsorientierend verarbeiten, indem er die Bedeutung informationsleitender Zeichen ausmacht und sich entsprechende Urteile bildet. Allgemein gesagt, produziert er Abbildungen der spezifisch menschlich gesellschaftlichen und sozial-gegenständlichen Umwelt, indem er die gegenständliche Tätigkeit der Verkehrsteilnehmer in ihrer wechselseitigen Beziehung und in ihrer Bedeutung für die gemeinsame Lösung der Aufgabe (Bewältigung der Verkehrssituation) erkennt. Die dabei ablaufenden informationsverarbeitenden und auf Erkenntnisgewinnung bezogenen (kognitiven) Prozesse sind an Lernen gebundene, sich entwickelnde Erkennungssysteme (vgl. KLIX 1983) und ermöglichen uns, über die unmittelbare Präsenz der Gegenstände und Tatbestände hinausgehend Beziehungen herzustellen, Urteile zu formulieren – also zu denken.

Interpersonale Wahrnehmung enthält demnach neben den Wahrnehmungsanteilen auch solche kognitiven Anteile, die u. a. Möglichkeiten der Identifizierung, Klassifizierung, Interpretation und Erklärung einschließen. Ihre Untersuchung im Zusammenhang mit sinnlicher Wahrnehmung ermöglicht es, die Qualität unserer Widerspiegelungsleistungen besser kennenzulernen.

2. Interpersonale Wahrnehmung und Urteilsbildung ist also engstens gebunden an das zwischenmenschliche Zusammenwirken, die Interaktion. Dabei verläuft das soziale Geschehen der miteinander kooperierenden Partner einerseits in Abhängigkeit von jenen Faktoren, die unsere gesellschaftliche Situation bestimmen (Produktionsverhältnisse, Stand der Produktivkräfte, geistiges und soziales Klima, Normen der Gesellschaft) und andererseits in sehr viel individuell unmittelbarer erlebter Abhängigkeit von den Faktoren der speziellen Interaktionssituation.

Der Prozeß der Bedeutungszuerkennung verläuft wiederum in vielerlei Abhängigkeiten und liefert uns die Eingangsbedingungen für die Informationsverarbeitung. Dabei unterscheiden wir sachliche und personale Gegenstandsbedeutungen von Symbolbedeutungen. Letztere begegnen uns vor allem mit sprachlichen Gegebenheiten, die uns über Wörter und Sätze stets auf etwas verweisen, was nicht unmittelbar präsent sein muß.

Sachliche und personale Gegenstandsbedeutung sind dagegen unmittelbar im Zusammenhang mit unserer Tätigkeit, unserer Arbeit, also sozusagen in jeder Handlungsfolge, gegeben und wahrzunehmen. Sachliche Gegenstandsbedeutung ermöglicht – vereinfachend gesagt – unsere Orientierung darüber, wozu ein Gegenstand zu gebrauchen ist, welchen Gebrauchswert er für uns hat. Sachliche und personale Gegenstandsbedeutung sind also stets aufeinander bezogen und nur aus solchen konkreten Verhältnissen heraus zu bestimmen.

3. Mit individuellen Erfahrungen verweisen wir – allerdings hier noch recht unspezifisch – auf jene Bestandteile unseres Langzeitgedächtnisses, die Bedeutungszuerkennung sinnlich präsenter Gegebenheiten erst ermöglichen. Dabei ist die Bedeutungserkennung abhängig von der Gesamtheit der im Lebensverlauf gemachten individuellen Erfahrungen, aber auch von der mit der aktuellen Situation einhergehenden Aufgabenstellung. Letztere bestimmt konkret die Perspektive, die uns bei der Bedeutungserkennung leitet.

Aus der jeweils konkreten Perspektive ist natürlich niemals die Gesamtheit der Eigenschaften wahrzunehmender Gegebenheiten ableitbar. Sie offenbart uns bei entsprechendem Gedächtnisbestand allenfalls jene Bedeutungen, deren wir für die konkrete Aufgabenlösung bedürfen. So werden beispielsweise die von uns identifizierten Qualitäten anderer Menschen erst im Zuge des Kennenlernens erweitert, d. h., wir nehmen Gelegenheit, ihr Verhalten in verschiedenen Situationen (Arbeit, Freizeit, Notfall u. ä.) und damit unter verschiedenen Perspektiven zu (be)deuten.

Diesen Sachverhalt bezeichnen wir als die an die Standortgebundenheit der Wahrnehmung geknüpfte Selektivität.

Sie tritt auch im Zusammenhang mit jenem (als kulturbedingte Lebenserfahrung bezeichneten) speziellen Vermögen oder Unvermögen auf, die Realität angemessen widerzuspiegeln. So sollen Eskimos in der Lage sein, eine Vielzahl von Schneeflockenarten zu unterscheiden, was wir Mitteleuropäer nicht können. Andererseits berichten Anthropologen über Pygmäenstämme, die nur im tropischen Urwald leben, sich also keine Erfahrungen in der Entfernungswahrnehmung und der damit einhergehenden Größenkonstanz (Wissen um die scheinbare Größenänderung eines Objekts mit zunehmender Entfernung) aneignen konnten, daß sie eine in größerer Entfernung grasende Großwildherde für Insekten hielten (zit. nach ESTEL 1983).

Je nach den im individuellen Leben gemachten Situationserfahrungen und damit verbundenen Aufgabenstellungen wird unsere Fähigkeit zur Bedeutungserkennung ausgebildet. Sie führen entsprechend der Arbeitsteilung unter den Menschen dazu, daß sich höchste Kompetenz entwickelt, aber auch vielerlei Unzulänglichkeiten für die Beurteilung bestimmter Situationen einschließlich der dabei verlangten Lösungserfahrungen finden.

4. Interpersonale Wahrnehmung und Urteilsbildung ist, wie wir festgestellt haben, stets an konkrete Interaktionssituationen, das wechselseitige Verhältnis von Personen bei der Lösung von Aufgaben gebunden. Dabei können wir – auf den Partner bezogen – immer nur die Bedeutung dessen ausmachen, was der andere äußert. Wie es zu dem aktuellen Verhalten kommt, worauf es sich gründet, welche Absichten damit verfolgt werden usw., muß erschlossen werden.

Unser Informationssuchfeld in der Interaktionssituation ist allerdings viel größer, als daß es nur auf den aktuellen Umgang mit dem anderen bezogen wäre. So setzen wir ja das aktuelle Verhalten des Partners und unser eigenes auch in Beziehung zu jenen Informationen über den Partner, die wir bereits vor Beginn der Interaktion besaßen, vielleicht sogar in eigener Erfahrung gesammelt hatten.

Damit in Beziehung bringen wir den Inhalt der kooperativ zu lösenden Aufgabenstellung einschließlich der konkreten situativen Bedingungen, die die Aufgabenlösung begleiten werden.

Welche Überlegungen hält die Psychologie für die Erklärung interpersonaler Wahrnehmung und Urteilsbildung bereit?

Wir halten uns dabei im wesentlichen an die Arbeiten der Jenenser Sozialpsychologen.

Zur Verdeutlichung der Kompliziertheit interpersonaler Wahrnehmung und Urteilsbildung wollen wir uns auf ein Beispiel beschränken und damit eine bestimmte Kooperationssituation wählen, die geeignet erscheint, die Probleme nicht unzulässig vereinfachend darzustellen. Dabei muß gesehen werden, daß jede Kooperationssituation in ein Bündel von Einzelsituationen aufgegliedert werden kann, zumal die verschiedensten Einteilungsgesichtspunkte möglich sind, z. B. Normal-, Überforderungs-, Erfolgs-, Mißerfolgs-, Konflikt-, Neuheits-, Wiederbegegnungssituationen (vgl. die genauere Einteilung bei BÖTTCHER, in: HIEBSCH u. a. 1986).

In unserem Beispiel handelt es sich um die Ausführung einer Hochgebirgskletterpartie von zwei sich nur flüchtig auf Grund der gemeinsamen Betriebszugehörigkeit kennenden Bergwanderern, wobei einer Experte und der andere ein Eleve auf diesem freizeitsportlichen Gebiet sei.

Der Experte hat in seiner Führungsfunktion zur erfolgreichen Gestaltung der interpersonalen Beziehung folgende Einschätzungen zu treffen:

1. geistige und gefühlsmäßige sowie körperliche Verfassung des Partners sowie dessen aktuelle Befindlichkeit (also: Ist er kräftig genug, eine überhängende Wand zu überwinden? Ist er in bestimmten Situationen ängstlich? Ist er in der Lage, richtige Entscheidungen für die Sicherung zu treffen, also die bergsteigerischen Werkzeuge richtig einzusetzen? Wie reagiert er auf gegebene Hinweise, was merkt er sich davon? u. ä.).

2. Verhalten des Partners in bestimmten Teilsituationen und Bedeutung dieses Verhaltens für die Bewältigung der Gesamtsitua-

tion (also: Wie hat der Partner eine aktuell leichte Gefahrensituation überwunden? Wie wird er bei den noch bevorstehenden schwierigeren Situationen reagieren? Ist eventuell eine andere Route zu wählen oder die ursprüngliche Absicht ganz aufzugeben? Wie verarbeitet der Partner Mißerfolge? u. ä.).

3. mögliche Auswirkungen der Persönlichkeitseigenschaften des Partners für den Lösungserfolg aktueller und absehbarer Verhaltensanforderungen (also: Ist der Partner verläßlich? Reagiert er impulsiv? Ist er stark motiviert? Wird er also beharrlich genug sein, die gesamte Wegstrecke zu meistern? Ist sein auf leichteren Wanderungen stellenweise bemerkbarer Leichtsinn mangelnder Erfahrung oder tatsächlich größerer Verantwortungslosigkeit geschuldet und welche Konsequenzen resultieren daraus? u. ä.).

Für derartige Einschätzungen sind nachstehende Informationsverarbeitungsaspekte entscheidend (vgl. BÖTTCHER, in: HIEBSCH u. a. 1986):

1. geistige Fähigkeiten des Vergleichens, Kombinierens und Auswählens zwischen wichtigen und unwichtigen Gegebenheiten unter Nutzung vorhandener Vorkenntnisse für die Bewertung des Partnerverhaltens und des eigenen Verhaltens, also die Befähigung, komplizierte Denkoperationen zu vollziehen;

2. bestimmte Steuerungsprinzipien für das Wahrnehmen, Denken und Handeln. Das sind an das Individuum gebundene bevorzugte geistige Informationsverarbeitungsarten, die die Psychologie als ‚kognitive Stile‘ bezeichnet. Damit sind jene Personenunterschiede beim Wahrnehmen und bei kognitiven Leistungen gemeint, die sich äußern z. B. in besonderer Abhängigkeit, Störanfälligkeit oder auch Unabhängigkeit unserer Erkennungsleistung vom Reizfeld; in bevorzugt impulsiver oder im Gegensatz dazu reflexiver Reaktionsweise, also dem Grad der Besonnenheit, der unser Handeln begleitet; in der Ausprägung der Fähigkeiten, andere differenziert zu beurteilen sowie im Grad des Ertragenkönnens von Ungewißheit über mögliche Ergebnisse unseres Denkens und Handelns;

3. Art und Stärke der eigenen Motive in bezug auf das verfolgte Handlungsziel;

4. die eigene Befähigung, den anderen so ‚aufzuschließen‘, daß er mich mit jenen Informationen versorgt, die ich für die Urteilsbildung benötige;

5. ein im Gedächtnis präsentes und der Beurteilungsabsicht ange-

messenes Begriffsvokabular, das es mir ermöglicht, das ‚Bild vom anderen' prägnant und verständlich zu formulieren.

Wie gebraucht der Mensch aber nun seine geistigen Mittel, wie geht er mit ihnen um und wie formieren sie sich für die Urteilsbildung? Offensichtlich hat der Beurteilende eine Vielfalt von Informationen zu bewältigen und das Informationsangebot geht zudem weit über unser aktuelles Aufnahme- und Verarbeitungsvermögen hinaus. Trotzdem sind wir in der Lage, sehr treffende Beurteilungen des anderen zu geben. Dabei kommt es vielfach darauf an, hinter die Oberfläche der mit unseren Sinnen wahrgenommenen Erscheinungen vorzudringen, um das Richtige zu tun. Solch erklärendes und vorausschauendes Verhalten ist bezogen auf unser Beispiel sehr leicht und sogar in seiner lebenserhaltenden Funktion zu erkennen. Da wir uns aber im Grunde nur auf den aktuell bedeutungsvollen Ausschnitt der Realität, auf Reize, die in engem Bezug zu unserer konkreten Tätigkeit stehen, konzentrieren, wird die Informationsvielfalt im alltäglichen Leben auf Grund dieses auswählenden, selektiven Vorgehens in der Regel auch nicht weiter störend erlebt. So erwacht die Mutter zwar durch unruhige Bewegungen ihres Säuglings, aber nicht durch das laute Rattern der Straßenbahn, unser Bergsteiger bemerkt jede leichte Spannung des Seiles, aber während des Aufstiegs kaum die Schönheiten der Natur. Die Sozialpsychologie erklärt diesen Sachverhalt mit den Erwartungen, auch: Hypothesen, die im Zusammenhang mit unserer durch die Tätigkeit gesteuerten Wahrnehmung die zwischenmenschlichen Begegnungen orientieren. Solche Erwartungen formieren den Beginn der interpersonalen Wahrnehmung. Werden sie in der Kooperation bestätigt, so erhalten sie für die Abbildung der entsprechenden Realität eine besondere Wertigkeit. Wir sagen, sie akzentuieren bestimmte Aspekte des Bildes vom anderen.

So wird die Erwartung eines Bergführers, sein Partner sei ja verläßlich und werde jede Sicherung umsichtig vornehmen, auch sein eigenes Handeln, seine Kontrollpflichten und damit seine Urteile über den Partner beeinflussen. Stellt sich aber heraus, daß dieser in einer bestimmten Situation fahrlässig reagiert und muß sich der Bergführer dafür selbst die Schuld geben, so kommt es möglicherweise dazu, daß derartige Aufschlüsse nicht in seine Gedächtnisstruktur eingehen. Dies hängt mit der vielfach in der interpersonalen Wahrnehmung beobachteten Tatsache zusammen, daß unangenehme Erlebnisse, sofern sie mit eigenem Fehlverhalten verbunden sind, nicht ohne weiteres gemerkt, also aus dem Bewußtsein verdrängt, gewissermaßen abgewehrt werden. Unsere Erwartungen, Hypothesen wirken vergleichbar dem Filter. Sie machen uns für bestimmte Informationen sensibel und vereinfachen dadurch den Prozeß der Urteilsbildung. Darin liegt der große Vorteil der Aufwandsersparnis, allerdings auch eine erhebliche Gefahr, die der Fehleinschätzung.

Diese Gefahr ist um so größer, wenn unsere Erwartungen aus recht einfachen und damit naiven persönlichkeitstheoretischen Annahmen abgeleitet werden. Über solche ‚Theorien‘ verfügt jeder. Sie bilden sich im Laufe der individuellen Lebenserfahrungen, wo jeder sein eigener Psychologe ist und sich unter Umständen eine recht vereinfachende Weltsicht der zwischenmenschlichen Beziehungen zurechtgelegt hat. Bestimmte Vorurteile, die im Sinne von ‚Vorverurteilungen‘ wirken, folgen in ihrer Entstehung diesem Mechanismus. Die Psychologie hält zu diesem Sachverhalt eine Vielzahl von Untersuchungen bereit. Sie belegen, daß mit dieser Art Vorurteile die Tendenz der starken Verallgemeinerung einhergeht, nämlich jedem einer Kategorie Zuzuordnenden auch ohne näheres Hinsehen von vornherein ganz bestimmte, meist negative Merkmale zuschreiben zu dürfen.

Solche Untersuchungen betreffen beispielsweise unser ‚Bild‘ von Nationen, Klassen, Schichten, Minderheiten und Rassen, und wir alle kennen die traurigen Folgen unhaltbarer negativer stereotyper Vorurteile aus der Zeit des Faschismus. Sie betreffen ferner die Abhängigkeit der Urteilsbildung und -äußerung von unserem Vertrautheitsgrad mit dem anderen. So werden engere Freunde in der Regel generell günstiger beurteilt als weniger gute Bekannte, Außenstehende, Nichtzugehörige, und zwar selbst dann, wenn der Beurteiler Gelegenheit hatte, die Vorzüge des anderen kennenzulernen.

Dieser Vertrautheitsgrad mit Freunden, Bezugsgruppen, spielt auch eine wesentliche Rolle für die Festigkeit, mit der wir uns an bestimmte Hypothesen, Erwartungen, gebunden fühlen. Damit geht wohl nicht nur gelegentlich einher, daß sich mancher in solchen Bindungen befangen, nach der Maßgabe orientiert, ‚daß nicht sein kann, was nicht sein darf‘.

Natürlich haben die wahrnehmungsleitenden Hypothesen nicht

nur den eben beschriebenen allgemeinen Charakter. Sie werden anscheinend grundsätzlich gebildet und fließen in den jeder Handlung vorausgehenden Erlebens- und Verhaltensentwurf ein. Sie sind in diesem Fall nicht nur einfach ein möglicher Ausgangspunkt von Urteilsverzerrungen, sondern erlauben, wegen ihrer die Wahrnehmung akzentuierenden Wirkung, dem Menschen eine bessere Orientierung auf für sie als persönlich bedeutsam erlebte Sachverhalte. Sie ermöglichen für künftige Handlungen eine Präzisierung unserer Wahrnehmungen.

Interpersonale Wahrnehmung und umfassende Urteilsbildung verlangen, um jenen stereotypen, aber auch anderen zu sehr vereinfachenden Beurteilungsmaßstäben zu entgehen, mit Personen in unterschiedlichen Situationen bei verschiedenen Tätigkeiten zu kooperieren, wobei wir sie aus verschiedenen Perspektiven erleben. Erst auf diesem Wege gelingt es, Regelhaftigkeiten des Verhaltens des anderen auszumachen. Um Regelhaftigkeiten – das sind hier die unter bestimmten Bedingungen immer wieder auftretenden Verhaltensaspekte, wir sprechen auch von Invarianzen – zu bestimmen, sind Vergleichsprozesse notwendig und die Fähigkeit, Ursache und Wirkung eines Verhaltens aufzuklären. Die Psychologie nennt diesen kognitiven Prozeß, die dem Verhalten zugrunde liegenden Ursachen aufzuschließen und in Erklärungen zu fassen, ‚Kausalattribution‘.

Je nach den individuellen Eigenarten des Urteilenden und der bislang aufgebauten persönlichen Beziehung finden sich im Urteil gewisse Stilkomponenten des Attribuierungsverhaltens. Wir wollen unterscheiden (vgl. BÖTTCHER, in: HIEBSCH u. a. 1986):
1. nachsichtiges, den Partner entlastendes gegenüber strengem, dem Partner die Schuld gebendem Attribuierungsverhalten,
2. vertrauendes, positives, Entwicklungsfähigkeit unterstellendes gegenüber mißtrauischem, negativem, dem Partner kaum Entwicklungsfähigkeit unterstellendem Attribuierungsverhalten,
3. im Vergangenen suchendes gegenüber auf Künftiges orientiertem Attribuierungsverhalten,
4. oberflächliches, egoistisches gegenüber tiefgehendem, in den Partner einfühlendem Attribuierungsverhalten.

Diese Stilkomponenten können den vielfach auf naiven ‚Persönlichkeitstheorien‘ aufgebauten und leicht in die Irre führenden Urteilsbildungsprozessen eine individuelle Fehlertendenz verleihen.

Wenn wir unser persönliches Urteilsverhalten künftig ein wenig selbstkritischer betrachten, so erscheint es nützlich, jene Urteiltendenzen, Urteilsfehler, zu kennen, die in den alltäglichen Interaktionsprozessen besonders häufig beobachtbar sind. Wir unterscheiden:

1. Halo-Effekt

Damit ist die Tendenz gemeint, von unserem allgemeinen Gesamteindruck über eine Person ausgehend, auch deren spezielle Handlungen zu beurteilen. Mit diesem Fehler ist zu rechnen (vgl. SIXTL 1967), wenn der zu beurteilende Aspekt unklar ist, selten vorkommt, schwer beobachtbar ist, hohe moralische Wertigkeit hat, wir gegenüber dem zu Beurteilenden gefühlsmäßig so oder so stärker in Beziehung stehen.

2. Logischer Irrtum

Hier geht man bei der Beurteilung fälschlicherweise davon aus, daß bestimmte Persönlichkeitseigenschaften ,logischerweise' verbunden seien, z. B. Schweigsamkeit mit Unwissen oder künstlerische Befähigung mit exzentrischem Verhalten. Einer Person werden also unter Umständen Eigenschaften ,angedichtet', die sie gar nicht besitzt.

3. Nachsichtigkeitseffekt

In diesem Fall sind wir, in der Regel unabhängig davon, welche Eigenschaft zu beurteilen ist, geneigt, stets positive Einschätzungen zu geben. Mit umgekehrten Vorzeichen soll dieser Fehler zu beobachten sein, wenn wir in der Situation stehen, einen Sachverhalt selbst sehr genau zu kennen, und der zu Beurteilende sich ebenfalls dazu äußert.

4. Zentraltendenz

Werden wir zu Urteilen über Leistungen anderer Personen veranlaßt, ohne selbst irgendwelche ausreichenden konkreten Kenntnisse über den Leistungsgegenstand zu besitzen, so führen Unkenntnis und die damit häufig verbundene Unsicherheit dazu, extreme Urteile wie ,sehr gut' oder ,sehr schlecht' zu vermeiden, selbst wenn dies angezeigt wäre. In solchen Fällen sind wir dann meist geneigt, ein ‚mittleres‘ Urteil abzugeben, obwohl wir besser schweigen sollten.

5. Kontrastorientierung

Diese Art der Urteilsbildung bezeichnet die Tendenz, positive Eigenschaften, die wir uns selbst zuerkennen, z. B. Pünktlichkeit, Verläßlichkeit, Ordnungssinn, anderen Personen nicht im gleichen Maße zuzugestehen.

6. Tendenz der vermuteten Ähnlichkeit

Hierunter verstehen wir die Neigung, z. B. unter dem Umstand der eigenen Unsicherheit, Niedergeschlagenheit, anderen Personen Eigenschaften zuzusprechen, die wir uns selbst wünschen.

7. Neigung, anderen in bestimmten Situationen etwas zuzuschreiben, was aus dem Selbstverständnis der eigenen Person resultiert.

8. Neigung, andere zu stereotypisieren, ihnen also Eigenschaften zuzuordnen, die wir für bestimmte Gruppen als typisch ansehen, ohne daß wir uns jemals um eine differenziertere Einsicht bemüht haben.

Wir betrachten diese Urteilstendenzen als vereinfachende und unser Urteilsverhalten stabilisierende Mittel zur Bewältigung des Informationsangebotes. Sie gehen, für uns wohl meist unbewußt, bei der Urteilsbildung mit. Sie dürften auf die jeweils konkrete individuelle Beurteilungsleistungsüberforderung zurückzuführen sein und gelten als Beleg für die Bedingtheit der Urteilsbildung durch sozialpersonale Erfahrungen oder besser durch nicht gemachte Erfahrungen.

Natürlich ist die Kompliziertheit des informationsverarbeitenden Prozesses interpersonaler Wahrnehmung und Urteilsbildung im Rahmen interaktiver Kooperation noch in vielerlei Hinsicht weiter ausführbar. So ist beispielsweise der gesamte Bereich des Ausdrucksgeschehens wie Mimik, Gestik, Körpersprache, der Ausdruckswert der mündlichen Sprache in der Darstellung unberücksichtigt geblieben. Das trifft darüber hinaus auch weitere hier einzuordnende Teilgebiete psychologischer Forschung und Theoriebildung, z. B. der der sozialen Position und der Gebundenheit an Bezugsgruppen. Hier sollte also keinesfalls der Eindruck entstehen, die Problematik interpersonaler Wahrnehmung und Urteilsbildung wäre sozusagen im ‚Vorübergehen' in unser Alltagswissen über den anderen zu integrieren. Die Problemfülle hält darüber hinaus noch eine Vielzahl von Fragen bereit, die die Psychologie heute keineswegs klar beantworten kann.

Dennoch seien als Orientierung für den Alltag noch einmal verallgemeinernd jene Aspekte hervorgehoben, deren Kenntnis uns bei der Bewertung des anderen leiten sollte, und nicht allzusehr in Vorurteilen, Rufbildern und naiven Auffassungen befangen, Urteile zu formulieren (vgl. auch BÖTTCHER, in: HIEBSCH u. a. 1986).

1. Individuelles menschliches Verhalten ist, streng genommen, unwiederholbar. Keine Situation ist sich völlig mit der anderen gleich, jedesmal wirkt auf Grund der besonderen sozialen und individuellen Gegebenheiten sowie der individuellen Erfahrungserweiterung ein anderer Ursachen- und Bedingungskomplex auf das Handeln.

2. Wir erfassen immer nur einen Ausschnitt des Verhaltens des anderen, und selbst was der andere in ehrlicher Absicht äußert, kann auf Irrtum beruhen.

3. Der individuelle Erfahrungsbereich des Urteilenden ist nicht identisch mit dem des Beurteilten, zudem reagiert jeder in der Situation aus einer bestimmten sozialen Position heraus, also im Kontext seiner Bezugsgruppen und der als persönlich bedeutsam erlebten Werte.

4. Keiner sollte auf Grund kurzfristiger, gelegentlicher Interaktionen in ein bereitgehaltenes Schema eingeordnet, auf ein bestimmtes Verhalten hin festgelegt werden. Die Konstanz psychischen Erlebens und Handelns ist keine durchgängige individuelle Erscheinung.

5. Urteile Dritter sind für unsere Standpunktbildung auf Grund deren Subjektivität oft vielsagender über diese selbst als über den zu Beurteilenden. Unsicherheiten bei der Beurteilung sollen uns vorsichtig machen. Lieber etwas für sich offen halten als mit Vorurteilen ‚zudecken'.

6. Menschliches, vom Durchschnitt abweichendes Verhalten, das unserer persönlichen Erfahrung bislang nicht zugänglich war, bietet nicht ohne weiteres einen Grund, sich zu distanzieren und dieses abzuwerten.

7. Wenn wir das Verhalten anderer erklären, sollten wir Sachverhalte, die uns sichtbar werden, nicht kurzschlüssig aufeinander beziehen. Zunächst erkennen wir nur immer die Erscheinung. Dem Wesen nähern wir uns allenfalls nur über Nachdenklichkeit, Sorgfalt und Unvoreingenommenheit.

Leistungsmotivation

Achim Hoffmann

Das „Warum" des Handelns kann als ein Ausgangspunkt sozial-psychologischen Denkens betrachtet werden. Dabei spielen von Beginn an die Wege des einzelnen und die von Gruppen zu motivierter Leistung eine herausragende Rolle. Warum leistet einer, leistet eine Gruppe unter ähnlichen Voraussetzungen und Bedingungen mehr als ein anderer oder eine andere Gruppe? Wie funktionieren die Antriebe zur individuellen und zur kollektiven Leistung? Welche konkreten Prozesse des Erkennens und des Wertens liegen Leistungsergebnissen zugrunde? Antworten auf Fragen nach den inneren Triebkräften von Leistungen sind von gleichermaßen theoretischem und praktischem Interesse.

Verdeutlichen wir uns das an einem Vergleich: Zwei gleichaltrige junge Facharbeiter im Betrieb hatten in ihrer Schulzeit das gleiche Zensurenniveau. Der eine aber hatte schon frühzeitig Interesse an der späteren Berufsrichtung. Auch für seine Eltern war „alles klar". Der andere wurde „umgelenkt" und hatte infolgedessen einen schwierigeren, widersprüchlicheren Start ins Berufsleben. So weit so gut. Nun ist allerdings oft zu beobachten, daß gerade solche „Umgelenkten" später überdurchschnittliche Leistungen zeigen. Ebenso kennt jeder Erzieher und Leiter das Phänomen des „geplatzten Knotens". Bislang unauffällige Schüler, leistungsschwache Studenten, wenig aktive Lehrlinge entpuppen sich unter bestimmten Bedingungen als hochleistungsbereit. Sie wachsen in Bewährungssituationen über sich hinaus, stellen sich anspruchsvolle Leistungsziele, übernehmen Verantwortung für andere, gewinnen Interesse an ihrer Tätigkeit. Das verweist auf Fragen der Entwicklung und Beeinflußbarkeit von Leistungsmotivation.

1. Motive und Leistungsmotive

Motive werden im allgemeinen verstanden als individuelle innere Zustände, die mit Bedürfnissen verbunden sind und die sich in einer dynamischen Gerichtetheit des Handelns äußern, das auf die Befriedigung der Bedürfnisse gerichtet ist (vgl. KLIX 1976, S. 22, ERPENBECK 1984, S. 19, VORWERG 1984, S. 156, FRIEDRICH und HOFFMANN 1984, S. 143 f., T. HAHN 1985, S. 16).

Motive fungieren als Wertungsgrundlage für Handlungsentscheidungen und regulieren gleichzeitig das Handeln. Dazu ein einfaches Beispiel: Ein junger Dreher vergleicht notwendigerweise täglich seine Arbeitsergebnisse mit denen seines älteren Kollegen am Nachbararbeitsplatz. Der Jüngere muß anerkennen, er schafft zwar die gleiche Stückzahl, aber nicht die gleiche Qualität, die gleiche Akkuratesse in der Bearbeitung. Das ärgert ihn, das kratzt an seiner Ehre. Mit der Zeit aber schaut er sich so manchen Kniff ab, und eines Tages hat er eine brauchbare Idee, den Arbeitsfluß grundlegend zu verbessern. Man redet miteinander, setzt sich zusammen, und ein kollektiver Neuerervorschlag ist geboren. Das zielgerichtete Bedürfnis nach besserem Abschneiden im Leistungsvergleich ist die Motivation, die zum Handeln führt.

Dieses Beispiel macht deutlich, daß Motive von kognitiven und emotionalen Wertungen nicht zu trennen sind. Ein vorhandenes Bedürfnis wird zum Motiv, wenn Wertungen Bereitschaft zum Handeln auslösen. Im Gegensatz zu Einstellungen, Wertorientierungen und Überzeugungen ist die Spezifik der Motivation die *orientierend-aktivierende* Widerspiegelung der Wirklichkeit.

Motive bilden und entwickeln sich in der Tätigkeit. Als allgemeine Kriterien des Entwicklungsstandes der Motivation eines Menschen können abgeleitet werden:
– die Zielklarheit und die Konsequenz des Strebens nach Zielen,
– die Qualität des planenden Festlegens auf ein Handeln,
– die Einschätzung der eigenen Möglichkeiten und Bedingungen des Handelns sowie
– die Qualität der inhaltlichen Weite und zeitlichen Vorausschau des eigenen Handelns.

Diese Kriterien sind besonders wichtig, betrachtet man Probleme der *Leistungs*motivation. Hier kommt durch die Notwendigkeit zu erbringender Leistungen die soziale Determination der Motive besonders deutlich zum Tragen.

Leistungsmotive sind in erster Linie arbeits- und berufsbezogene Motive. Die sozialistische Gesellschaft ist eine leistungsorientierte Gesellschaft. Die Einbeziehung der eigenen Leistung in kollektive und gesellschaftliche Zielstellungen fungiert unter bestimmten Bedingungen als Triebkraft des Handelns. Diese Bedingungen sind im folgenden näher zu bestimmen.

Man könnte sich den Grundprozeß einer produktiven Leistungsmotivation etwas vereinfacht folgendermaßen vor Augen führen: Als Mitglied eines konkreten Kollektivs kommt die mit Leistungsanforderungen konfrontierte Person zu einer (emotional gefärbten) Gesamtbewertung aller für sie wichtigen Ziele und Bedingungen. Fällt die Gesamtbewertung positiv aus und wird die Befriedigung für die Person wichtiger Bedürfnisse antizipiert (z. B. Anerkennung im Kollektiv, Entdeckerfreude und materieller Nutzen), entsteht eine emotional untersetzte Anstrengungsbereitschaft. Die Person ist bereit zur Übernahme gesellschaftlicher und kollektiver Leistungsziele. Sie plant ihre Aktivitäten, handelt und bewertet die erreichten Ergebnisse. Ist die Leistung dann erbracht, entsteht aus der eigenen und der Fremdbewertung eine neue Motivlage, die – konfrontiert mit entsprechenden Leistungsanforderungen – wiederum zu höheren Leistungen führt.

Auf der anderen Seite kann Leistungszurückhaltung entstehen, wenn keine produktiven Motive durch verantwortungsvolle, selbständige und schöpferische Tätigkeitsbedingungen ausgebildet werden. „Wir brauchen Dich!" oder „Das kannst nur Du schaffen!" sind somit so etwas wie Zauberformeln für die Motivierung zu hohen Leistungen.

Mit Bezug auf andere in diesem Buch besprochene Bausteine könnte man von einer Spirale der Entwicklung der Leistungsmotivation einer Persönlichkeit sprechen. Im Leistungshandeln bildet sich entsprechende Leistungsfähigkeit und Leistungsbereitschaft heraus, die wiederum zu sehr unterschiedlicher leistungsbezogener Kommunikation führt. Aus Kommunikation und Bewertungsprozessen entsteht und festigt sich das Selbstkonzept eigenen Leistungsniveaus und ein entsprechendes Selbstbewußtsein. Durch das Niveau der erbrachten Leistung wird wiederum wesentlich die soziale Kompetenz beeinflußt, die ihrerseits Auswirkungen auf die Handlungsbedingungen und die Weiterentwicklung von Leistungsfähigkeit und Leistungsbereitschaft hat.

Wird diese „Leistungsspirale" an irgendeiner Stelle gestört oder unterbrochen – z. B. durch fehlende Kommunikationspartner und wenig Vergleichsmöglichkeiten der eigenen Leistung, durch überzogenes oder zu geringes Selbstbewußtsein, durch fehlende Anerkennungen für erbrachte Leistungen –, führt das zu Motivationsverlusten.

Im folgenden sollen – von diesem Grundprozeß ausgehend – einige Aspekte der Beeinflussung der Leistungsmotivation behandelt werden.

2. Sozialpsychologische Aspekte der Leistungsmotivation

Wir beobachten im Alltag immer wieder zwei scheinbar gegensätzliche Phänomene: Einmal fällt bei vielen Personen eine relativ *hohe Stabilität* ihrer Leistungsmotivation auf. Fleißige Schüler und hochmotivierte Studenten bewähren sich meistens auch beim Wechseln in andere Kollektive und in neuen Lebenssituationen hervorragend. Konstante und engagierte Leistungsbereitschaft ist ein wichtiges Kriterium für die Einschätzung des Wertes einer Persönlichkeit. Zum anderen ist aber vielfach auch eine *mangelnde Konstanz* persönlicher motivationaler Ausprägung beobachtbar. Werden Personen mit neuen Tätigkeitsanforderungen konfrontiert, bewähren sie sich oft überraschend gut. Andere wiederum fühlen sich den Anforderungen nicht gewachsen oder scheuen notwendige Auseinandersetzungen und gehen nicht bis an ihre Leistungsgrenzen.

Eben solche Erscheinungen geringer Stabilität und ungenügender Voraussagbarkeit von Leistungsmotivation weisen darauf hin, daß verschiedene inhaltliche Aspekte in ihrer gegenseitigen Vermitteltheit gesehen werden müssen. Auf einige wichtige soll im folgenden aufmerksam gemacht werden.

2.1. Übereinstimmung persönlicher und kollektiver Leistungsanforderungen

Je besser persönliche, kollektive und gesamtgesellschaftliche Leistungsanforderungen zusammenfließen, desto höher ist letztlich die Leistung. Man leistet etwas, weil die eigene Leistung notwendig ist, gebraucht wird oder wichtig ist. Auf der anderen Seite kann – ist die Notwendigkeit der Leistung weniger deutlich – die Gefahr des Leistungsversagens entstehen. Die Leistungsziele und die Inhalte der Leistung werden mit zunehmender Nichtübereinstimmung labiler, störanfälliger. Dabei ist natürlich die „Reichweite" der Übereinstimmung wichtig: Bezieht sie sich nur auf das unmittelbare soziale Umfeld (Eltern, Lehrer, Leiter) oder schließt sie weiterreichende kollektive und gesamtgesellschaftliche Sinnhaftigkeit des Leistungshandelns ein? Gerade diejenigen Erzieher und Leiter erreichen in ihrem Verantwortungsbereich stabile Leistungen, die das Handeln auf weiterreichende, kollektive und gesellschaftliche Zielstellungen hinlenken und nicht allein von ihren eigenen Bewertungen abhängig machen.

2.2. Zielbildung und Zukunftsorientierung

Es liegt auf der Hand, daß die Qualität der Vorwegnahme (Antizipation) des Leistungsergebnisses die Auseinandersetzung mit der eigenen Leistung beeinflußt. Je nachdem, welchen Wert die vorweggenommenen Folgen der voraussichtlichen Ergebnisse eigenen Handelns haben, wird die Leistungsmotivation entweder stabiler oder labiler sein.

Dabei sind persönliche Ziele im allgemeinen so organisiert, daß übergeordnete, allgemeinere Ziele in abgekürzter Form untergeordnete, speziellere enthalten. Kurzfristige Zielstellungen werden aus langfristigen abgeleitet. In der Regel werden allerdings keine vielschichtigen, logisch vollständigen und in sich widerspruchsfreien Zielstellungen entwickelt. Mittelmaßdenken im eigenen Kollektiv, Neid und Ehrgeiz, Fehleinschätzungen und unreelle Zielstellungen können die Zukunftsorientierung der eigenen Leistung unwirksam machen. Hier wird die Notwendigkeit einer produktiven Wertorientierung für die individuelle Leistungsmotivation besonders deutlich. Geborgenheit im Arbeitskollektiv, Gebrauchtwerden, eine sichere Perspektive und das immer umfassendere Begreifen des Zusammenhangs zwischen eigener Leistung und besserem Leben sind Triebkräfte, die sich um so deutlicher in stabil hohen Ergebnissen niederschlagen, je weniger gesamtgesellschaftliche Zielstellungen aus dem Auge verloren werden.

2.3. Sachbezogenheit und Interesse

Es ist eine unbestrittene Tatsache: Persönlichkeiten unterscheiden sich wesentlich in der Sachbezogenheit ihres Leistungshandelns, in der Bedeutung, die der Inhalt der Aufgabe, das Vorankommen im Aufgabenfeld für sie hat. Hohe Sachbezogenheit und weitgestecktes Interesse drückt sich darin aus, daß Leistungen um ihrer selbst willen erbracht werden. Der Inhalt der Leistung bekommt eine besondere Bedeutung, andere Zwecke (Zensuren, Gehalt, Prämien) treten zurück.

Erinnern wir uns an unser Eingangsbeispiel: Die Sachbezogenheit des jungen Drehers erwuchs aus seinem Bedürfnis, es dem älteren Kollegen gleichzutun. Im Ergebnis aber ist mehr daraus geworden, nämlich ein produktiver Vorschlag zur Leistungssteigerung im gesamten Bereich (und damit auch eine Neuerervergütung!). Untersuchungsergebnisse belegen, daß auch bei mangelnder Sachbezogenheit des Leistungshandelns gute Leistungen entstehen können. Herausragende und innovative Leistungen jedoch verlangen ein hohes Maß an Sachbezogenheit. Jeder Erzieher und Leiter weiß, daß zu hohe Anpassungsbereitschaft an vorgegebene Leistungsnormen Sachbezogenheit verschütten und Interesse töten kann. Auch hier kommt es auf das richtige Maß, auf die Bestimmung der Schwellenwerte an, jenseits derer zu niedrige Sachbezogenheit leistungshemmend wirkt.

2.4. Leistungsvergleich

Karl Marx schildert im „Kapital" plastisch den Vorteil der Kooperation im Arbeitsprozeß: „Abgesehn von der neuen Kraftpotenz, die aus der Verschmelzung vieler Kräfte in eine Gesamtkraft entspringt, erzeugt bei den meisten produktiven Arbeiten der bloße gesellschaftliche Kontakt einen Wetteifer und eine eigne Erregung der Lebensgeister (animal spirits), welche die individuelle Leistungsfähigkeit der einzelnen erhöhen . . ." (MEW, Bd. 23, S. 345).

Aus dieser Grundsituation erwächst die kollektive Leistungspotenz. Als motivationale Triebkraft wirkt sie in verschiedenen Zusammenhängen, z. B.

– summativ, z. B., wenn mehrere Personen einen schweren Gegenstand heben,

– ordnend-ausgleichend, z. B., wenn man sich nach der Diskussion eines Problems auf eine Lösung einigt oder

– konkurrierend, z. B., wenn verschiedene Leistungsergebnisse miteinander verglichen werden.

Dabei gibt es natürlich bei jeder dieser Leistungsgrundsituationen „Zugpferde" und weniger stark Leistungsmotivierte. Wichtig ist eben gerade, daß diejenigen die Leistungsatmosphäre bestimmen, die genügend Verantwortlichkeit aufbringen, um die entstehenden Aufgaben lösen zu können. Das ist nicht mit einem Zustand sozialer Harmonie zu erreichen: Notwendige Forderungen müssen durchgesetzt, gegen Mißstände und Leistungszurückhaltung muß offensiv aufgetreten werden. Ohne ein bestimmtes produktives Konfliktpotential sind keine überragenden Leistungen zu erreichen. Es ist normal, daß im Leistungsprozeß eines Kollektivs unterschiedliche Meinungen entstehen. Je stärker das Engagement für die Lösung der Aufgabe ausgeprägt ist, desto wahrscheinlicher ist die Zuspitzung von Konflikten. Solchen Streit zu unterdrücken hieße, auf einen wichtigen Teil der Qualifizierung des Leistungsvergleichs zu verzichten. Allerdings darf das nicht zur globalen Abwertung der am Streit beteiligten Personen führen. Wichtig ist, die *sachlichen* Hintergründe für soziale Konflikte zu erkennen und die Lösung auf diese inhaltliche Ebene zu lenken. Natürlich kann auch das kritischste Kollektiv die individuelle Leistungsmotivation nur bedingt positiv beeinflussen. Wer immer nur kritisiert und bevormundet wird, zieht den Kopf ein und schweigt. Ohne entsprechende Freiräume bei der Leistungsrealisierung, Selbständigkeit, relative Unabhängigkeit und Souveränität kann keine dauerhafte produktive Leistungsmotivation aufgebaut werden.

Der dialektische Prozeß kollektiver Leistungsentwicklung beinhaltet deshalb ganz eindeutig eigene Zielsetzungen, selbständiges Planen der Aktivitäten, Erschließen eigener Reserven. Kollektiver Wetteifer, Leistungsvergleich und Eigenständigkeit bilden im Hinblick auf Leistungsmotivation eine Einheit. In Abgrenzung von der überlebten bürgerlichen Idee der Hochleistungsmotivation *gegen* das Kollektiv geht es uns um eine produktive Leistungsatmosphäre *im* Kollektiv und *durch* das Kollektiv. Jedes leistungsfähige Kollektiv ist eine unwiederholbare Gemeinschaft unterschiedlich befähigter und sich in dieser Spezifik wechselseitig ergänzender und stimulierender Persönlichkeiten.

Das gilt schon in der Schule, aber um ein vieles mehr im Arbeitskollektiv. Besonders schöpferische Leistungen sind auf einen hohen Anteil an Selbständigkeit zurückzuführen. Die Selbständigkeit wird gefördert, wenn sich Persönlichkeiten schon frühzeitig eigene inhaltliche Problembereiche erschließen und unter leistungsfördernden Bedingungen tätig werden können; sie wird gehemmt, wenn der Sinn des eigenen Leistungshandelns zu stark von „außen" bestimmt wird oder wenn der Leistungsvergleich im Elternhaus, in der Schule und im Beruf die Selbstverantwortung nicht genügend unterstützt.

2.5. Anspruchsniveausetzung

Wir haben bisher stärker die motivationalen Aspekte der *Vorbereitung* und *Ausführung* von Leistungshandlungen betrachtet. Genauso wichtig aber sind sozialpsychologische Erkenntnisse der Aktivierung und Bewertung von Leistungen bei der *Rückmeldung* der Leistungsergebnisse. Diese Rückmeldung spielt für die Anspruchsniveausetzung eine wichtige Rolle. Die Frage ist jeweils, inwieweit Zensuren, Leistungseinschätzungen, Prämien usw. ein hohes quantitatives *und* qualitatives Anspruchsniveau unterstützen. Jeder kennt Neigungen zum „Dünnbrettbohren", wenn die Leistungsanforderungen nicht richtig „ankommen".

Deshalb ist die Erziehung zu einem hohen Anspruchsniveau an die eigene Leistung, zu einer langfristigen und starkstrukturierten Leistungsorientierung schon im Kindes- und Jugendalter besonders wichtig. Wer sich selbst unterfordert, wer seine Leistungspotenzen nicht auszuschöpfen versteht, wird kaum bis zu seinen Leistungsgrenzen vorstoßen können.

Viele Einzelergebnisse belegen die Tatsache, daß sich gerade Jugendliche und Absolventen oft nicht energisch genug Aufgaben suchen, gewissermaßen zu lange in der Phase des Zielstellens und Orientierens verharren. Eine hohe Anspruchsniveausetzung wird unterstützt, wenn die leistungsmäßigen Anstrengungen, das Sanktionsverhalten und das Gewähren eines selbständigen und selbstverantwortlichen Entscheidungsbereichs mit hohen Leistungsanforderungen einhergehen, wie es etwa die Devise „Fördern durch Forderungen" ausdrückt. Mitunter ist also das Bestreben, eine schwierige Aufgabe lösen zu wollen, der man sich aber nicht ganz gewachsen zeigt, in der Öffentlichkeit höher zu bewerten als die glatte Lösung leichter Aufgaben.

2.6. Leistungsbewertung

Oft nehmen sich Personen zwar viel vor, wollen hohe Leistungen erreichen, zweifeln aber schon beim kleinsten Mißerfolg an ihren eigenen Fähigkeiten. Andere wiederum überschätzen sich oder haben verzerrte Vorstellungen von ihren Leistungsmöglichkeiten. Der Ausbau von Leistungsmotivationen ist also eng mit Bewertungsprozessen verbunden. Wir unterscheiden Fremd- und Selbstbewertung (vgl. FRIEDRICH und HOFFMANN 1986). Wichtig ist in unserem Zusammenhang, daß die Leistungsbewertungen anderer die eigene Leistungsbewertung unterstützen, daß also äußere Wertungen in innere umgewandelt werden, die wiederum als Triebkräfte für das eigene Leistungshandeln wirksam werden. Ohne eine angemessene Fremdbewertung ist keine leistungsfördernde Selbstbewertung möglich. Hier wird deutlich, wie wichtig eine adäquate Bewertung der Leistungen des einzelnen durch Lehrer, Erzieher und Leiter ist. Man kann zwei Typen der Selbstbewertung unterscheiden, die eine unterschiedliche Qualität der Leistungsbewertung angeraten sein lassen (vgl. u. a. WEINER 1979, HECKHAUSEN 1983).

Einsichtig ist, daß Personen, die sich stark am Erfolg ihres Handelns orientieren, stärker dazu neigen, aktuellen Leistungserfolg den eigenen Fähigkeiten zuzuschreiben, sich letztlich selbst mehr Aufgaben suchen und ihre Leistungsmöglichkeiten besser ausnutzen. Wenn etwas nicht so läuft, wird das magere Leistungsergebnis eher auf mangelnde Anstrengung zurückgeführt, und es werden neue Versuche (möglicherweise auf anderen Gebieten) unternommen, um zu Erfolgen zu gelangen. Hier haben das Kollektiv und der Leiter eher regulierende als motivierende Aufgaben. Andere bringen dagegen Leistungserfolge eher mit dem entsprechend ihren Möglichkeiten zu geringen Schwierigkeitsgrad der Aufgabe oder mit dem Zufall in Verbindung. Die Mißerfolge aber werden vorwiegend der eigenen Unfähigkeit angelastet. Inaktivität und einseitig negative Erfolgsinterpretationen sind die Folge. Man könnte verallgemeinernd zusammenfassen: Wer stärker nach Erfolg strebt und auf einen positiven Ausgang seiner Bemühungen hofft, hat größere Chancen für gute Leistungen als ein anderer, der eher danach trachtet, Mißerfolge zu vermeiden. Es ist demnach oft wichtiger, durch Erfolgserlebnisse eine stabile Leistungsmotivation aufzubauen als auf noch vorhandene Schwächen aufmerksam zu machen. Gleichermaßen ist es günstiger, wenn die eigenen Leistungsergebnisse stärker mit den aufgewendeten Anstrengungen als mit den vorhandenen Fähigkeiten in Verbindung gebracht werden. Wem man immer wieder einredet, er sei zu dumm, die Aufgabe zu lösen, von dem kann man keine hohe und stabile Leistungsmotivation erwarten.

Jeder sammelt in der Tätigkeit Erfahrungen „mit sich selbst" und vergleicht diese Erfahrungen, durch Fremdbewertungen unterstützt, mit den eigenen Leistungsergebnissen. Überragende Leistungen basieren meist auf einer hohen Meinung vom eigenen Leistungsniveau, teilweise sogar auf einem überhöhten. Das ist dann nicht weiter tragisch, wenn es das Vorstoßen bis an die Leistungsgrenze unterstützt, das Ausprobieren, was man wirklich zu leisten imstande ist. Auch fördert ein hohes Selbstkonzept das bewußte Erweitern des eigenen Leistungsniveaus, indem Aufgaben angepackt werden, die bisher noch nicht abgeforderte Fähigkeiten und Bereitschaften aktivieren. Natürlich muß auch mitunter ein unrealistisches Selbstkonzept korrigiert werden. Das Entscheidende ist aber immer, daß die Einstellung zur eigenen Leistungsfähigkeit und -bereitschaft anspruchsvolle Zielstellungen und schöpferisches Handeln unterstützt. Schöpferische Leistungen sind am ehesten mit einer sehr hohen (aber nicht überhöhten) Anspruchsniveausetzung in Einheit mit einem hohen Selbstkonzept eigenen Leistungsniveaus erreichbar. Eine hohe Meinung von der eigenen Steuer- und Kontrollierbarkeit des Leistungshandelns trägt zu Höchstleistungen bei.

3. Ansatzpunkte für einen spezifischen Ausbau
von Leistungsmotivation

Es ist festzuhalten: Die Persönlichkeit orientiert und aktiviert ihr Leistungshandeln, indem sie zunehmend selbständig, kooperativ und verantwortlich handelt, sich ständig höhere Ziele stellt und ihre individuellen Leistungen bewertet. Dabei können diese Komponenten der Leistungsmotivation durchaus in einem widersprüchlichen Verhältnis zueinander stehen. Die kollektive Leistungspotenz wird immer dann gefördert, wenn der einzelne

1. versucht, die gestellten Aufgaben als interessante Herausforderung des eigenen Leistungsniveaus zu betrachten;

2. sich nicht durch negative Fremdbewertungen entmutigen oder abbringen läßt sowie bei Mißerfolgen in der Lage ist, die Fehler einzusehen und unangemessene Strategien durch besser geeignete zu ersetzen;

3. versucht, sein planendes Verhalten zu perfektionieren, sich langfristige Ziele zu stellen, die Zeit gut einzuteilen und unvermeidbare Unsicherheiten hinsichtlich der Bewertung der Güte einer Leistung länger auszuhalten;

4. notwendigen Auseinandersetzungen nicht aus dem Wege geht, sondern im Gegenteil die Potenzen des „kooperativen Wettbe-werbs" im Sinne eines konsequenten Leistungsvergleichs nutzt.

So gesehen bestünde die beste Mitgift der Bildung und Erziehung im Hinblick auf die Herausbildung von produktiver Leistungsmotivation in einer Förderung von selbständiger und eigenverantwortlicher Aktivität in möglichst vielen Leistungsbereichen. Ausschlaggebend für die Herausbildung einer stabilen Leistungsmotivation ist, daß etwas als wichtig und notwendig Erkanntes konsequent zu Ende gebracht wird und daß dieses Zu-Ende-bringen-Wollen unterstützt und positiv sanktioniert wird. Besonders die Formen und Methoden der Leistungsbewertung müssen die differenzierte Informationsverarbeitung und planvolles selbstverantwortliches Leistungshandeln unterstützen.

Leitung

Leonhard Kasek und Klaus Ulbrich

Die Frage, wie ein Leiter beschaffen sein soll, um eine Gruppe erfolgreich zu leiten, gehört zu den uralten Fragen der Menschen. Einer der ersten, von dem eine umfassende Theorie richtigen Leitens erhalten ist, war der Chinese KONFUZIUS (551–479 v. u. Z.). „Zi-zhang fragte Konfuzius, was Regieren heiße. Der Meister meinte: ‚Unermüdlich auf dem Posten sein, niemals nachlässig handeln und stets treu die Pflicht erfüllen'" (KONFUZIUS 1984, S. 97).

1. Sozialpsychologische Grundlagen sozialistischer Leitungstätigkeit

Leitungstätigkeit ist eine Form schöpferischer Arbeit. In ihr lassen sich drei Aspekte unterscheiden:

1. Informationsverarbeitung, „die der Teilbestimmung, der Vorbereitung, der Kontrolle und Auswertung von Entscheidungen dient; hierzu gehören die Analyse und Prognose von Prozessen, die Erarbeitung von Lösungsvarianten für anstehende Probleme und Aufgaben, die Planung und Projektierung von Arbeitsabläufen, das Sammeln und Aufbereiten von Kontrollinformationen und ähnliches mehr" (FRIEDRICH u. a. 1983, S. 102).

2. unmittelbare Einwirkung auf die Arbeitskollektive, um die gestellten Ziele zu erreichen. Hierzu gehört die politisch-erzieherische Tätigkeit mit dem Ziel, langfristig Motive und Fähigkeiten zu entwickeln, die sowohl zu höherer Leistungsbereitschaft als auch zu höherer Befriedigung in der Arbeit führen. Zum anderen gilt es, an vorhandenen Motiven anzuknüpfen und die Kollektivmitglieder für die Erfüllung gestellter Aufgaben zu stimulieren.

3. Koordinierung der Einzelleistungen (der individuellen Teilleistungen) zu einem kooperativen Gesamtergebnis. Gegenseitige Hilfe, Anregungen, aber auch Verständnis füreinander und gegenseitige Stimulierung bei der Erfüllung der Arbeitsaufgaben stellen

wichtige Faktoren dar, von denen der Erfolg der politisch-erzieherischen Tätigkeit abhängt.

Die Leitungsarbeit ist ein Gegenstand vieler Wissenschaften: Ökonomie, Ethik, Wissenschaftlicher Kommunismus, Rechtswissenschaften, Soziologie, Psychologie, aber auch die Sprachwissenschaftler und andere Disziplinen liefern hierzu Beiträge. Es ist klar, daß dieser „Baustein" solcher Komplexität nicht gerecht werden kann. Wir beschränken uns auf sozialpsychologische Aspekte der Leitungtätigkeit.

Eine Schlüsselstellung innerhalb der Leitungsarbeit nehmen Entscheidungen und ihre Verwirklichung im Handeln des Arbeitskollektivs ein. Welche Entscheidungen berühren Motive und Interessen der Werktätigen besonders? Wie müssen Entscheidungen getroffen und begründet werden, um hohes Engagement aller Kollektivmitglieder bei ihrer Verwirklichung zu sichern? Wie müssen die Leiter-Kollektiv-Beziehungen gestaltet werden, damit zum einen die Werktätigen ihre Erfahrungen und Anregungen in die Entscheidungsfindung einbringen können und zum anderen getroffene Entscheidungen, Weisungen und Informationen verlustarm aufgenommen und in engagiertes Handeln umgesetzt werden? Der Erfolg des Leiters als Erzieher, das Ergebnis seiner Arbeit zur Beeinflussung von Prozessen der Persönlichkeits- und Kollektiventwicklung hängt allerdings nicht nur von seinen psychologischen Kenntnissen und Fähigkeiten ab. Die Beherrschung aller Komponenten des Leitungsprozesses bildet überhaupt erst die Voraussetzung dafür, daß der Leiter seine objektiv vorhandenen Entscheidungsmöglichkeiten nutzen bzw. ständig erweitern kann. Nur auf dieser Grundlage wird es ihm möglich sein, sozialpsychologische Erkenntnisse zu nutzen, um bessere Arbeitsergebnisse im Kollektiv zu erreichen.

1.1. Psychologische Aspekte der Analysetätigkeit

Leitungsentscheidungen sind notwendig, um vorgegebene Aufgaben für das Kollektiv in Teilziele zu zerlegen bzw. diese Aufgaben in Teilaufgaben für jeden Mitarbeiter aufzuschlüsseln, und sie sind notwendig, um zwischenmenschliche Beziehungen (Kooperation und Kommunikation) sowie die individuelle Leistungsbereitschaft so zu gestalten, daß die gestellten Aufgaben mit einem Höchstmaß an Effektivität erfüllt werden. Jeder Entscheidung geht eine *Analyse* der vorhandenen Situation voraus.

Dabei geht es unter sozialpsychologischem Aspekt darum, sich einen Überblick über Motive, Einstellungen, Kenntnisse und Fähigkeiten der Kollektivmitglieder zu verschaffen und andererseits abzuschätzen, welche Konsequenzen die zur Entscheidung anstehenden Alternativen für jeden einzelnen und für das Kollektiv als Ganzes haben werden. Die *Kunst des Leiters* besteht darin, die Konsequenzen scheinbar rein sachlicher oder organisatorischer Festlegungen für die Leistungsbereitschaft zu erkennen und bei den zu treffenden Entscheidungen bewußt zu nutzen. Dazu ein Beispiel:

Die Einführung neuer Technik kann dazu führen, daß Erfahrungen aus jahrzehntelanger Tätigkeit von älteren Werktätigen nicht mehr genutzt werden können und sie damit hinsichtlich ihres Leistungsvermögens unter Umständen Jungfacharbeitern unterlegen sind, die in der Regel weit umfassendere Kenntnisse haben. Das kann die verschiedensten Konflikte auslösen: innerhalb der Persönlichkeit zwischen politischer Haltung und positiver Bewertung des wissenschaftlich-technischen Fortschritts einerseits und den persönlichen Konsequenzen der neuen Technik andererseits sowie im Kollektiv, weil das soziale Ansehen der Mitglieder, das in der Regel auf dem Leistungsvermögen beruht, eventuellen erheblichen Veränderungen unterworfen sein wird. Wichtig für den Leiter ist, diese sozialen Prozesse von vornherein in Rechnung zu stellen und bei seinen Entscheidungen zu berücksichtigen. Davon hängt ab, ob diese Triebkraft oder Hemmnis des Neuen werden. Nach unseren Untersuchungen wächst die Bereitschaft, neue Aufgaben zu erfüllen, wenn diese

1. vielfältig und abwechslungsreich sind;
2. mehr Möglichkeiten lassen, die Tätigkeit im einzelnen selbst zu planen und zu entscheiden;
3. eine größere Bedeutung für andere Werktätige, das Kollektiv als Ganzes bzw. den Betrieb haben;
4. mit besseren Möglichkeiten verbunden sind, vorhandene Kenntnisse und Fähigkeiten in der Tätigkeit zu nutzen und zu erweitern;
5. in ihren Konsequenzen besser übersehen und beherrscht werden können, Überforderung also abgebaut wird;
6. mit besseren Möglichkeiten verbunden sind, Leitungsentschei-

dungen zu beeinflussen, die Konsequenzen für die eigene Motivbefriedigung in der Arbeit haben;

7. zu einer leistungsabhängigen Verbesserung der Verdienstmög-
lichkeiten führen;

8. zu neuen Möglichkeiten führen, mit anderen Werktätigen zu-
sammenzuarbeiten, den Kommunikations- bzw. Bekanntenkreis zu
erweitern;

9. die Möglichkeiten erweitern, im Arbeitskollektiv bzw. im Betrieb wegen erbrachter Leistungen anerkannt zu werden.

Diese Potenzen zu nutzen setzt natürlich voraus, daß die Frage
beantwortet wird: Welche *Motive* bestimmen das Verhältnis des
einzelnen zu seiner Arbeit? Über welche *Fähigkeiten und Kenntnisse* verfügt er?

Der Leiter hat ein bestimmtes Bild von jedem seiner Mitarbeiter. Dieses Bild ist notgedrungen vereinfacht und ermöglicht
schnelle Entscheidungen (s. Baustein „Alltagsbewußtsein"). Es
dient dem Leiter als Grundlage seines Handelns bei der Festlegung der Aufgaben, der Leistungseinschätzung, -stimulierung u. a.
Damit beeinflußt er das Verhalten der Mitarbeiter oft in der Richtung, die sein Bild vorgezeichnet hat.

So werden z. B. nicht qualifikationsgerecht eingesetzte Hoch-
schulkader, die ihr Leistungsvermögen nicht ausschöpfen, vom Leiter oft als wenig fähig eingeschätzt. Bei der Auswahl von Kadern
für verantwortungsvollere Aufgaben werden diese fehleingeschätz-
ten Absolventen übergangen. Die Unterforderung dauert an, nicht-
benötigte Kenntnisse und Fähigkeiten werden allmählich vergessen: Das Leistungsvermögen sinkt und nähert sich dem Bild, das
der Leiter von vornherein hatte.

Es ist klar, daß die *Analyse der Motive, Fähigkeiten und Kenntnisse der Mitarbeiter* eine *ständige Leitungsaufgabe* ist, von der
der Erfolg des Leiters entscheidend abhängt.

Weitere Fragen beziehen sich auf das Kollektiv als Ganzes:
Welche sozialen Normen bestehen im Kollektiv? Wer gibt unter
den Mitarbeitern den Ton an? Welche Atmosphäre bestimmt die
sozialen Beziehungen? Wie kommt der Leiter im Kollektiv an?
Dabei gilt es zu beachten, daß der Leiter den einzelnen Mitarbeiter oft vor allem über das Kollektiv erreicht: Die einzelnen Maßnahmen beeinflussen die Normen, die öffentliche Meinung, die
sozialen Beziehungen und diese prägen das Verhalten nachhaltig.

Erfolgreiche Leiter zeichnen sich dadurch aus, daß sie diese indirekten Wirkungen ihrer Entscheidungen kennen und bewußt beachten. Sie neigen dazu, ihren Einfluß auf das Kollektiv eher zu überschätzen. Ursachen für Erfolge und Mißerfolge im Kollektiv suchen sie zuerst in ihrem eigenen Verhalten und arbeiten ständig an der Verbesserung ihrer Arbeit, akzeptieren kritische Hinweise ihrer Mitarbeiter und nutzen diese Erfahrungen und Anregungen für ihre Entscheidungen. Wenig erfolgreiche Leiter greifen demgegenüber zu kurz: Sie haben meist nur unmittelbare Reaktionen auf ihre Maßnahmen im Auge, sind von der Richtigkeit ihrer Einschätzung so überzeugt, daß sie nicht ständig an ihrer Verbesserung arbeiten, und neigen dazu, ihren Einfluß auf das Verhalten ihrer Mitarbeiter zu unterschätzen.

Sehr wichtig für alle Phasen der Leitungsarbeit ist die Analyse der Beziehungen zwischen Leiter und Kollektiv durch den Leiter. Von ihr hängt entscheidend ab, wie alle anderen Informationen bewertet und verarbeitet werden. Effektive Kommunikation (das gilt nicht nur für den Leiter) setzt als Kernstück realitätsgerechte Einschätzung der eigenen Wirkung voraus (s. Baustein „Soziale Kompetenz").

Schließlich müssen auch *Einflüsse aus anderen Kollektiven und von übergeordneten Leitungen* analysiert und in Rechnung gestellt werden. Diese können unter Umständen den Entscheidungsrahmen erheblich beeinflussen. Der Erfolg der eigenen Arbeit hängt oft wesentlich von der Zusammenarbeit mit anderen Kollektiven ab (u. a. von gegenseitigen Informationen, gemeinsamer Nutzung bestimmter Geräte, Maschinen usw., termin- und qualitätsgerechter Belieferung mit Ausgangsprodukten, Ersatzteilen, Werkzeugen, Material u. a.). Diese Kollektive bilden oft auch den Vergleichsrahmen für die Einschätzung des eigenen Kollektivs. Von den Beziehungen zu Vorgesetzten hängen die Handlungs- und Entscheidungsmöglichkeiten ab. Für das *Ansehen* des *Leiters* in seidem Kollektiv ist es sehr wichtig, welche Möglichkeiten er hat, die Entscheidungen übergeordneter Leitungen im Interesse des Kollektivs zu beeinflussen und andererseits erreichte Erfolge wirksam zu propagieren.

Von Leitern wird in diesem Zusammenhang immer wieder die Frage aufgeworfen, welche Hilfsmittel es für die Analyse der sozialen Prozesse gäbe. Dazu ist zu sagen, daß psychologische Tests oder Fragebögen ungeeignet sind. Sie führen nur in der Hand des Fachmannes zu brauchbaren Ergebnissen. Auch irgendwelche anderen Mittel, die ohne große Anstrengung zu brauchbaren Ergebnissen führen, gibt es nicht. Wichtig ist, sich psychologische und soziologische Grundkenntnisse anzueignen. Sie können helfen, wesentliche Informationen von unwesentlichen zu trennen und in ein adäquates Bezugssystem einzuordnen. Zum anderen ist es wichtig, ständig mit den Kollektivmitgliedern im Gespräch zu bleiben, sich mit ihnen zu beraten, eigene Unklarheiten bzw. Schwierigkeiten im Kollektiv bewußt anzusprechen. Fragen- und Zuhören-Können sind die beiden für die Analyse sozialer Prozesse entscheidenden Fähigkeiten. Eine Vielzahl praktikabler Hinweise findet der interessierte Leser bei LADENSACK und WEIDEMEIER (1977).

1.2. Psychologische Aspekte von Leiterentscheidungen

Der Analyse der sozialen Situation folgt die Erkenntnis der vorhandenen Probleme, die die Erfüllung der gestellten Aufgaben beeinflussen. In einem weiteren Schritt gilt es, Lösungsvarianten zu suchen und diese zu bewerten. Dabei muß sowohl die Attraktivität der einzelnen Alternativen in Rechnung gestellt werden als auch deren Realisierbarkeit. Fehler ergeben sich oft aus einer einseitigen Orientierung an einer der beiden Komponenten. Dominiert die Attraktivität, sind die Folgen oft ein unkalkuliertes Risiko und entsprechende Mißerfolge. Gefährlicher ist die Dominanz der Realisierbarkeit, weil sich hier scheinbare Erfolge einstellen, die dieses Entscheidungsverhalten stabilisieren. Solche Leiter vermeiden Risiko, bleiben damit oft unter ihren Möglichkeiten und verlieren nicht selten die übergreifenden Aufgabenstellungen aus dem Auge, weil sie sich einseitig an den am leichtesten zu erreichenden Teilzielen orientieren (vgl. HIEBSCH, VORWERG u. a. 1979, S. 165 ff.). Im Idealfall verschafft sich der Leiter zunächst einen Überblick über *alle* Alternativen und sondert dann nacheinander die jeweils weniger vorteilhaften aus. Effektivitätsverluste entstehen, wenn von vornherein Alternativen gar nicht berücksichtigt, Informationen erst nach der Entscheidung beschafft werden (meist selektiv, um deren Richtigkeit im Nachhinein zu begründen – damit kann zugleich ein verzerrtes Bild der Realität stabilisiert werden, das auch spätere Entscheidungen negativ beeinflußt), die Entscheidung spontan aus der aktuellen Situation heraus getroffen wird, ohne alle Folgen zu überdenken, die Entscheidung zu spät fällt und damit einige Alternativen nicht mehr bzw. erschwert realisierbar sind, die getroffene Entscheidung ein- oder mehrfach zurückgenommen oder grundsätzlich geändert wird (vgl. HIEBSCH, VORWERG u. a. 1979, S. 168).

Ein *optimaler Entscheidungsverlauf* wird gefördert, wenn der Leiter über eine hohe fachliche Qualifikation verfügt, sich vorwiegend am Erfolg in der Sache orientiert, sich seiner Stärken und Schwächen bewußt ist und das Vertrauen des Kollektivs besitzt.

Die in der sozialpsychologischen Führungsforschung wohl am intensivsten untersuchte Frage ist die nach dem Verhältnis von Leiter und Kollektiv beim Entscheidungsprozeß. Gemäß dem Prinzip der Einzelleitung trägt der Leiter dabei die volle Verantwortung für die Erfüllung der ihm anvertrauten Aufgaben. Das heißt aber nicht, daß er alles allein erledigt, sondern daß er dafür Sorge trägt, die Arbeit so zu organisieren, Aufgaben zu verteilen, daß die Leistungsreserven seines Kollektivs zur Erzielung bestmöglicher Ergebnisse mobilisiert werden. Entscheidend ist auf jeden Fall das Ergebnis. Unter unseren gesellschaftlichen Bedingungen wird das Prinzip der Einzelleitung durch die sozialistische Demokratie ergänzt, wodurch den Werktätigen vor allem über gesellschaftliche Organisationen (FDGB, bei Jugendlichen FDJ) eine Mitsprache bei allen wesentlichen Entscheidungen gesichert ist.

Bezüglich der Zusammenarbeit von Leiter und Arbeitskollektiv kann festgestellt werden, daß es keinen aufgaben- und situationsunabhängigen Stil gibt, der gleichermaßen zum Erfolg führt. Wichtig ist zunächst, alle Entscheidungen, die nicht den Überblick über die gesamte Gruppe verlangen, an die Mitarbeiter zu delegieren, die sie betreffen. Das setzt allerdings voraus, daß diese Mitarbeiter ausreichend qualifiziert sind, über ausreichende Informationen verfügen und ein Mindestmaß an Leistungsbereitschaft aufbringen. Vor allem die Leistungsbereitschaft wird unter diesen Bedingungen durch Delegierung von Verantwortung gefördert. Darüber hinaus arbeiten die Werktätigen auch effektiver und durchdenken ihren Arbeitsablauf tiefgründiger.

Entscheidungen, die langfristig die Erfüllung der Arbeitsaufgaben bestimmen, bilden den Kern der Arbeit des Leiters selbst. Auch die Vertretung des Kollektivs nach außen, vor allem gegenüber übergeordneten Leitungen, wird der Leiter in der Regel selbst übernehmen müssen. Je mehr es dem Leiter gelingt, die Kollektiv-mitglieder in seine Arbeit einzubeziehen, desto mehr Zeit gewinnt er für die gründliche Vorbereitung der wichtigen strategischen Ent-scheidungen. Ob und inwieweit es sinnvoll ist, sich bei diesen mit dem Kollektiv zu beraten, hängt von weiteren Bedingungen ab:

Einzelentscheidungen lassen sich gegebenenfalls sehr schnell tref-fen. Unter starkem Zeitdruck bleibt oft keine andere Wahl. Be-ratung mit dem Kollektiv ist zeitaufwendig. Dafür können aber Erfahrungen und Informationen der einzelnen Werktätigen in die Entscheidungsfindung einbezogen, eine umfassendere Betrachtung der zu lösenden Aufgaben gesichert werden. Das setzt voraus, daß die Kollektivmitglieder über genügend Informationen verfügen, qualifiziert mitzureden und auch mitreden wollen. Bei Routine-entscheidungen, die der Leiter in den Konsequenzen voll übersieht oder bei Alternativen, die gleichwertig sind (wenn es z. B. für das Ergebnis und für die Haltung der Werktätigen völlig gleichgültig ist, in welcher Reihenfolge das Kollektiv bestimmte Aufgaben er-füllt) kann das Kollektiv kaum einen Informationsvorteil einbrin-gen. Hier ist in der Regel eine Einzelentscheidung schneller und effektiver.

Allerdings gilt es dabei zu beachten, daß auch unter solchen Be-dingungen diese Alternativen von den Werktätigen unterschiedlich bewertet werden. Der Mehraufwand durch kollektive Beratung kann unter solchen Bedingungen oft mehr als kompensiert werden, weil beim Durchsetzen und Begründen der Entscheidung viel Zeit gespart wird. In der Regel sind Werktätige viel eher bereit, sich bei der Erfüllung ihrer Aufgaben zu engagieren, wenn die ent-sprechenden Entscheidungen mit ihnen beraten wurden – voraus-gesetzt, es handelte sich nicht um Scheinberatungen, bei denen von vornherein alles feststand. Das gilt vor allem für strategische Ent-scheidungen, z. B. wenn es um die Einführung neuer Technik oder neuer Arbeitsmethoden geht.

Bei vielen Routineentscheidungen, die im Alltag anfallen, sind die Werktätigen dagegen oft interessiert mitzureden. Kurz: Die Wahl Einzel- oder Kollektiventscheidung hängt von der Beant-wortung folgender Fragen ab:

Können die Kollektivmitglieder auf Grund ihrer Erfahrungen und speziellen Kenntnisse zu einer sachlich umfassenderen Analyse der Alternativen beitragen?

Ist damit zu rechnen, daß mit Hilfe einer kollektiven Beratung Einwände gegen die Entscheidung von vornherein entkräftet werden können und ist eine engagierte Bereitschaft der Werktätigen bei der Durchsetzung zu erreichen?

Allerdings kann eine Beratung im gesamten Kollektiv unter Umständen dann problematisch werden, wenn die Mitarbeiter in ihrer Mehrheit die der zu treffenden Entscheidung zugrunde liegenden übergreifenden Ziele zum größten Teil nicht akzeptieren (z. B. wenn der Leiter über die Art und Weise der Einführung einer neuen Arbeitsmethode diskutieren will, diese Methode jedoch vom Kollektiv prinzipiell abgelehnt wird).

Kollektive Beratung würde hier mit hoher Wahrscheinlichkeit zu einer Verschärfung der Konflikte mit dem Leiter führen.

Voraussetzung für eine kollektive Beratung ist, daß in den grundlegenden Zielen so viel Mindestübereinstimmung herrscht, daß eine Entscheidung gefunden werden kann, die von allen als Minimallösung akzeptiert wird. Dabei kann der sozialistische Leiter von der sozialen Sicherheit der Werktätigen ebenso ausgehen wie von der prinzipiellen Übereinstimmung der Interessen der Werktätigen und der Gesellschaft (die allerdings im Einzelfall tiefgehende Meinungsverschiedenheiten nicht ausschließt). Nach gründlicher individueller Beratung sollte der Leiter auch dann allein entscheiden, wenn die zu treffende Entscheidung mit hoher Wahrscheinlichkeit zu erheblichen Konflikten der Mitarbeiter untereinander führen würde und die Zeit zu deren Lösung nicht ausreicht bzw. Konflikte auslöst, die die frist- und qualitätsgemäße Erfüllung der Aufgaben in Frage stellen würden. Reicht die Kraft des Kollektivs aus, solche Konflikte zu lösen bzw. Kompromisse zu finden, sind allerdings gerade in solchen Situationen kollektive Auseinandersetzungen zweckmäßig: Ein konstruktiver Streit, das Austragen von Konflikten kann die Kollektivintegration fördern und sich günstig auf die Arbeitsatmosphäre, vor allem die Kooperationsbeziehungen auswirken.

Im Verlaufe seiner Arbeit verändert der Leiter die Voraussetzungen bisher effektiver Entscheidungsstile: Erfolge führen dazu, daß das Verantwortungsbewußtsein wächst, die Leistungsbereitschaft ein höheres Niveau erreicht, übergreifende Ziele eher akzeptiert werden. Unter solchen Umständen erwarten die Mitarbeiter vom Leiter mehr Verantwortung für eigene Entscheidungen und mehr Einbeziehung in Leitungsentscheidungen. Das zwingt den Leiter, kollektiven Beratungen mehr Raum einzuräumen. Das starre Festhalten an bisher Bewährtem kann die erreichten Erfolge in Frage stellen und ernsthafte Leiter-Mitarbeiter-Konflikte fördern. Allerdings entwickelt sich das Kollektiv nicht automatisch. Ausscheiden der besten Mitarbeiter, neue Mitarbeiter, neue Arbeitsaufgaben, veränderte Bedingungen im sozialen Umfeld können zeitweilig zu Bedingungen führen, die es erforderlich machen, daß der Leiter wieder mehr allein entscheidet.

Kollektive Beratungen müssen richtig geleitet werden, damit ein hohes Ergebnis erreicht wird. Störfaktoren sind:
– Betriebsblindheit und einseitige Sicht der eigenen Aufgaben können dazu führen, daß aneinander vorbeigeredet wird und eine echte Synthese der verschiedenen Gesichtspunkte nicht zustande kommt.
– Gruppendruck führt dazu, daß neue, ungewöhnliche Ansätze und Ideen entweder gar nicht geäußert oder sofort wieder fallengelassen werden. Der Leiter sollte daher dazu auffordern, auch Kritik offen zu äußern, und darauf achten, daß auch zurückhaltendere Kollegen ihre Meinung sagen.
– Die Meinung der scheinbar Kompetentesten bzw. Angesehensten wird vorschnell übernommen. Diese sollten daher zuletzt reden.
– Die Informationsmenge wird so groß, daß sie nicht mehr adäquat verarbeitet werden kann. Hier kann eine Pause notwendig werden, um Gesagtes zu verarbeiten, Wesentliches vom Unwesentlichen zu trennen.
– Kompetenz- und Prestigestreit schiebt sich über die sachliche Beratung: Es wird wichtig, recht zu haben und nicht einen Beitrag zu einer gemeinsamen Entscheidung zu leisten.

Daraus ergeben sich einige Konsequenzen für kollektives Entscheiden. Allerdings muß hier der Aufwand in ein vernünftiges Verhältnis zur Bedeutung der Entscheidung gebracht werden. Es ist sicher fragwürdig, Entscheidungen, die nur einige Tage betreffen und keine tiefgreifenden Konsequenzen für die Motivbefriedigung der Mitglieder haben, tagelang intensiv vorzubereiten. Genauso fragwürdig ist es aber, kollektive Beratungen bei strategischen Entscheidungen wegen ungenügender Vorbereitung scheitern zu lassen. Eine ganze Reihe von Beratungen innerhalb und außerhalb des Kollektivs finden vor allem in kleineren Kollektiven statt, deren Leiter einen großen Teil der Arbeitszeit dieselben Aufgaben erledigt wie seine Mitarbeiter, laufend im Arbeitsalltag, in Pausen, auf dem Wege statt. Solche Gespräche können es überflüssig machen, besondere Kollektivversammlungen einzuberufen. Dazu kommt, daß vor allem kritische Probleme und persönliche Sorgen in solchen lockeren Gesprächen meist eher geäußert werden als in offiziellen Kollektivberatungen.

Wenn die Entscheidungen getroffen sind, gilt es, diese auch umzusetzen und die Motivation der Mitarbeiter entsprechend zu stimulieren. Wesentliche Faktoren, die die Motivation der Mitarbeiter beeinflussen, stecken bereits im Inhalt der Entscheidungen und in der Art und Weise, wie sie gefällt worden sind. Das wurde bereits dargelegt. Bei der Durchsetzung der Entscheidungen hat der Leiter folgende Mittel:

1. *Umfassende Information der Mitarbeiter,* vor allem über folgende Probleme:

– Ziel, Zweck und Funktion bzw. Weiterverwendung der Arbeitsergebnisse. Vor allem bei schöpferischer Arbeit muß der Werktätige darüber umfassend informiert sein, wenn er effektiv arbeiten soll.

– Rückmeldung über auftretende Mängel und Probleme bei der Weiterverwendung, beim Verkauf usw. der Arbeitsergebnisse.

– umfassende Begründung für Entscheidungen übergeordneter Leitungen. Die Informationsquellen sollten den Betroffenen zugänglich, Fakten nachprüfbar sein.

– Information über künftige Aufgaben und die Perspektive in den nächsten 3 bis 5 Jahren (auch in Zusammenhang mit Plandiskussionen).

– Ursachen für eventuelle Probleme in der Arbeitsorganisation, bei der Materialversorgung und bei der Weiterverwendung der Arbeitsergebnisse (einschließlich Absatz) sowie Möglichkeiten bzw. bereits eingeleitete Maßnahmen zu deren Lösung.

Solche Informationen sind unabdingbare Voraussetzungen für die engagierte Erfüllung der Arbeitsaufgaben. Motivation setzt unter anderem Durchschau- und Berechenbarkeit derjenigen Arbeitsbedingungen voraus, von denen der Erfolg der Arbeit abhängt. Dazu ist umfassende Information notwendig.

2. *Sanktionsbefugnisse:* Die Bewertung der erbrachten Leistungen und die entsprechende Anwendung moralischer bzw. materieller

Stimuli stellt eines der wichtigsten Mittel des Leiters dar, auf die Leistungsbereitschaft seiner Mitarbeiter einzuwirken. Die Wirkung der Sanktionen hängt unter anderem von folgenden Bedingungen ab:

– Die Maßstäbe müssen einheitlich und allen bekannt sein. Sie sollten zwischen Aufgabenübertragung und Abrechnung möglichst nicht geändert werden.

– Die Maßstäbe müssen vom Kollektiv akzeptiert und von den Kollektivnormen unterstützt werden.

– Die Leistungseinschätzung muß offen und an Hand der von allen akzeptierten Maßstäbe erfolgen. Jeder Mitarbeiter muß wissen, wer wann wofür ausgezeichnet oder getadelt wurde. Gerechtigkeit der Bewertung in diesem Sinne stellt eine wichtige Voraussetzung für das Vertrauen zum Leiter dar.

– Die gestellten Aufgaben müssen erreichbar sein, entsprechende Anstrengung vorausgesetzt. Möglichst kein Kollektivmitglied sollte von vornherein privilegiert (z. B. durch besondere Aufgaben) oder benachteiligt sein.

– Die Stimuli müssen attraktiv sein, auf vorhandene Motive treffen, sie bewirken sonst leicht das Gegenteil. Jüngere Werktätige reagieren z. B. oft anders als ältere. Wer in einer Weise gelobt wird, daß es ihm peinlich ist, wird sich eher bemühen, nicht wieder so hervorgehoben zu werden. Umgekehrt müssen auch Tadel wirklich treffen, Motivbefriedigung einschränken oder aussetzen.

– Das Maß der Sanktion muß der Leistung und dem Anspruchsniveau des Betroffenen entsprechen. Übertriebenes Lob wirkt oft negativ (wird als Ausdruck geringer Leistungserwartungen des Leiters erlebt), übertriebene Kritik manchmal stimulierend (wenn sie als Ausdruck hoher Leistungserwartungen des Leiters erlebt wird).

– Die Leistungsbewertung sollte regelmäßig erfolgen. Voraussetzung dafür, daß der Leiter die Arbeit seiner Mitarbeiter kontrollieren und bewerten kann, ist natürlich seine Fachkompetenz. Bei geistig-schöpferischer Arbeit muß er in der Lage sein, Ideen und Ergebnisberichte seiner Mitarbeiter zu verstehen und ihre Konsequenz abzuschätzen.

3. Fachkompetenz ist auch erforderlich, um zu sichern, daß jeder *konkrete Aufgaben* erhält. Der Leiter braucht die Aufgaben nicht in jedem Fall selbst zu verteilen; vor allem in stark kooperieren-

den Kollektiven ist es sogar günstiger, er überläßt das seinen Mitarbeitern. Aber er muß sichern, daß die Aufgaben so verteilt werden, daß das Kollektiv seine Verpflichtungen bestmöglichst erfüllt. Unklare, verwaschene Zuweisung von Kompetenzen und Verantwortlichkeiten führt überdies zu Konflikten, Unsicherheit, Mißerfolgsemotionen und ist damit einer der wichtigsten Faktoren für Streß im Arbeitsprozeß. Schließlich ist Fachkompetenz auch wichtig für das soziale Ansehen des Leiters und versetzt ihn in die Lage, einzelne Kollegen anzuregen und ihnen zu helfen.

4. *Hohes soziales Ansehen* sichert, daß Leitungsentscheidungen und -weisungen ohne großen Widerspruch akzeptiert und ausgeführt werden. Auf diesem Hintergrund bildet sich auch Vertrauen zum Leiter heraus, und Informationsbarrieren werden klein gehalten. Das ist wichtig für den ungehinderten Informationsfluß zwischen Mitarbeiter und Leiter und damit für die Qualität der analytischen Arbeit des Leiters. Nicht zuletzt ist Sympathie auch eine Brücke für Haltungen und Überzeugungen, die der Leiter seinen Mitarbeitern vorlebt. Nach unseren Untersuchungen hängt das Ansehen des Leiters vor allem von drei Faktoren ab:

– von der Konsequenz, mit der er sich für die Erfüllung der Arbeitsaufgaben einsetzt. Sie wird von den Werktätigen vor allem daran gemessen, wie kritisch er erreichtes analysiert und Reserven nutzt, um künftig noch effektiver zu arbeiten.

– vom persönlichen Vorbild in der Erfüllung seiner Aufgaben. Dazu gehören umfassende fachliche Kenntnisse und Fähigkeiten sowie Engagement bei seiner Arbeit. Für die Werktätigen ist der Leiter Repräsentant der Betriebsleitung, deren Beschlüsse er zu vertreten hat und an die er Kritik weitergeben muß. Um Kritikwürdiges einer vernünftigen Lösung zuzuführen, muß sich der Leiter des Arbeitskollektivs gegenüber der Betriebsleitung engagieren, sonst verliert er das Vertrauen seiner Mitarbeiter.

– vom guten sozialen Kontakt zu seinen Mitarbeitern. Wichtig ist vor allem, daß er sie gut kennt, differenziert auf ihre Charaktere eingeht und ein offenes Ohr auch für private Sorgen und Nöte hat.

2. Methoden zur psychologischen Qualifizierung der Leiter

Neben der fachlichen Weiterbildung von Leitern, die hauptsächlich deren Fachkompetenz sichert, gibt es auch zahlreiche Weiterbildungsmöglichkeiten zur Vermittlung von Kenntnissen und Fähigkeiten für den richtigen Umgang mit den genannten Mitteln zur Durchsetzung von Entscheidungen. Das sind Schulungen mit Vorlesungen und Seminaren, in denen z. B. gesetzliche Grundlagen erläutert und verschiedene Möglichkeiten bzw. unterschiedliche Erfahrungen bei der Stimulierung und Anerkennung von hohen Leistungen diskutiert werden. Zur Vermittlung bewährter Leitungsmethoden ist eine Mentorenschaft hervorragender Leiter über Nachwuchskader, im besten Fall als Stellvertreter, besonders geeignet. Hier lernen befähigte junge Leiter quasi am lebendigen Vorbild.

Neben der Kenntnis und Diskussion sozialpsychologischer Literatur wird von vielen Betrieben auch die Teilnahme an einem sozialpsychologischen Leitertraining in Anspruch genommen. Dieses wird bei uns meist in einwöchigen Kursen von Psychologen durchgeführt, die eine spezielle Qualifikation als Trainer besitzen. Erste theoretische Überlegungen dazu wurden in der DDR 1966 von HIEBSCH und VORWERG und ein erstes Trainingsprogramm für sozialistische Leiter 1969 von VORWERG vorgelegt (VORWERG 1971). In diesen Kursen werden neben Vorträgen und Seminaren zu den Grundlagen des sozialpsychologischen Trainings auch praktische Übungen durchgeführt, z. B. in Form von Rollenspielen. Dabei soll vor allem die soziale Kompetenz der Leiter verbessert werden, ihre Fähigkeit, die Mitarbeiter zu einer freiwilligen, kooperativen Mitgestaltung des Arbeitsprozesses zu führen. Das bedarf der Berücksichtigung der Fähigkeiten und der Interessen der Mitarbeiter. Im Rollenspiel gestalten zwei oder mehrere Partner eine fiktive Situation. Die fiktive Situation kann ein konflikthaftes Gespräch zwischen Leiter und Mitarbeiter, eine Verhandlung zwischen Vertretern verschiedenster Interessen, eine Ideenkonferenz u. ä. sein. Dabei werden sowohl unangemessene Verhaltensweisen erkannt als auch effektive Lösungen für praktisch mögliches Führungsverhalten gefunden. Das erfolgt durch eine Analyse der Rollenspiele, an Hand einer Beschreibung der gespielten Situation durch die im Training teilnehmenden Leiter oder, wo möglich, durch eine Auswertung von Videoaufzeichnungen. Im Training sollen aber nicht einfach neue Verhaltenstechniken für eine bestimmte Situation eintrainiert werden, also nicht z. B.: in einer Situation besonders laut sprechen, um sich durchzusetzen, oder: besonders verständnisvoll nicken bei Einverständnis, sondern der gesamte Komplex der Einstellung auf bekannte, in ähnlicher Form wiederkehrende Situationen soll trainiert werden.

Im Training wird angestrebt, daß in jedem Fall die Interessen des Partners einbezogen werden, soweit sie richtig erkannt werden oder vom Partner selbst benannt sind und – soweit möglich – in die Vereinbarung eines gemeinsamen Ergebnisses einfließen.

Im Rollenspiel ist natürlich prinzipiell alles möglich. Der Leiter kann Wohnungen verteilen, Traumgehälter zahlen usw., aber es ist klar, daß hieraus keine brauchbaren Handlungsmodelle für die Realität gewonnen werden können. Das ist erst möglich, wenn ins Rollenspiel genügend Realität eingebracht wird. Dazu ist eine Analyse der objektiven Lage der Mitarbeiter notwendig. Es ist vor allem die gesellschaftliche Arbeitsteilung, als Struktur von gesellschaftlichen Anforderungen und Möglichkeiten zu individueller Initiative, die den Handlungsspielraum, die Freiheitsgrade der Mitarbeiter bestimmt.

Aufgabe des sozialistischen Leiters muß es sein, Mitarbeiter, die objektiv vorhandene Freiheitsgrade noch nicht aktiv für ihre eigene Persönlichkeitsentwicklung nutzen, zu aktivem Handeln zu befähigen. Die Ausführung der Aufgaben soll freiwillig mit einem hohen Maß an eigener Initiative erfolgen. Sind aber für den Mitarbeiter nicht genügend objektive Freiheitsgrade vorhanden (ist z. B. die Kombination von vorbereitenden, organisatorischen, kontrollierenden und ausführenden Tätigkeiten im Betrieb nicht vorgesehen, aber die Qualifikation der Mitarbeiter für eine solche Veränderung herkömmlicher Arbeitsteilung durchaus ausreichend), sollten sozialistische Leiter auch in der Lage sein, mit ihren Mitarbeitern zur Entwicklung neuer Lösungen beizutragen, z. B. im Zusammenhang mit der Einführung moderner Technik.

Die Mitarbeiter sollen lernen, ihr hohes Bildungspotential, ihre Fähigkeiten und Erfahrungen mittels Vorschlägen, Hinweisen, Kritiken u. ä. einzubringen. Sie können mit dazu beitragen, neue Freiheitsgrade bzw. Entscheidungsmöglichkeiten zu entwickeln. Im Training wird auch auf den Beziehungsaspekt und den Inhaltsaspekt in einem Gespräch hingewiesen. Sind die Beziehungen zwischen den Partnern schlecht, weil z. B. ein Partner nicht genügend Entscheidungsmöglichkeiten hat, seine Interessen bei der Ergebnisfindung mit einzubringen, wird auch im scheinbar sachlichen Gespräch über die Durchführung der Arbeitsaufgaben dieser Aspekt eine große Rolle spielen und unter Umständen ein sachliches Ergebnis verhindern.

Ein *gutes Klima in den Beziehungen zwischen den Partnern* wird sich immer dann einstellen, wenn der Leiter die Interessen der Mitarbeiter tatsächlich berücksichtigen kann und ein Ergebnis im Gespräch erreicht wird, hinter dem auch der Mitarbeiter voll und ganz steht, also nicht nur im Sinne guter Beziehungen von Vorgesetztem und Mitarbeiter am Biertisch oder zur Jahresabschlußfeier.

Als Problem bleibt, daß nach der relativ kurzen Trainingsdauer in der Regel die Leiter mit mehr oder weniger ausgeprägten Fähigkeiten zur Kontrolle ihrer psychischen Regulationsmechanismen auf Mitarbeiter treffen, die diese Fähigkeiten kaum oder gar nicht besitzen. Ein weiteres ergibt sich aus der unterschiedlichen Stellung der Partner in Kooperation und Arbeitsteilung mit den dazugehörigen unterschiedlichen Rechten und Pflichten und den daraus resultierenden Möglichkeiten und Zwängen, sich mit Produktionsabläufen, ihren Organisationsformen u. a. vertraut zu machen und diese zu durchschauen.

Es läge hier der Gedanke nahe, ein Training zur Gesprächsführung mit ganzen Arbeitskollektiven durchzuführen; Rollenspiele mit vertauschten Positionen, Gruppendiskussionen über Möglichkeiten und Grenzen aktiver Teilnahme am Arbeitsplatz usw., wodurch die Einsicht in die Aufgaben und Pflichten des Partners ermöglicht wird und Verständnis füreinander entwickelt werden kann. Es ist aber erkennbar, daß bei Rückkehr in den realen Arbeitsprozeß die historisch gewachsenen Strukturen und Mittel der Arbeitsteilung eine plötzliche, von betrieblichen Möglichkeiten losgelöste Änderung nicht gestatten.

Ein Training zur Gesprächsführung dürfte sich derzeit dort am besten bewähren, wo in autonomen Arbeitskollektiven die Kombination vorbereitender, organisatorischer, kontrollierender mit ausführenden Tätigkeiten zwischen gleich kompetenten Partnern optimiert werden muß. Das Interaktionstraining kann aber durchaus helfen, durch Befähigung von Leitern zur Entwicklung der Aktivität ihrer Mitarbeiter, solche Arbeitsbedingungen schneller zu entwickeln.

Makrogruppen

Werner Gerth

Die Menschen einer Gesellschaft bilden bekanntlich keine homogene Masse: Sie unterscheiden sich einmal nach einer Vielzahl „äußerer" Merkmale wie Geschlecht, Alter, Rasse, Bildungsstand, Qualifikationsniveau, Beruf, Tätigkeit, Stadt- oder Landbewohner, Familienstand, Nationalität, Zugehörigkeit zu ethnischen Gruppen oder nationalen Minderheiten, aber auch nach bestimmten Positionen innerhalb der Gesellschaft. Zum anderen denken, fühlen, empfinden, werten, streben und handeln die Menschen keineswegs einheitlich. Jeder Mensch offenbart eine eigene, unverwechselbare Individualität, besitzt spezifische Fähigkeiten, Interessen, Bedürfnisse, Wünsche, Wertorientierungen, Verhaltensweisen.

Dennoch: Schon die Alltagserfahrung zeigt, daß die Gesellschaft auch keine Ansammlung von Individualitäten ist, die stets absolut verschieden in ihrem Denken und Verhalten sind (vgl. Baustein „Persönlichkeit und Gesellschaft"). In der Gesellschaft existieren vielmehr reale Gruppierungen von Menschen, denen verschiedene „äußere" Merkmale gemeinsam sind, Männer – Frauen oder Arbeiter – Angestellte – Handwerker – Genossenschaftsbauern – Angehörige der Intelligenz oder Facharbeiter – Meister – Fach- und Hochschulabsolventen usw. Sie nehmen damit bestimmte „Positionen" in der Gesellschaft ein. Differenzierungen nach weiteren gleichzeitigen Merkmalen sind möglich, etwa: weibliche Facharbeiter, wohnhaft in Städten. Theoretisch kann man immer weitere Merkmale heranziehen, nur geht dabei schließlich der Gruppierungsaspekt verloren, man langt letztlich fast wieder beim einzelnen Individuum an.

Gerade dieser Gruppierungsaspekt ist jedoch von Interesse. Beobachtungen und Erfahrungen zeigen nämlich, daß es verschiedene Gruppen von Menschen gibt, innerhalb derer in etlichen Bereichen ihres Denkens und Verhaltens Ähnlichkeiten oder gar Gemeinsamkeiten bestehen, und die sich untereinander unterscheiden. So unterscheiden sich Jungen in verschiedenen Interessen, Strebungen, Verhaltensweisen von Mädchen, Arbeiter zeigen bestimmte Denk- und Verhaltensweisen, die man z. B. bei Angehörigen der Intelligenz weniger findet, während bei jenen wieder Ansprüche, Erwartungen, Verhaltensformen auftreten, die eher für sie „typisch" sind. Die Auffassungen sowie Lebens- und Verhaltensformen der Menschen vom Lande, der Dorfbewohner, weisen verschiedene übereinstimmende Besonderheiten auf, die der Menschen in (Groß-) Städten wieder andere; ähnliches gilt für die Bewohner verschiedener Territorien und Landschaften wie z. B. des Erzgebirges, Sachsens, Mecklenburgs.

Nun sind das aber die gleichen Gruppen von Menschen, die auch durch „äußere" Merkmale zusammengefaßt und voneinander differenziert werden. Das ist kein Zufall. Die Untersuchung dieses Phänomens wirft eine Reihe sozialpsychologisch interessierender Fragen auf:

1. Was versteht man unter „großen" gesellschaftlichen Gruppen, wodurch sind sie definiert?

2. Welche gesellschaftliche Bedeutung haben sie, von welchen Kriterien ist diese Bedeutung abhängig?

3. Welche Zusammenhänge bestehen zwischen der Zugehörigkeit von Menschen zu solchen großen Gruppen in der Gesellschaft und der Existenz bestimmter, jeweils für die Angehörigen einer Gruppe ähnlichen, unter Umständen sogar typischen Denk- und Verhaltensweisen?

4. Wie kommen solche, in verschiedenen Bereichen auftretende Denk- und Verhaltenskonformität, solche psychologischen Gemeinsamkeiten zustande, und wie äußern sie sich?

Wenden wir uns den ersten Fragen zu.

Was sind Makrogruppen?

Unter großen gesellschaftlichen Gruppen, auch Makrogruppen genannt (nach dem griechischen Wort „makros" = groß, lang), werden jeweils eine Anzahl von Menschen verstanden, die durch ein bestimmtes *objektives soziales* Merkmal eine Einheit bilden. Letzteres ist insofern wichtig, als die Möglichkeit besteht, auch beispielsweise alle Linkshänder, Mopedbesitzer, Raucher usw. zu

Gruppen zusammenzufassen, was unter aktuellen Erfordernissen durchaus sinnvoll sein kann. Als Makrogruppen der Gesellschaft werden sie jedoch nicht aufgefaßt. Diese Klassifizierungskriterien stellen keine für die Konstitution, die Existenz und das Funktionieren der Gesellschaft *wesentlichen* Merkmale dar.

Allerdings sollten aber auch konfessionelle Gruppen, Sportvereinigungen, ideologische Bewegungen u. ä., nicht mit dem Begriff „Makrogruppe" gekennzeichnet werden. Es geht bei ihnen nicht um Gruppierungen nach objektiv gegebenen Merkmalen, die die Menschen in der Gesellschaft kennzeichnen und unterscheiden, sondern um Gruppen, „die durch bewußtes Bemühen der Menschen um Zusammenschluß auf der Grundlage gemeinsamer Ziele oder Werte entstehen und existieren" (DILIGENSKIJ 1975, S. 196). DILIGENSKIJ bezeichnet sie jedoch auch als Makrogruppen, und zwar als „subjektiv-psychologische" im Gegensatz zu ersteren, die er „objektive Makrogruppen" nennt.

Somit wird deutlich, daß der Begriff „Makrogruppe" nicht einheitlich gebraucht wird. Er ist in der Sozialpsychologie auch nicht allzu verbreitet. Oft wird er nur als Antithese zum Begriff „Mikrogruppe" verwendet. Dagegen hat sich FRIEDRICH schon 1966 gewendet und auf die „mehr oder weniger fest organisierten und durch bestimmte Merkmale voneinander abgegrenzten großen sozialen Einheiten" oberhalb der Mikrogruppen, wie soziale Klassen und Schichten, nationale Gruppen, regionale Gruppen, Berufsgruppen, Geschlechtergruppen hingewiesen, sowie auch auf einen weiteren Gruppentyp, der zwischen solchen Makrogruppen und den Mikrogruppen liegt, z. B. Betriebsbelegschaften, Angehörige einer Hochschule, Schule, einer Institution u. ä. (1966, S. 57 f.).

Ferner ist nicht zu verkennen, daß der Begriff „Makrogruppe" inhaltlich weitgehend formal bleibt und sich auf sehr unterschiedliche Gruppen bezieht, „die nur mit Mühe unter einem einheitlichen methodologischen Prinzip zusammengefaßt werden können" (DILIGENSKIJ 1975, S. 198). Allerdings lohnt sich diese Mühe.

Der Begriff „Makrogruppe" kann sozialpsychologisch als analytisches *Konstrukt* im Hinblick auf die Erklärung der gesellschaftlichen Bestimmung der Persönlichkeit, ihres Denkens, Fühlens, Wertens und Verhaltens dienen: Er kennzeichnet die großen sozialen Einheiten, die objektiv in der Gesellschaft existieren und eine Grundlage für die Denk- und Verhaltensentwicklung der Menschen, ihre Sozialisation bilden.

Was sind das für große soziale Einheiten, wodurch werden sie bestimmt?

Mit diesen Fragen wird das Problem der Gliederung der Gesellschaft, ihrer sozialen Struktur aufgeworfen.

Als entscheidende Ursache für die Herausbildung der menschlichen Gesellschaft erkannten die Klassiker des Marxismus-Leninismus bekanntlich die Produktion materieller Güter durch die Menschen. Sie war von Beginn an arbeitsteilig. Zunächst lag ihr die naturgegebene Arbeitsteilung nach Geschlecht und Alter zugrunde. „Der Mann führt den Krieg, geht jagen und fischen, beschafft den Rohstoff der Nahrung und die dazu nötigen Werkzeuge. Die Frau besorgt das Haus und die Zubereitung der Nahrung und Kleidung, kocht, webt, näht. Jedes von beiden ist Herr auf seinem Gebiet: der Mann im Walde, die Frau im Hause" (MEW, Bd. 21, 1975, S. 155). Teilweise kamen weitere „natürliche" Bedingungen hinzu wie z. B. Körperkraft.

Dann trat die erste große gesellschaftliche Arbeitsteilung auf zwischen Ackerbau und Viehzucht, alsbald verbunden mit der Entstehung eines Mehrprodukts über das absolut Existenznotwendige hinaus und damit auch mit der Herausbildung von Privateigentum an den Produktionsmitteln.

Nunmehr existierten zwei neue Gruppen von Menschen in der Gesellschaft: Eigentümer von Produktionsmitteln und Nichteigentümer. Sie überlagerten die bisherigen Gruppierungen: Mann – Frau, Kinder – Erwachsene – Greise.

Gleichzeitig konnte die Arbeit jetzt auf qualitativ neue Art verteilt werden, die Planung, Leitung und Überwachung auf die eine Gruppe von Menschen, die unmittelbare Ausführung auf die andere. Es erfolgte eine zweite große Arbeitsteilung, die Teilung der Arbeit in eine körperliche und geistige, von MARX und ENGELS als die entscheidende Form in der historischen Entwicklung der gesellschaftlichen Arbeitsteilung bezeichnet (MEW, Bd. 3, 1973, S. 31). Logischerweise kam die Planung und Leitung der Arbeit, die geistige Tätigkeit den Besitzern der Produktionsmittel zu.

Privateigentum an Produktionsmitteln führte also zu wesentlich unterschiedlichen Gruppen in der Gesellschaft, unterschieden hinsichtlich Verfügungsgewalt über die Produktionsmittel, Ziele der Produktion, Stellung und Aufgaben im gesellschaftlichen Produktionsprozeß und somit schließlich auch in bezug auf die Teilhabe an der Planung, Leitung und Führung der gesellschaftlichen (politischen, ideologischen, kulturellen u. a.) Prozesse insgesamt. Es kam zu *sozial* ungleichen Gruppen. Sie werden bekanntlich als soziale Klassen bezeichnet und stellen die grundlegenden Gruppen in der sozialen Struktur der Gesellschaft dar.

Mit der Entwicklung der Produktivkräfte und der Produktion, des Austauschs der Produkte und damit verbundenen Verkehrsformen ergeben sich Arbeitsteilungen nicht nur zwischen den großen Gattungen der gesellschaftlichen Produktion wie Agrikultur, Industrie (MEW, Bd. 23, 1975, S. 371), sondern auch zwischen verschiedenen Industrie- und Landwirtschaftsbereichen, zwischen Produktion und Handel, zwischen verschiedenen Territorien, Land und Stadt, Handwerk, Kunst, Politik (Arbeitsteilung im besonderen) sowie auch innerhalb der Betriebe und Einrichtungen der Wirtschaft und des Staates in technologischer und arbeitsfunktionaler Hinsicht (Arbeitsteilung im einzelnen). Weitere Gruppierungen von Menschen zwischen und innerhalb der großen sozialen Klassen entstanden, die sich unterschieden nach dem konkreten Inhalt der Arbeit – den Berufen –, nach dem Verhältnis von körperlicher und geistiger Arbeit und der Stellung zur unmittelbaren Produktion. Alle diese funktionellen arbeitsteiligen Prozesse sowie die aus ihnen resultierenden sozialen Schichten und Gruppen existieren selbstverständlich nicht autonom, sondern sind integrativer Bestandteil der grundlegenden Produktions- und Eigentumsverhältnisse, der sozialen Struktur der Gesellschaft.

So gibt es im Sozialismus solche grundlegenden Makrogruppen wie die *Angehörigen der Arbeiterklasse und der Klasse der (Genossenschafts-) Bauern.* Dabei ist bei ersteren zu berücksichtigen, daß sie nach ihrem spezifischen Platz im gesellschaftlichen Reproduktionsprozeß in zwei große Untergruppen zu differenzieren sind. Das sind einmal die *(Produktions-) Arbeiter,* die den Produktions- und Reproduktionsprozeß der Gesellschaft direkt tragen, und das sind zum anderen die *Angestellten,* die mittelbar den Produktions- und Reproduktionsprozeß vollziehen helfen. Damit sind für Arbeiter und Angestellte bei gleicher Stellung zu den Produktionsmitteln Unterschiede im Charakter und Inhalt der Arbeit gegeben.

Darüber hinaus existieren solche sozialen Schichten als Makrogruppen wie

– die *Intelligenz*, die durch ihre besondere Rolle in der gesellschaftlichen Organisation der Arbeit, verbunden mit einem spezifischen Inhalt, nämlich vorwiegend geistiger Arbeit, gekennzeichnet ist,

– die *(Genossenschafts-) Handwerker* oder *selbständigen Gewerbetreibenden*, für die genossenschaftliches oder privates Eigentum an Produktionsmitteln sowie spezielle berufliche Tätigkeitsbedingungen charakteristisch sind.

Auch Nationen, Nationalitäten, Rassen, ethnische Gruppen, Bildungs- und Qualifikationsgruppen, Berufsgruppen, Stadt- und Landbevölkerung, Bewohner bestimmter Territorien sowie Geschlechter- und Altersgruppen sind Bestandteil der sozialen Struktur der Gesellschaft. Ihnen liegen jedoch nicht die grundlegenden arbeitsteiligen, d. h. die sozialökonomischen Bedingungen des Eigentums an den Produktionsmitteln oder die Rolle in der gesellschaftlichen Organisation der Arbeit als Bestimmungsmerkmal zugrunde, sondern abgeleitete, auf arbeitsfunktionalen oder natürlichen Bedingungen (biologisch-physiologische oder territorialökologische) beruhende sozial relevante Merkmale. Sie sind gegenüber den Klassen und Schichten *sekundäre Makrogruppen.*

Was hat nun die Zugehörigkeit der Menschen zu den verschiedenen Makrogruppen für ihr Denken und Verhalten zu bedeuten?

Zum Zusammenhang von Makrogruppenzugehörigkeit und Denk- und Verhaltensentwicklung der Persönlichkeit

Oben wurde dargelegt, daß von den Produktions- und damit Eigentumsverhältnissen die Stellung der Angehörigen der sozialen Klassen und Schichten im System der gesellschaftlichen Produktion und ihre Rolle in der gesellschaftlichen Organisation der Arbeit abhängig ist, ebenso ihre Verfügungsgewalt über die Produktionsmittel, die produzierten Güter und damit über die Art und den Anteil am gesellschaftlichen Reichtum (vgl. LENIN 1973, S. 410).

Diese Bedingungen sind von prinzipiellem Einfluß auf die Formung der Persönlichkeit, auf ihre Denk- und Verhaltensentwicklung. So resümiert ENGELS in seiner Untersuchung zur „Lage der arbeitenden Klasse in England": „Wir werden uns nach alledem nicht mehr darüber wundern, daß die arbeitende Klasse allmählich ein ganz andres Volk geworden ist als die englische Bourgeoisie ... Die Arbeiter sprechen andre Dialekte, haben andre Ideen und Vorstellungen, andre Sitten und Sittenprinzipien, andre Religion und Politik als die Bourgeoisie" (MEW, Bd. 2, S. 351). Zum anderen ist der determinierende Einfluß der erwähnten Klassenbedingungen indirekt durch die Art der gegenseitigen Beziehungen der einzelnen Klassen und Schichten gegeben, die letztlich alle materiellen, ideellen und sozialen Bereiche der Gesellschaft durchdringen.

Mit der politischen Machtergreifung der Arbeiterklasse im Bündnis mit den anderen ehemals unterdrückten Klassen und Schichten entstanden qualitativ neue Bedingungen und Existenzformen des sozialen Zusammenlebens der Menschen.

Keineswegs sind aber auch schon die Unterschiede im Entwicklungsstand der Produktivkräfte, im Grad der Vergesellschaftung der Produktion und auch des Eigentums an Produktionsmitteln (z. B. genossenschaftliches Eigentum, Privateigentum der Handwerker) sowie in der gesellschaftlichen Arbeitsteilung zwischen industrieller und agrarischer Produktion oder zwischen körperlicher und geistiger, zwischen organisierender und ausführender, zwischen wenig-, mittel- oder hochqualifizierter Tätigkeit überwunden. Es existieren weiterhin eine Reihe unterschiedlicher Arbeits- und Lebensbedingungen und Verteilungsverhältnisse zwischen den einzelnen Klassen und Schichten. Ihre Merkmale und Kennzeichen sind die jeweils besonderen Bedingungen für die Persönlichkeitsentwicklung der Angehörigen dieser Makrogruppen, während die allgemeinen Bedingungen mit den sozialistischen Produktions- und Eigentumsverhältnissen gegeben und für alle einheitlich sind.

Auch die erwähnten sekundären Makrogruppen verkörpern in diesem Rahmen noch eine Vielzahl von besonderen Bedingungen und Anforderungen für die Denk- und Verhaltensentwicklung der Menschen. Das gilt für die Bildungs- und Qualifikationsgruppen ebenso wie für territoriale Gruppen, Großstadt-, Kleinstadt- und Land- (Dorf-) Bewohner, für Geschlechter- und Altersgruppen, für Nationen, ethnische Gruppen und Rassen. Ihre spezifischen Merkmale, auf die hier nicht ausführlich eingegangen werden kann, sind stets durch die materiellen, ideellen und sozialen Bedingungen der sozialistischen Produktions-, Klassen- und Eigentumsverhältnisse durchdrungen und erlangen zunehmend qualitativ neuen Charakter.

Jede Gruppe in der sozialen Struktur der Gesellschaft, die Klassen und Schichten, die klasseninternen und -übergreifenden und die sozialdemografischen Gruppen prägen nun auf Grund objektiver Gemeinsamkeiten in ihrer Arbeits- und Lebenstätigkeit ein bestimmtes Niveau psychologischer Gemeinsamkeiten aus. Man bezeichnet das oft auch als „gesellschaftliche Psychologie", worunter „die historisch konkrete Widerspiegelung von Lebensverhältnissen im Bewußtsein von Gruppen, Schichten und Klassen einer Gesellschaft" verstanden wird (HIEBSCH, VORWERG u. a. 1979, S. 33). Ein anderer Begriff für diese psychologischen Gemeinsamkeiten ist „Mentalität".

Psychologisch interessant und wichtig ist nun die Frage, „wie sich die Menschen derartige – als Mentalität in Erscheinung tretende – Denk- und Verhaltensweisen aneignen und wie die Auseinandersetzung der Menschen mit der gegenständlichen und sozialen Umwelt durch die Besonderheit derartiger Mentalitäten reguliert wird" (ebenda, S. 34). Ersteres kann hier relativ knapp beantwortet werden: Die Menschen müssen sich von Geburt an mit den materiellen, ideellen und sozialen Lebensbedingungen ihrer Umwelt auseinandersetzen, müssen sie begreifen und interiorisieren (verinnerlichen), d. h. sich mit diesen oder jenen Bedingungen identifizieren und sich nach ihnen orientieren, mit anderen wiederum weniger oder gar nicht, was letztlich einen Lernprozeß darstellt (vgl. dazu ausführlich Baustein „Persönlichkeit und Gesellschaft").

Wie aber, *in welcher Form* kommen diese psychologischen Gemeinsamkeiten, die Mentalität der jeweiligen Makrogruppen im Denken und Verhalten ihrer Angehörigen unter unseren konkrethistorischen Verhältnissen zum Ausdruck?

Als erstes kann festgestellt werden, daß die sozialistischen Klassen- und Eigentumsverhältnisse in der DDR – verbunden mit der Bündnispolitik der Arbeiterklasse – dazu führten, daß die grundlegenden Wertorientierungen, Interessen, Bedürfnisse, Lebenszielsetzungen und Verhaltensweisen bei der großen Mehrheit der Angehörigen aller Klassen und Schichten ähnlich ausgeprägt sind. Das betrifft das Streben nach Erhaltung des Friedens, die Erkenntnis der sozialen Sicherheit, die Verbundenheit mit der DDR, das Interesse an beruflicher Qualifikation und an Identifikation mit Beruf und Arbeitstätigkeit, an Mitwirkung bei der Planung und Entscheidung gesellschaftlicher Prozesse sowie viele Wohn-, Freizeit- und Konsumbedürfnisse.

Gewisse Unterschiede ergeben sich im Hinblick auf die Ziele und Absichten für die persönliche Lebensgestaltung, indem z. B. bei Angehörigen der Intelligenz etwas häufiger und stärker das Interesse an weiterem Wissenserwerb, schöpferischen Aktivitäten und beruflicher Weiterentwicklung sichtbar wird als bei den Angehörigen anderer Klassen und Schichten.

Hier widerspiegeln sich in gewisser Weise die noch vorhandenen Unterschiede in den unmittelbaren Arbeitsinhalten und -bedingungen, verbunden mit den dazu notwendigen Bildungs- und Qualifikationsvoraussetzungen von Arbeitern, Angestellten, Genossenschaftsbauern und Angehörigen der Intelligenz. Wissenschaftliche Untersuchungen belegen jedoch, daß sich durch die sozialistischen Produktionsverhältnisse auch diese früher gravierenden, geradezu typischen Denk- und Verhaltensunterschiede zwischen den Angehörigen der Klassen und Schichten wesentlich verringert haben.

Selbstverständlich sind das alles übergreifende und sehr globale Aussagen. Jedoch tritt damit zugleich noch ein anderer Sachverhalt zutage. Während die antagonistischen Klassenverhältnisse eben auf Grund ihres Antagonismus allen den sozialen Klassen und Schichten „nachgeordneten" sozialstrukturellen Gruppen mit ihren spezifischen Bedingungen nicht nur sekundäre, sondern *untergeordnete* Bedeutung verliehen, erlangen letztere mit der Errichtung nichtantagonistischer Verhältnisse für die Denk- und Verhaltensentwicklung der Persönlichkeit relativ größeres Gewicht.

So zeigen die Angehörigen jener Makrogruppen, die nach dem Charakter und Inhalt der ausgeübten Arbeit gebildet sind, in etlichen Interessen, Bedürfnissen, Wertorientierungen und Lebenszielstellungen sichtbare Unterschiede. Wissenschaftliche Untersuchungen verdeutlichen, daß sie vor allem zwischen den vorwiegend körperlich und den vorwiegend geistig beschäftigten Werktätigen auftreten. (Das ist auf Grund der vielfältigen funktionalen Arbeitsteilungen und den verschiedenen Berufsinhalten durchaus nicht gleichzusetzen mit der Tätigkeit eines Arbeiters oder Genossenschaftsbauern bzw. von Angestellten oder Angehörigen der Intelligenz!)

In der Gruppe von Werktätigen z. B., die vorwiegend schwere körperliche Arbeiten verrichten, findet man häufiger engere Interessen- und Bedürfnisprofile, bei denen die materielle Orientierung dominiert. Nicht wesentlich unterscheiden sich davon jene Arbeiter, die vorwiegend körperlich leichte, aber recht monotone, geistig-schöpferisch anspruchslose Tätigkeiten verrichten, sowie Angestellte, deren vorwiegend geistige Tätigkeit weitgehend repetitiven oder routinemäßigen Charakter trägt. Bei Werktätigen wie-

Tab. 1: *Ausgewählte Lebensziele junger Werktätiger in Abhängigkeit vom Inhalt der Arbeit, gewichtet nach den relativen Nennungshäufigkeiten in Punkten; nur Nennungen „sehr wichtig" (= 2 Punkte) und „wichtig" (= 1 Punkt) addiert*

Vorwiegendes Streben nach ...	Vorwiegender Inhalt der Arbeit		
	körperlich schwer	monoton repetitiv	schöpferisch-konstruktiv
weiterem Wissenserwerb, beruflicher Vervollkommnung	114	108	131
sozialer Zuwendung zu anderen	108	143	135
Genuß	130	97	85
hohen Leistungen in der Arbeit	99	91	101
Verdienst	128	89	66
Erfüllung/Befriedigung im Beruf	168	158	180
Mitwirkung in der Neuerertätigkeit	112	99	126
Mitwirkung an kulturell-künstlerischen Aktivitäten	49	51	60

derum (Arbeitern, Angestellten, Angehörigen der Intelligenz), deren Arbeitstätigkeit stärker durch konstruktiv-schöpferische Momente und größeren eigenen Entscheidungsspielraum gekennzeichnet ist, finden sich häufiger auch kulturell-geistig anspruchsvollere Interessen, angefangen von einer größeren Zuwendung zu Literatur und Kunst bis hin zu Fragen der beruflichen Weiterbildung (Tab. 1).

Die psychologischen Gemeinsamkeiten der Angehörigen dieser jeweiligen Makrogruppen stehen offensichtlich mit ihren verschiedenen Arbeits- und Tätigkeitsbedingungen im Zusammenhang, was natürlich nicht bedeutet, daß der Arbeitsinhalt allein und absolut die Lebenszielstellungen und -erwartungen der Werktätigen bestimmt. So wird der Inhalt der ausgeübten Arbeit durch die jeweiligen Bildungsanforderungen in bestimmten Grenzen vorherbestimmt. Das unterstreicht die Bedeutung des Bildungs- und Qualifikationsniveaus der Persönlichkeit für ihre Denk- und Verhaltensentwicklung. Sozialpsychologische Untersuchungen der Angehörigen von Makrogruppen, die nach dem *Bildungs- und Qualifikationsniveau* definiert sind, belegen:

Ein niedriges Bildungsniveau geht häufiger mit Wertorientierungen, Lebenszielen, Bedürfnissen, Interessen und Motiven einher, die sich stärker auf das Streben nach Genuß richten, die Arbeit vorrangig als Quelle des Einkommens betrachten, das den Genuß zu realisieren vermag, in dieser Hinsicht auch auf hohe Leistungsbereitschaft und Leistungen gerichtet sind, wobei gleichzeitig aber auch das Streben nach passiver Erholung und Entspannung im Freizeitbereich stärker hervortritt.

Mit einem höheren oder hohen Bildungsniveau wiederum sind häufiger auch solche Bedürfnisse verbunden – bei teilweise geringer Dominanz materieller Bedürfnisse –, wie weiterer Wissenserwerb, berufliche Vervollkommnung, Hilfs- und Zuwendungsbereitschaft gegenüber anderen, Ausübung einer inhaltlich befriedigenden Arbeitstätigkeit. Dadurch ist das gesamte Wertorientierungs-, Interessen- und Motivationsprofil breiter und differenzierter.

Aber auch in den verschiedenen *Altersgruppen* zeigen sich zum Teil typische Denk- und Verhaltensbesonderheiten. Allerdings ist der Einfluß des Lebensalters auf die Persönlichkeitsentwicklung nur sehr vermittelt wirksam. Das wird gerade in diesem Fall häufig übersehen, da der Zusammenhang zwischen Lebensalter und dem Auftreten bestimmter Entwicklungsmerkmale der (heranwachsenden, aber auch der erwachsenen) Persönlichkeit ganz „offenkundig" ist und plausibel erscheint. Solche Zusammenhänge existieren selbstverständlich, belegen jedoch *nicht,* daß das Lebensalter, das Älterwerden, das Erreichen einer bestimmten Altersstufe die Ursache für diese Entwicklungsmerkmale ist. Das trifft noch nicht einmal auf biologische Entwicklungsprozesse wie Wachstum, geschlechtliche Reife zu, wie beispielsweise die Akzelerationserscheinungen zeigen, geschweige denn auf die Denk- und Verhaltensentwicklung der Menschen. Bestimmte Kenntnisse, Fähigkeiten, Fertigkeiten treten nicht gesetzmäßig in einer bestimmten Altersstufe auf. Selbst die intellektuelle Entwicklung verläuft keineswegs „typisch" entsprechend steigendem Lebensalter. Gleiches gilt für die Ausprägung der Wertorientierungen, Lebensziele, Interessen, Bedürfnisse, der sozialen Verhaltensweisen. Sie alle sind gesellschaftlich determiniert und abhängig vom konkret-historischen Entwicklungsstand der Gesellschaft (vgl. FRIEDRICH 1984, S. 225 ff.). Damit wird keinesfalls bestritten, daß in den verschiedenen Lebensaltersstufen eine Reihe von besonderen, teilweise sogar „typischen" Denk- und Verhaltensweisen auftreten.

So sind z. B. die jüngeren Jahrgänge junger Menschen vor allem durch ihren objektiv noch eingeschränkten Erfahrungsschatz unsicher in ihrem Selbstbewußtsein, in der Erkenntnis ihres sozialen Status und ihrer sozialen Integration in die Gesellschaft sowie in der Beurteilung gesellschaftlicher und sozialer Erscheinungen. Ihre Interessen und Strebungen nach Selbstvervollkommnung, nach Bewährung und sozialer Anerkennung sind ausgeprägter als bei älteren Altersgruppen der Jugend. Letztere wiederum sind häufiger in der Lage, ihr Verhalten kognitiv zu begründen, von inneren Dispositionen (d. h. den Wertorientierungen, Interessen, Bedürfnissen usw.) abzuleiten, so daß situative Faktoren weniger unmittelbar wirksam werden und eine größere Konvergenz zwischen den Wertorientierungen und dem Verhalten sichtbar wird. Für die große Mehrheit der Angehörigen der Altersgruppen von etwa 14 bis 26 Jahren ist insgesamt eine große Zukunftsorientiertheit typisch, verbunden mit einer optimistischen Grundhaltung, ein starkes Aktivitäts- und Informationsbedürfnis sowie das Streben nach intensiven Kommunikations- und Geselligkeitsbeziehungen. Bei älteren Altersgruppen verschieben sich die Akzente stärker in Richtung beruflicher Vervollkommnung sowie Sicherung des beruflichen Status (Männer), auf die Familie (Frauen) und auf engere sowie dauerhafte Geselligkeits- und Kommunikationskreise.

Neben den Altersspezifika im Denken und Verhalten sind vor allem die der *Geschlechter* im Alltag am auffälligsten. Das war zumindest ein Anlaß dafür, daß die bürgerliche Psychologie und Sozialpsychologie Alters- und Geschlechtergruppen als Basisstrukturen oder -gruppen der Gesellschaft bezeichnet, um somit zugleich von deren sozialökonomisch bestimmter Klassen- und Schichtstruktur abzulenken. Natürlich ist auch die Zugehörigkeit zu den beiden Geschlechtergruppen in nicht unbeträchtlichem Maße verhaltensdeterminierend (vgl. dazu ausführlich Baustein „Geschlechtstypisches Verhalten").

Schon die allgemeinen Zielstellungen für die persönliche Entwicklung und Lebensgestaltung weisen bei beiden Geschlechtern neben vielen Gemeinsamkeiten zum Teil sogar charakteristische Unterschiede auf. Hier kommen ohne Zweifel langjährige Einflüsse vorwiegend schon in der Kindheit im Elternhaus vermittelter Leitbilder über die spezifischen sozialen Funktionen der Geschlechter in der Gesellschaft zum Ausdruck, bekräftigt durch eine Reihe realer Bedingungen, die diesen Leitbildern (noch) entsprechen. Diese Leitbilder und Normen existieren neben der rechtlichen Gleichstellung der Geschlechter und den offiziellen Normen in Gesellschaft, Beruf und Familie im Sozialismus. Jedoch auch sie haben durch die sozialistischen Produktionsverhältnisse ihren antagonistischen Charakter verloren (Unterdrückung der Frau, versinnbildlicht in: die Frau als Dienerin des Mannes, als Behüterin von Haus, Hof und Familie, als Leidende, Duldende usw.) und neue Inhalte erfahren. Vor allem aber bedeutet Gleichberechtigung nicht schlechthin auch soziale Identität.

Die Zugehörigkeit zu den verschiedenen *territorialen, ethnischen* oder *nationalen Gruppen* schließlich führt unter den konkrethistorischen Bedingungen in der DDR nur noch zu wenigen besonderen Charakteristika im Denken und Verhalten der Menschen.

Am deutlichsten sind sie noch zwischen der Stadt- und der Landbevölkerung spürbar. Die auf dem Lande lebenden und arbeitenden Menschen zeichnen sich in der Mehrheit durch eine intensivere Naturverbundenheit aus, bedingt durch ihr spezielles Produktionsmittel, den Boden, und ihre spezielle Produktion (pflanzliches und tierisches Leben). Ferner ist für sie auch das stärkere Festhalten und Bewahren beruflicher und sozialer Traditionen charakteristisch.

Abschließend soll noch darauf aufmerksam gemacht werden, daß die aufgeführten psychologischen Gemeinsamkeiten der Angehörigen der verschiedenen sozialen Gruppen in verschiedenen Niveaustufen existieren. Die erste grundsätzliche Stufe ist die individuelle Widerspiegelung der gruppenspezifischen objektiven Arbeits- und Lebensverhältnisse im Denken der Angehörigen dieser Gruppen, woraus ein in verschiedenen Bereichen ihres Arbeitens und Lebens konformes Verhalten resultiert. Diese Widerspiegelung kann jedoch auch die Gruppe selbst erfassen und einschließen. Das führt zur *Erkenntnis der Zugehörigkeit* zu dieser oder jener Makrogruppe und unter Umständen schließlich zur Identifikation mit ihr, ihren Zielen, Bedingungen und Angehörigen. Der verhaltensdeterminierende Einfluß der Makrogruppe auf die Persönlichkeit wird dadurch beträchtlich verstärkt.

Solche Niveaustufen psychologischer Gemeinsamkeiten der Angehörigen der verschiedenen großen sozialen Gruppen der Gesellschaft genau zu unterscheiden, ist praktisch jedoch äußerst schwierig.

Jeder Mensch gehört stets verschiedenen dieser sozialstrukturellen Gruppen zugleich an, die zudem noch in einem – wie oben dargelegt – dialektisch-hierarchischen Abhängigkeitsverhältnis untereinander stehen. Dennoch ist die Beachtung solcher Niveaustufen nicht nur von wissenschaftlichem, sondern auch von großem gesellschaftlichen Interesse: Bei bestimmten Makrogruppen erlangt das Identifikationsniveau beachtliche Ausprägung und intensiviert somit deren verhaltensdeterminierenden Einfluß. Das trifft beispielsweise auf viele Angehörige der sozialen Klassen und Schichten in Form ihres Klassen- oder Schichtbewußtseins zu. Das Bewußtsein von Werktätigen, der führenden Arbeiterklasse in der sozialistischen Gesellschaft oder der Klasse der Genossenschaftsbauern anzugehören, und ihr klassenverbundenes Denken und Handeln belegen das anschaulich. Aber auch bei bestimmten Altersgruppen, z. B. jungen Menschen, in gewissem Maße auch bei älteren, den Rentnern, sowie bei territorialen Gruppen findet man

„Gruppenbewußtsein", ein Gefühl der Zusammengehörigkeit und der Identität von Interessen und Zielen. Auch die Entwicklung eines neuen sozialistischen deutschen National„gefühls" der Bevölkerung der DDR wäre ohne Beachtung dieses sozialpsychologischen Problems im Zusammenhang mit Makrogruppen nicht erklärbar. Allerdings bildet sich ein solches Identifikationsniveau in der Regel nicht völlig spontan heraus, sondern erfordert vor allem bei der Ausprägung von Klassen- und Nationalbewußtsein vielfältige ideologische, kulturelle und soziale Einflußnahmen, wobei die personale, ganz besonders jedoch (massen-)mediale Kommunikation (Zeitungen, Zeitschriften, Film, Fernsehen, Literatur, Kunst, Folklore, Museen usw.) ein entscheidendes Mittel darstellt.

Massenkommunikation

Hans-Jörg Stiehler

Massenkommunikation – d. h. durch die Massenmedien als Institutionen des gesellschaftlichen Überbaus bzw. durch die von ihnen produzierten und verbreiteten „Angebote" vermittelter geistiger Austausch – ist zu einer auffälligen und alltäglich spürbaren Erscheinung des gesellschaftlichen Lebens geworden. Im vielfältigen, konkreten Beziehungsgeflecht zwischen Individuum und Gesellschaft haben sie unverzichtbare Aufgaben bei der Vermittlung von Informationen, Ideen und Werten für die gesellschaftlichen und individuellen Bedürfnisse nach Information, Bildung und Unterhaltung. Durch die Massenkommunikation hat sich der gesellschaftliche Erfahrungsaustausch und Verständigungsprozeß in quantitativer und qualitativer Hinsicht entscheidend verändert. Die Rolle der Massenmedien läßt sich an einigen Daten sehr anschaulich verdeutlichen.

1983 waren 99 % der DDR-Haushalte mit meist mehreren Rundfunkempfängern und 91 % mit Fernsehgeräten (darunter schon etwa 25 % mit Zweitgeräten) ausgestattet. Auch in der Pro-Kopf-Ausstattung und -Produktion von Zeitungen, Zeitschriften, Büchern, von Schallplatten, in der Anzahl von Theatern und Kinos usw. liegt die DDR im internationalen Vergleich auf Spitzenplätzen.

Die rasche Verbreitung der Massenmedien ist natürlich auch im internationalen Maßstab eine Tatsache, die tief in den politischen und kulturellen Alltag vieler Nationen eingreift.

Nach Angaben der UNESCO (UN-Spezialorganisation für Wissenschaft, Kultur und Erziehung) waren zu Beginn der achtziger Jahre auf der Welt über 1,1 Milliarden Rundfunkgeräte und fast 500 Millionen Fernsehapparate in Gebrauch. Vielfältige Untersuchungsergebnisse lassen den Schluß zu, daß etwa 40 % des Freizeitfonds für die direkte Zuwendung zu Angeboten der Massenmedien aufgewendet werden. Das bedeutet im einzelnen, daß durchschnittlich in der DDR heute täglich etwa zwei Stunden ferngesehen, eine halbe Stunde Zeitungen und Zeitschriften gelesen und über zwei Stunden Rundfunkprogramme (wenn auch nicht immer konzentriert) gehört werden, natürlich bei größeren Unterschieden zwischen den verschiedenen Gruppen der Bevölkerung, zwischen Werktag, Wochenende und Urlaubszeit.

Was ist Massenkommunikation?

Beginnen wir mit einer ganz allgemeinen Definition: Kommunikation ist *eine* besondere Form sozialer Wechselwirkung, des sozialen Verkehrs zwischen Menschen. Das Besondere in dieser sozialen Wechselwirkung und Beziehung ist, daß in ihr Bewußtseinsinhalte mittels Zeichen (Sprachzeichen, Symbole usw.) ausgetauscht werden. Man kann Kommunikation auch als den Austausch der Produkte geistiger Tätigkeit bezeichnen und verkürzend sagen: Kommunikation ist Bewußtseinstransport. Seine Funktion besteht darin, den Prozeß der gesellschaftlichen Produktion auf der Basis bewußter Erkenntnis zu organisieren, zu stabilisieren (und auch zu hemmen). Kommunikation beinhaltet stets eine ideelle „Kopplung" von Menschen und setzt sie in allen Bereichen ihrer Tätigkeit in eine geistige Beziehung zu vielfältigen gesellschaftlichen Prozessen. Diese Funktion wird in einer nahezu unüberschaubaren Mannigfaltigkeit von Erscheinungsformen der Kommunikation, die jeder kennt, deutlich. Für die Persönlichkeitsentwicklung sind zwei umfassende „Funktionsbereiche" der Kommunikation kennzeichnend, zum einen ihre organisierende, regulierende, koordinierende Rolle in der gemeinschaftlichen Tätigkeit, zum anderen als Bereich der Entwicklung der geistigen Tätigkeit, des geistigen Reichtums der Persönlichkeit.

Der Massenkommunikation werden häufig solche Merkmale zugesprochen wie: öffentliche Verbreitung von Informationen, Nutzung technischer Produktions- und Verbreitungsmittel, Fehlen des „persönlichen" Kontakts zwischen Produzent und Publikum, unbegrenztes und räumlich verteiltes Publikum.

Dem ersten Eindruck nach ist dies eine Kennzeichnung, die tatsächlich wichtige Merkmale der Massenkommunikation trifft, der Alltagserfahrung nahe ist und daher plausibel klingt. Jedoch hat diese Definition zwei entscheidende Schwachstellen: Es handelt sich zum einen um ein rein formales Herangehen, dem der soziale

Inhalt der Kommunikation gleichgültig bleibt und das von der wichtigen Tatsache absieht, daß die Massenmedien gesellschaftliche Institutionen sind, also im Klassenauftrag handeln (so verschleiert das auch betrieben sein mag). Die Massenmedien sind weit mehr als technische Mittel. Und ein zweiter Punkt ist von Bedeutung: Gemessen wird Massenkommunikation an der interpersonalen Kommunikation, am „trauten Zwiegespräch" zweier Menschen. Ist das der Grundfall von Kommunikation, so kann dem gegenüber Massenkommunikation nicht als „normale" Form von Kommunikation gelten. Massenkommunikation erscheint dann nur als eine abgeleitete, technisch verkomplizierte, „unnatürliche" Kommunikation, die das „Ideal" des intimen Dialogs nicht erreichen kann. Die qualitativ neue Stellung der Massenkommunikation, ihre spezifischen Gesetzmäßigkeiten können so natürlich nicht erfaßt werden. Um nicht mißverstanden zu werden: Selbstverständlich existieren grundlegende Unterschiede z. B. zwischen einem Gespräch und einer Fernsehsendung, selbstverständlich kann man die Vorteile (und Nachteile) beider abwägen. Aber Maßstab können nur die gesellschaftlichen Funktionen von (Massen-) Kommunikation sein, die in der gesellschaftlichen Praxis wurzeln.

In unserer Epoche ist die Bedeutung des subjektiven Faktors, darin eingeschlossen die Persönlichkeitsentwicklung, enorm gewachsen. Die objektiven Grundlagen für das Wachsen und Entstehen neuartiger Kommunikationsbedürfnisse der Gesellschaft und ihrer Klassen können wir hier nur in wenigen Stichworten umreißen: Industrialisierung, Urbanisierung, die Entwicklung großer (Welt-) Märkte und der Nationalstaaten, die Vervielfachung der in die politischen Kämpfe einbezogenen Massen mit den (früh-)bürgerlichen Revolutionen und erst recht mit dem weltweiten Übergang vom Kapitalismus zum Sozialismus und dem Kampf um den Weltfrieden, das Entstehen eigener Klassenorganisationen des Proletariats und der (Arbeiter-) Freizeit u. a., kurz: die beständigen und tiefgreifenden Umwälzungen der Lebensbedingungen und -möglichkeiten der Menschen.

Der objektive Beziehungsreichtum des Individuums, ein Produkt der historischen Entwicklung, muß von ihnen auch geistig angeeignet werden, um die persönliche Stellung in der Gesellschaft bestimmen und realisieren zu können, und jenen subjektiven Reichtum an Beziehungen, Vermögen, Bedürfnissen und Genüssen auszubilden, den die materielle und geistige Produktion der Gesellschaft möglich macht. Zugleich war Kommunikation immer eine Frage der materiellen und geistigen Macht der (herrschenden und zur Macht strebenden) Klassen, sind Information und ideologische Beeinflussung strategische Mittel im Klassenkampf. Ganz allgemein gesprochen, ermöglicht heute auf umfassende Weise nur noch die von den Massenmedien vermittelte Kommunikation, direkt, ökonomisch, universell in Inhalt und Form den Zusammenhang von Individuum und Gesellschaft (den individuellen Lebenszusammenhang mit Gesellschaft und Menschheit) geistig zu reproduzieren und zu orientieren. Indem die Angebote der Massenmedien allseitige geistige Beziehungen der Menschen zur Gesellschaft, zur Welt, zur Natur, zur eigenen Arbeit, zur Geschichte und Zukunft, zu anderen Menschen und zu sich selbst widerspiegeln und orientieren, fördern oder hemmen sie (je nach Klasseninteresse und ideologischem Gehalt ihrer Angebote) Erkenntnis und Erleben der *Gesellschaftlichkeit, Geschichtlichkeit, Welthaltigkeit,* des *Klassencharakters* des eigenen Handelns. Sie tragen so zur Entwicklung der persönlichen Lebensstrategie, der Sinnfindung für das eigene Dasein, des Weltbildes und der sozialen Aktivität bei. Die Massenmedien müssen also Kommunikationsangebote „für die volle Entwicklung des Individuums" (MARX) machen und können auch ihre politische Funktion nur im Rahmen einer Synthese vielfältiger Ansprüche der werktätigen Massen erfüllen.

Diesen Notwendigkeiten stellen sich die Massenmedien in aller Welt sehr unterschiedlich, was in erster Linie durch ihren gegensätzlichen Klassenauftrag bedingt ist. Aber sie müssen sich ihm stellen, wenn auch nur scheinbar und oberflächlich. Natürlich erfüllt Massenkommunikation diese genannten Funktionen nicht isoliert von anderen Existenzformen des gesellschaftlichen Lebens (wie Bildungseinrichtungen, gesellschaftlichen Organisationen, sozialen Gruppen usw.), sondern in verschiedenen Wechselbeziehungen. Nach unserer Auffassung ist jedoch Massenkommunikation eine dem objektiven Charakter unserer Epoche besonders entsprechende Art und Weise der sozialen Kommunikation. Auch bürgerliche Autoren sehen diese Bedeutung, indem sie – die Technik allerdings zum Wesen der Massenmedien hochstilisierend – von der heutigen Zeit als dem „Zeitalter der Telekommunikation" sprechen.

Massenkommunikation – insbesondere verdeutlicht das die quantitativ dominierende Fernsehkommunikation – ersetzt allerdings nicht die Schule, das persönliche Gespräch, öffentliche Kommunikationseinrichtungen wie Theater, Kino, Konzertsaal oder Klub. Zwar übernimmt sie im politischen und kulturellen Alltag oft die Funktionen traditioneller Kommunikationsformen, manchmal werden sie von der Massenkommunikation „aufgesaugt". Existenz und Wachstum der Massenkommunikation zwingen aber auch dann, andere Arten sozialer Kommunikation, ihre Spezifika auszuprägen und in einem längeren historischen Prozeß auch neu zu „erarbeiten". Äußerungen wie solche, das Fernsehen verdränge das Kino, das Buch, das Gespräch, haben zwar einen gewissen realen Kern, stellen aber in dieser Form grobe Vereinfachungen dar. Sie lassen sich auch kaum wissenschaftlich belegen.

Gebrauch und Wirkung der Massenkommunikation

Prozesse und Bedingungen der Wirkungen (Folgen, Resultate) der Massenkommunikation sind seit mindestens 40 Jahren ein Schwerpunkt der bürgerlichen-sozialwissenschaftlichen Forschung. So unterschiedlich, ja kritisch wir die theoretischen Ansätze, Untersuchungsstrategien und Ergebnisse sowie ihren Mißbrauch durch die imperialistischen Medien werten müssen (vgl. BISKY 1976), so bleibt doch unverkennbar, wie sehr sie die Entwicklung des Problembewußtseins und die wissenschaftlichen Spezialdisziplinen (auch der Sozialpsychologie) stimuliert haben. Das mit der Frage nach den Wirkungen eng verknüpfte praktische Problem der Gestaltung von Kommunikationsprozessen hat auch in den sozialistischen Ländern die Massenkommunikationsforschung wachsen lassen.

Die Wortmarken „Wirkung" und „Gebrauch" verweisen auf zwei Hauptfragen: „Was machen die Menschen mit den Medien?" (Gebrauch) und „Was machen die Medien mit den Menschen?" (Wirkung). In dieser abstrakten Form sind diese Fragen allerdings nicht zu beantworten, auch wenn das die bürgerliche Forschung so suggeriert. Das hat zwei Ursachen. Erstens gibt es „die" Menschen und „die" Medien so losgelöst von den gesellschaftlichen Verhältnissen nicht, sondern sie existieren nur historisch-konkret in einem gesellschaftlichen Lebensprozeß, der sie prägt und den sie prägen. Gebrauch und Wirkungen der Massenkommunikation sind daher nur in gesellschaftlichen Bezügen (z. B. im Zusammenhang mit der Lebenslage des Publikums) sinnvoll zu betrachten. Das ist deutlich abzulesen an der Tatsache, daß z. B. dieselben Filme unter verschiedenen historischen Bedingungen, in verschiedenen Bevölkerungsgruppen oder in verschiedenen Ländern zum Teil sehr unterschiedlich wahrgenommen, verstanden, interpretiert werden. Zweitens bestehen zwischen dem Gebrauch und der Wirkung keine „Mauern", sondern enge Wechselwirkungen. Der tatsächliche Gebrauch der Medienangebote (verstanden als ihre Aneignung, ihre aktive Konsumtion) vermittelt die Wirkungen, ist sozusagen die „Nahtstelle" zwischen Wirkungsabsichten und -möglichkeiten der Medien und tatsächlichen Wirkungen, der „Umschlagplatz" der Wirkungen der Massenkommunikation. Beides – Gebrauch und Wirkung der Medienangebote – folgen daher auch einer grundlegenden Gesetzmäßigkeit, die wir – dem marxistischen Medienforscher Horst HOLZER folgend – so formulieren wollen: Medienangebote müssen, um wirksam zu werden, einen Gebrauchswert haben, d. h. die Befriedigung von Kommunikationsbedürfnissen versprechen, und daher „wirkliche Instrumente subjektiv wirklicher Lösungen wirklicher Lebensprobleme" sein (auch wenn diese Lösungen wie in den bürgerlichen Medien objektiv nur Scheinlösungen sind). Und nur indem die Medien wirkliche Lebensprobleme „großer" und „kleiner" Dimension aufgreifen und verarbeiten (ein in der Realität außerordentlich differenzierter und komplizierter Vorgang), nehmen sie wirksam Einfluß auf das Denken und Handeln der Menschen. So „produzieren" sie zugleich die Bedürfnisse, die nur sie zu befriedigen in der Lage sind.

Prozesse des Mediengebrauchs

Mit dem Begriff „Mediengebrauch" meinen wir die aktive, zielgerichtete Aneignung der Medienangebote, ihre – mit MARX zu sprechen – „produktive Konsumtion" (1953, S. 12 ff.). In der Literatur findet man für diesen Vorgang auch andere Wortmarken wie Mediennutzung, Medienkonsum, Rezeption. Wir haben uns für „Gebrauch" vor allem deswegen entschieden, weil er unseres Erachtens besonders gut in der Lage ist, die Lebensnotwendigkeit und Massenhaftigkeit (Medienangebote als unverzichtbare geistige „Lebensmittel" und Gegenstände täglichen Bedarfs) und den aktiven Charakter des Umgangs mit den Angeboten der Massenmedien zu kennzeichnen. Der Mediengebrauch ist theoretisch in drei Vorgänge aufzugliedern

a) Selektion (Auswahl aus dem Angebot),
b) Rezeption (Wahrnehmung des Ausgewählten),
c) Nutzung (Verwendung) des Wahrgenommenen in verschiedenen Lebenssituationen bzw. Lebenstätigkeiten.

Vereinfacht kann man diese Vorgänge auch in eine zeitliche Reihenfolge bringen. Nimmt man die Rezeption als den eigentlichen Hauptprozeß des Mediengebrauchs, so wäre die Auswahl eine präreceptive (vor der Rezeption liegend), die Nutzung eine postrezeptive (nach der Rezeption folgende) Tätigkeit. Diese Vereinfachung findet unter heutigen Bedingungen allerdings nur noch selten eine Entsprechung in der Wirklichkeit, da die Alltäglichkeit des Mediengebrauchs – man denke nur an Musikhören und Fernsehen – massenhaft neue Erscheinungen hervorgebracht wie z. B. das Nebeneinander von Mediengebrauch und anderen Tätigkeiten (Gespräche, alltägliche Verrichtungen, Essen usw.), den gleichzeitigen Mediengebrauch (Lesen und Radiohören), häufige Unterbrechungen der Medienrezeption und Schwankungen der Aufmerksamkeit.

Auswahl

Im Abschnitt über das Wesen der Massenkommunikation hatten wir u. a. zu begründen versucht, daß Massenkommunikation und damit der Mediengebrauch durchaus eine persönliche Lebensnotwendigkeit darstellt. Wie sich aber der Mediengebrauch konkret realisiert, wie er inhaltlich orientiert ist, welche Medienangebote mit welchen Zwecksetzungen verbunden sind, das ist von einer Vielzahl individueller Bedingungen (wie Fähigkeiten, Interessen, Einstellungen) und objektiver Bedingungen (Zeitfonds, Zugang zu den Medienangeboten, Struktur der Medienangebote in Inhalt und Form) abhängig.

In der heutigen Zeit steht der Mensch in seiner Freizeit einer Vielzahl von Möglichkeiten des Mediengebrauchs gegenüber. Ein Blick auf den Zeitungskiosk, in das Rundfunk- und Fernsehprogramm, in die Buchhandlung, auf das Kinoplakat vermittelt dafür einen guten Eindruck.

Mediengebrauch als Freizeittätigkeit ist daher stets selektiv, auswählend. Das unterscheidet ihn auch von anderen Kommunikationsformen, an denen sich zu beteiligen „Pflicht" ist (z. B. Schule) oder sich die Beteiligung geradezu zwangsläufig aus sachlichen und objektiven gesellschaftlichen Anforderungen ergibt (wie z. B. im Arbeitskollektiv).

Der Auswahlprozeß führt – psychologisch gesehen – zu einer Entscheidung. Dem Entscheidungsprozeß liegen letztlich individuelle Kommunikationsbedürfnisse zugrunde, die sich aus der Lebenssituation ergeben, die – anders gesagt – unter bestimmten gesellschaftlichen Umständen (Lebenslauf, aktuelle Lebenslage usw.) erworbene „subjektive Varianten" objektiver gesellschaftlicher Kommunikationsbedürfnisse sind.

In der Massenkommunikationsforschung spielen die Kommunikationsbedürfnisse vor allem in ihren Erscheinungsformen als Einstellungen (Interessen und Erwartungen) eine große Rolle. In den Interessen kommt vor allem eine besondere Gegenstandsorientierung zum Ausdruck. Medieninteressen sind sowohl gerichtet auf vermittelte Inhalte und dargestellte Wirklichkeitsbereiche wie Politik, Kultur, Wissenschaft u. a., aber auch auf Vermittlungsformen der Medien z. B. auf Spielfilme, Unterhaltungssendungen, Magazine, und es wird deutlich, daß das Interesse an den Vermittlungsformen sich relativ verselbständigen kann. In den Erwartungen hingegen schlagen sich die Kommunikationsziele als Antizipation (Vorwegnahme) nieder, sie widerspiegeln daher vor allem subjektive Medienfunktionen. Es gibt derzeit keine verbindliche Klassifikation der individuellen Kommunikationsziele bzw. subjektiven Medienfunktionen.

Die meisten sind abgeleitet aus Grunderwartungen wie Information, Bildung, Unterhaltung, betreffen aber auch solche Sachverhalte wie den Eigenwert von (künstlerischer) Perfektion, die Möglichkeit der Gespräche über das Gesehene, Gehörte u. a. Dazu kommt, daß die verschiedenen Medien neben allgemeinen auch spezifische Erwartungen erfüllen müssen.

Neben den Interessen und Erwartungen als Zielgrößen der Entscheidung für bestimmte Medienangebote spielen eine Reihe von „Orientierungshilfen" eine große Rolle im Entscheidungsprozeß. Dabei ist vor allem auf die heute schon bei Jugendlichen hohe Medienerfahrung hinzuweisen. Sie umfaßt – bei allerdings großen Unterschieden – bei einem 20jährigen – insgesamt über 10 000 Stunden (!) Mediengebrauch und trägt zur Festigung und Ausprägung von Erwartungsstrukturen wesentlich bei, hilft also, das „Risiko" falscher Entscheidungen zu senken. Sehr unterschiedlich, von Medium zu Medium variierend, werden weitere Orientierungshilfen wie „Mundpropaganda" (vor allem beim Kino-Spielfilm), die Medienkritik, die Öffentlichkeitsarbeit der Medien selbst (Programmhinweise und -zeitschriften, Werbung usw.) wirksam.

Besonderheiten des Entscheidungsprozesses ergeben sich weiterhin aus zwei objektiven Tatbeständen, die in Rechnung zu stellen sind. Zum einen wird der Mediengebrauch teilweise in kollektiver Form vollzogen (z. B. das Fernsehen in der Familie) oder berührt direkt kollektive Interessen, wodurch kollektive Abstimmungen notwendig werden. Untersuchungen zeigen hier allerdings beträchtliche Unterschiede im Anteil an solchen gemeinsamen Entscheidungen – meist zugunsten des Familienoberhauptes. Zum anderen können sich Auswahl und Entscheidung im Mediengebrauch nur auf „vorgegebene" Medienangebote (Programme) beziehen. Strukturen im Medienangebot „programmieren" in Inhalt und Form den Auswahlprozeß vor, steuern damit entsprechend ihrem politischen Auftrag auch die Ausprägung von Kommunikationsbedürfnissen.

Im Rahmen dieser beiden objektiven Bedingungen ist die Wirksamkeit von Interessen- und Erwartungsstrukturen für die Auswahlentscheidung gut belegt.

Untersuchungsergebnisse zeigen jedoch auch:

– Entscheidungen im Mediengebrauch sind meist stark „automatisiert", tragen oft Gewohnheitscharakter. Typisch sind dadurch langfristig wirksame Bindungen des Mediengebrauchs an Lebenssituationen und persönliche Stimmungslagen u. a.

– Entscheidungen im Mediengebrauch haben sehr unterschiedliche „Verbindlichkeit". Insbesondere bei den zu Hause nutzbaren Medien ist eine rasche Korrektur von Entscheidungen möglich. Das macht u. a. etwa die Attraktivität des Fernsehens als Medium des Spielfilmgebrauchs gegenüber dem Kino aus, wo eine einmal getroffene Entscheidung schwerer wiegt (und daher meist sorgfältiger erfolgt). Zugleich verwischen sich durch die Möglichkeiten des „Durchschaltens" (bei Rundfunk und Fernsehen) und des „Überfliegens" (bei den Printmedien) die Grenzen zwischen Auswahl und Rezeption.

Da neue technische Kommunikationsmöglichkeiten (wie Recorder) und im internationalen, grenzüberschreitenden Maßstab wachsende Programmangebote (z. B. durch Satellitenfernsehen) erweiterte Wahlmöglichkeiten hervorbringen, wird das Gewicht eines interessen-, erwartungs- und erfahrungsgesteuerten Mediengebrauchs weiter zunehmen. Damit wächst auch die Eigenverantwortung für eine sinnvolle Gestaltung der den Medien gewidmeten Zeit.

Medienrezeption

Unter Medienrezeption verstehen wir die Prozesse der Wahrnehmung der Medienangebote, allgemeiner gesprochen: der Aufnahme und des Verstehens der von den Massenmedien vermittelten Informationen. Wie in jeder Kommunikation ist Verständigung nur dann möglich, wenn die Kommunikationspartner über einen gemeinsamen Vorrat an Zeichen, Bedeutungen und Regeln ihrer Verwendung verfügen bzw. diesen in der Kommunikation durch Lernprozesse ausbilden können, kurz: „eine Sprache sprechen" (s. ausführlich Baustein „Interpersonale Kommunikation").

Die Medien (und die sie tragenden sozialen Kräfte) kommunizieren aber – von Ausnahmen abgesehen – nicht direkt mit dem Publikum, sondern über journalistische und künstlerische Darstellungen bzw. Abbilder von gesellschaftlichen Vorgängen, die potentiell den ganzen Reichtum menschlicher Ausdrucksmittel (natürliche Sprache, die Sprachen der Künste wie die des Films, der Musik, der Literatur usw.) nutzen – in den technisch entwickeltsten Medien wie z. B. im Fernsehen meist synthetisch. Erinnert sei hier an typische Medienangebote wie eine aktuell-politische Nachrichtensendung mit Berichten über wichtige Staatsbesuche, Erklärungen führender politischer Kräfte, Interviews, Informationen und Wertungen zu nationalen und internationalen Ereignissen, erinnert sei an einen Spielfilm, eine Musiksendung, einen Unterhaltungsabend.

Allen diesen Medienangeboten ist – auf einem bestimmten Abstraktionsniveau – gemeinsam, daß sie
– einen bestimmten ausgewählten Wirklichkeitsausschnitt beinhalten (und schon diese Auswahl ist politischen Zielsetzungen unterworfen – man vergleiche nur z. B. die Darstellung der Arbeiterklasse in unseren Medien mit denen kapitalistischer Staaten);
– diesen Wirklichkeitsausschnitt nicht schlechthin abbilden, son-

dern in einer bestimmten Perspektive *gestalten* (über ihn berichten, erzählen usw.) – von der ideologischen Sichtweise bis hin zur Kameraführung;

– ihn in einer besonderen, von der alltäglichen Wahrnehmung unterschiedenen (wenn auch auf sie aufbauenden) Art und Weise widerspiegeln (durch bestimmte journalistische und künstlerische Mittel, durch Montage, Dramaturgie, Stil usw.).

Das Besondere an der massenmedial vermittelten Kommunikation, das als Aufgabe für die Medienrezeption steht, liegt in diesem Zusammenhang: In den Medienangeboten sind gesellschaftliche Vorgänge (von der Weltpolitik über die Begegnung mit der Natur bis zum Ehekonflikt, vom „Abenteuer" der Vergangenheit über die erlernten Formen der Körperbeherrschung bis zu den Errungenschaften der Wissenschaft und Technik) abgebildet (verbunden mit direkten oder indirekten ideologischen Wertungen, die mit dem beginnen, was als berichtenswert angesehen wird). In der Medienrezeption bauen wir eine Beziehung zu diesen Vorgängen auf. Und zugleich dienen die abgebildeten *Vorgänge und die Art und Weise ihrer Gestaltung als Zeichen,* tragen sie eine zusätzliche symbolische Bedeutung und verweisen auf „Botschaften" über sich hinaus, auf grundlegende gesellschaftliche Werte, Normen und Regeln. Der Rezeptionsprozeß in der Massenkommunikation beinhaltet daher das Erfassen, Verstehen und Interpretieren der *dargestellten Vorgänge* (die häufig wie z. B. in Interviews, Reportagen, Filmen selbst kommunizierende Menschen in sich einschließen) und das Erfassen, Verstehen und Interpretieren *der Darstellung selbst* als „Kunstprodukt" mit einer bestimmten politischen, weltanschaulichen, künstlerischen usw. Absicht.

Hervorzuheben ist ferner, daß die Rezeption selbst außerordentlich auswählend verläuft. Die insbesondere von den Medien audiovisuell vermittelten Angebote sind derartig komplex und informationshaltig, daß sie nur durch eine gerichtete, auswählende Wahrnehmung und interne (psychische) Strukturbildungen (Verdichtung der Informationen in sogenannten Superzeichen, Chiffren, kognitiven Schemata) zu bewältigen sind. Dieser kognitive Verarbeitungsprozeß und die Wertung des Gesehenen, Gehörten, Gelesenen beginnt mit der Wahrnehmung, verbindet dann die Medienrezeption mit der dritten zu behandelnden Stufe des Mediengebrauchs.

Nutzung

Unter der Nutzung verstehen wir das bewußte und unbewußte Verwenden der im Rezeptionsprozeß wahrgenommenen und gespeicherten Medienangebote, den aktiven Umgang mit ihnen. Der Mediengebrauch, den wir als aktive Aneignung (Verinnerlichung, „Inbesitznahme") der Medienangebote gekennzeichnet hatten, erhält so seine Erfüllung. Was MARX von der Konsumtion schreibt, hat hier Gültigkeit. Durch die Konsumtion eines Gegenstandes kehrt das Individuum „wieder in sich zurück, aber als produzierendes Individuum, und sich selbst reproduzierendes" (MARX 1953, S. 15). Findet im Prozeß der Rezeption vor allem eine interne (psychische) Verarbeitung statt (Wahrnehmen, Zuordnen von Zeichen zu Bedeutungen, Sinnfindung, speichern usw.), so ist Nutzung vor allem das, was wir (danach) mit dem Gesehenen, Gehörten, Gelesenen anfangen, wie wir es – im ursprünglichen Wortsinn – verarbeiten.

Aus der Realität und Sprache der Medienangebote, in die sich der Zuschauer, Zuhörer, Leser im Rezeptionsprozeß „hineinversetzt", begibt er sich in der Nutzung wieder in die Alltagswelt und stiftet Beziehungen zwischen diesen beiden Wirklichkeitsebenen. Das ist ein sehr komplexer Prozeß, der bereits zum Problem der Wirkungen der Massenkommunikation hinführt. Wir wollen hier deshalb nur wenige Anmerkungen machen. Nutzung ist in erster Linie Weiterführung der im Rezeptionsprozeß begonnenen Auseinandersetzung mit den Medienangeboten. Ihr Hauptinhalt ist die Interpretation und Wertung der in den Medienangeboten widergespiegelten Realität und der Art und Weise dieser Realitätsvermittlung unter dem „Blickwinkel" der eigenen Lebenslage und -tätigkeiten. Grundlage dafür können nur Medienangebote sein, die von hoher persönlicher Bedeutsamkeit sind bzw. eine solche Bedeutsamkeit erzeugen, daß eine – mehr oder minder – für das eigene Handeln folgenreiche Stellungnahme herausgefordert wird. Untersuchungsergebnisse zeigen, daß sich diese Auseinandersetzung mit den Medienangeboten meist gleichermaßen auf den Inhalt, die Form seiner Darstellung und das Massenmedium bezieht.

Nutzung (in dem geschilderten Sinn) ist zwar immer eine individuelle Leistung, aber sie findet häufig in der kollektiven Form der interpersonalen Kommunikation statt. Das persönliche Gespräch führt den zunächst individuellen Mediengebrauch in eine kollektive geistige Auseinandersetzung über. Diese „Grundfunktion" interpersonaler Kommunikation (innerhalb des Prozesses der Massenkommunikation) hat viele „Gesichter". Sie äußert sich z. B. als kollektive Interpretation und Bewertung der Medienangebote, aber als Weiterleitung von massenmedial vermittelten Informationen.

Diese Prozesse zeigen auch, daß interpersonale Kommunikation durch die Massenkommunikation nicht verdrängt werden, sondern den unmittelbaren persönlichen Beziehungen auch neue Gegenstände erschließt. Die zunehmende Verbreitung der Massenmedien und ihr steigendes Angebot lassen eher den Bedarf am Gespräch wachsen. Vielfältige Untersuchungsergebnisse widerlegen eindeutig das oft gehörte Vorurteil, daß ein Ausdehnen der Sphäre der Massenkommunikation gleichbedeutend sei mit Isolation, Sprachlosigkeit usw. – zumindest unter unseren gesellschaftlichen Bedingungen. Das bedeutet natürlich nicht, daß es keine Veränderungen in der alltäglichen interpersonalen Kommunikation in Inhalt und Form gäbe.

Wirkungen in der Massenkommunikation

Die Frage nach den Wirkungen der Massenkommunikation wird von verschiedenen Wissenschaftsdisziplinen und „Schulen" auf sehr verschiedene Weise untersucht und beantwortet. Auch existieren sehr unterschiedliche Kriterien für die Wirksamkeit der Wirkungen an Massenmedien, wie es in der Tat sehr unterschiedliche Dimensionen dieser Wirksamkeit gibt: Wirkungen im Bereich der Politik, der Kultur und Lebensweise, der Ökonomie, der Technik. Wir konzentrieren uns auf Wirkungen der Massenkommunikation auf die Persönlichkeitsentwicklung.

Wenn wir Massenkommunikation als eine der Existenzformen des gesellschaftlichen Lebens betrachten, durch die Menschen sich ideell zu den gesamtgesellschaftlichen Vorgängen in Beziehung setzen, ist es gar keine Frage, ob Massenkommunikationsprozesse solche Wirkungen haben. Reichtum an geistigen Beziehungen zur Gesellschaft, zur Welt und zur Natur, geistiges und darauf aufbauend praktisches Teilnehmen an gesellschaftlichen Entwicklungsprozessen, Erkennen und Erleben der eigenen Gesellschaftlichkeit werden ganz wesentlich durch die Massenkommunikationsprozesse in der sozialistischen Gesellschaft bestimmt. Eher ist von Interesse (und daher bevorzugter Gegenstand der Forschung), wie diese Wirkungen zustandekommen und erzielt werden können und wie sie mit anderen gesellschaftlichen Vorgängen zusammenhängen. Dieses Interesse ist ganz und gar nicht „rein akademisch", sondern hat „handfeste" politische und ökonomische Ursachen, geht es doch um Effektivität der eingesetzten materiellen und geistigen Mittel.

Wenn wir von Wirkungen sprechen, sind folgende Gesichtspunkte zu beachten: Wirkungen der Massenkommunikation
— sind Veränderungen im Bewußtsein von Menschen und nur „durch den Kopf hindurch" (ENGELS) im sozialen Handeln, die durch Prozesse der Massenkommunikation ausgelöst, mitbedingt und (in seltenen Fällen) verursacht sind;
— sind immer Resultat der Wechselwirkung zwischen Medienangeboten (den in ihnen „vorproduzierten" Wirkungspotenzen), dem Mediengebrauch und der gesellschaftlich-historischen Kommunikationssituation;
— können von unterschiedlicher Intensität und Stabilität sein, einzelne Seiten der Tätigkeit oder auch die Gesamtpersönlichkeit betreffen, von einzelnen Medienangeboten ausgehen und von sehr unterschiedlicher individueller und gesellschaftlicher Bedeutung sein;
— haben ihre Grundlage in den objektiven, letztlich materiellen gesellschaftlichen Lebensumständen der Menschen, die Medienangebote je nach ihrem Klassenauftrag auf spezifische Weise widerspiegeln (wahr oder falsch, als bürgerliche oder sozialistische Ideologie), aber nicht „wegdiskutieren" können.

Diese Punkte zeigen: „Die" Wirkungen „der" Massenkommunikation gibt es nicht — es ist stets der gesellschaftliche Zusammenhang und die Wirkungsebene anzugeben, wenn von Wirkung gesprochen wird.

Bis in die siebziger Jahre war die Wirkungsforschung stark auf kurzfristige Wirkungen der Massenkommunikation auf Einstellungen (Verhaltensdispositionen) konzentriert. Das Zwischenergebnis jener Forschungen, daß Massenkommunikation vor allem in Richtung auf das Verstärken und Konstanthalten bestehender und teilweise den Erwerb völlig neuer Einstellungen, Überzeugungen und Meinungen wirken, hat durchaus einen realen Kern. Allerdings wurde daraus schnell die These der „relativen Wirkungs-

losigkeit" der bürgerlichen Massenmedien, die deren Manipulation das ideologische Mäntelchen der Harmlosigkeit umhing. Inzwischen hat sich die Forschung inhaltlich neue Bereiche erschlossen. Relativ gut nachgewiesen sind folgende Wirkungsfelder:
– Entwicklung und Erweiterung der Kenntnisse über die verschiedensten Themen, Sachverhalte und Erscheinungen der Realität: Zweifellos stammt ein Großteil unseres Allgemeinwissens aus Medienangeboten, und zwar in bezug auf wesentliche Themen wie auf „Belanglosigkeiten". Da die Massenmedien Wissen selten systematisch vermitteln können (wie z. B. die Schule), trägt dieses aus den Medien angeeignete Wissen relativ häufig unsystematischen und punktuellen Charakter.
– Entwicklung und Erweiterung des „Repertoires" an Denk- und Verhaltensweisen: Medienangebote (vor allem audivisuelle) ermöglichen ein „risikofreies" Lernen, durch das erlebnisintensiv und wirklichkeitsangenähert mögliche Strategien zur Wirklichkeitsbewältigung überprüft werden können. Dies verläuft meist als „Lernen am Modell", kaum als kritiklose Nachahmung.
– Entwicklung und Erweiterung der kommunikativen Fähigkeiten und Wertmaßstäbe: Medienangebote erweitern die Fähigkeit zur Kommunikation mit anderen und bestimmen wesentlich, *worüber* man *wie* sprechen kann. Diese Wirkungen betreffen nicht nur die interpersonale Kommunikation, sondern auch die Massenkommunikation selbst: Die Medienangebote befähigen selbst zum Umgang mit ihnen (der Mediengebrauch wird nicht systematisch gelehrt), indem sie langfristig und natürlich im Zusammenhang mit der politischen, ästhetischen usw. Bildung und Erziehung, jene Fähigkeiten ausprägen, die zu ihrer Rezeption notwendig sind. Durch die vielfältigen Vergleichsmöglichkeiten, die die Medien bereitstellen, üben sie auch einen großen Einfluß darauf aus, was als „Programmstandard" gilt (was z. B. ein guter Film ist, wie man „perfekt" unterhält, was eine interessant „gemachte" Musiksendung ist usw.).
– Entwicklung von Wahrnehmungs- und Urteilsstrategien: Medienangebote widerspiegeln nicht nur spezifische Wirklichkeitsbereiche, sondern bieten sie in einer bestimmten „Logik" – subtil z. B. als Stereotypien, Klischees (der „Gute" und der „Böse" im Film), offen als Erklärung und „Verklärung" gesellschaftlicher Vorgänge (wie Macht „funktioniert", wie Gewalt entsteht, wie

eine Versammlung abläuft, was „wahre Liebe" ist usw.). Diese „Regeln" werden häufig in der Alltagswelt benutzt, sind selbst Gegenstand auch der ideologischen Klassenauseinandersetzung.

– Entwicklung des Weltbildes (bereits im einfachsten Wortsinn): Mit der medienspezifischen Sichtweise (die immer auswählend ist) werden Vorstellungen von der Realität beeinflußt und teilweise (vor allem bei Fehlen unmittelbarer Erfahrungen) geschaffen. Das fängt an beim Blick auf Plätze und Landschaften und führt bis zur Abbildung der Lebensweise in Vergangenheit, Gegenwart und Zukunft.

Diese und andere hier nicht detailliert behandelte Wirkungsfelder verlaufen in den konkreten Kommunikationsprozessen selten isoliert, sondern differenziert (und auch widersprüchlich). Dabei haben wir Wirkungsrichtungen ausgewählt, in denen sich die ideologische Gerichtetheit der Massenmedien nicht so sehr in deutlich formulierten Aussagen, sondern mehr in unterschwelligen, indirekten „Botschaften" ausdrückt. Das hat seinen Grund u. a. darin, daß die Medienunterhaltung (vom Film über die Fernsehserie bis zum Musiktitel) einen besonderen Stellenwert in der Kommunikation gesellschaftlicher Wertvorstellungen gewonnen hat.

Die Massenkommunikationsforschung hat sich allerdings selten mit der bloßen Konstatierung von Wirkungen begnügt. Das Forschungsinteresse galt – dem Klasseninteresse entsprechend auf unterschiedliche Weise – vor allem den Bedingungen, durch die wirksame Massenkommunikation gestaltet wird. Diese Forschungen sind auf Grund ihrer Differenziertheit ebenso wie wegen ihrer Gesellschaftsabhängigkeit schwer auf einen Nenner zu bringen. Die vom US-amerikanischen Kommunikationsforscher Berelson aus dem Jahr 1948 stammende lakonische Aussage, wonach manche Kommunikation unter manchen Umständen bei manchen Personen gewisse Effekte zeigen, liest sich heute als ironischer Kommentar auf viele tausend Arbeiten zur Wirkungsforschung. Dennoch können einige die Wirkungsmöglichkeiten der Medienangebote begünstigende Bedingungen genannt werden. Solche sind u. a.

– die „formale" Attraktivität der Angebote, d. h. daß sie ästhetisch und technisch „auf der Höhe der Zeit" sind bzw. ihrem Gegenstand gerecht werden;

– die individuelle Bedeutsamkeit der Angebote in dem Sinne,

daß sie – tatsächlich oder nur scheinbar – Antwort geben auf wichtige persönliche und gesellschaftliche Lebensfragen;

– die Glaubwürdigkeit der Medienangebote (Vertrauen in Wahrhaftigkeit, Expertentum usw.);

– die Verständlichkeit der Medienangebote (d. h. die Benutzung einer den kommunikativen Fähigkeiten angepaßten „Mediensprache" in Wort, Bild und Ton).

Die Kennzeichnung dieser Bedingungen zeigt, daß die Qualität massenkommunikativer Prozesse weder allein an den Medienangeboten noch am „Publikum" festgemacht werden kann, sondern nur im Zusammenhang von (Medien-) Produktion und Konsumtion in einer gegebenen historisch-konkreten (Kommunikations-) Situation. Darin liegt auch das „Geheimnis" erfolgreicher Massenkommunikation.

Mikrogruppen

Peter Voß

Mikrogruppen gehören zu unserer unmittelbaren Lebensumwelt.
Wenn heute über Umweltprobleme gesprochen wird, steht meist
die natürliche Umwelt im Mittelpunkt des Interesses – die Rein-
haltung der Luft und des Wassers, der Schutz der Wälder usw. –

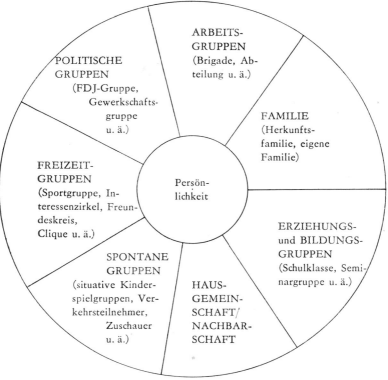

Abb. 1: Mikrogruppen in unserer sozialen Umwelt.

und dabei wird häufig übersehen, daß der Mensch auch eine *soziale Umwelt* hat, die es ebenso zu schützen gilt. Störungen im sozialen Mikromilieu beeinträchtigen Gesundheit und Wohlbefinden der betroffenen Menschen und können, besonders in jungen Jahren, die gesamte Persönlichkeitsentwicklung ungünstig beeinflussen.

Nach Auffassung der marxistischen Sozialpsychologie sind die Beziehungen zwischen Persönlichkeit und Gruppe ein Element des übergreifenden Verhältnisses von Individuum und Gesellschaft. Die Struktur und Funktion der in der Gesellschaft existierenden sehr unterschiedlichen Gruppen lassen sich also nur auf der Basis der durch die materielle Produktion des Lebens gegebenen objektiven gesellschaftlichen Verhältnisse analysieren. In der Wechselwirkung von Individuum und Gesellschaft spielt die kleine Gruppe eine *vermittelnde Rolle*; sie repräsentiert für die Persönlichkeit sozusagen einen bestimmten Ausschnitt der Gesellschaft (vgl. Baustein „Persönlichkeit und Gesellschaft").

Was ist eine Gruppe?

Alltagsbegriffe und wissenschaftliche Begriffe können erheblich divergieren. Im normalen Sprachgebrauch wird niemand Anstoß nehmen, wenn wir mehrere Personen, die an einer Haltestelle auf den Bus warten, als „Gruppe" bezeichnen. Im Gegenteil: Wenn jemand statt dessen das Wort „Aggregat" verwenden würde, könnte das Erstaunen hervorrufen. Dabei hat er sich tatsächlich sozialpsychologisch exakt ausgedrückt.

Wissenschaftliche Begriffsbildung filtert aus der Vielfalt der realen Erscheinungen die bestimmenden Merkmale heraus und definiert damit das *Wesen* der Erscheinung – in unserem Falle der Gruppe. Der Definitionsprozeß ist abgeschlossen, wenn Konsens über die Definition hergestellt ist. In bezug auf „Gruppe" kann heute von Konsens unter Sozialwissenschaftlern noch keine Rede sein. Eine einigermaßen fest umrissene Bedeutung hat der Gruppenbegriff jedoch in der Sozialpsychologie erhalten: Gruppe wird hier überwiegend als „kleine Gruppe" („Kleingruppe", „Mikrogruppe") aufgefaßt. Mikrogruppen sind aus sozialpsychologischer Sicht Sozialgebilde, in denen *über längere Zeit eine direkte interpersonale Kommunikation* stattfindet.

Damit haben wir zunächst eine sehr allgemeine Gruppendefinition vorliegen, die nur zwei Bestimmungsstücke enthält: Zeitdauer und unmittelbare soziale Wechselwirkung. Andere Definitionen verlangen noch eine gemeinsame Aufgabe, eine interne Gruppenstruktur, das Vorhandensein eines Systems von Gruppennormen sowie die Wahrnehmung der Gruppe *als Gruppe* durch die Gruppenmitglieder (vgl. HIEBSCH, VORWERG u. a. 1979, S. 58 ff.).

Je mehr Definitionsmerkmale hinzugezogen werden, desto enger wird der Gruppenbegriff, desto weniger soziale Erscheinungen werden damit erfaßt. So haben informelle Freizeitgruppen meist keine gemeinsamen Aufgaben, und der Nachweis von Normen und Strukturen ist stark methodenabhängig – aber dennoch treffen sie sich immer wieder, und ihre Mitglieder treten in aktive Beziehungen zueinander. Warum sollte man sie nicht als Gruppe bezeichnen?

Die Intensität und Unmittelbarkeit der Kommunikation bedingen auch die Größe solcher Gruppen. Die Mitgliederzahl einer kleinen Gruppe kann nicht beliebig wachsen, da sonst die interpersonale Kommunikation gestört bzw. gänzlich unterbrochen wird. Im allgemeinen haben Mikrogruppen Mitgliederzahlen bis maximal 30 Personen.

Als wichtige Mikrogruppen in der Sozialstruktur unserer sozialistischen Gesellschaft betrachten wir die Familie, die Schulklasse, die Seminargruppe, das Arbeitskollektiv, die FDJ-Gruppe, Kultur- und Sportgruppen, Freundeskreise und ähnliche Gruppen. Damit ist gleichzeitig gesagt, daß wir ausschließlich „natürliche" Gruppen in unsere Überlegungen einbeziehen. Statistische Gruppen (z. B. EOS-Schüler) oder zu experimentellen Zwecken zusammengestellte sogenannte „Laborgruppen" wollen wir außer acht lassen.

Mikrogruppen der genannten Art bilden die kleinsten sozialen Elemente in der Sozialstruktur der Gesellschaft; manchmal werden sie auch als die sozialen „Grundelemente" der Gesellschaft bezeichnet. Unterhalb dieser sozialen Ebene gibt es keine sozialen Systeme mehr.

Gruppenbindungen im Lebenslauf

Im Lebenslauf, hier als individuelle Biographie aufgefaßt, lassen sich für einzelne Entwicklungsabschnitte typische Gruppenbindungen ausmachen. Die Herkunftsfamilie, die Gruppen im Kindergarten, die Schulklasse, Freunde, die Pioniergruppe usw. sind für die Persönlichkeitsentwicklung wichtige *Entwicklungsmedien* (vgl. SCHMIDT 1982, S. 170 ff.).

Die ersten Sozialbeziehungen entwickeln sich schon im Säuglingsalter. Über das primäre Bedürfnis nach körperlichem Kontakt mit der Mutter und anderen Personen entstehen emotionale Bindungen, die über einen prägungsähnlichen Lernprozeß wahrscheinlich das ganze spätere Sozialverhalten beeinflussen. „Von Geburt an ist der Säugling also ein *soziales Wesen.* Er ist menschlicher Partnerschaft und zwischenmenschlichen Austausches bedürftig und biologisch dafür ausgerüstet" (SCHMIDT und RICHTER 1980, S. 86). Allerdings ist es bis zur gleichberechtigten Mitgliedschaft in kleinen sozialen Gruppen ein langer Weg. Selbst die 5- bis 6jährigen Kindergartenkinder formieren sich von selbst nur in kurzlebigen, *situativen sozialen Gruppen,* weil sie zu stabilen Gruppenbeziehungen noch nicht fähig sind (ebenda, S. 183).

Ob dem frühen Sozialverhalten eine genetische Determinante zugrunde liegt, ist noch umstritten (vgl. FREYE und FREYER 1984). Fest steht aber, daß die soziale Entwicklung des Kindes maßgeblich von der sozialen Stimulation im Familienverband abhängt. In der Familie als *Primärgruppe* werden diejenigen sozialen Fähigkeiten erworben, die später Voraussetzung für die Integration in sekundäre Gruppen sind. Eine Auflösung der Familienbeziehungen und eine vorschnelle Eingliederung des Kindes in Gruppen Gleichaltriger fördern die Sozialentwicklung nicht. Bis ins mittlere Kindergartenalter hinein sind familienähnliche Strukturen für den Sozialisationsprozeß wahrscheinlich besser geeignet (ebenda, S. 565).

Der Heranwachsende erschließt sich über die schrittweise Ausweitung seiner Gruppenbindungen allmählich immer neue Lebensbereiche. Das Ausmaß subjektiver Lebensaktivität korreliert immer stärker mit der Anzahl und dem Niveau der Gruppenbeziehungen. Mit dem Eintritt in das Erwachsenenalter erreicht die Gruppenzugehörigkeit dann ihre höchste Ausprägung. Das Arbeitskollektiv, politische und gesellschaftliche Gruppen, die eigene Familie, Freundeskreise, verschiedene Arten von Freizeitgruppen usw. sind jetzt nicht mehr nur „Entwicklungsmedien", sondern vor allem „Aktivitätsmedien", die den Handlungsspielraum der Persönlichkeit vergrößern, ihre Subjektposition in der Sozialstruktur bestimmen und festigen.

Die Auswirkungen der *multiplen Gruppenzugehörigkeit* auf die individuellen Wertorientierungen, Bedürfnisse, Interessen und Verhaltensweisen sind empirisch noch wenig untersucht. In der bürgerlichen Sozialpsychologie wird oft davon ausgegangen, daß nur eine Gruppe – die Bezugsgruppe – Erleben und Verhalten des einzelnen bestimmt. Die Komplexität der sozialen Wechselwirkung wird auf ein eindimensionales Geschehen reduziert, ein Ansatz, den PETROWSKI (1983, S. 175 ff.) prinzipiell kritisiert hat.

Fehlende oder unzureichende Gruppenbindungen sind für den einzelnen stets mit negativen Emotionen verbunden. Die meisten Probleme alter Menschen erwachsen bekanntlich aus sozialer Isolierung. Hier wird sehr deutlich, daß Gruppenbindungen primär nicht auf subjektive Wünsche zurückgehen (denn die haben alte Leute ja!), sondern auf *Tätigkeitsstrukturen, die objektiv Kooperation erfordern*. Die Abfolge der Gruppenbindungen im Lebenslauf ist keine Funktion des Lebensalters; das Alter markiert nur bestimmte Abschnitte im Insgesamt der Lebensaktivitäten. Die zentrale Lebensaktivität, die *berufliche Arbeit*, die Qualität der sozialen Beziehungen im Arbeitsprozeß und die Subjektposition der Persönlichkeit in diesen Arbeitsbeziehungen haben *Leitfunktion* für alle anderen Gruppenbindungen. Mangelnde Integration ins Arbeitskollektiv kann nicht durch Bindungen an Freizeitgruppen kompensiert werden. Untersuchungen der Jugendforschung zeigen, daß aktive Sozialbeziehungen Jugendlicher in den Lern- und Arbeitskollektiven die Voraussetzung für aktive Beziehungen im Freizeitbereich sind. Umgekehrt sind kontaktarme Jugendliche meist in beiden Lebensbereichen, Arbeit und Freizeit, sozial wenig integriert.

Jedes Ausscheiden aus dem gesellschaftlichen Arbeitsprozeß führt zu Einbußen an Gruppenbindungen. Das gilt auch für eine zeitlich begrenzte Unterbrechung der Arbeitstätigkeit (z. B. Babyjahr). Dieser Zustand „verdünnter Sozialbeziehungen" wird von den Betroffenen meist stark reflektiert und nicht als angenehm erlebt. Er ist ein bestimmendes Motiv für die Wiederaufnahme einer Arbeitstätigkeit.

Formelle und informelle Gruppen. Das Kollektiv
In der sozialpsychologischen Literatur haben sich die Begriffe formelle und informelle Gruppe eingebürgert. Unter *formellen Grup-*

pen werden solche Gruppen verstanden, die im Interesse der Gesellschaft und durch die Gesellschaft gebildet werden, die bestimmte gesellschaftliche Zielstellungen verfolgen, bestimmte Aufgaben in arbeitsteiliger Kooperation bewältigen müssen und deshalb ganz bestimmte (formelle) Strukturen vorgegeben bekommen. Formelle Mikrogruppen in diesem Sinne sind die Schulklasse, die Brigade im Betrieb, die FDJ-Gruppe, aber auch die organisierte Sportgruppe. Ein wesentliches Merkmal formeller Gruppen ist ihre planmäßige Integration in übergreifende soziale Organisationen: Die Schulklasse kann nur im größeren Rahmen der Schule existieren, die Arbeitsgruppe gehört zu einer Abteilung oder zu einem Betriebsteil, die FDJ-Gruppe ist Bestandteil der FDJ-Grundorganisation, die Sportgruppe ist in die Struktur der Sportverbände eingegliedert.

Alle Mikrogruppen, die den eben genannten Kriterien nicht entsprechen, werden als *informelle Gruppen* bezeichnet. Analog unterscheidet man in der Sozialpsychologie formelle und informelle Gruppenstrukturen. *Formelle Strukturen* sind die der Gruppe gewissermaßen a priori vorgegebenen Strukturen (z. B. daß es in einer Produktionsbrigade einen Brigadier, einen Stellvertreter, einen Arbeitsschutzverantwortlichen und einen Gewerkschaftsvertrauensmann mit jeweils genau festgelegten Rechten und Pflichten gibt). Die formellen Strukturen werden auf der Grundlage gesellschaftlicher Erfahrungen definiert. Sie sind abhängig vom Hauptinhalt der Gruppentätigkeit, von den Erfordernissen der sachlichen Kooperation, von technologischen Prozessen, von den notwendigen Beziehungen zu anderen Gruppen und ähnlichen *objektiven* Faktoren. Formelle Strukturen bestimmen „offizielle" Positionen sowie die Art der Beziehungen zwischen diesen Positionen in der Gruppe.

Informelle Gruppenstrukturen bilden sich neben der formellen Struktur, aber nicht unabhängig und unbeeinflußt von dieser. Die Basis der sozialen Beziehungen ist in diesem Fall nicht die arbeitsteilige Kooperation im Interesse der Aufgabenbewältigung, sondern vielmehr die „psychologische Situation" der Gruppe, d. h. die unterschiedlichen Persönlichkeitsstrukturen der Gruppenmitglieder, die Besonderheiten ihrer Bedürfnisse, Interessen und Einstellungen. Während die formellen Beziehungen „offiziellen" Charakter tragen, haben die informellen Beziehungen „persönlichen" Charakter. Oft kommt es vor, daß zwischen denselben Personen (z. B. zwischen Abteilungsleiter und Mitarbeiter) formelle und informelle Beziehungen bestehen, die sich nicht in jedem Fall decken müssen: Der Abteilungsleiter kritisiert in der Öffentlichkeit seinen Freund, der zugleich sein Unterstellter ist, und er nimmt die Kritik privat wieder zurück.

Innerhalb formeller Gruppen gibt es immer formelle und informelle Strukturen; in informellen Gruppen gibt es dagegen nur informelle Strukturen. Im Unterschied zur Ermittlung der formellen Struktur einer Gruppe (die ja meist explizit festgelegt ist: Funktionsverteilungspläne, Stellenpläne, Strukturschemata) ist die Ermittlung der informellen Struktur mit bedeutend größeren methodischen Schwierigkeiten verbunden. Während die formelle Struktur im allgemeinen unverändert bleibt, unter welchem Gesichtspunkt sie auch betrachtet wird, ändert sich die informelle Struktur in Abhängigkeit von der Betrachtung wie auch in Abhängigkeit von den eingesetzten Methoden. Zur Aufdeckung informeller Gruppenstrukturen sind in der Sozialpsychologie zahlreiche Methoden entwickelt worden, auf die wir hier nicht näher eingehen können; sie werden unter der Bezeichnung soziometrische Methoden zusammengefaßt.

Die Existenz informeller Strukturen in formellen Gruppen darf nicht unterschätzt werden. Bei erheblichen Divergenzen zwischen beiden Struktursystemen kann es zu Störungen aller Gruppenprozesse kommen. Das kann so weit führen, daß beide Strukturen gegeneinander arbeiten und die Erfüllung der Gruppenaufgabe unmöglich machen. Unter einer „gutintegrierten Gruppe" wird deshalb meist die relative Übereinstimmung von formeller und informeller Struktur verstanden.

Wenn wir nun die Frage nach dem Unterschied von „Gruppe" und „Kollektiv" stellen, berühren wir die *Entwicklungsprozesse* von Gruppen. Wie PETROWSKI schreibt, wurde dieser Aspekt in der bürgerlichen Sozialpsychologie bisher kaum beachtet: „Hervorgehoben werden muß, daß es in der traditionellen Sozialpsychologie, in der die Gruppen nach ihrer Größe, nach der Dauer ihres Bestehens, nach dem Führungsstil, nach dem Grad des Zusammenhalts usw. unterschieden werden, überhaupt keine Unterscheidung der Gruppen nach ihrem Entwicklungsniveau gibt" (1983, S. 309).

Beginnt man mit einer allgemeinen Bestimmung des Kollektivs, so kann man sagen, daß dieser Begriff in seiner meistgebrauchten Verwendung der Mikrogruppe tatsächlich am nächsten kommt. Dennoch darf man beide Begriffe nicht identifizieren. Im Unterschied zu anderen sozialen Gruppen, die häufig spontan und zufällig entstehen, ist das Kollektiv eine bewußte Vereinigung seiner Mitglieder zur gemeinsamen Erfüllung gesellschaftlich notwendiger Aufgaben und zur sozialistischen Persönlichkeitsentwicklung. Kollektive werden nicht anders als durch die zielgerichtete Tätigkeit der Menschen geschaffen. Damit sich ein Kollektiv entwickeln kann, müssen die Voraussetzungen und Bedingungen seiner Entwicklung planmäßig organisiert werden. Das Kollektiv ist nicht einfach eine Gemeinschaft von Menschen, die sich irgendwo zusammengefunden haben und sich nun auch zufällig in ihrem Verhalten beeinflussen, sondern eine bewußt organisierte Gemeinschaft mit bevollmächtigten Organen, mit sinnvoller Funktions- und Aufgabenverteilung, mit geregelten Verantwortlichkeiten und einem festen System von Regeln und Normen des kollektiven Zusammenlebens, welches sich in der öffentlichen Meinung im Kollektiv ausdrückt. Die Beziehungen im Kollektiv sind nicht einfach nur Beziehungen der Sympathie oder Freundschaft, sondern eben *kollektive Beziehungen,* und das bedeutet, daß sie eine verantwortungsvolle gegenseitige Abhängigkeit darstellen. Diese Beziehungen können nicht einfach aufgekündigt werden, wenn es dem einzelnen paßt, denn es sind verbindliche Beziehungen der Ein- und Unterordnung.

Mit dem Kollektivbegriff wird eine qualitativ höhere Entwicklungsstufe von Mikrogruppen gekennzeichnet, die als eine *neue historische Qualität* sozialer Beziehungen nur unter sozialistischen gesellschaftlichen Verhältnissen möglich ist. Das bedeutet aber nicht, daß alle Mikrogruppen unserer Gesellschaft Kollektive werden können. Gruppen können formell oder informell sein, aber Kollektive sind stets formelle Mikrogruppen. Ob sich eine Gruppe zum Kollektiv entwickelt und wie schnell dieser Prozeß verläuft, hängt in hohem Maße von den gesellschaftlichen Anforderungen an die Gruppe ab.

Aspekte der Gruppenleistung

Die Entwicklung der experimentellen Sozialpsychologie begann um die Jahrhundertwende mit praktischen Aufgabenstellungen zur

Leistungssteigerung im industriellen Bereich und in der Schule. Es wurde untersucht, ob und unter welchen Bedingungen Gruppenarbeit im Betrieb bzw. Gruppenunterricht in der Schule effektiver ist als Einzelarbeit. Die erste Forschungsfrage lautete: Wie verändert sich das individuelle Leistungsverhalten bei Anwesenheit anderer Personen?

Dabei ging es zunächst noch gar nicht um die Gruppenprozesse, denn die Gruppe bildete in den experimentellen Versuchsplänen nur die „soziale Reizsituation" für das Individuum. Es zeigte sich die allgemeine Tendenz, daß die bloße Anwesenheit anderer Personen in einem Raum die individuelle Leistung verbesserte. Das interpretierten die Sozialpsychologen als „soziale Erleichterung". Die Leistungsanforderungen durften jedoch nicht zu hoch sein, da sonst die Qualität der individuellen Leistung durch Störeinflüsse der anwesenden Personen beeinträchtigt wurde.

In der Folgezeit rückten dann die Gruppenprozesse selbst in den Mittelpunkt des Interesses. Es ging darum, den *Leistungsvorteil* der kooperierenden Gruppe so effektiv wie möglich zu nutzen. Dieses Problem hat schon MARX beschäftigt. Bei seiner Analyse der kapitalistischen Produktionsweise stellte er fest, daß der Leistungsvorteil der Gruppe auf zweierlei Weise entsteht:
– durch die Erhöhung der *individuellen* Leistungsfähigkeit
(vor allem durch eine höhere Leistungsmotivation),
– durch die Erhöhung der *kollektiven* Leistungsfähigkeit
(kombinierte Arbeit schafft eine neue Produktivkraft).

Das sozialistische Leistungsprinzip und seine konsequente Durchsetzung richten sich auf die Wirkung des erstgenannten Faktors. Durch den sozialistischen Wettbewerb, persönliche Verpflichtungen, die Bestenbewegung usw. sollen individuelle Leistungspotenzen freigesetzt werden. Hier liegt gegenwärtig eine wichtige Quelle zur Steigerung der Arbeitsproduktivität. Von entscheidender Bedeutung wird künftig jedoch der zweite Faktor werden, da die *Arbeitsaufgabe* und das Niveau der *kollektiven Organisation* letztlich darüber entscheiden, in welchem Umfang und in welcher Qualität die Fähigkeiten jedes Mitgliedes in die „neue Produktivkraft" (MARX) eingehen. Über die sozialpsychologischen Bedingungen zur Freisetzung des Leistungsvorteils der kooperierenden Gruppe liegen bereits Arbeiten von marxistischen Sozialpsychologen vor (vgl. HIEBSCH, VORWERG u. a. 1979, S. 69 ff.). Die gegenwärtige sozialpsychologische Kleingruppenforschung beschäftigt sich mit Prozeßanalysen der Gruppenaktivität. Dabei steht die *Aufgabe,* die die Gruppe lösen muß, im Zentrum der Aufmerksamkeit.

Die Aufgabe wird als diejenige Variable betrachtet, welche Aktivität und Organisation der Gruppe bestimmt. Gruppen leisten unterschiedlich viel, je nachdem, welche Aufgaben ihnen gestellt sind. Von großer Bedeutung ist die richtige Aufgabenverteilung in der Gruppe. Untersuchungen von Arbeitskollektiven haben gezeigt, daß eine klare Abgrenzung der Aufgabenbereiche und Verantwortlichkeiten der Gruppenmitglieder eine unerläßliche Voraussetzung für hohe Produktivität ist. Je deutlicher der eigene Anteil an der kollektiven Aufgabenlösung wahrgenommen wird, desto mehr wird die Leistungsbereitschaft gefördert und die Verbundenheit mit der Gruppe gefestigt.

Probleme entstehen, wenn sich die Gruppenmitglieder durch die Aufgabenstellung unterfordert bzw. überfordert fühlen. *Unterforderung* wirkt sich auf Dauer leistungsmindernd aus, da wegen des zu geringen Schwierigkeitsgrades der Aufgabe keine Impulse für die Anstrengungsbereitschaft gesetzt werden. Gruppenmitglieder, die bereits über eine hohe Leistungsbereitschaft verfügen, tendieren deshalb dazu, solche Arbeitskollektive zu verlassen, in denen ihre Fähigkeiten nicht abgefordert werden.

Nachteilig auf die Gruppenleistung wirkt sich aber auch die *Überforderung* einzelner Gruppenmitglieder durch Aufgabenstellungen aus, die ihrem tatsächlichen Leistungsvermögen nicht entsprechen. Abgesehen von der Qualitätseinbuße bei der Realisierung der Aufgabe, führen die damit verbundenen permanenten Mißerfolgserlebnisse bei den Betroffenen zu psychophysischen Störungen, die nicht selten den Charakter von Erkrankungen annehmen.

Was für den einzelnen gilt, gilt auch für die Gruppe: Gruppen können sich unterfordern oder überfordern. Je realer die Zielstellungen der Gruppe und je stärker die Übereinstimmung zwischen den Gruppenmitgliedern in bezug auf die Akzeptierung der Ziele, desto höher die Leistung. Untersuchungen bei Jugendforscherkollektiven zeigen: Hohe Aufgabenstellungen des Kollektivs bewirken über die sich in der kollektiven Tätigkeit herausbildenden kollektiven Beziehungen eine höhere Leistungsbereitschaft und eine bessere Ausschöpfung des individuellen Arbeitsvermögens der jungen Angehörigen der Intelligenz.

Gegenüber der großen Bedeutung der Gruppenaufgabe für das Leistungsverhalten der Mitglieder hat das *sozialpsychologische Klima* in der Gruppe für die Leistung nur mittelbare Relevanz. Fördert oder hemmt das Wohlfühlen im Kollektiv die Gruppenleistung und die Leistung des einzelnen? Die dazu vorliegenden Forschungsergebnisse sind nicht eindeutig.

Vielfach werden die Kollektivbeziehungen noch idealisiert: Das Fehlen von Konflikten und Harmonie in den interpersonellen Beziehungen gelten als das Erstrebenswerte. In solchen Kollektiven geht man harten Auseinandersetzungen aus dem Wege und zeigt sich eher kompromißbereit. Untersuchungen zeigen nun, daß sich Werktätige mit geringer Leistungsmotivation in den Kollektiven wohlfühlen, wo an sie keine hohen Leistungsanforderungen gestellt werden, während stark Leistungsmotivierte solche Kollektive häufig verlassen. Zwischen der Zufriedenheit mit den sozialen Beziehungen in der Arbeitsgruppe und der Produktivität gibt es keine direkten Abhängigkeiten. Beim einzelnen Arbeiter ist hohe Leistung eher eine Quelle für Zufriedenheit, als daß Zufriedenheit eine Ursache für hohe Leistungen ist. Die Gruppenatmosphäre wirkt demnach vermittelt über bereits vorhandene Persönlichkeitsstrukturen der Gruppenmitglieder. Der einzelne kann ihr sehr unterschiedliche Bedeutung zumessen. So ist bekannt, daß Frauen dazu neigen, eine gute Atmosphäre im Arbeitskollektiv höher zu schätzen als Männer, die sich ihrerseits stärker an der Arbeitsaufgabe orientieren.

Grundsätzlich sollten Konflikte nicht als „dysfunktional" betrachtet werden. Die Anerkennung innerer Widersprüche als Triebkraft der Kollektiventwicklung gehört zum Wesen unserer Kollektivtheorie. Vielmehr geht es um das bewußte Setzen von Widersprüchen im Interesse der kollektiven Ziele und um angemessene Strategien der Konfliktbewältigung. Konflikte beeinflussen die Gruppenleistung nur dann negativ, wenn sie die Aktivitäten der Gruppenmitglieder von den Aufgaben ablenken. Das kann dazu führen, daß sich die Gruppenmitglieder nicht mehr an der Tätigkeit selbst orientieren, sondern an den sozialen Konsequenzen ihrer Tätigkeit. Die Aufgabenerfüllung wird dann der Auseinandersetzung im Kollektiv untergeordnet.

Hohe Leistungen im Arbeitskollektiv erfordern eine weitgehende Versachlichung der interpersonellen Beziehungen, d. h., die formellen Strukturen müssen über den informellen stehen. Sehr deutlich hat das PETROWSKI formuliert: Gruppen, in denen die persönlichen Beziehungen der Gruppenmitglieder, also Sympathie und Antipathie, die Gruppenatmosphäre bestimmen, haben sich noch nicht auf das Entwicklungsniveau sozialistischer Kollektive begeben. In solchen Gruppen deformieren die Affektstrukturen die erforderlichen Kooperationsstrukturen. Echte Kollektivbeziehungen gründen sich nicht auf Emotionalität, sondern beruhen auf der gemeinsamen Tätigkeit, d. h., sie sind durch die kollektive Aufgabe vermittelt (vgl. 1983, S. 316).

Psychosoziale Störungen

Hellmut Starke

Als psychosoziale Störungen werden Gesundheitsstörungen bzw. Erkrankungen bezeichnet, die primär psychosozial bedingt sind, d. h. in deren Ätiologie und/oder Pathogenese (Krankheitsverursachung und Krankheitsentwicklung) psychischen und sozialen Faktoren die wesentlichste Bedeutung zuerkannt wird.

So plausibel uns das heutzutage auch erscheinen mag, so wenig selbstverständlich aber gehörte die (offizielle) Anerkennung psychischer und sozialer Faktoren sowohl als verursachende als auch verlaufsbestimmende Bedingungen im Krankheitsgeschehen zum bisherigen Selbstverständnis der Medizin.

Die faszinierenden Entdeckungen und Fortschritte der Naturwissenschaften seit etwa Mitte des vorigen Jahrhunderts beeinflußten auch das theoretische Denken in der Medizin, insbesondere das Verständnis von Krankheiten. Das daraus resultierende sogenannte ‚medizinische Krankheitsmodell', auch ‚naturwissenschaftliches Krankheitsmodell' genannt, bezeichnete bzw. erklärte Krankheit mittels drei Hypothesen: 1. Krankheiten werden durch Veränderungen der biologischen Substanz und Organisation des Körpers im Sinne von Störungen und Dysregulationen verursacht. 2. Die äußerlichen Erscheinungen von Krankheiten können als Symptome für die zugrunde liegenden organischen Prozesse aufgefaßt werden. 3. Ein objektives Maß für Krankheit ist in der meßbaren Abweichung von Merkmalen eines biologisch funktionstüchtigen Organismus auffindbar (THOM und WEISE 1973).

In diesem am streng naturwissenschaftlichen Denken orientierten Krankheitsmodell wurde somit nur das als Krankheit anerkannt, was nachweislich organisch bedingt und biologisch erklärbar war. Wissenschaftlich akzeptiert wurden vorwiegend solche Erscheinungen, die mit naturwissenschaftlichen Methoden objektivierbar waren, die sich – sehr vereinfachend ausgedrückt – anschauen, anfassen, messen und wiegen ließen.

Diese Ausrichtung auf ausschließlich naturwissenschaftliche Erklärungsprinzipien war anfangs sehr progressiv und außerordentlich fruchtbar für die Entwicklung einer wissenschaftlich fundierten Medizin. Ihr verdanken wir entscheidende Erkenntnisse über normale und pathologische Prozesse in unserem Körper sowie über Ursachen und Mechanismen der wesentlichsten körperlichen Erkrankungen, für die zumeist auch adäquate und ständig sich verbessernde Methoden der Diagnostik, der Therapie und der Prävention entwickelt werden konnten.

Die negative Seite dieser Entwicklung mit ihrer Konzentration auf vorwiegend technisch-apparative Aspekte der Krankheitserforschung und -behandlung äußerte sich jedoch in der mangelnden Beachtung der psychischen und sozialen Aspekte des Krankseins, deren Bedeutsamkeit aber zunimmt, seit sich mit der Entwicklung der Produktivkräfte und Produktionsverhältnisse einerseits und der zunehmend erfolgreichen Bekämpfung körperlicher Erkrankungen andererseits ein tiefgreifender Wandel in der Morbiditätsstruktur (Verteilung von Krankheitserscheinungen) der Bevölkerung hochindustrialisierter Länder in der ersten Hälfte unseres Jahrhunderts vollzog. Dabei traten jene Krankheiten in den Vordergrund, bei denen nicht von vornherein mit tödlichen oder unklaren Verläufen zu rechnen ist, sondern deren Abläufe sich zum Teil über Jahrzehnte erstrecken und die weniger über direkt wirkende Umweltfaktoren entstehen, sondern über Bedingungen, die vorwiegend über die psychische Verarbeitung in das Gleichgewicht des Organismus eingreifen (vgl. SCHORR und MIEHLKE 1967).

Diese Veränderungen bewirkten eine fortschreitende Neuorientierung der Medizin mit einigen daraus sich ableitenden Konsequenzen für die Praxis des Gesundheitswesens, für die Aus- und Weiterbildung von Ärzten sowie für die wissenschaftliche Bearbeitung einer Fülle hervortretender Probleme.

Im Prozeß dieses Umdenkens vollzieht sich auch die allmähliche Ablösung des traditionellen medizinischen Krankheitsmodells durch das ‚humanwissenschaftliche Krankheitsmodell' (vgl. LÖTHER 1966, THOM 1970, THOM und WEISE 1977), das den Patienten nicht auf ein geschädigtes Organ reduziert („Schwester, wie geht es unserem Magen auf Zimmer 12?"), sondern den kranken Menschen in seiner Ganzheit mit einbezieht.

Danach werden analog unserer Auffassung vom Menschen als

einer dialektischen Einheit von Biotischem, Psychischem und Sozialem auch menschliche Krankheiten als Gestörtheiten des biologisch-organischen wie des psychischen und sozialen Lebensbereiches gleichermaßen anerkannt.

Das gleichzeitige Beteiligtsein dieser Faktoren ist prinzipiell bei allen Erkrankungsformen, wenn auch jeweils unterschiedlich ausgeprägt, nachweisbar: Biotisches – als organisch-physiologisches Korrelat – auch bei primär psychosozial determinierten Krankheitsbildern (wie z. B. bei angstneurotischen Zuständen: Muskelspasmen, Tremor, Gefäßirritationen, Schweißausbrüche, Atemstörungen bis zu hyperventilationstetanischen Anfällen, Beschleunigung der Pulsfrequenz, Blutdruck- und Blutzuckeranstieg, Harn- und Stuhldrang u. a. m.), wie Psychosoziales – als Lebensbedingungen, Kommunikationsformen, besonders aber Persönlichkeitsmerkmale, Einstellungen, Wertungen, Erlebens- und Verarbeitungsweisen der sozialen Bedingungen u. a. m. – auch bei den sogenannten ‚rein organisch‘ bedingten Erkrankungen.

Neuere Untersuchungsergebnisse weisen darauf hin, daß die Beteiligung psychischer und sozialer Faktoren weit mehr für den Verlauf einer jeden Erkrankung als für deren Ätiologie von außerordentlicher Bedeutung ist.

So erfordert *jede* Krankheit psychosoziale Anpassungsprozesse, Formen bzw. Strategien der aktiven Krankheitsbewältigung (auch Coping genannt), deren Gelingen oder Mißlingen in stärkstem Maße sich positiv oder negativ auf den Krankheitsprozeß selbst auswirkt.

Zu den notwendigen Konsequenzen, die sich aus den Erkenntnissen über die psychosomatischen und somatopsychischen Wechselwirkungsprozesse des Krankwerdens und Krankseins für die medizinische Betreuung ergeben, gehört vor allem die intensivere Integration der Psychotherapie als Querschnittsdisziplin in die gesamte Medizin.

Die bisherigen Ausführungen verdeutlichen, daß nach dialektisch-materialistischer Auffassung jede Krankheit ein multifaktorielles Geschehen darstellt, bei dem psychosozialen Faktoren ein hoher Stellenwert zugemessen wird.

Am auffälligsten und bestimmendsten jedoch treten diese Faktoren bei den (deshalb so bezeichneten) psychischen bzw. psychosozialen Erkrankungen in Erscheinung.

Die Bezeichnung ‚psychosozial‘ unterstreicht den Doppelaspekt dieser Störungen bzw. Erkrankungen, nämlich stets sowohl individuell-psychische als auch zugleich soziale Realität zu sein. Es handelt sich hierbei letztlich immer um Fehlentwicklungen der erkrankten Persönlichkeiten mit mehr oder minder auffälligen Störungen ihrer Beziehungen zur Umwelt und daraus resultierenden fehlerhaften Verhaltensweisen sowie mit psychopathologischen Symptomen und funktionellen Organstörungen.

Zu den bekanntesten Krankheitsbildern gehören die Psychosen, die Neurosen und die Suchten, die sehr komplex zu betrachten sind, zahlreiche Gemeinsamkeiten besitzen und sich in einigen Merkmalen sowohl ätiopathogenetisch als auch syndromatologisch (Syndrom = Symptomenkomplex: Gruppe zusammengehöriger Krankheitssymptome) unterscheiden. Hinsichtlich des Grades der Abweichung von der Norm ist es gerechtfertigt, leichtere von schwereren psychopathologischen Syndromen zu unterscheiden.

Wer hat beispielsweise nicht schon einmal das starke Bedürfnis verspürt, nach Verlassen der Wohnung zurückzugehen, um zu kontrollieren, ob auch das Licht gelöscht, das Gasleitungsventil zugedreht und die Wohnungstür verschlossen wurde? Ein solches Verhalten ist durchaus noch als im Bereich der Norm liegend zu beurteilen, zumal es oft im Zustand verminderter Aufmerksamkeit bei erhöhter Abgespanntheit und Ermüdbarkeit geschieht. Drängt sich aber ein diktatorisches, unwiderstehliches Verlangen auf, diese Verhaltensweise mehrmals zu wiederholen und auch auszuführen, selbst dann, wenn sie mittlerweile als unsinnig erlebt wird und negative Konsequenzen nach sich zieht, z. B. durch Zuspätkommen in der Arbeitsstelle, dann handelt es sich um eine psychopathologische Symptomatik, um einen Kontrollzwang im Rahmen einer Zwangsneurose mit großem Leidensdruck und dringender Behandlungsbedürftigkeit, weil sonst die Arbeits- und Leistungsfähigkeit schwindet, was sich wiederum auf die Qualität der anderen Lebensbereiche sehr negativ auswirkt, so daß der kranke Mensch in eine immer gefährlichere soziale Isolierungssituation gerät, die er nicht mehr bewältigen und ertragen kann und vielleicht sogar durch Suizid (Selbsttötung) zu beenden versucht. Dennoch zählt man dieses zwangsneurotische Kontrollverhalten zu den leichteren psychopathologischen Syndromen, weil dieses Erleben nur quantitativ vom Normalen abweicht.

Ganz anders liegen die Dinge bei den *Psychosen.* Da ist der Grad der Abweichung vom normalen Erleben insofern größer, als das psychopathologische Erleben nicht auf einem Mehr oder Weniger beruht, also nicht quantitativ verändert, sondern qualitativ völlig andersartig ist, wie etwa bei den akustischen Halluzinationen, die ein kranker Mensch hat, wenn er fremde Stimmen hört, die ihn vielleicht beschimpfen oder sonstwie über ihn reden, obwohl gar keine Menschen in seiner Nähe sind. Hier liegt eine schwerwiegende Wahrnehmungsstörung, eine Sinnestäuschung bzw. Trugwahrnehmung vor, die darin besteht, daß das Wahrnehmungsobjekt, der objektive Gegenstand der subjektiven Wahrnehmung, gar nicht vorhanden ist.

Einen ähnlich schweren psychopathologischen Sachverhalt stellt eine *Wahnvorstellung* dar, bei der ein Kranker etwa meint, ein anderer zu sein als er in Wirklichkeit ist (z. B. ein großer Staatsmann), wobei er von der Realität des Andersseins dermaßen überzeugt ist, daß weder logische Gegenargumente noch gegensätzliche Erfahrungen, Überzeugungsarbeit usw. daran etwas zu ändern vermögen. Ein solch qualitativ völlig neuartiges Erleben ist zwar für den psychiatrischen Spezialisten psychodynamisch verstehbar, für den Durchschnitt der Bevölkerung aber fremdartig, angsterzeugend und nicht einfühlbar, weil der Grad der Abweichung von der Norm des Erlebens eben zu groß ist.

Ein weiterer Unterschied zwischen den sogenannten endogenen Psychosen und anderen psychosozialen Erkrankungen betrifft den ätiologischen Aspekt. Bei den Psychosen wird als Teilursache ein Erbfaktor angenommen, der auf einer Störung im genetischen Kode beruht, wahrscheinlich auf einer Störung der Informationsübertragung in den Synapsen, auf einer Störung der Funktion der Neurotransmitter.

Es handelt sich aber nicht um Erbkrankheiten im klassischen Sinne, die im direkten Erbgang weitergegeben werden, wie z. B. die Haemophilie (Bluterkrankheit), sondern die genetischen Determinanten stellen lediglich Teilfaktoren im Ursachenbündel dar, zu dem erst pathogene psychosoziale Faktoren hinzukommen müssen, um das Krankheitsbild voll wirksam manifest werden (in Erscheinung treten) zu lassen, ähnlich wie bei der Tuberkulose, bei der auch erst der Einfluß einer Reihe von Umweltbedingungen über den Ausbruch der Krankheit entscheidet.

Die Hauptvarianten der endogenen Psychosen sind die schizophrenen und die manisch-depressiven Erkrankungen.

Die *Schizophrenie* gilt als Prototyp der sogenannten Geisteskrankheiten. Die Bezeichnung, die mit ‚Spaltungsirresein‘ übersetzt wird, wurde 1911 vom Schweizer Psychiater Eugen BLEULER geprägt, weil er als elementarste Störungen dieser Krankheit eine mangelhafte Einheit der Persönlichkeit, eine Zersplitterung bzw. Spaltung der Denk-, Gefühls- und Willensprozesse beurteilte.

Schizophrene Patienten leiden – bei klarem Bewußtsein – vor allem unter folgenden Symptomen: Gedankenlautwerden, akustischen Halluzinationen (Hören von Stimmen, oft in Form der Rede und Gegenrede, des Kommentierens der eigenen Handlungen, auch imperative Stimmen usw.), leiblichen Beeinflussungserlebnissen (abnorme Leibgefühle, taktile Halluzinationen), Gedankenbeeinflussungen in Form des Gedankenentzuges, z. B. durch Hypnose, Apparate u. ä. oder in Form der Gedankenausbreitung (die Kranken glauben, daß ihre Gedanken von anderen gelesen werden oder daß sie mittels ihrer Gedanken andere beeinflussen und damit Macht über sie haben können); die Patienten nehmen auch alles von anderen als Gemachtes und Beeinflußtes wahr, haben außerdem Wahnwahrnehmungen und Wahnvorstellungen, leiden unter extremer Ratlosigkeit, Gefühlsverarmung und Autismus (Rückzug auf sich selbst), wobei sie sich, fern aller Realität, eine Scheinwelt aufbauen, die sie zunehmend in soziale Teilisolierungssituationen führt.

Je nach Vorherrschen bestimmter Symptome werden vier Formen der Schizophrenie unterschieden, wobei immer mehr die Tendenz zu Mischformen beobachtet wird:

1. Schizophrenia simplex: eine schleichend, flach, symptomarm (einfach) verlaufende Schizophrenieform, die manchmal gar nicht als Krankheit erkannt wird, weil die Betroffenen als skurrile Einzelgänger, zurückgezogene Sonderlinge u. ä. leben;

2. Hebephrenie: eine Schizophrenieform, die im jugendlichen Alter auftritt und sich vor allem in massiven Störungen der Leistungsfähigkeit (plötzlicher Leistungsabfall) und in Affekt-, Gefühlsstörungen zeigt, wobei die Symptome nicht selten auch als verzerrte Karikaturen des Verhaltens Pubertierender erscheinen;

3. Katatonie: als ‚Spannungsirresein‘ bezeichnet, weil die Betrof-

fenen in akut einsetzenden Zuständen außergewöhnlicher Gespanntheit und entsprechenden Körperhaltungen verharren, die sie auf Grund ihrer Antriebsstörung selbst nicht wieder lösen. Der Negativismus, unter dem sie leiden, äußert sich entweder als Mutismus (Sprachlosigkeit) oder als Echolalie (anstelle einer sinnvollen Antwort auf eine Frage wiederholt der Kranke die gestellte Frage im gleichen Wortlaut);

4. Paranoid-halluzinatorische Schizophrenie: im Vordergrund steht wahnhaftes Erleben des Beobachtet- und Verfolgtwerdens, vorwiegend akustische Halluzinationen, Icherlebensstörungen u. ä. m.

Die Erkrankungshäufigkeit der Schizophrenie liegt zwischen 0,4 und 1 %, im Mittel bei 0,8 % der Gesamtbevölkerung.

Als eine wesentliche Teilursache betrachtet die moderne Schizophrenieforschung tiefgreifend gestörte Beziehungen in der Elternfamilie des Erkrankten. So können z. B. abnorme Persönlichkeitsmerkmale, wie etwa Gefühlskälte oder ausgeprägte emotionale Unreife die Gestaltung förderlicher Beziehungen zum Partner und zum Kind nachhaltig stören. Häufig kommt es auch zur Koalitionsbildung zwischen einem Elternteil und dem Heranwachsenden oder gar zu einer symbiotischen Bindung weit über das Kindes- und Jugendalter hinaus. Oft sind solche Familienstrukturen auch durch das sogenannte Gummizaunphänomen gekennzeichnet, das zustande kommt, indem sich die Familie weitgehend von der sozialen Umwelt isoliert (Kinder dürfen nicht mit anderen verkehren), wodurch außerfamiliäre Einflüsse kaum wirksam werden können. Solche und ähnliche Besonderheiten verhindern ebenso, wie autoritär-distanzierende oder zu überfürsorgliche, stetig einengende Erziehungsstile, die Selbstverwirklichung und den Aufbau eines stabilen sozialen Status mit befriedigenden sozialen Beziehungen, statt dessen fördern sie hochgradige Ichschwäche und Verunsicherung und somit Voraussetzungen für mögliche psychotische Dekompensationen.

Heutzutage muß Schizophrenie nicht mehr als eine Krankheit gefürchtet werden, die mit schicksalhafter Notwendigkeit zum schizophrenen Defekt, zur schweren Persönlichkeitsabwandlung führt.

Neben einer Spontanheilungsquote von etwa 30 % ist bei intensiver Behandlung mit einer Heilung bis zu 70 % zu rechnen.

Entscheidend für eine günstige Prognose sind folgende Bedingungen:

1. Früherkennung und rechtzeitig einsetzende intensive Behandlung unter stationären Bedingungen;

2. Förderung eines selbständigen Daseins des Kranken, wozu eventuell auch die Lösung vom Elternhaus bei pathogenen Familienkonstellationen (s. o.) notwendig ist;

3. Vermeidung von Einschränkungen oder qualitativen Verschlechterungen sozialer Funktionen (z. B. Zurückstufung im Arbeitsbereich, Rollen- und Funktionsbeschneidung u. a.);

4. Notwendigkeit der Langzeittherapie unter ambulanten Bedingungen mit Durchführung eines sozialpsychiatrischen Therapie- und Rehabilitationsprogramms, zu dem auch Gruppentherapien, Patientenclubs u. a. gehören, alles Maßnahmen, die eine befriedigende soziale (Re-) Integration sichern, die unter früheren Bedingungen einer ‚Drehtürpsychiatrie‘ meist nicht zu erreichen war und wozu auch erst die sozialistische Gesellschaft potentiell die besten Möglichkeiten bietet. Je intensiver die Arbeitskollektive, Betriebsleitungen und gesellschaftlichen Organisationen am Rehabilitationsprozeß mitwirken, desto besser gelingt die Wiedereingliederung der Patienten in ein vollwertiges gesellschaftliches Leben.

So konnte beispielsweise ein schizophrener Zahnarzt nach der Entlassung aus stationärer Behandlung wieder voll in seinem Beruftätig werden. Er nahm regelmäßig die verordneten Medikamente ein und führte zur Entspannung zusätzlich das autogene Training durch, besuchte die ambulanten Gruppengesprächstherapien, gestaltete Patienten-Clubveranstaltungen mit aus und unternahm Theater- und Konzertbesuche sowie Reisen.

Die zweite Gruppe der endogenen Psychosen sind die *Affektpsychosen* bzw. manisch-depressiven Erkrankungen, die früher auch als Gemütskrankheiten bezeichnet wurden. Entsprechend der gegensätzlich gerichteten psychopathologischen Veränderungen in den Bereichen der Gefühle, des Antriebs und der Stimmungen unterscheidet man die manischen von den depressiven Formen.

Die *manische Psychose* ist durch folgende Symptome charakterisiert: Im Vordergrund stehen eine grundlose, unbeschwerte fröhlich-heitere Gestimmtheit (Euphorie) und eine enorme Antriebssteigerung. Von allen Hemmungen befreit, laufen die Denkprozesse außerordentlich rasch ab, so daß es zu flotten Assoziationsketten und zu regelrechter Ideenflucht kommen kann. Entsprechend lebhaft sind Mimik, Gestik und Sprechablauf, der zum Rededrang gesteigert ist. Unruhe, Rastlosigkeit und Betriebsamkeit beherrschen den manischen Patienten, der nicht selten auf Grund seiner Enthemmung in allen Bereichen und mangelnder Kritik gegenüber eigener Verhaltensweisen durch bedenkenlose Draufgängerei, verschwenderische (Geld-) Ausgaben, wahlloses hypersexuelles Verhalten, beim Überschwang seiner Gefühle mit gesteigertem Selbstwertgefühl, das sich zu Größenideen ausweiten kann, sich selbst und seine Angehörigen in arge Schwierigkeiten bringen kann. Daß ein solcher kranker Mensch weder Krankheitseinsicht hat noch Leidensdruck verspürt und deshalb auch von der Notwendigkeit einer stationären Behandlung nicht zu überzeugen ist, versteht sich von selbst. Ausgeprägte Manien sind allerdings relativ selten.

Die *depressive Psychose* zeigt eine geradezu spiegelbildlich entgegengesetzte Symptomatik: Hier liegt eine massive Antriebsminderung bis -lähmung mit stärkster Hemmung in allen Erlebensbereichen vor, so daß sämtliche Vorgänge quälend verlangsamt ablaufen, Denkprozesse ebenso wie Sprechen, Mimik und Gestik. Von der grundlosen Traurigkeit, besser gesagt, der auffallend hoffnungs- und freudlos niedergedrückten Verstimmtheit erhält das Krankheitsbild seinen Namen. Mit der Hemmung im Psychischen korrelieren in hohem Maße neurovegetative Regulations- und Funktionsstörungen, wie quälende Schlaflosigkeit, Verdauungsstörungen mit Obstipation, Appetitlosigkeit mit Gewichtsverlust, Absinken von Libido und Potenz, hypotone Kreislaufdysregulationen, Schmerzen u. a. m. Dadurch verstärken sich Leidensdruck und Krankheitsgefühl, die wiederum dem Kranken Anlaß geben, in wahnhaft unverständlicher Weise angstvoll zu grübeln, und zwar über das Körperliche (z. B. unheilbare Krankheiten zu haben), über die materielle Existenz (z. B. sich und die Familie der Verarmung und Not preiszugeben) sowie über das Psychische (z. B. wegen moralischen Versagens Schuld auf sich zu laden oder wegen negativer Leistungsbilanz ein Versager und Nichtsnutz zu sein) u. ä. m. Der Depressive kann weder seine gegenwärtige Lebenssituation, die er als öde, leer, ausgebrannt und sinnlos erlebt, noch sich selbst bejahen. Obwohl er Leistungen erbringen möchte, kann er es nicht, da seine Handlungsfähigkeit (und damit seine Selbstverwirklichung) stark beeinträchtigt bis aufgehoben ist. Darin ist auch begründet, warum er, solange er sich in tiefster Depression befindet, seine Suizidtendenzen nicht realisieren kann. Deshalb erfolgen Suizide erst, wenn die Antriebshemmung etwas nachläßt. Das ist auch der Grund, warum depressive Patienten etwas länger mit antidepressiven Medikamenten in stationärer Obhut behandelt werden. Die Erkrankungshäufigkeit liegt bei 0,2% der Gesamtbevölkerung. Die häufigsten Erkrankungsalter sind: 20. bis 25. und im 50. Lebensjahr.

Die endogenen manisch-depressiven Psychosen verlaufen in Phasen, wobei die Dauer der Phasen sowie die der Intervalle unterschiedlich lang und nicht vorhersagbar sind. Nach Abklingen einer Phase findet sich keinerlei Restsymptomatik, die Persönlichkeit ist völlig wiederhergestellt.

Die *Neurosen* stellen die weitaus größte und gesundheitspolitisch bedeutsamste Gruppe der psychosozialen Störungen bzw. Erkrankungen dar.

Die Erkrankungshäufigkeit wird von verschiedenen Autoren unterschiedlich eingeschätzt, im allgemeinen jedoch zwischen 12 und 20% der Gesamtbevölkerung.

Nach eigenen Untersuchungen an Patienten, die verschiedene Facharztsprechstunden in ambulanten Einrichtungen des Gesundheitswesens aufsuchten, leiden etwa 62% unter neurotisch-funktionellen bzw. psychosomatischen Beschwerden mit einem mittleren bis hohen Intensitätsgrad und entsprechendem Leidensdruck, so daß diese Patienten mit psychotherapeutischen Methoden (z. B. Gesprächspsychotherapie usw.) (mit)behandelt werden müßten.

Den Neurosebegriff prägte der schottische Arzt W. CULLEN (1776), der sämtliche Gesundheitsstörungen, die als ‚funktionelle Nervenkrankheiten ohne organisch-pathologischen Befund' aufgefaßt wurden, darunter subsumierte.

Wenn auch die Auffassung vom Wesen der Neurose im Laufe der letzten 200 Jahre einigen Wandlungen unterlag, so ist ihr Kerngehalt, daß es sich um Gesundheitsstörungen handele, bei denen kein faßbarer pathologischer Organbefund nachweisbar sei, geblieben.

Die Wahl der Bezeichnung ‚Neurose' wurde nicht glücklich getroffen, denn die neurotische Erkrankung hat ebenso wenig mit einer Degeneration der Nerven (Neuronen) zu tun, wie etwa die

Hysterie (griech.: hystera = Gebärmutter) mit der Gebärmutter.

Neurotische Störungen sind potentiell ubiquitär, d. h., daß neurotische Symptome unter bestimmten psychosozialen Bedingungen bei jedem Menschen, in jedem Lebensalter und in jeder sozialen Position, auch in der Folge anderer Krankheiten, auftreten bzw. sich entwickeln können.

Auch gegenwärtig ist noch eine lebhafte Diskussion um den Neurosebegriff im Gange. Auf Grund der vielfältigen Definitionsversuche, die bisher noch nicht zu einer einheitlichen, wissenschaftlichen Ansprüchen genügenden Begriffsbestimmung geführt haben, empfahl die Gesellschaft für ärztliche Psychotherapie der DDR für den klinischen Praxisgebrauch zunächst folgende Definition: Neurosen sind nachhaltige erlebnisbedingte Störungen der Person-Umwelt-Beziehung mit psychischer und/oder körperlicher Symptomatik (vgl. HÖCK und KÖNIG 1976, SEIDEL et al. 1977).

Es handelt sich um Gesundheitsstörungen, die im lebensgeschichtlichen Entwicklungsprozeß durch weitestgehend fehlerhafte Lernprozesse erworben wurden und sowohl Resultat als auch Ausdruck von Beziehungsstörungen sind. Dabei kommt fehlerhaften Erlebnisverarbeitungen, insbesondere von Konflikt- und Frustrationssituationen, eine große Bedeutung zu.

Neurotisch Erkrankte leiden also unter gestörten psychischen (emotionalen, motivationalen und kognitiven) Prozessen, die sich in verschiedenen Symptomen innerhalb des Erlebens-, Verhaltens- und des somatischen Bereiches manifestieren und somit die normale Lebensbewältigung mehr oder minder stark beeinträchtigen. Konkret betreffen:

– gestörte emotionale Prozesse Störungen im Bereich der Gefühle, Affekte und Stimmungen;

– gestörte motivationale Prozesse Störungen der Bedürfnisse, Interessen, Wünsche, der Motivationsstruktur und des Antriebserlebens;

– gestörte kognitive Prozesse Störungen bzw. Hemmungen im sozialen Wahrnehmungs- und intellektuellen Leistungsbereich. Symptome in Bereichen

– des Erlebens sind z. B. Ängste, Phobien (etwa Straßenangst), Zwangsvorstellungen,

– des Verhaltens sind z. B. Meidungsverhalten, Zwangsverhalten (etwa Waschzwang), Kommunikationsstörungen aller Art,

– des Somatischen sind z. B. alle funktionellen Beschwerden der verschiedenen Organe bzw. Organsysteme: Herz-Kreislauf-, Atmungs-, Verdauungs-, Bewegungssystems (etwa Magen-Darm-Störungen, Herzbeschwerden).

Schließlich äußern sich Beeinträchtigungen normaler Lebensbewältigung in Störungen verschiedener Lebensbereiche: Arbeit (Arbeitsunfähigkeit, Berufsunfähigkeit, vorzeitige Invalidisierung), Familie, Partnerschaft, Freizeit, kulturelle und gesellschaftliche Betätigungen usw. Die Kranken sind nicht in der Lage, ihre Probleme, Konflikte und Krisensituationen adäquat zu bewältigen, sind in ihrer Selbstverwirklichung, allgemein in der Gestaltung eines erfüllten Lebens, mehr oder weniger schwer behindert.

Für die Entstehung und Entwicklung neurotischer Störungen sind im allgemeinen folgende Bedingungen sehr bedeutsam:

1. Initiale Bedingungen: Hier spielen psychosoziale Konstellationen (z. B. gefühlsarmes Elternhaus, abnorme Ehrgeizhaltung der Eltern; einengende, entfaltungsfeindliche Erziehung durch Anwendung zu weicher und/oder zu harter, mit Strafreizen operierender Erziehungsstile) eine wesentliche Rolle, die bereits im frühen Kindesalter die Persönlichkeitsentwicklung, vor allem im emotional-motivationalen Bereich, nachhaltig störend beeinflussen, woraus – durch eine so erworbene Fehlanpassung – eine gewisse Prägung oder Neurosendisposition erwächst, aus der sich die sogenannten primären Fehlentwicklungen ergeben (schwerste Neuroseform).

2. Stabilisierende Bedingungen: Hier findet eine Fixierung und Erstarrung der erworbenen fehlerhaften Erlebens- und Verhaltensstile statt, und zwar:

– bei Langzeiteinwirkung ungünstiger Erziehungs- u. a. negativ wirkender Umweltbedingungen und/oder

– beim Fehlen von positiven Korrekturmöglichkeiten.

3. Auslösende Bedingungen: Hierzu gehören massiv wirkende Streßfaktoren in außerordentlich belastenden psychosozialen Situationen, die typisch für die Auslösung von akuten Neurosen bzw. sogenannten nachhaltigen vegetativen Affektreaktionen sind, aus denen sich dann sogenannte funktionell fixierte Reaktionen und sekundäre neurotische Fehlentwicklungen entwickeln können (was am Beispiel der Entwicklung einer Phobie gezeigt werden soll). Bei entsprechend disponierten Persönlichkeiten (wie bei den ini-

tialen Bedingungen beschrieben) genügen schon allgemeine Umweltbedingungen, um neurotische Symptome manifest werden zu lassen.

4. Chronifizierende Bedingungen: Hierzu sind solche Umweltbedingungen zu zählen, die in der Lage sind, eine manifest gewordene neurotische Symptomatik zu fixieren, zu intensivieren und zu generalisieren, z. B. Einflüsse, die typische Tendenzen im Neurosekranken verstärken bzw. fördern können. Dazu gehören vor allem folgende Fehlverhaltensweisen:

– Nachgeben gegenüber hypochondrisch gefärbten Einstellungen des Kranken, die seine Fehleinstellung zur Symptomatik, etwa Zunahme seiner Erwartungsängste, nur noch begünstigen (z. B. „Es wird täglich unerträglicher");

– Nachgeben gegenüber den Fehleinstellungen zum Leben, zu des Kranken Isolierungstendenzen, zu seinen Ausweichtendenzen und zu seinem Meidungsverhalten in Belastungssituationen;

– Eingehen auf die abnormen Erscheinungen des primären und sekundären Krankheitsgewinns, z. B. durch Gewährung von geforderten Schonbedingungen (z. B. Diätbescheinigungen, Sportbefreiungen).

Die syndromatologische Klassifikation der Neurosen erfolgt nach der jeweils vorherrschenden Symptomatik, nach der sich jeder Arzt richtet, der die Krankheitsbilder seiner Patienten der ‚Internationalen statistischen Klassifikation der Krankheiten (IKK) der Weltgesundheitsorganisation (WHO)' entsprechend zu bezeichnen hat. Danach differenziert man: angstneurotische, hysterische, phobische, zwangsneurotische, depressive, neurasthenische, hypochondrische und sonstige neurotische Syndrome.

Da wir hier diese Syndrome mit ihren zugrunde liegenden psychodynamischen Prozessen im einzelnen nicht beschreiben können, soll lediglich noch in knapper Form das Beispiel einer phobischen Neurose skizziert werden:

Eine 36jährige Frau hatte versucht, aus dem Leben zu scheiden, da ihre unbefriedigende, sinnentleerte und ausweglose Lebenssituation seit langem das Maß des für sie Zumutbar-Erträglichen überschritten hatte. Aus einer attraktiven, beruflich erfolgreichen Frau war allmählich eine verängstigte, unfroh-matte, arbeitsunfähige, stark vorgealtert wirkende, lebensmüde geworden.

Die auslösende Situation für das Hervortreten der Symptomatik und den Beginn ihres Leidensweges bot – wie viele dieser Situationen – zunächst nichts Besonderes. Ihr (beruflich weniger erfolgreicher und von daher eifersüchtiger) Ehemann schüchterte sie gern durch temposcharfes Autofahren ein (sich selbst und vor allem ihr damit seine ,männliche Überlegenheit' zeigend). So entwickelte sich bei ihr eine Autophobie, eine ungeheure Angst vor dem Autofahren. Die Angst, die immer häufiger und intensiver wurde, übertrug sich auf alle anderen Fahrzeuge, auch alle Verkehrsmittel, schließlich mußte sie jeglichen ,Verkehr' mit anderen Menschen meiden, erlebte nur noch Ängste, wodurch ihr Interessen- und schließlich der gesamte Lebensbereich stark eingeengt wurde, bis sie schließlich auch nicht mehr ihren beruflichen Verpflichtungen nachkommen konnte. Sie bot das typische Bild einer phobischen Neurose, die dadurch charakterisiert wird, daß der Patient eine unüberwindliche Angst (Furcht) vor bestimmten Objekten und/oder in bestimmten Situationen (die für Gesunde nichts Beängstigendes an sich haben) erlebt, so daß er sich gezwungen sieht, die betreffenden Angstobjekte oder -situationen zu meiden. Durch dieses Meidungsverhalten mindert er zwar seine akuten Ängste, handelt sich dafür aber (da jedes Meidungsverhalten eine positive Konditionierung bedeutet) eine Angstverstärkung und Angstübertragung auf andere Objekte (Generalisierung) ein, die schließlich zur stärksten Beschneidung aller Lebensbereiche und in immer tiefere soziale Isolierung und damit in eine schwere Krise oder in eine Katastrophe führt.

Bei der genannten Patientin wurde nach Entgiftung und Wiederherstellung der vitalen Funktionen eine intensive Psychotherapie durchgeführt, in deren Verlauf ihr vielerlei Motive ihres Fehlverhaltens und Bedingungen ihrer Fehlentwicklung bewußt wurden. Sie lernte, sich und ihren Partner zu akzeptieren, und erfuhr durch Vermittlung einiger Entspannungs- und Verhaltenstechniken Hilfe zur Selbsthilfe. Im Laufe der Therapie wurde sie nicht nur völlig symptomfrei, sondern sie bekam auch ein neues Lebensgefühl, so daß sie nach Aufhebung ihrer Invalidisierung wieder in ihrem schönen und von ihr geliebten Beruf aktiv wirksam werden konnte.

Das Beispiel zeigt zugleich, wie eng individuelles Leid mit sozialen Komplikationen verflochten ist, ein Wechselwirkungsverhältnis, das allerdings nicht nur für die sogenannten psychosozialen Erkrankungen charakteristisch ist.

Die Schule als Sozialisationsfaktor

Helmut Stolz

Die Schule ist für Kinder und Jugendliche – solange sie ihr angehören – eine äußerst wichtige Sozialisationsinstanz, die infolge ihrer hochgradigen Organisiertheit grundlegenden Charakter trägt. Das gilt für jede Gesellschaft, in der der Schulbesuch obligatorisch ist – eine historische Errungenschaft, die in den Ländern Europas seit Beginn des 18. Jahrhunderts allmählich erreicht wurde, in vielen Entwicklungsländern jedoch erst heute unter großen Schwierigkeiten angestrebt wird.

Zwar beeinflußt die Familie bei Wahrnehmung ihrer sozialen und pädagogischen Funktionen die Erziehung der Heranwachsenden entscheidend mit, doch vermag die Schule, wenn sie die pädagogischen Resultate der Familie und der anderen Erziehungskräfte real einschätzt, beachtet und nutzt, hohe Wirkungen zu erzielen. Diese können den Einfluß der Miterzieher verstärken, neutralisieren, abschwächen oder „umkehren". Insofern ist die Schule trotz der hohen Bedeutung der sich sozialökonomisch voneinander unterscheidenden Herkunftsfamilien der Schüler und der davon determinierten pädagogischen Wirkungen eine Integrationskraft ersten Ranges. Sie bestimmt über den Platz, das Ansehen und die Wertung des Kindes durch Eltern und andere Familienmitglieder. Gemeinsam mit den Eltern und anderen Erziehungskräften beeinflußt sie die Interessen und Neigungen, Strebungen und Motivationen der Heranwachsenden. Durch ihre Wertungen determiniert sie die Berufswahl und damit – soweit sie sich in einer von der Herrschaft der Bourgeoisie oder anderer elitärer Klassen befreiten Gesellschaft befindet – auch weitgehend die künftige Zugehörigkeit zu einer bestimmten sozialen Schicht oder Klasse.

Mit der Schaffung sozialistischer Produktionsverhältnisse verwirklichte die Schule als gesellschaftliche Bildungs- und Erziehungsinstitution solche bildungspolitischen Grundsätze progressiver Pädagogen wie Wissenschaftlichkeit, Weltlichkeit, Gleichheit und Einheitlichkeit. Sie wurde in die Lage versetzt, allen Kindern des Volkes den Erwerb einer hohen Allgemeinbildung anzubieten, deren Aneignung die entscheidende Voraussetzung für einen erfolgreichen Sozialisationsprozeß der Heranwachsenden ist. „Aus der umfassenden Sicht auf die weitere Gestaltung der entwickelten sozialistischen Gesellschaft sind qualitativ neue, höhere Anforderungen an die Bildung und Erziehung der jungen Generation gestellt, ist die Aufgabe abgeleitet, die Anlagen und Fähigkeiten eines jeden Kindes optimal auszubilden. Die sozialistische Gesellschaft wird selbst um so reicher, je reicher sich die Individualität ihrer Mitglieder entfaltet, und sie schafft dafür mit ihrem Fortschreiten immer günstigere Bedingungen" (E. HONECKER 1986, S. 59 f.).

Die Schule trägt dazu bei, die objektive Gesetzmäßigkeit von der wachsenden Rolle des subjektiven Faktors, des Bildungs- und Kulturniveaus, der Überzeugungen, Einstellungen und Haltungen der Menschen, ihrer Bereitschaft und Fähigkeit zu hohen Leistungen und Schöpfertum in der Arbeit durchzusetzen. „Jedoch wächst dieser subjektive Faktor, die Bewußtheit, nicht im Selbstlauf, sondern es bedarf der umfassenden politisch-ideologischen, der geistig-praktischen Vorbereitung der Jugend auf die konkreten Aufgaben in unserer Gesellschaft durch Erziehung . . . Unser Bildungswesen hat . . . Einfluß zu nehmen, ist daran zu messen, wie es die Jugend befähigt, den wachsenden Ansprüchen an qualifizierte Arbeit, an bewußtes politisches Engagement, an Wissen und Können, an politisch-moralische Haltung im eigenen und gesellschaftlichen Interesse gerecht zu werden. Das heißt, . . . daß durch die Leistungen des Bildungswesens die Entwicklung in allen Bereichen unserer Gesellschaft wesentlich beeinflußt wird" (M. HONECKER 1986, S. 15).

Die Schule wird von allen heranwachsenden Bürgern laut Gesetz über das einheitliche sozialistische Bildungssystem von 1965 10 Jahre obligatorisch besucht. Alljährlich treten 82 % bis 85 % der Schüler, die die 10. Klasse der allgemeinbildenden Oberschule erfolgreich beendet haben, über die sich anschließende Ausbildung als Facharbeiter in das Berufsleben ein. Die anderen absolvieren die zweijährige Abiturstufe oder eine 3jährige Berufsausbildung mit Abitur, die beide auf das Hochschulstudium oder eine pädagogische bzw. medizinische Fachschule vorbereiten. Im Jahre 1984 konnten über 80% der primären Berufswünsche der Schulabgänger erfüllt werden, wodurch belegt wird, daß die Schule entsprechend gesellschaftlichen Erfordernissen erzogen hat und sich bei den Schülern größtenteils reale Berufswünsche ausbildeten.

Die von der Schule vermittelte Bildung ist *wissenschaftliche Allgemeinbildung* und Grundlage für die nachfolgende berufliche Qualifizierung. Dabei ist die Tendenz zu beobachten, daß Elemente früherer Berufsausbildung heute zur Allgemeinbildung gehören.

Sie ist zugleich *polytechnische* Bildung, d. h., sie ist eng mit dem Leben verbunden, Lernen und Arbeiten, Theorie und Praxis bilden eine Einheit. Nicht nur der hochgebildete disponible Facharbeiter – Mittelpunkt der Zielvorstellungen der Schule – gebietet den polytechnischen Charakter, sondern die generelle Notwendigkeit einer Erziehung, „welche für alle Kinder über einem gewissen Alter produktive Arbeit mit Unterricht und Gymnastik verbinden wird, nicht nur als eine Methode zur Steigerung der gesellschaftlichen Produktion, sondern als die einzige Methode zur Produktion vollseitig entwickelter Menschen (MEW, Bd. 23, S. 508).

Die sozialistische Allgemeinbildung ist eine *humanistische* Bildung, da sie den Menschen als wichtigste Produktivkraft, als Schöpfer seiner selbst und aller materiellen und ideellen Werte, damit als historisches Subjekt, das durch seine Tätigkeit die Geschichte macht, in den Mittelpunkt stellt. Die Allgemeinbildung wird durch die *Einheit von Wissenschaft und Ideologie* charakterisiert, da marxistische Ideologie zutiefst wissenschaftlich ist.

Damit besteht der erklärte Auftrag der sozialistischen Schule darin, „mit ihren Mitteln und Möglichkeiten dahin zu wirken, die Entwicklung unserer Gesellschaft weiter zu befördern, indem sie Menschen heranbildet, die aktiv und bewußt die Gesellschaft befördern" (M. HONECKER 1986, S. 14). Diese ist ihrerseits bestrebt, die Entwicklungs- und Erziehungsbedingungen ständig zu verbessern, wobei die inhaltliche Ausgestaltung der Pflichtschule für alle Heranwachsenden im Vordergrund steht.

Die Wechselwirkung von gesellschaftlichen Erfordernissen und Erwartungen und massenhafter Ausprägung vielseitiger Individualitäten, von Entwicklung der sozialistischen Gesellschaft und persönlicher Bewußtheit, Aktivität und Geborgenheit prägt den Sozialisationsprozeß der Heranwachsenden, der sich in der Schule auf kind- und jugendgemäße Weise vollzieht. Er äußert sich in Leistungsbereitschaft und -fähigkeit, in gesellschaftlicher Gerichtetheit und hoher Lernmotivation, in aktiver gesellschaftlich-nützlicher, teilweise bereits produktiver Tätigkeit. Über die Schule und Schulzeit hinaus entwickeln sich Verantwortlichkeit und Schöpfertum, das Streben nach gesellschafts- und persönlichkeitsfördernden Resultaten.

Unterschiede im Grad der Erzogenheit (Bildung und Persönlichkeitsentwicklung) ergeben sich – bezogen auf die einzelnen Schulklassen – nicht selten aus ihrer sozialen Zusammensetzung, aus Besonderheiten des Territoriums und seiner Infrastruktur, vor allem aber aus der Qualität der Erziehung in Schule, Jugend- bzw. Kinderorganisation und Elternhaus und durch andere Erziehungskräfte.

Bildung und Erziehung in der sozialistischen Gesellschaft hat die optimale Entwicklung *aller* Mädchen und Jungen zum Ziel. Auf der Basis der sozialistischen Allgemeinbildung sollen alle Fähigkeiten, Begabungen und Talente entdeckt und gefördert werden. Dem dienen differenzierte Aufgaben und Methoden im obligatorischen und fakultativen Unterricht (an letzterem nehmen 80 % bis 85 % aller Schüler teil), in Arbeitsgemeinschaften (etwa 1,5 Millionen Teilnehmer = 75 % aller Schüler), Wissensolympiaden, in der Pionier-Urania, in Schülergesellschaften und -akademien (etwa 250 000 Teilnehmer), Klubs Junger Techniker und Konstrukteure, Spezialistenlagern, Konstruktions-, Knobel- und Erfinderwettbewerben (Messe der Meister von morgen). Galerien der Freundschaft, außerunterrichtliche Sportgemeinschaften an der Schule und im Deutschen Turn- und Sportbund der DDR (etwa 70 % bis 80 % aller Schüler), Spezialschulen für mathematisch, naturwissenschaftlich, technisch, sprachlich, sportlich und künstlerisch begabte Mädchen und Jungen, die ab 9. Schuljahr (teilweise früher) besucht werden und eine zielstrebige Vorbereitung auf entsprechende Studienrichtungen und Berufe sichern, bestehen in jedem Bezirk. Sie fördern die Ausprägung der Individualität bei gleichzeitiger gesellschaftlicher Gerichtetheit.

Ursachen für die ungleiche Nutzung der real gleichen Entwicklungsmöglichkeiten durch Kinder verschiedener sozialer Gruppen liegen vor allem „in der gesamten Umwelt – einschließlich der Schule – der Heranwachsenden". Die Schulleistung stellt ein „wichtiges Sozialkriterium" dar, das „die Aktivitäten und Beziehungen, die Wertorientierungen und die sozialen Erfahrungen der Schüler beeinflußt. Die Schulleistung korreliert – wie an bildungssoziologischen Untersuchungen nachweisbar ist – mit der sozialen Herkunft der Schüler sowie den damit einhergehenden Lebensbedingungen". Daraus ergibt sich mit Notwendigkeit die „genaue und vorurteilsfreie Kenntnisnahme der sozialen Bedingungen, unter denen sich die Persönlichkeit der Schüler entwickelt . . ." Ebenso wichtig ist die Kenntnis der sozialen Erfahrungen *aller* Schüler (KORN und STEINER 1986, S. 306 f.).

Optimale Persönlichkeitsentwicklung und umfassende Förderung gelten auch für die etwa 75 000 schulbildungsfähigen physisch-psychisch Geschädigten. Das Recht auf Bildung und berufliche Ausbildung ist auch für diese Kinder und Jugendlichen gesichert.

Die Pädagogen an Sonderschulen haben die Aufgabe, die Schüler so zu bilden und zu erziehen, daß sie die Anforderungen im Beruf, im gesellschaftlichen Leben überhaupt sowie in der Familie möglichst gut bewältigen. Ein spezifisches Erfordernis besteht darin, im pädagogischen Prozeß die Auswirkungen der physischen oder psychischen Schädigung zu beseitigen oder möglichst zu mindern. Großer Wert wird darauf gelegt, mit der sonderpädagogischen Einflußnahme frühzeitig zu beginnen. Dafür wurden mit großem gesellschaftlichen Aufwand umfassende Bedingungen geschaffen (Vorschuleinrichtungen, allgemeinbildende Schulen, Horte, Internate und berufsbildende Einrichtungen). Diese sichern, daß die geschädigten Kinder bereits vom Vorschulalter bis zum Abschluß der Schule, oft bis zur beruflichen Eingliederung, unter sonderpädagogischen Bedingungen betreut werden.

Der Bildungs- und Erziehungsprozeß an den Sonderschulen erfordert die enge Zusammenarbeit zwischen Pädagogen und medizinischen Fachkräften. Jeder Pädagoge muß über die aktuelle medizinische oder physiotherapeutische Behandlung informiert sein, um sich daraus ergebende Konsequenzen in der unterrichtlichen und außerunterrichtlichen Arbeit berücksichtigen zu können.

Aufmerksamkeit gilt der Zusammenarbeit zwischen Schule und Eltern, um deren Bereitschaft und Fähigkeit zu fördern, notwendige sonderpädagogische Maßnahmen in der Familie fortzuführen.

In den Sozialisationsprozeß ordnet sich die allgemeinbildende Schule ein, wie er sich vor und nach ihr, aber auch neben ihr vollzieht, und der von der gesellschaftlichen Erziehung wesentlich beeinflußt wird. Erziehung ist stets „ein sozialer Prozeß im weitesten Sinne des Wortes. Alles ist an der Erziehung beteiligt: Menschen, Dinge, Erscheinungen, vor allem und am meisten aber die Menschen – und unter ihnen an erster Stelle die Eltern und die Pädagogen. Das Kind tritt in unendlich viele Beziehungen zu der gesamten außerordentlich komplizierten Welt der es umgebenden Wirklichkeit. Jede dieser Beziehungen entwickelt sich unaufhörlich weiter, verflicht sich mit anderen Beziehungen und wird durch das körperliche und sittliche Wachstum des Kindes noch komplizierter . . . Diese Entwicklung zu lenken und zu leiten ist die Aufgabe des Erziehers" (MAKARENKO 1970, S. 22).

Sozialisationsbedingungen an der Schule
Die sozialpsychologische Situation von Schülern weist folgende Besonderheiten auf:
1. Die Schüler beginnen ihre Schulzeit im Alter von 6¼ bis 7¼ Jahren, nachdem über 90 % von ihnen, d. h. alle, deren Eltern es wünschen, 3 bis 4 Jahre einen Kindergarten o. ä. besucht haben, in denen sie grundlegende Voraussetzungen für das soziale Zusammenleben erworben haben. Sie beenden die Schule mit 16¼ bis 17¼ Jahren, also in einem Alter, in dem sie sich bereits relativ klare Vorstellungen über die gesellschaftlichen und individuellen Perspektiven, über den Sinn des Lebens angeeignet haben, die von vielfältigen Erfahrungen über die Rolle der Persönlichkeit im Kollektiv und in der Gesellschaft geprägt sind.

Die Schulklassen und die ihnen entsprechenden Hortgruppen werden in der Regel zunächst nach administrativen Gesichtspunkten gebildet (Kinder von so eingeteilten Schulbezirken besuchen jeweils die gleiche Schule, Kinder, die zwischen dem 1. 6. und dem 31. 5. des nachfolgenden Jahres geboren sind, die gleiche Klasse) und von Lehrern als Klassenleiter geführt.

In der Regel vollzieht sich die Integration zu einem Klassenkollektiv erfolgreich, so daß in ihm die Schüler gefordert und gefördert werden, am kollektiven Leben aktiv teilnehmen und Erfolgserlebnisse haben. Sie durchlaufen zum überwiegenden Teil (zu 85 % bis 90 %) kontinuierlich nach einem zentral vorgegebenen, wissenschaftlich fundierten Lehrplan die aufeinanderfolgenden Schulklassen und -stufen (Unterstufe = 1. bis 3. Schuljahr, Mittelstufe = 4. bis 6. Schuljahr, Oberstufe = 7. bis 10. Schuljahr), also ohne eine Klassenstufe wiederholen zu müssen. Die pädagogischen Wirkungen des Unterrichts sind um so höher, je stärker die Schüler als Subjekt des pädagogischen Prozesses diesen aktiv mitgestalten.

Bedingt durch Migrationserscheinungen – meist verursacht durch volkswirtschaftliche Erfordernisse – und damit verbundene Wohnortveränderung der Familien entstehen gelegentlich für Schüler Ein- bzw. Neugewöhnungsprobleme. Sie sind jedoch – was die Bildungsseite anbelangt – relativ leicht zu lösen, da es in der DDR keine weniggegliederten Schulen mehr gibt, sondern alle Schulen der DDR – unabhängig von Ort und Größe – dieselben Ziele auf einheitlich hohem Niveau erstreben, gleichartig strukturiert sind, nach einheitlichen Lehrplänen arbeiten und gleiche oder ähnliche Unterrichtsmittel verwenden.

Allerdings treten dennoch mitunter zunächst Probleme bei der sozialen Integration in das jeweilige Schul- und Klassenkollektiv auf, da sich kollektive Normen, die öffentliche Meinung, Wertungskriterien u. ä. unterscheiden. Sie können jedoch in der Regel ohne ernsthafte und langandauernde Konflikte gelöst werden.

Die soziale Kontrolle der Schüler auf dem Lande ist trotz tendenzieller Annäherung an viele Arbeits- und Lebensgewohnheiten der Städter wesentlich stärker ausgeprägt. Auch die Klassenfrequenz liegt auf dem Lande und in Kleinstädten zumeist noch unter dem Republikdurchschnitt von etwa 20 Schülern. Besonders in Großstädten ist die Anonymität der Schüler (und Eltern) stärker ausgeprägt, wodurch die Sozialisierung der Heranwachsenden einen spezifischen Charakter erhält, die Anzahl der Miterzieher sowie deren Einflußnahme ist größer.

2. Die Schüler werden mit Schulbeginn Mitglieder einer Gemeinschaft Gleichaltriger, die bei zielstrebiger Erziehungsarbeit des Klassenleiters gegen Ende der Unterstufe in etwa einem *Schülerkollektiv* entspricht. Dabei hat der Klassenleiter in „Zusammenarbeit mit den in der Klasse tätigen Lehrern, Erziehern und Betreuern, der FDJ- oder Pioniergruppe und dem Klassenelternaktiv die planmäßige und koordinierte Arbeit in seiner Klasse" zu gewährleisten (Sozialistisches Bildungsrecht 1981, S. 113).

Die Individualität des Schülers entfaltet sich um so vielfältiger, als die Entwicklung der Kollektive, denen das Kind und der Jugendliche angehören, von unterschiedlichsten Tätigkeiten geprägt sind, an denen sich der einzelne im Verfolg von subjektiv akzeptierten Perspektiven aktiv und selbständig beteiligt. Zielstrebigkeit, kollektive Meinungen und Traditionen, innere Strukturiertheit u. a. prägen sich zunehmend aus.

In den Klassen bilden sich oft Pionierbrigaden als Teilkollektive der Gruppe, die das Lernen der Kinder unterstützen, vor allem aber auch das Pionierleben bereichernde Tätigkeiten finden und gestalten, an denen sich alle Kinder gern und freiwillig beteiligen. Die gewählten und berufenen Leitungsorgane der politischen Kinder- und Jugendorganisation beeinflussen zunehmend selbständiger das Leben im Klassen-, dann auch im Schülerkollektiv (vgl. STOLZ und GÜNTHER 1983, S. 113 ff.).

Wechselwirkungen zwischen dem Entwicklungsniveau des Schülerkollektivs und den Lehrer-Schüler-Beziehungen sind nachweisbar. Das ist nicht zuletzt dadurch bedingt, daß in entwickelten Schülerkollektiven höhere Ansprüche und Erwartungen an das Verhalten des Lehrers – insbesondere an sein Forderungsverhalten und an seine politisch-moralischen Qualitäten – gestellt werden als in weniger entwickelten. In Schülerkollektiven mit hohem Niveau stimmen die spezifischen Erwartungsstrukturen an das Lehrerverhalten mit den realen gesellschaftlichen Anforderungsstrukturen weitgehend überein.

Die Dauer und Intensität sozialer Kontakte stellt zwar eine notwendige, jedoch nicht hinreichende Bedingung für günstige sozialpersonale Beziehungen zwischen Lehrern und Schülern dar. Sie tritt gegenüber den politisch-moralischen, pädagogisch-methodischen und fachlichen Qualitäten des Lehrers als Bedingung für erziehungsfördernde Lehrer-Schüler-Beziehungen zurück. Die Einstellungen der Schüler zu den Unterrichtsfächern werden von günstigen sozialpersonalen Beziehungen wesentlich determiniert. Zwar wird ihr Einfluß mit zunehmendem Alter geringer, doch läßt er sich bis zur 12. Klasse gesichert nachweisen. Selbst bei allgemein weniger beliebten oder nach Geschlecht der Schüler unterschiedlich beliebten Fächern bewirkt ein positives Sozialverhältnis eine signifikant größere Zuwendung zum Unterrichtsfach. Untersuchungen bestätigten zugleich, daß die Einstellung zum Fach stärker vom

Lehrer bestimmt wird als die Einstellung zum Lehrer vom Fach. Eine günstige Einstellung zum Lehrer bewirkt die Herausbildung einer wesentlich positiveren Lernmotivation als bei gestörten Sozialbeziehungen.

Bedeutsame Korrelationen bestehen auch zwischen dem Lehrer-Schüler-Verhältnis und dem Disziplinniveau der Schüler im Unterricht (wenn die Koeffizienten im allgemeinen auch niedriger sind als zwischen den Lehrer-Schüler-Beziehungen und den fachspezifischen Einstellungen). Während in den 5. und 6. Klassen das Disziplinniveau im Unterricht relativ stark durch das Lehrerverhalten geprägt und bestimmt wird, gewinnt in den oberen Klassen das Niveau der Kollektivnormen zunehmend an Bedeutung (vgl. KESSEL, KNAUER und SCHRÖDER 1975, S. 42 f.).

Schon ab 3./4. Schuljahr ist der Schüler in der Regel Mitglied mehrerer Kollektive, die verschiedene Hauptaufgaben verfolgen. Neben die Schulklasse (Hauptfunktion: Lernkollektiv), die Jungpioniergruppe (Hauptfunktion: politische Erziehung durch gesellschaftspolitische Aktivitäten) und die Hortgruppe (Hauptfunktion: Freizeitkollektiv mit lernergänzenden Aufgaben) treten bei vielen Schülern die Arbeitsgemeinschaft und die Sport- oder Kulturgruppen, die die Freizeit bereichern und damit zur Persönlichkeitsentwicklung beitragen.

Im Mittelstufen-, vor allem aber im Oberstufenalter entfalten fast alle Schüler neben den Bindungen zum Klassenkollektiv und zur Pionier- bzw. FDJ-Gruppe, in der sie 10% bis 25% ihrer Freizeit je nach ihren wahrgenommenen Funktionen und Aufgaben verbringen, feste Beziehungen zu Mikrogruppen (oft mit der Qualität eines Kollektivs), die außerhalb der Schule entsprechend den Interessen und Neigungen der Heranwachsenden bestimmte Eigenschaften, Wissens- und Könnensbereiche verstärkt und differenziert ausprägen (Trainings- und Ensemblegruppen, Musikschulen, Sportgemeinschaften, Interessengruppen des Kulturbundes und anderer gesellschaftlicher Organisationen), und damit die Sozialisationswirkung der Schule verstärken (s. Baustein „Mikrogruppe"). Dennoch ist beachtenswert, daß vorwiegend Schüler mit guten und sehr guten Leistungen auch außerunterrichtlich aktiv sind, während analog zu den schulischen Noten ein Teil der Mädchen und Jungen sich daran sehr sporadisch beteiligt. Hier liegt eine wichtige Aufgabe der Pädagogen und anderen Erziehungskräfte, um Gleichgültigkeit gegenüber kollektiven Anliegen abzubauen bzw. nicht aufkommen zu lassen und Kollektivität als Persönlichkeitseigenschaft gezielt auszuprägen.

Der Beziehungsreichtum spiegelt sich darüber hinaus darin wider, daß die meisten Kinder etwa die Hälfte der Freizeit vor allem mit Gleichaltrigen in sich spontan bildenden und oft über längere Zeit bestehenden kleineren Freizeitgruppen verbringen.

Von der Unterstufe an, besonders aber in der Mittel- und Oberstufe übernehmen die Mädchen und Jungen Verantwortung über das Klassenkollektiv hinaus. Sie sind als Funktionäre der Pionierorganisation „Ernst Thälmann", später der FDJ tätig, wirken als Fachhelfer im Unterricht, lösen Aufgaben in der Klasse. Fast zwei Drittel aller Schüler tragen als gewählte und berufene Funktionäre der politischen Jugend- und Kinderorganisation oder als Beauftragte des Lehrers Verantwortung für die Lösung kollektiver Aufgaben auf längere Zeit. Erzieherische Verantwortung für jüngere Mitschüler, die Tätigkeit als Helfer von Gruppenpionierleitern, sozialpflegerische Aktivitäten gegenüber älteren Bürgern oder Vorschulkindern übernehmen viele Schüler.

Dennoch gibt es Junge Pioniere und FDJler, die schon in den unteren Klassen in die „hintere Reihe" treten und sich selten an kollektiven Aktivitäten beteiligen, während andere über die gesamte Schulzeit hinweg im politischen Aktiv verantwortlich tätig sind. Durch stärkere Beachtung individueller Interessen und deren zielgerichtete Ausprägung, bei einem noch breiteren Angebot an Betätigungsmöglichkeiten und durch differenziertere pädagogische Arbeit mit allen Schülern ist die Einbeziehung *aller* Mädchen und Jungen in kollektive Aktivitäten zu verstärken, um damit zugleich eine höhere gesellschaftliche Gerichtetheit und die Ausprägung aller individuellen Fähigkeiten zu erreichen.

Bei aller Bedeutung außerunterrichtlicher Tätigkeiten (gesellschaftspolitische, sportlich-touristische, kulturell-künstlerische, sozialpflegerische, pädagogische u. a.) entscheiden die unterrichtliche kollektive und davon beeinflußte individuelle Lerntätigkeit und deren Resultate wesentlich sowohl über die Lebenstüchtigkeit, Disponibilität, Leistungskraft und damit soziale Wirksamkeit des künftigen Werktätigen als auch über die Qualität seiner Freizeitinteressen und -verhaltensweisen. Durch die lebensverbundene Vermittlung und Aneignung der Allgemeinbildung werden in der

Regel die bestimmenden Überzeugungen, Wertorientierungen, Motivationen und davon determinierten Verhaltensweisen ausgebildet, die den Bürger der sozialistischen Gesellschaft charakterisieren, ihn vor allem auch zum selbständigen Weiterlernen, zur weiteren Ausprägung seiner Individualität bei kollektiver Gerichtetheit befähigen. Bereits im 7./8. Schuljahr erreichen die dazu notwendigen Persönlichkeitsqualitäten einen relativ hohen Stabilisierungsgrad, der im 9. Schuljahr kulminiert und in die Berufswahl mündet. Die Jugendlichen werden sich hier aber auch zunehmend der Zeitweiligkeit ihres Klassenkollektivs bewußt. Die Berufsentscheidung orientiert sie nun zunächst vorrangig auf ihren individuellen Lebensweg und auf die baldige Zugehörigkeit zu einem langlebigen anderen Kollektiv (Betrieb, Brigade, Produktionsabteilung).

So erklärt sich eine gewisse Stagnation oder gar der Rückgang von Bindungen zum Grundkollektiv Schulklasse. Diese Tendenz wird verstärkt durch die differenzierte Ausbildung individueller Interessen, denen zwar nicht das Klassenkollektiv, wohl aber andere Gemeinschaften entsprechen können, durch die beginnenden heterogeschlechtlichen Beziehungen und die generelle Orientierung auf weiterreichende gesellschaftliche Aufgaben und Entwicklungstendenzen (STOLZ 1980, S. 182 ff.). Das gewachsene Bildungsniveau, das oft nicht nur gewachsene Möglichkeiten, sondern auch Konfliktpotential einschließt, weil sich daraus u. a. an den Führungsstil des Erziehers höhere Ansprüche ergeben, und die gewonnene Selbständigkeit sind ausbaufähige Grundlagen für die Ausprägung reicher Individualitäten, die sich zunehmend bewußt in den Dienst der Gesellschaft zu stellen vermögen. Die berufliche Ausbildung, die fast ausnahmslos alle Schulabsolventen erfahren, sichert dann den Platz für die gesellschaftlichen Wirkungen, auch wenn durch wechselnde Arbeitserfordernisse, teilweise durch völlig neue Arbeitsinhalte berufliches Weiterlernen und wiederholtes Umlernen für die Mehrzahl der Gesellschaftsmitglieder unumgänglich geworden ist.

Jugendliche der DDR zeigen eine hohe Leistungsbereitschaft, die mit ihrer Geborgenheit in den Kollektiven korreliert. Nach Untersuchungen fühlen sich mehr als zwei Drittel in ihnen wohl, etwa 20 % bejahen das mit Einschränkungen. Subjektives Wohlbefinden im Kollektiv und eigene Aktivität stehen zueinander in einem

Wechselverhältnis, obwohl das persönliche Verhältnis zum Klassenkollektiv relativ großen Schwankungen unterliegt und beispielsweise in der 10. Klasse niedrigere Werte hat als in vorangegangenen Klassen. Im 1. Lehrjahr nimmt die Kollektivzufriedenheit dagegen wieder zu (vgl. FRIEDRICH und MÜLLER 1980, S. 240 ff.).

Die meisten Jugendlichen sehen die Wirksamkeit ihrer Kollektive vor allem in der gemeinsamen Lebensgestaltung, im Einfluß auf die politische Standpunktbildung, in der gegenseitigen Hilfe und Unterstützung beim Lernen, in der Schaffung einer offenen, kritischen und selbstkritischen Atmosphäre. Zwischen Wort und Tat bestehen allerdings mitunter Diskrepanzen, und geäußerte Bereitschaft der Heranwachsenden findet in konkreten Anforderungssituationen nicht im gleichen Maße ihren Niederschlag. Das gilt besonders im Hinblick auf die selbständige Auseinandersetzung mit negativen Verhaltensweisen von Mitschülern und Kameraden sowie auf die Wahrnehmung von Funktionen durch männliche Jugendliche.

Neuere Untersuchungen weisen darauf hin, daß solche Tendenzen keine notwendige Begleiterscheinung des frühen Jugendalters sind. Entscheidende Bedingungen sind der veränderte Erziehungsstil der Pädagogen, der dem höheren, äußerst differenzierten Entwicklungsniveau Jugendlicher Rechnung tragen, echte Verantwortung, Selbständigkeit und Möglichkeiten zur Mitbestimmung gewährleisten muß, sowie die Qualität (nicht so sehr Häufigkeit) gemeinsamer Aktivitäten von Erwachsenen und Jugendlichen.

3. Bereits die Schüler unterer Klassen zeichnen sich durch umfangreiche Kenntnisse und Erfahrungen aus, die im Verlaufe der Schulzeit auch im Alltag ergänzt und erweitert werden. Das in der Schule angeeignete Wissen soll dieses Kenntnis- und Erfahrungspotential theoretisch „aufarbeiten", systematisieren, vertiefen und erweitern, damit die Heranwachsenden von den Erscheinungen zum Erkennen des Wesentlichen, Bestimmenden, Typischen, Regelhaften, Gesetzmäßigen befähigt werden. Während die Schüler anfänglich das vom Lehrer Vermittelte als absolut gültige Gewißheit aufnehmen, werden sich Heranwachsende bereits in der Mittel-, in der Mehrheit jedoch in der Oberstufe zugleich der Widersprüche zwischen vermittelten theoretischen Erkenntnissen und praktisch Erlebtem bewußt.

Wirkung und Resultat der pädagogischen Einflußnahme sind in

hohem Maße davon abhängig, wie es gelingt, die Schüler zu einer kritisch-*konstruktiven* Haltung zu erziehen, sie zu Aktivitäten zur Lösung von Widersprüchen in ihrem Bereich zu veranlassen. Durch die so angeeigneten *organisierten* Erfahrungen, in denen sie sich als „Veränderer", als „Bestimmer" erleben, wird die Ausbildung einer aktiven Lebensposition gefördert, entwickeln sich Selbständigkeit, Verantwortlichkeit, Risikobereitschaft u. ä. als Grundlage für künftiges Schöpfertum.

Die vor allem durch die hohe Allgemeinbildung ausgebildete Fähigkeit, Realitäten, Erscheinungen und Prozesse präziser, tiefer und differenzierter zu erfassen, sie mit den erworbenen Kenntnissen zu vergleichen, vermeintliche oder tatsächliche Nichtidentifikationen zwischen Ideal und Wirklichkeit zu registrieren – das alles beeinflußt entscheidend das Leistungs- und Sozialverhalten. Werden jedoch Widersprüche verwischt oder gar geleugnet, so wirken sie nicht als Triebkräfte, sondern eher als Hemmnis der Entwicklung der Persönlichkeit und ihrer Sozialisation.

Von besonderer Bedeutung sind die Einblicke in Bereiche der Produktion von Industrie, Bauwesen und Landwirtschaft, da alle Schüler ab 7. Schuljahr im Rahmen ihres Unterrichts produktive Arbeit leisten und das Fach „Einführung in die sozialistische Produktion" haben, ab ihrem 14. Lebensjahr freiwillige Ferienarbeit verrichten und meist recht stabile Patenschaftsbeziehungen zwischen Schule und Betrieb gepflegt werden. Sie weiten einerseits den Blick, beeinflussen die Berufsfindung, lösen Identifikationsprozesse mit dem gewünschten Beruf aus, präzisieren Vorstellungen und Lebenspläne, andererseits fördern sie Kritikfähigkeit, eine selektive Haltung gegenüber den in der Schule anzueignenden Kenntnissen, geforderten Verhaltensweisen und Motivationen.

4. Schüler sind während ihrer gesamten Schulzeit in bedeutendem Maße *elternabhängig* und gehören vorwiegend Kleinfamilien an (3 bis 4 Personen). Nur relativ wenige von ihnen wachsen in Familien auf, zu denen mehr als zwei Kinder gehören. Zwar bedürfen die Auswirkungen dieses Sachverhalts auf die Integration ins Schülerkollektiv und in Kollektive überhaupt noch der Erforschung, jedoch besagen Erfahrungen, daß bereits durch Gemeinschaftserziehung im Vorschulalter und durch systematische Kollektiverziehung im Schulalter mögliche negative Wirkungen weitgehend ausgeschaltet werden.

Im Verlaufe und zum Abschluß der Schulzeit haben heute Schüler im Vergleich zu gleichen Altersjahrgängen vorangegangener Generationen (etwa ihrer Eltern) einerseits eine wesentlich höhere Bildung, mehr geistige Selbständigkeit, Urteilsvermögen und stabilere Einstellungen (vgl. FRIEDRICH 1986 b, S. 175 ff.), andererseits sind sie trotz erheblicher materieller Förderung durch den Staat (Stipendien, Kindergeld, Preisvergünstigungen) zumeist von der Famlie länger ökonomisch abhängig. Die Herkunftsfamilie bestimmt durch ihre klassen- bzw. schichtspezifischen Einstellungen, Haltungen und Motivierungen ihrer Kinder, durch ihre pädagogische Kultur und ihren Lebensstil die Entwicklung und Erziehung der Schüler in hohem Grade, ohne daß lineare Wirkungen bestehen.

Nachweisbar ist allerdings die generationsübergreifende Konstanz von pädagogischen Auffassungen und Methoden (s. Baustein „Familie"); so identifizieren sich z. B. etwa 80 % der Schüler höherer Klassen (und Absolventen der Schule) weitgehend oder völlig mit dem elterlichen Erziehungsstil und wollen ihn später selbst praktizieren. Dieser Erziehungsstil setzt vorwiegend auf Forderungen, Vertrauen und Verantwortung der Heranwachsenden und entspricht damit dem der sozialistischen Schule. Allerdings werden auch überholte Vorstellungen – beispielsweise bezüglich unterschiedlichen Verhaltens von Mädchen und Jungen – im Widerspruch zu schulischen Erwartungen und Bestrebungen konserviert und nur sehr allmählich abgebaut.

Infolge der konsequenten Verwirklichung des Wohnungsbauprogramms in der DDR, infolge des relativ hohen Ausstattungsgrades der Haushalte auch mit pädagogisch bedeutsamen Medien (besonders Fernsehen, Stereo- und Rundfunkgeräte) und anderen hochwertigen Konsumgütern verbesserten sich die familiären Entwicklungsbedingungen der Kinder und Jugendlichen grundlegend. Die übergroße Mehrheit von ihnen hat ein eigenes Zimmer, fast alle verfügen in der elterlichen Wohnung über einen angemessenen Arbeits- und Beschäftigungsplatz. Zugleich ist unübersehbar, daß der wachsende materielle Wohlstand nicht immer zu positiven erzieherischen Wirkungen führt (Verwöhnungstendenz, unpädagogische Relation von Rechten und Pflichten, von Ansprüchen und eigenen Leistungen in der Familie), da in solchen Fällen die wachsenden gesellschaftlichen Anforderungen nicht ihre Entsprechung in der

Familienerziehung haben. Die meisten Eltern sind an guten schulischen Leistungen und an dem von der Schule geforderten Verhalten (einschließlich politische Aktivität und gesellschaftliches Engagement) ihrer Kinder stark interessiert und arbeiten mit der Schule eng zusammen, um die gesellschaftlichen Erziehungsziele zu realisieren. Etwa 650 000 Mütter und Väter arbeiten als Mitglieder von Elternaktiven und -beiräten, die an der Schule auf Klassen- bzw. Schulbasis bestehen und jedes Jahr bzw. alle zwei Jahre von allen Eltern neugewählt werden.

Auf die durch Familienerziehung beeinflußbare Sozialisation der Heranwachsenden wirken ungenügend stabile Familien und damit häufig verbundene labile oder einseitige Eltern-(Mutter- bzw. Vater-)Kind-Beziehungen zumeist negativ.

5. Alle Schüler erhalten *unabhängig von ihrem Geschlecht* die gleiche Bildung (mit Ausnahme einiger Anforderungen in Sport). Dennoch werden bei Mädchen und Jungen nicht in etwa die gleichen Leistungen erzielt. Schon in der Unterstufe erhalten Mädchen bedeutend bessere Leistungs- und Verhaltensnoten – ein Trend, der bis zum Schulabschluß in den meisten Fächern anhält.

Auch ihre gesellschaftspolitischen und kulturell-künstlerischen Interessen verfolgen Mädchen konsequenter als Jungen, sie sind aktiver, nehmen in größerem Maße und bereitwilliger Funktionen in der Jugend- und Kinderorganisation, in der übrigen außerunterrichtlichen Tätigkeit und in der Schule und Klasse wahr. Häufig wird eine Ursache dafür darin gesehen, daß Mädchen in der Familie stärker beschäftigt werden, einen höheren Anteil an Hausarbeit leisten, frühzeitiger und konsequenter als Jungen dazu angehalten werden, regelmäßige Pflichten zu erfüllen. Zutreffend ist jedoch wohl auch, daß die spezifischen Interessen der Jungen und ihre Besonderheiten, die im Schülerkollektiv oft eine besondere pädagogische Herausforderung darstellen, nicht hinreichend beachtet werden, woran gewiß auch die zur Zeit kaum veränderbare Feminisierung der pädagogischen Berufe Anteil hat (in der Schule Verhältnis weiblicher zu männlichen Lehrern etwa 75 : 25).

Die Jungen erschließen ihre Leistungsreserven zumeist erst stärker in der Zeit ihrer Lehrausbildung oder des Studiums, in der dann die „Besseren" oft von den Jungen repräsentiert werden (berufs- und studienfachdifferenziert), sich auch deren gesellschaftspolitisches Engagement in der Relation bedeutend erhöht.

6. *Kommunistische Erziehung* wird als zielgerichtete, bewußte, organisierte und planvolle Einwirkung auf den Heranwachsenden im Sinne kommunistischer Ideale bei *gleichzeitiger* Aktivität der Mädchen und Jungen verstanden. Die auf Selbsterziehung gerichtete pädagogische Führung beachtet die Wechselwirkung zwischen Pädagogen und Schülern, betrachtet die Subjektposition der letzteren als unabdingbar für die Gestaltung effektiver Erziehungsprozesse. Sie ist angesichts der relativ niedrigen Klassenfrequenzen (etwa 20), der günstigen Relation der Zahl der Lehrer und Schüler zueinander (etwa 1:10), der häufigen Arbeit des Pädagogen mit kleineren Gruppen von Schülern im fakultativen Unterricht, in Arbeitsgemeinschaften, bei der Befähigung zur Wahrnehmung von Verantwortung objektiv gut realisierbar. Einschränkend wirkt jedoch, daß im Schulalltag die Vermittlung von Bildungs- und Erziehungsinhalten mit ihrer rezeptiven Stoffaneignung noch stark dominiert, die Schülertätigkeiten nicht hinreichend geplant und als Mittel der Erziehung zur Selbsterziehung (-regulation, -organisation) genutzt werden. Von sich aus wenden sich an den Lehrer vor allem die leistungsstärkeren und politisch engagierten Schüler, die anderen bedürfen mancher Impulse.

Die interpersonale verbale Kommunikation ist noch zu stark vom Lehrer geprägt (Relation der Redezeit im Unterricht bei Lehrern : Schüler etwa 70:30) und beachtet noch nicht ausreichend *alle* Schüler, besonders die zurückhaltenden, so daß sich deren kommunikative Fähigkeiten mehr außerhalb des Unterrichts – vor allem im Umgang mit etwa Gleichaltrigen oder Jüngeren – entfalten. Die schulpolitische Orientierung auf die Erziehung *aller* Schüler zu geistig aktiven, verantwortlich und selbständig handelnden Menschen und die dazu verstärkt anzuwendenden Methoden und Organisationsformen bedürfen der weiteren zielstrebigen Verwirklichung.

Erziehung als methodisch betriebene Sozialisation stellt einerseits die Weitergabe von Erfahrungen – heute vor allem auch in nichtempirischer, verallgemeinerter, d. h. theoretischer Form – sicher, kann aber andererseits der Schaffung von Bedingungen selbständigen sozialen Erfahrungserwerbs in mehr oder weniger stark gelenkten Lernprozessen dienen. Das mit Hilfe pädagogischer Prozesse erworbene Wissen und der durch eigene praktische Auseinandersetzung mit den Lebensumständen hervorgebrachte Erfahrungsbestand bedingen einander ebenso wie die möglichen Variationen und Erfolgsaussichten sozialen Handelns (MEIER 1984, S. 30 f.).

Soziales Handeln wirkt dabei um so mehr als Triebkraft der gesellschaftlichen Entwicklung, je mehr es sich auf stabile Wertorientierungen begründet, die sowohl gesellschaftliche als auch persönliche Interessen vereinen. Bereits der Schüler muß frühzeitig und zunehmend erkennen, daß er handelndes Subjekt ist und – indem er seine Umwelt, das Leben im Klassen- und Schulkollektiv aktiv beeinflußt und verändert – sich selbst zu verändern und als Individualität zu entwickeln vermag.

Soziale Kompetenz

Peter Voß

Jeder könnte aus seinem eigenen Lebensbereich Beispiele nennen, die belegen, daß bestimmte Personen nicht oder nur sehr schwer mit ihren Mitmenschen zurechtkommen. Der Volksmund prägte für unangemessenes Sozialverhalten das treffende Gleichnis vom Elefanten im Porzellanladen. Andererseits gibt es Menschen, die sich in jeder sozialen Situation zurechtfinden und es immer wieder schaffen, andere für sich zu gewinnen – das sind dann die „geborenen Diplomaten". Sind sie aber wirklich als „Diplomaten" geboren oder sind sie es erst *geworden*? Für die Psychologie ergibt sich daraus die Frage nach dem Ursprung, dem Wesen und der Struktur der *Fähigkeiten* zu sozialem Verhalten.

Die Alltagsbeobachtung lehrt uns auch, daß soziale Intelligenz und allgemeine Intelligenz nicht unbedingt zusammenfallen müssen. Bereits vor 200 Jahren schrieb Adolph Freiherr KNIGGE in seinem heute immer noch lesenswerten Buch „Über den Umgang mit Menschen": „Wir sehen die klügsten, verständigsten Menschen im gemeinen Leben Schritte tun, wozu wir den Kopf schütteln müssen ... Wir sehen die erfahrensten, geschicktesten Männer bei alltäglichen Vorfällen unzweckmäßige Mittel wählen, sehen, daß es ihnen mißlingt, auf andre zu würken, daß sie mit allem Übergewichte der Vernunft dennoch oft von fremden Torheiten, Grillen und von dem Eigensinne der Schwächeren abhängen, daß sie von schiefen Köpfen, die nicht wert sind, mit ihnen verglichen zu werden, sich müssen regieren und mißhandeln lassen, daß hingegen Schwächlinge und Unmündige am Geist Dinge durchsetzen, die der Weise kaum zu wünschen wagen darf" (1975, S. 11).

Damit war vor der Etablierung der Psychologie als Wissenschaft ein sozialpsychologisches Problem formuliert worden, dessen Lösung noch aussteht. Zwar gibt es viele Hypothesen über Persönlichkeitsmerkmale, die diesem oder jenem Sozialverhalten zugrunde liegen, aber die experimentellen Ergebnisse sind widersprüchlich.

Im folgenden geht es also weniger um fertige Antworten als um das Bewußtmachen der Schwierigkeiten, die mit der Lösung dieser Probleme verknüpft sind.

Soziale Kompetenz als ein komplexes Persönlichkeitsmerkmal

In der Persönlichkeitspsychologie erfolgte die Untersuchung von Fähigkeiten bisher überwiegend im Rahmen der Intelligenzforschung. Dabei wurde in der Regel kein Unterschied gemacht zwischen den Anforderungen bei der Lösung allgemeiner intellektueller Probleme (z. B. Mathematikaufgaben) und der Lösung sozialer Probleme. Situationsadäquates Sozialverhalten wurde bestenfalls in einem Subtest erfaßt. Einige Autoren definierten zwar eine spezielle Fähigkeit „Soziale Intelligenz" (J. P. GUILFORD) als Voraussetzung für effektives soziales Verhalten, aber die Diskrepanz zwischen Intelligenzleistung und tatsächlicher sozialer Leistung im Leben der Testpersonen waren unübersehbar (vgl. MEHLHORN und MEHLHORN 1981, S. 68).

Heute ist man sich darüber einig, daß sinnvolles Verhalten in sozialen Situationen nicht auf kognitives Problemlösen reduziert werden kann, und daß die herkömmlichen Intelligenztests nicht geeignet sind, sozialen Erfolg bzw. Mißerfolg zu prognostizieren. Da für das Sozialverhalten *emotionale* Komponenten ausschlaggebende Bedeutung haben, wird bei seiner Erforschung die Motivationspsychologie gegenüber der Psychologie kognitiver Prozesse zukünftig an Gewicht gewinnen (vgl. ERPENBECK 1984, S. 35 ff.). Das führt auch zu Konsequenzen bei der Bildung und Erziehung junger Menschen: Die Kenntnisvermittlung in der Schule und anderen Bildungseinrichtungen muß sinnvoll ergänzt werden durch die Vermittlung und Aneignung *sozialer Erfahrungen.*

Hier berühren sich die Gegenstände verschiedener psychologischer Disziplinen: Sozialpsychologie, Persönlichkeitspsychologie und Pädagogische Psychologie. Während die Sozialpsychologie in erster Linie den Prozeß der sozialen Interaktion untersucht, widmet sich die Persönlichkeitspsychologie jenen psychologischen Dispositionen, welche das Individuum zu effektivem Sozialverhalten befähigen, und die Pädagogische Psychologie beschäftigt sich mit der bewußten Ausbildung sozialer Fähigkeiten.

Für die persönlichkeitspsychologischen Voraussetzungen interpersonaler Wechselwirkung sind verschiedene Bezeichnungen gebräuchlich: soziale Intelligenz, soziale Fähigkeiten bzw. Fertigkeiten, Sozialkompetenz, persönliche Kompetenz, interpersonale Kompetenz und andere. In letzter Zeit scheint sich jedoch der Begriff *soziale Kompetenz* stärker durchzusetzen. Wir verwenden ihn immer dann, wenn es um die *intrapersonalen Dispositionen zur Regelung des Sozialverhaltens* geht.

Soziale Kompetenz hängt stark von den Charakteristika der jeweiligen Anforderungssituation ab. Ein einmal erfolgreich gewesenes Verhaltensprogramm läßt sich nicht ohne weiteres auf andere soziale Situationen übertragen. Wer durch Großzügigkeit und eine „Take-it-easy"-Haltung im Freundeskreis Anerkennung findet, kann mit derselben Verhaltensweise im Arbeitskollektiv abblitzen. Es geht demnach bei der sozialen Kompetenz nicht um ein starres Dispositionskonzept, vielmehr stehen die Prozesse der Selbststeuerung im Vordergrund.

Allgemein gesagt, beschreibt soziale Kompetenz die Fähigkeiten des Individuums, seine soziale Umwelt richtig wahrzunehmen und zu bewerten, sich selbst in diese Umwelt möglichst objektiv einzuordnen, seine Interaktionen mit den anderen effektiv zu gestalten und seine Intentionen gegenüber anderen durchzusetzen.

Unzureichende Kompetenz kann also verschiedene Ursachen haben. Vielen Menschen fällt es schwer, sich in ihrer sozialen Umwelt zu orientieren; sie bewerten das Verhalten anderer an den wahrgenommenen Äußerlichkeiten und können die Interaktionssymbolik nicht deuten. Sie kommen daher zu falschen Schlüssen über die Absichten ihrer Mitmenschen und bauen sich selbst ein fehlerhaftes Verhaltensprogramm auf. Wieder andere sind nicht zur objektiven Selbstreflexion fähig, sie überschätzen oder unterschätzen ihre eigene soziale Position, haben kein zutreffendes Bild davon, wie sie selbst in den Augen der Umwelt erscheinen und können aus diesem Grunde nicht adäquat auf soziale Anforderungen reagieren.

Für Kooperationssituationen hat KAUKE (1979) personelle Voraussetzungen ermittelt, die kompetentes Verhalten begünstigen. Sie beschreibt den Typ des „kooperativen Realisten" als besonders befähigt zu Kooperationsleistungen. Der kooperative Realist zieht prinzipiell Kooperation dem konkurrierenden Wettbewerb vor, er ist in der Lage, die Absichten und Reaktionen des

Partners realistisch zu antizipieren, hat ein zutreffendes Selbstbild und vermeidet Konflikte im übergreifenden Interesse der Kooperation. Menschen mit dieser Persönlichkeitscharakteristik haben eine optimistische Grundhaltung, die sie in Verbindung mit stets partnerbezogenen Verhaltensweisen zu sozial kompetentem Verhalten befähigt.

Für erfolgreiches Handeln in anderen sozialen Situationen, beispielsweise beim Anknüpfen einer Liebesbeziehung, müssen auch andere personelle Voraussetzungen aktiviert werden. Aber ein realistisches Bild vom angestrebten Partner und ein zutreffendes Selbstbild sind auch hier Voraussetzung für kompetentes Verhalten. STARKE (1984, S. 285 ff.) hat darauf hingewiesen, in welch hohem Maße die Reflexion des eigenen Aussehens und der eigenen Chancen beim anderen Geschlecht Einstellungen und Verhaltensweisen in Liebe und Sexualität determinieren. Wer hübsch aussieht, ist geneigt, die Zuwendung, welche er wegen seines Aussehens von der Umwelt erfährt, auf andere Merkmale seiner Person zu generalisieren. Diese Überschätzung kann dann schnell zu unangemessenen Verhaltensstrategien führen. Andererseits neigen Menschen, die sich körperliche Mängel einbilden (eine zu große Nase, eine zu kleine Brust u. ä.), zur Reduzierung ihrer sexuellen und Partneraktivitäten.

Aus diesen wenigen Beispielen soll ersichtlich werden, daß soziale Kompetenz keine einzelne Fähigkeit ist, sondern ein komplexes Persönlichkeitsmerkmal, welches die Effektivität der Interaktion einer Person mit ihrer sozialen Umwelt beschreibt (vgl. SCHRÖDER 1980). Sozial kompetent ist, wer seine zwischenmenschlichen Beziehungen erfolgreich gestaltet und im Sinne seiner Wertorientierungen und Motivationen Einfluß auf andere Personen oder Gruppen nehmen kann. SCHRÖDER und VORWERG definieren soziale Kompetenz wie folgt: „Soziale Kompetenz ist als Eigenschaft eines zielstrebigen Systems aufzufassen, die durch dessen verfügbare Handlungsvoraussetzungen (Verhaltensdispositionen), die möglichen Handlungsresultate (soziales Verhalten), die Umwelt des Systems (soziale Umgebung und Anforderung) und die Entscheidungswahrscheinlichkeit des Systems (Entscheidung für ein bestimmtes Verhalten) bestimmt ist" (1978, S. 53).

OERTER und MONTADA (1982, S. 108 ff.) bestimmen soziale Kompetenz als ein *Verhaltensprogramm,* welches in der Ontogenese durch die aktive Wechselwirkung mit der sozialen Umwelt aufgebaut und ständig präzisiert wird. Die sozial kompetente Person kann sich selbst weiterprogrammieren, d. h., sie ist „innengesteuert". „Entwicklung zur Kompetenz heißt, Informationen und Anregungen der Umgebung aufzugreifen und zu lernen, sie alle zu nutzen, um ein immer weiter und immer effektiver werdendes Verhaltensprogramm zu entwickeln" (ebenda, S. 110).

Die psychologische Struktur der sozialen Kompetenz
Hier können unsere Ausführungen nur vorläufigen Charakter tragen, denn es gibt bisher kein entwickeltes, theoretisch abgeleitetes und empirisch geprüftes Strukturkonzept zur sozialen Kompetenz (vgl. SCHRÖDER 1980). Einig sind sich die meisten Autoren lediglich darüber, daß soziale Kompetenz drei Hauptklassen von Dispositionen voraussetzt:
– perzeptive Dispositionen (Wahrnehmung der sozialen Umwelt und ihre Bewertung, bezogen auf die eigene Bedürfnislage),
– reflexive Dispositionen (Selbstwahrnehmung, Selbstbild),
– produktive Dispositionen (Verhaltensprogramm, soziale Fähigkeiten und Fertigkeiten, effektive Handlungsstrategien).
Die Suche nach weiteren Strukturelementen und ihre funktionelle Verknüpfung hat in der Persönlichkeitspsychologie gegenwärtig zu einer Vielzahl von Kompetenzmodellen geführt, deren experimentelle Überprüfung noch in den Anfängen steckt und hinter deren komplizierter Struktur das Grundanliegen der Kompetenzforschung nicht selten völlig verschwindet. Letztlich geht es doch immer darum, Menschen zu sozial erfolgreichem Handeln zu befähigen und damit einen Beitrag zu ihrer Persönlichkeitsentwicklung zu leisten.
Stellt man sich dieser Aufgabe, dann kann man sich nicht mit abstrakten Modellen sozialer Kompetenz zufriedengeben, sondern muß soziale Kompetenz auf die Lebenstätigkeit der Menschen beziehen. Der Anforderungstyp der jeweiligen Tätigkeit bestimmt die konkrete Struktur der Kompetenz. Der Leiter eines Forschungs- und Entwicklungskollektivs muß andere soziale Anforderungen bewältigen als ein Jugendbrigadier, der Lehrer vor der Klasse braucht andere Kompetenzen als der FDJ-Funktionär, eine Krankenschwester kann im Umgang mit Patienten nicht die glei-

284

chen Verhaltensprogramme einsetzen wie eine Verkäuferin im Umgang mit den Kunden. Entsprechend unterschiedlich sind auch die Kriterien für kompetentes Verhalten. So, wie es keinen für beliebige soziale Situationen stets effektiven Leitungsstil gibt, gibt es auch keine persönlichen Verhaltensstrategien, die unter allen Umständen erfolgreich sind. Anpassungsfähigkeit versagt da, wo es gilt, etwas für richtig Erkanntes durchzusetzen; Kompromißlosigkeit ist unangebracht, wo zwischen gleichmöglichen Alternativen entschieden werden muß.

Außer der beruflichen Kompetenz, der zweifellos besondere Bedeutung zukommt, wird kompetentes Verhalten aber auch in zahlreichen anderen Situationen verlangt. Elterliche Kompetenz ist Voraussetzung für eine wirkungsvolle Familienerziehung; Partnerkompetenz garantiert dauerhafte Freundschaftsbeziehungen sowie Liebes- und Eheverhältnisse, die hohen Anforderungen an die Partnerschaft gewachsen sind; die meisten Sportarten erfordern neben den körperlichen Voraussetzungen der Athleten auch spielerische Kompetenzen, die oft den Ausschlag für den Sieg im Wettkampf geben; diese Beispiele ließen sich fortsetzen. Soziale Kompetenz sollte deshalb situations- und anforderungsbezogen ausgebildet und erworben werden. Das erfolgt heute bereits in Erziehungsberatungsstellen, Elternakademien, Ehe-, Sexual- und Familienberatungsstellen, speziellen Trainingskursen, psychotherapeutischen Einrichtungen und anderen Institutionen.

Wie erwirbt man soziale Kompetenz?
Menschliches Sozialverhalten ist erworbenes, d. h. *gelerntes Verhalten.* Die eingangs gestellte Frage nach dem „geborenen Diplomaten" läßt sich damit eindeutig beantworten. Das besagt aber nicht, daß wir die biologischen Grundlagen des Verhaltens und deren genetische Reproduktion leugnen. Die moderne Humangenetik geht heute bekanntlich nicht mehr von erbstarren Verhaltensmerkmalen aus; sie vertritt vielmehr ein Dispositionskonzept, nach dem nicht Eigenschaften als solche vererbt werden, sondern die *Dispositionen,* auf bestimmte Umweltbedingungen mit der Ausbildung bestimmter Merkmale zu reagieren. Diese Verhaltensdispositionen besitzen hinsichtlich ihrer manifesten Formen eine enorme Variationsbreite, ohne die menschliches Verhalten in seiner beinahe unbegrenzten Variabilität gar nicht möglich wäre.

Das in einer Gesellschaft oder Gruppe geforderte und angemessene Sozialverhalten ergibt sich aus den Lebensbedingungen der Menschen. HOLLITSCHER führt ein Beispiel an, wie sich infolge geänderter Lebensbedingungen das Sozialverhalten germanischer Stämme in kurzer Zeit umorientierte: „Während in früheren Stadien die Stammesmoral Arbeitsamkeit, Kooperation und Konformität gebot, waren die moralischen Ideale der neuen Periode ‚heroischer' Artung und forderten Aggressivität, persönliche Initiative, ja nahezu anarchisches Verhalten" (1969, S. 388).

Aggressives Verhalten ist uns ebensowenig angeboren wie altruistisches Verhalten. Im Prozeß der Sozialisation lernen wir, welches Verhalten unter welchen Bedingungen sozial erwünscht ist und welches als unerwünscht gilt. Die Eltern zeigen ihren Kindern praktisch vom ersten Tage an, wie sie auf soziale Anforderungen reagieren sollen, wobei sie ihre eigenen Lebenserfahrungen zum Maßstab nehmen. Durch ständige Interaktionen zwischen Eltern und Kind, später auch unter Einbeziehung anderer Sozialisationsträger, werden jene Anforderungssituationen geschaffen, unter deren Einfluß sich Verhaltensdispositionen zu Verhaltensweisen entwickeln. Es kommt darauf an, ein reiches soziales Anregungspotential zu schaffen, damit sich die ererbten Dispositionen voll ausbilden können.

Fehlende Kompetenz in sozialen Situationen führt fast immer zu Abstrichen in der Lebensbewältigung. Die betroffenen Personen leiden darunter, und ihr Leiden kann zu psychischen Krankheiten führen, die in ihrer Schwere von neurotischen Störungen bis zu Psychosen reichen. MAIWALD und PETERMANN (1980) haben die Relevanz gestörter interpersoneller Beziehungen für die Ätiologie psychopathologischer Prozesse verdeutlicht. Dabei geht es nicht nur um das Fehlen situationsadäquater Verhaltensprogramme bei Psychotherapiepatienten, sondern auch um das Vorhandensein ungeeigneter Persönlichkeitsmerkmale und Handlungsstrategien bei diesen Personen, welche zum Versagen in sozialen Anforderungssituationen führen. Die „falschen" Programme werden als „soziale Inkompetenz" charakterisiert (vgl. MAIWALD und MAIWALD 1982).

In der psychotherapeutischen Behandlung geht es um das Bewußtmachen der sozialen Inkompetenz und den schrittweisen Aufbau kompetenter Verhaltensentwürfe. Neben den traditionellen

Methoden der Psychotherapie werden zunehmend auch sozialpsychologische Trainingsprogramme eingesetzt (vgl. ALBERG und SCHMIDT 1980). Diese Trainingsprogramme wurden im Rahmen des sozialpsychologischen Verhaltenstrainings von Leitern entwickkelt und erprobt.

Das Leitertraining ist auf den Erwerb und die Festigung sozialer Kompetenz gerichtet. „Der Vorteil des Trainings besteht für die sozialistischen Leiter vor allem darin, daß in relativ kurzer Zeit Leitungserfahrung in realitäts-äquivalenten Situationen gesammelt werden kann, die durch Unterricht überhaupt nicht zu vermitteln und in der praktischen Leitungstätigkeit nur mit vielen Rückschlägen und nach längerer Zeit zu erwerben ist. Sowohl die Art des Trainings, die die gesamte Persönlichkeit aktiviert und motiviert, als auch die im Training erworbene emotionale Stabilisierung sowie die für die Arbeit besser beherrschten Fähigkeiten bieten die Gewähr, daß regelmäßig trainierte Leiter psychisch gesund bleiben, optimistisch und leistungsbereit sein können" (HIEBSCH, VORWERG u. a. 1979, S. 199).

Noch sind viele Fragen des sozialpsychologischen Verhaltenstrainings offen, vor allem was die Dauerhaftigkeit der Trainingseffekte angeht. Die durchgeführten Erfolgskontrollen beruhen überwiegend auf Selbsteinschätzungen der trainierten Personen. Aber ohne Zweifel sind sozialpsychologische Trainingsprogramme eine wichtige Methode für den Erwerb sozialer Kompetenz, und ihre Bedeutung wird zunehmen.

Sozialpsychologie im Alltag

Peter Voß

Jeder Mensch, Psychologe oder nicht, verfügt über sozialpsychologisches Wissen. Dieses Wissen entspringt seinen eigenen Lebenserfahrungen. Im Umgang mit den Eltern, Lehrern und Erziehern sowie mit Gleichaltrigen erwirbt der Heranwachsende Vorstellungen und Kenntnisse über soziale Normen, Interaktionsformen, Statussymbole, Autoritätsstrukturen und andere sozialpsychologische Erscheinungen. Die Medien vermitteln ihm Leitbilder sozialen Verhaltens; ebenso spielen Kunst und Literatur eine große Rolle bei der Aneignung von psychologischem Alltagswissen.

Für eine schnelle und sichere Orientierung in sozialen Situationen ist die individuelle Alltagspsychologie sehr bedeutsam. Mit ihrer Hilfe wird das Verhalten anderer Menschen eingeschätzt, werden psychologische Erklärungen über Ursachen von Verhaltensweisen versucht und wird das eigene Handeln unter Berücksichtigung der möglichen Reaktionen der anderen ausgerichtet. Es spricht für die Zuverlässigkeit naiver Verhaltenstheorien, daß sich professionelle Psychologen im Alltag keineswegs immer erfolgreicher bewegen als Nichtpsychologen.

Damit wird die wissenschaftlich betriebene Psychologie jedoch nicht überflüssig. Es handelt sich hier offensichtlich um zwei relativ eigenständige Erkenntnisebenen, deren Methoden und Schlußfolgerungen nicht ohne weiteres austauschbar sind. Die Alltagspsychologie ist dabei das Ursprüngliche, die Quelle wissenschaftlicher Psychologie. „Wissenschaftliche Fragestellungen beruhen mehr oder minder direkt auf naiven theoretischen Vorstellungen, sie gehen aus diesen hervor. Sie wirken aber auch auf jene zurück. Soweit wissenschaftliche psychologische Theorien ‚die Massen ergreifen‘, d. h. von großen Teilen der Bevölkerung akzeptiert werden, finden sie Eingang in das Alltagsbewußtsein und werden dann zu einer Grundlage für die Erklärung und Interpretation von Verhaltensweisen" (CLAUSS 1980, S. 8).

Wenn Psychologen und Nichtpsychologen *eine Sprache* sprechen, d. h. die gleichen Erklärungsmuster für bestimmte soziale Erscheinungen verwenden, kann das bedeuten, daß wissenschaftliche psychologische Theorien bereits „die Massen ergriffen" haben – es kann aber auch ein Hinweis darauf sein, daß sich die wissenschaftliche Psychologie noch nicht vom Alltagsdenken gelöst hat. Letzteres trifft auf alle Phänomene der sogenannten Massenpsychologie zu. Obwohl diese Richtung innerhalb der bürgerlichen Sozialpsychologie schon fast 100 Jahre alt ist, beruhen ihre Aussagen immer noch auf vorwissenschaftlichen Denkweisen. Das Verhalten des einzelnen in der Masse und das Verhalten der Masse selbst werden auf dem Niveau naiver Verhaltenstheorien erklärt. Da Erklärungen auf diesem Niveau jedermann plausibel erscheinen, werden sie auch als richtig akzeptiert.

Die wissenschaftliche Forschung unterscheidet sich vom Alltagsbewußtsein vor allem durch die Methodologie der Forschung, und das bedeutet: die Anwendung *wissenschaftlicher Methoden bei der Untersuchung sozialer Erscheinungen* (s. Baustein „Alltagsbewußtsein"). Eine wichtige Methode der wissenschaftlichen Psychologie ist das Experiment, aber nicht alle sozialpsychologischen Situationen lassen sich experimentell studieren. Aus ethischen Gründen verbieten sich Experimente, die die Würde des Menschen verletzen und seiner Person Schaden zufügen. Die Ursachen und Abläufe von Massenpanik etwa können nicht erforscht werden, indem man willkürlich Paniksituationen erzeugt, die Bedingungen variiert und die Reaktionen der beteiligten Personen beobachtet. Hier ist der Forscher auf die nachträgliche Analyse von „natürlichen Experimenten" angewiesen, d. h. von Situationen, die ohne sein Zutun entstanden sind (etwa im Falle eines Fußballspiels).

Weil der Psychologe die Bedingungen der Panik im Fußballstadion nicht beliebig wiederholen kann, handelt es sich hier im strengen Sinne auch um kein Experiment. Aber die nichtexperimentellen Methoden führen ebenso zu wissenschaftlichen Erkenntnissen, wenn die Kriterien exakter Forschung und Begriffsbildung eingehalten werden. So können beispielsweise vergleichbare soziale Situationen dahingehend untersucht werden, welche Bedingungen die Wahrscheinlichkeit von Panikreaktionen erhöhen. Denn nicht jede Bedrohung erzeugt Panik. Militärisch organisierte Gruppen bewahren ihre Disziplin selbst in Extremsituationen, während andererseits panikartige Reaktionen schon bei vergleichsweise harmlosen Anlässen entstehen: Ansturm der Wartenden auf einen voll besetzten Bus, plötzliches Gewitter während einer Filmveranstaltung im Freien, Personen in einem steckengebliebenen Fahrstuhl.

Sozialpsychologische Erkenntnisse, die auf der Basis einer wissenschaftlichen Methodik gewonnen wurden, können dazu beitragen, Gefahren abzuwenden und das soziale Zusammenleben der Menschen zu verbessern. Sie können das um so mehr, je stärker sich die Wissenschaft den sozialpsychologischen Problemen des Alltags zuwendet. „Es kann also keineswegs unser Ziel sein, die Wissenschaft auf das Niveau des Alltagsdenkens herabzudrücken. Wohl aber muß der *Zusammenhang* zwischen beiden Ebenen der Theoriebildung erhalten bleiben und möglichst systematisch vertieft werden. Dies kann prinzipiell auf zwei Wegen geschehen: indem man bei wissenschaftlichen Untersuchungen einerseits ausgeht von Aussagen der naiven Verhaltenstheorie, indem man andererseits durch Publikationen und populärwissenschaftliche Öffentlichkeitsarbeit Einfluß zu nehmen sucht auf eine Korrektur unberechtigter, falscher, irreführender, überlebter naiv-psychologischer Annahmen und Schlußweisen" (CLAUSS 1980, S. 86).

Im folgenden wollen wir einige sozialpsychologische Probleme nennen, die uns im Alltag begegnen, und Ansätze zu ihrer wissenschaftlichen Lösung aufzeigen.

Die ganze Welt ist eine Bühne

Unsere Alltagssprache hat viele Worte und Redewendungen aus der Welt des Theaters übernommen. Wir „werfen einen Blick hinter die Kulissen", lassen jemanden „in der Versenkung verschwinden", möchten wissen, was „hinter dem Eisernen Vorhang" vor sich geht, geben jemandem „ein Stichwort" und sagen von einem gespielten Gewitter, daß es nur „Theaterdonner" gewesen sei.

Der größte unter den Stückeschreibern, William SHAKESPEARE, brachte nicht nur das Leben auf die Bühne, sondern er sah auch im Leben die Bühne: „Die ganze Welt ist eine Bühne, und alle Menschen sind nur Schauspieler, die ihren Auftritt so wie ihren Abgang haben; ein jeglicher spielt viele Rollen zu seiner Zeit, und seine Akte dauern sieben Alter."

Auf der Bühne sehen wir gewissermaßen konzentriertes Leben,

oder – wie jemand einmal treffend bemerkte – Leben, aus dem die langweiligen Stellen herausgeschnitten sind. Die Schauspieler agieren in ihren Rollen, sie zeigen uns typische Fälle von individuellem Verhalten und demonstrieren uns damit zugleich soziale Verhältnisse. Es ist naheliegend, aber doch sehr problematisch, wenn sich die Sozialpsychologen der Metapher des „Rollenspielens" bedienen, um soziales Verhalten zu beschreiben und zu erklären, wie das Anhänger der *Rollentheorie* tun.

Die Wahl der Worte, die Sprechweise, Mimik, Gesten und Körperhaltung, die Kleidung, ja selbst Haar- und Barttracht eines Menschen sind nicht unabhängig von der sozialen Position und vom sozialen Kontext seines Handelns. Geschlecht, Alter und Beruf beeinflussen den persönlichen Habitus. Beim Rektor einer Kunsthochschule oder beim Chef eines Sinfonieorchesters wird Vollbart toleriert; der Generaldirektor eines Kombinates würde damit „aus der Rolle fallen". Ein Schüler verhält sich seinem Lehrer gegenüber anders als zu Hause bei den Eltern und wiederum anders in seiner Freizeitgruppe. Das ist gut bekannt, aber dennoch unterliegen die meisten Menschen dem Irrtum, sie könnten ihre Mitmenschen allein nach deren äußerem Verhalten beurteilen. Tatsächlich wird dabei aber nur die Übereinstimmung des wahrgenommenen Verhaltens mit dem Schema geprüft, welches der Beobachter selbst der Position zuschreibt, und daraus werden häufig falsche Schlußfolgerungen gezogen.

Ist Verhalten berechenbar?

Selbstverständlich verhalten wir uns nicht regellos und chaotisch. Anders könnten wir gar nicht zusammenleben. Unser Alltagsleben beruht zu einem großen Teil auf mehr oder weniger erfolgreichen Verhaltensvorhersagen. Schon die Teilnahme am Straßenverkehr wäre unmöglich, könnten wir uns nicht auf das regelhafte Verhalten der anderen Verkehrsteilnehmer verlassen.

Aber auch im sogenannten Privatleben gibt es konsistente Elemente des Verhaltens. Freundschaften, Liebesbeziehungen, Nachbarschaftsverhältnisse und andere informelle Beziehungen wären nur von kurzer Dauer, würden die Partner ihr Verhalten zueinander nicht relativ gleichförmig gestalten. Gleichförmigkeit bedeutet hier allerdings nicht die identische Reproduktion von Verhaltensstereotypen, sondern versteht sich als *soziale Identität:* Bei aller Variabilität des eigenen Verhaltens muß es doch stets in das vorgestellte Bild des Partners passen.

Im Alltagsleben wird konsistentes Verhalten erwartet und belohnt. „Dies über alles: sei dir selber treu", gab POLONIUS seinem Sohn LAERTES mit auf den Lebensweg. Inkonsistenz wird dagegen moralisch verworfen. Wer „seinen Mantel nach dem Winde hängt", kann zwar durchaus Erfolg haben, aber er wird als Persönlichkeit nicht geschätzt.

Wie läßt sich konsistentes Verhalten psychologisch erklären? Der Laie bevorzugt dafür *Eigenschaftskonzepte,* d. h., beständiges Verhalten wird auf positive Persönlichkeitseigenschaften (treu, zuverlässig, charakterfest u. ä.) zurückgeführt, analog unbeständiges Verhalten auf negative Eigenschaften. Diese Eigenschaften sind im Alltagsbewußtsein wenig differenziert. Meist handelt es sich um bipolare Zuschreibungen: „gut – schlecht", „treu – untreu", „stabil – labil" und ähnliche. Naive Verhaltenstheorien verallgemeinern sehr stark und können deshalb leicht zu *Vorurteilen* gegenüber anderen Menschen führen.

Die Sozialpsychologie verwendet zur Erklärung konsistenten Verhaltens den Begriff der *Einstellung* (s. Baustein „Einstellungen – Wertorientierungen"). Einstellungen werden als Verhaltensdispositionen aufgefaßt, deren Kenntnis zuverlässige Verhaltensprognosen erlauben soll. Die Einstellungsforschung ist ein Forschungsschwerpunkt in der gesamten bisherigen Sozialpsychologie. Allerdings sind die vorliegenden Ergebnisse noch wenig überzeugend: Selbst in Laborversuchen ließen sich keine eindeutigen Beziehungen zwischen bestimmten Einstellungen und entsprechenden Verhaltensweisen feststellen. Um so weniger kann *Alltagsverhalten* allein durch Einstellungen erklärt werden.

Gegenwärtig neigt man dazu, die Konzepte von „einstellungsgesteuertem" Verhalten und von „situationsbezogenem" Verhalten stärker zu integrieren. Es geht darum, wie Einstellungen mit der sozialen Umwelt in Wechselwirkung treten. Für die sozialwissenschaftliche Forschung hat das große Bedeutung, denn daraus ergibt sich die Verhaltensrelevanz ermittelter Einstellungen (z. B. in Fragebogenuntersuchungen). Es wird aber auch deutlich, daß nicht jedes Verhalten durch Einstellungen erklärt werden kann. Warum läßt man sich manchmal zu Handlungen verleiten, die man eigentlich gar nicht vorhatte, ja deren man sich im Nachhinein sogar schämt? Situationen können bekanntlich Verhalten provozieren („Gelegenheit macht Diebe" oder „Moral ist Mangel an Gelegenheit").

Die Forschungen der kognitiven Sozialpsychologie haben zu Erkenntnissen über die Bildung und Veränderung von Einstellungen geführt, die unter anderem auch in der Propagandatätigkeit Berücksichtigung finden sollten. Interessant ist das Phänomen der „selektiven Wahrnehmung". Grob gesprochen, handelt es sich dabei um einen *Filtereffekt der Einstellungen* gegenüber Informationen: Es werden bevorzugt solche Informationen aufgenommen, die mit den eigenen Einstellungen konform gehen, während einstellungskonträre Informationen zurückgewiesen werden. In bezug auf die Nutzung der Massenkommunikationsmittel durch Jugendliche schreibt Lothar BISKY dazu: „Die Auswahl ist in starkem Maße von Einstellungen und aktuellen Erwartungen der Jugendlichen abhängig. Die Einstellung der jugendlichen Persönlichkeit zum Beispiel zur Kultur oder Politik hat einen nachweisbar großen Einfluß auf eine entsprechende Nutzung der Massenmedien. Ein starkes Interesse an Politik führt in der Regel zu einer intensiveren Nutzung der politischen Beiträge in mehreren Massenmedien" (1976 b, S. 62 f.).

Es gibt verschiedene Erklärungen für einstellungsgesteuertes Verhalten. Bürgerliche Einstellungstheoretiker versuchen das mit der Annahme einer *kognitiven Konsistenz* zu beweisen. Danach sollen die Menschen stets das unbezwingbare Bedürfnis haben, Dissonanzen, Unstimmigkeiten, widersprüchliche Informationen und Konflikte zwischen sich und der sozialen Umwelt zu beseitigen und nach „geistiger Harmonie" zu streben. Sie demonstrieren das am Beispiel des Rauchens: Ein Raucher wird sich gegen Informationen über die Schädlichkeit des Rauchens sperren und nach Informationen suchen, die seine Überzeugung, Rauchen schade ihm nicht, bekräftigen. Um Konsistenz zu erreichen, kann er auch eigene „Theorien" entwickeln, z. B. Rauchen baue Streß ab. Er kann allerdings auch das Rauchen aufgeben, um die Dissonanzen zu beseitigen – aber das passiert in den seltensten Fällen.

Das erscheint plausibel, ist aber sicher nur die halbe Wahrheit. In den sogenannten Balancetheorien werden Widersprüche als „Störgrößen" interpretiert, und das Streben nach kognitiver Harmonie soll letztlich durch das Bewußtsein gesteuerte Veränderungen der Lebenslage als unzweckmäßig erscheinen lassen. Demgegenüber betrachtet die marxistische Sozialpsychologie kognitive Dissonanzen als *dialektische Widersprüche,* deren Lösung entwicklungsnotwendig ist.

Tatsache ist: Einstellungen sind meist ziemlich resistent gegenüber Änderungsversuchen. Je stärker ausgeprägt eine Einstellung, desto schwieriger wird es, durch Argumente, Informationen, Überredungskünste usw. eine Labilisierung oder sogar Umorientierung zu erreichen. Manchmal sind Einstellungen so fest im Bewußtsein verankert, daß alle Konterpropaganda nur das Gegenteil erreicht: Die Einstellung verfestigt sich noch mehr („Bumerang-Effekt").

Das sind sozialpsychologische Erkenntnisse, die unseren Alltag unmittelbar berühren. MEHLHORN und FRIEDRICH verweisen in ihrer „Kleinen Methodik für Zirkelleiter" (1975, S. 29) auf Schlußfolgerungen für den Propagandisten: „Der Propagandist sollte die Einstellungen und Verhaltensweisen seiner Zirkelteilnehmer gut kennen. Soweit wie möglich sollten ihm ihre wesentlichen Interessen, Bedürfnisse, Ideale, Probleme, besonders aber die politisch-ideologischen Grundüberzeugungen und Aktivitäten bekannt sein. Die Kenntnis des Entwicklungsstandes und der Besonderheiten der Zirkelteilnehmer ermöglicht ihm, die Potenzen einer personenbezogenen ideologischen Arbeit zu nutzen. Marxistische Psychologen weisen immer wieder darauf hin, daß die Effektivität der Erziehung davon abhängt, wie es gelingt, an die inneren Bedingungen anzuknüpfen. Die Argumentation des Propagandisten kann ganz ohne die angestrebte Wirkung bleiben oder sogar zu negativen Effekten führen, wenn es ihm nicht gelingt, den Bezug zu den Kenntnissen und Einstellungen seiner Hörer herzustellen" (vgl. Baustein „Einstellungen – Wertorientierungen").

Der Mensch in der Gruppe

Es gehört zu den Selbstverständlichkeiten unseres Alltags, daß wir in Gruppen lernen, arbeiten, politisch aktiv sind und unsere Freizeit verbringen. Kaum jemand stellt darüber tiefgründige Betrachtungen an. Sobald aber aus irgendeinem Grunde die Beziehungen zu einer Gruppe, die für uns wichtig ist, gestört sind, empfinden wir das als unangenehm und bemühen uns um eine Änderung dieses Zustandes. Gelingt uns das nicht, können daraus ernste Folgen für unser psychisches Wohlbefinden erwachsen.

Stabile Gruppenbindungen sind für die Persönlichkeitsentwicklung unerläßlich. Das gilt für alle Altersstufen, im besonderen Maße jedoch für die Entwicklung von Kindern und Jugendlichen. Forschungen über die Familie als Primärgruppe haben ihre überragende Bedeutung im Sozialisationsprozeß eindrucksvoll bestätigt (s. Baustein „Familie"). Aber auch die Gruppen Gleichaltriger und Kollektive wie die Schulklasse sind notwendige *Entwicklungsmedien.*

Die Sozialpsychologie hat sich seit ihrer Entstehung mit dem Thema „Gruppe" befaßt. Das erfolgte zunächst unter dem *Leistungsaspekt* (s. Baustein „Mikrogruppen"). Später wurde die Bedeutung der Gruppe für die Einstellungs- und Verhaltensänderung entdeckt, und heute stehen für die Gruppenforschung Trainingsprogramme für unterschiedliche soziale Anforderungen sowie Methoden der Gruppenpsychotherapie im Vordergrund. Obwohl beim sozialpsychologischen Verhaltenstraining wie auch bei der Gruppentherapie noch viele Fragen offen sind und die Effizienz dieser Verfahren umstritten ist, haben sie doch unsere Kenntnisse über gruppendynamische Vorgänge wesentlich erweitert.

Sozialpsychologen, die sich stärker an der Soziologie orientieren, untersuchen die Gruppe als *Vermittlungsinstanz* in der Individuum-Gesellschaft-Relation. Hier geht es um hochaktuelle Probleme der Vermittlung und Aneignung weltanschaulicher Orientierungen, politischer Überzeugungen, moralischer Haltungen. Unsere Meinungen über die Gesellschaft sind größtenteils *Gruppenmeinungen,* ob wir uns dessen bewußt sind oder nicht. Gruppen verschiedenster Art repräsentieren die Gesellschaft für uns; wir betrachten die Welt sozusagen durch die „Gruppenbrille".

Natürlich gibt es nicht die Gruppe an sich. Die grundlegenden gesellschaftlichen Strukturen bestimmen auch den Charakter der Gruppenbeziehungen. So sind *Kollektive* und *Kollektivbeziehungen* charakteristisch für unsere sozialistischen gesellschaftlichen Verhältnisse. Die Entwicklung sozialistischer Persönlichkeiten erfolgt vor allem in den Lern- und Arbeitskollektiven. Die besondere politische Qualität dieser Kollektive setzt jedoch die in ihnen wirkenden sozialpsychologischen Gesetzmäßigkeiten nicht außer Kraft. Wie in jeder anderen Gruppe gibt es im Kollektiv Rangstrukturen, bevorzugte und abgelehnte Positionen, formelle und informelle Autoritäten, Gruppennormen, eine öffentliche Meinung usw.

Allerdings sind die Wirkungsrichtungen dieser Gesetzmäßigkeiten im Kollektiv anders als in beliebigen Gruppen der bürgerlichen Gesellschaft (s. Baustein „Mikrogruppen").

Die Leiter sozialistischer Kollektive brauchen für eine erfolgreiche Arbeit nicht nur pädagogische Erfahrungen, sondern auch anwendungsbereite sozialpsychologische Kenntnisse. Ob es um die zweckmäßige Verteilung der kollektiven Aufgaben geht, um die Integration neuer Kollektivmitglieder, um die Auseinandersetzung mit Störenfrieden, oder um die Beziehungen zu anderen Kollektiven – immer sind sozialpsychologische Faktoren mit im Spiel, die erkannt und bewußt in den Dienst der Kollektiventwicklung gestellt werden müssen. Nehmen wir nur einmal das Problem des konformen Verhaltens. Über *Konformismus* gibt es viele sozialpsychologische Untersuchungen. Soll der Leiter gruppenkonformes Verhalten fordern und um jeden Preis erzwingen, oder fördert es die Kollektiventwicklung, wenn starke Persönlichkeiten im Kollektiv ihre eigene Meinung vertreten?

Sozialpsychologen in den USA haben in vielen interessanten Versuchen nachzuweisen versucht, daß der einzelne sich letztlich immer dem Druck der Gruppe beugen muß. Selbst wenn jemand von der Richtigkeit seiner Aussagen überzeugt ist, wird er diese ändern, wenn die Gruppe ihm gegenüber eine andere Meinung vertritt. Hinter dieser Auffassung steht ein sozialpsychologisches Denkmodell, das den Erfordernissen der kapitalistischen Gesellschaft Rechnung trägt. Der einzelne muß sich anpassen, er muß sich der manipulierten öffentlichen Meinung unterordnen, gleich, ob es sich um Zahnpastareklame oder um eine Präsidentenwahl handelt.

Die marxistische Psychologie vertritt dagegen eine Persönlichkeitskonzeption, nach der der Mensch seine Beziehungen zur gesellschaftlichen Umwelt *bewußt* gestaltet. Er setzt sich für die kollektiven Interessen ein und ordnet sich den Normen des kollektiven Lebens unter, wenn er von der Richtigkeit der kollektiven Ziele überzeugt ist. „Ein Mensch ist maximal eine Persönlichkeit", schrieb RUBINSTEIN, „wenn er ein Minimum an Neutralität, an Indifferenz, an Gleichgültigkeit und ein Maximum an ‚Parteilichkeit' in bezug auf das gesellschaftlich Bedeutsame aufweist" (1966, S. 283).

Der gesellschaftliche Fortschritt muß manchmal aber auch gegenüber der kollektiven Mehrheit verteidigt und durchgesetzt werden; anders gibt es keine Vorwärtsentwicklung. Sowjetische Sozialpsychologen haben in den letzten Jahren experimentelle Beweise für diese Auffassung geliefert und damit die psychologische Theorie des Kollektivs entscheidend vorangetrieben. Ihre Erkenntnisse haben unmittelbare praktische Bedeutung für die Gestaltung der sozialen Beziehungen im Sozialismus.

Sozialpsychologie ist also keine lebensfremde akademische Disziplin. Sie hilft uns, soziale Probleme unseres Alltags besser zu verstehen und effektive Lösungen zu finden. In dem Maße, wie sich die sozialpsychologische Forschung weiterentwickelt, werden sich auch die Anwendungsgebiete sozialpsychologischer Erkenntnisse erweitern.

Literatur

Adler, F., und A. Kretzschmar: Prozesse und Ebenen der gesellschaftlichen Determination der sozialistischen Persönlichkeit. DZfPh 7, 1978

Alberg, T., und J. Schmidt: Trainingsbedingte Modifikation der psychischen Verhaltensregulation. In: Persönlichkeitspsychologische Grundlagen interpersonalen Verhaltens II. Leipzig 1980

Allport, G. W.: Attitudes. In: C. M. Murchison (Ed.), A handbook of social psychology. Worcester/Mass 1954

Baltes, P. B., and S. L. Willis: Enhancement (Plasticity) of intellectual functioning in old age: Penn State's Adult Development and Enrichment Project (ADEPT). In: F. J. M. Craik and S. E. Trehub (Eds.), Aging and cognitive processes. New York 1981

Bathke, G.-W.: Soziale Herkunft und Leistungsposition von Studenten: In: Jugendsoziologische Forschungen zum 4. Soziologiekongreß. Leipzig (ZIJ) 1985

Bathke, G.-W., L. Kasek und D.-D. Wächter: Studium und FDJ-Gruppen. Berlin 1987

Bertram, B.: Geschlechtstypische Einstellungen und Verhaltensweisen Jugendlicher. Forschungsbericht 1986 (unveröffentl.)

Bisky, L.: Zur Kritik der bürgerlichen Massenkommunikationsforschung. Berlin 1976 a

Bisky, L.: Massenmedien und ideologische Erziehung der Jugend. Berlin 1976 b

Bruhm-Schlegel, U.: Gleichberechtigung und Geschlechtstypik weiblicher Jugendlicher. Diss. A, Dresden 1983

Bujewa, L. P.: Die allseitige Entwicklung der Persönlichkeit im Sozialismus. In: L. P. Bujewa und T. Hahn (Hrsg.), Über die sozialistische Persönlichkeit. Berlin 1978

Chauvin, R.: Die Hochbegabten. Bern/Stuttgart 1979

Clauß, G.: Naive und wissenschaftliche Psychologie: Über persönlichkeitspsychologisches Alltagsbewußtsein. In: M. Vorwerg (Hrsg.), Zur psychologischen Persönlichkeitsforschung 3. Berlin 1980

Cooper, J., and R. T. Croyle: Attitude and Attitude Change. Ann. Rev. Psychol. 35, 1984

Das, J. P.: Aspects of planning. In: J. Kirby (Ed.), Cognitive strategies and educational performance. New York 1984

Diligenskij, G. G.: Einige methodologische Forschungsprobleme der Psychologie großer sozialer Gruppen. In: Methodologische Probleme der Sozialpsychologie. Moskau 1975 (Arbeitsübersetzung des ZIJ Ü 613)

Dölling, I.: Naturwesen, Individuum, Persönlichkeit. Berlin 1979

Dölling, I.: Zur Vermittlung von gesellschaftlichem und individuellem Lebensprozeß. In: Mitteilungen aus der kulturwissenschaftlichen Forschung, Heft 11, Humboldt-Universität zu Berlin 1982 (Manuskriptdruck)

Erpenbeck, J.: Motivation, Ihre Philosophie und Psychologie. Berlin 1984

Estel, B.: Soziale Vorurteile und soziale Urteile. Opladen 1983

Faßheber, P.: Einstellungstheorien. In: Psychologie des 20. Jahrhunderts, Bd. VIII. Zürich 1979

Fichte, J. G.: Grundlagen der gesamten Wissenschaftslehre. In: Fichtes Werke, Bd. 1. Berlin 1971

Flynn, J.: Race, IQ and grandpareuts. New Scientists, 5. April, S. 29–31, 1984

Flynn, J.: Intelligenzanstieg in 14 Ländern. Wellington 1986

Freye, H.-A., und U. Freye: Humanethologische Bemerkungen zur frühkindlichen Sozialentwicklung. Wiss. Z. Humboldt-Univ. Berlin, Ges.-sprachwiss. R. 5, S. 561–565, 1984

Friedrich, G., H. Richter, H. Stein und G. Wittich: Leitung der sozialistischen Wirtschaft. Berlin 1983

Friedrich, W.: Jugend heute. Berlin 1966

Friedrich, W.: Exkurs: Lebensalter und Persönlichkeitsentwicklung bei Jugendlichen. In: W. Friedrich und W. Gerth (Hrsg.), Jugend konkret. Berlin 1984

Friedrich, W.: Über Leistung und Leistungsverhalten. Ein sozialpsychologischer Überblick. In: W. Friedrich und A. Hoffmann (Hrsg.), Persönlichkeit und Leistung. Berlin 1986 a

Friedrich, W.: Leistungsverhalten und Wertorientierungen der Jugend. In: Soziale Triebkräfte ökonomischen Wachstums. Schriftenreihe Soziologie. Berlin 1986 b

Friedrich, W., und A. Hoffmann: Faktoren zur Entwicklung der Leistungsmotivation Jugendlicher. In: APW-Jahrbuch. Berlin 1984

Friedrich, W., und A. Hoffmann (Hrsg.): Persönlichkeit und Leistung. Berlin 1986

Friedrich, W., und H. Müller: Zur Psychologie der 12- bis 22jährigen. Berlin 1980

Fühmann, F.: Die dampfenden Hälse der Pferde im Turm zu Babel. Berlin 1980

Hacker, W.: Allgemeine Arbeits- und Ingenieurpsychologie. Berlin 1973, 1980

Hahn, T.: Motivation, Motivforschung, Motivtheorien. Berlin 1985

Haug, F.: Kritik der Rollentheorie. .. Frankfurt/M. 1972

Heckhausen, H.: Motivationsmodelle: Fortschreitende Entfaltung und unbehobene Mängel. In: W. Hacker, W. Volpert und M. v. Cranach (Hrsg.), Kognitive und motivationale Aspekte der Handlung. Berlin 1983

Herrmann, J.: Die Menschwerdung. Berlin 1985

Hiebsch, H., und M. Vorwerg: Einführung in die Sozialpsychologie. Berlin 1966, 1971

Hiebsch, H., M. Vorwerg u. a.: Sozialpsychologie. Berlin 1978, 1979, 1980

Hiebsch, H.: Interpersonale Wahrnehmung und Urteilsbildung. Berlin 1986

Hierschmann, J.: Erfahrung und Bewußtseinsbildung (Überlegungen und Aspekte). Wiss. Z. Karl-Marx-Univ. Leipzig, Ges.-sprachwiss. R. 1, 1985

Höck, K., und W. König: Neurosenlehre und Psychotherapie. Jena 1976

Hollitscher, W.: Der Mensch im Weltbild der Wissenschaft. Wien 1969

Holzer, H.: Kommunikationssoziologie. Reinbek b. Hamburg 1972

Holzkamp, K.: Grundlegung der Psychologie. Frankfurt/M. 1983

Holzkamp-Osterkamp, U.: Grundlagen der psychologischen Motivationsforschung 1. Frankfurt/M./New York 1977

Honecker, E.: DDR verteidigt Prinzipien der olympischen Charta. Neues Deutschland 4. 6. 1985

Honecker, E.: Bericht des Zentralkomitees der SED an den XI. Parteitag. Berlin 1986

Honecker, M.: Referat. In: Die Schulpolitik der SED und die wachsenden Anforderungen an den Lehrer und an die Lehrerbildung. Protokoll der Konferenz des Ministeriums für Volksbildung der DDR. Berlin 1986

Hormuth, St. E.: Sozialpsychologie der Einstellungsbildung. Meisenheim 1979

Horn, J. L.: Systematisierung von Daten zur Entwicklung menschlicher Fähigkeiten über die Lebensspanne hinweg. In: P. B. Baltes (Hrsg.), Entwicklungspsychologie der Lebensspanne. Stuttgart 1979

Horn, J. L.: Concepts of intellect in relation to learning and adult development. In: Intelligence, Bd. 4, 1980

Huber, L.: Sozialisation in der Hochschule. In: K. Hurrelmann und D. Ulich (Hrsg.), Handbuch der Sozialisationsforschung. Weinheim 1980

Hurrelmann, K., und D. Ulich (Hrsg.): Handbuch der Sozialisationsforschung. Weinheim/Basel 1980

Jaroschewski, M.: Psychologie des 20. Jahrhunderts. Berlin 1975

Kabat vel Job, O.: Geschlechtstypische Einstellungen und Verhaltensweisen bei Jugendlichen. Berlin 1979

Kabat vel Job, O., und A. Pinther: Jugend und Familie. Berlin 1981

Kasek, L., und D. Wächter: FDJ und Studium. Ergebnisse empirischer Untersuchungen zur Tätigkeit der Freien Deutschen Jugend an Hochschulen. Diss. A, TU Dresden 1981

Kauke, M.: Situative und personelle Determinanten des situationsadäquaten kooperativen Verhaltens. In: M. Vorwerg (Hrsg.), Zur psychologischen Persönlichkeitsforschung 2. Berlin 1979

Kauke, M., und H.-G. Mehlhorn: Klug in der Jugend und weise im Alter. Wissenschaft und Fortschritt 9, 1985

Kessel, W., K. Knauer und H. Schröder: Sozialpsychologische Probleme der Schulklasse. Berlin 1975

Khatena, J.: Education the gifted child: challenge and reponse in the USA. The Gifted Child Quart. Bd. xx, 1, o. J.

Kleine Enzyklopädie deutsche Sprache. Leipzig 1983

Klix, F.: Information und Verhalten. Berlin 1971

Klix, F. (Hrsg.): Psychologische Beiträge kognitiver Prozesse. Berlin 1976

Klix, F.: Erwachendes Denken. Berlin 1983

Knigge, Adolph Freiherr: Über den Umgang mit Menschen. Leipzig 1975

Kohlberg, L.: Zur kognitiven Entwicklung des Kindes. Frankfurt/M. 1974

Konfuzius: Gespräche (Pun-Yu). Leipzig 1984

Korn, K., und I. Steiner: Bildung und Qualifikation als Triebkräfte ökonomischen Wachstums. In: Soziale Triebkräfte ökonomischen Wachstums. Berlin 1986

Kossakowski, A., u. a. (Hrsg.): Psychologische Grundlagen der Persönlichkeitsentwicklung im pädagogischen Prozeß. Berlin 1980

Kovalev, G. A., und L. A. Radzichovskij: Kommunikation und das Problem der Interiorisation. Vop. psichol. 1, 1985

Krech, D., und R. S. Crutchfield: Sozialpsychologie. Weinheim/Basel 1985

Kuczynski, J.: Geschichte des Alltags des deutschen Volkes. 1600 bis 1945. Studien 1–5. Berlin 1980 ff.

Ladensack, K., und A. Weidemeier: Leitungsentscheidungen – soziale Prozesse im Betrieb. Berlin 1977

Lange, G.: Personale und soziale Faktoren des Leistungsverhaltens von Studenten. In: Jugendsoziologische Forschungen zum 4. Soziologiekongreß. Leipzig (ZIJ) 1985

Leistungsreserve Schöpfertum. Berlin 1986

Lenin, W. I.: Die große Initiative. In: Werke, Bd. 29. Berlin 1973

Leontjew, A. N.: Tätigkeit, Bewußtsein, Persönlichkeit. Berlin 1979

Löther, R.: Medizin, Menschenbild und Philosophie. In: H. Ley und R. Löther (Hrsg.), Mikrokosmos – Makrokosmos I. Berlin 1966

Lötsch, I. und M. Lötsch: Soziale Strukturen und Triebkräfte. In: Jahrbuch für Soziologie und Sozialpolitik. Berlin 1985

Maccoby, M., and C. Jacklin: The psychology of sex differences. 1974

Maiwald, D., und E. Maiwald: Zur Entwicklung und Validierung von Skalen zur Erfassung von Persönlichkeitsmerkmalen sozialer Inkompetenz als Beitrag zur Persönlichkeitsdiagnostik bei Psychotherapiepatienten. In: M. Vorwerg (Hrsg.), Zur psychologischen Persönlichkeitsforschung 5. Berlin 1982

Maiwald, D., und H. Petermann: Zur Psychopathologie sozialer Kompetenz. In: Persönlichkeitspsychologische Grundlagen interpersonalen Verhaltens II. Leipzig 1980

Makarenko, A. S.: Werke, Bd. IV. Berlin 1970

Märker, K.: Frau und Sport. Leipzig 1983

Marx, K.: Grundrisse der Kritik der politischen Ökonomie (Rohentwurf) 1857–1858. Berlin 1953

Marx, K., und F. Engels: Werke, Bd. 1. Berlin 1964

Marx, K., und F. Engels: Werke, Bd. 2. Berlin 1974

Marx, K., und F. Engels: Werke, Bd. 3. Berlin 1977

Marx, K., und F. Engels: Werke, Bd. 13. Berlin 1964

Marx, K., und F. Engels: Werke, Bd. 21. Berlin 1965

Marx, K., und F. Engels: Werke, Bd. 23. Berlin 1962

Marx, K., und F. Engels: Werke, Ergänzungsband Teil 1. Berlin 1968

Mehlhorn, G., und H.-G. Mehlhorn: Intelligenz. Zur Erforschung und Entwicklung geistiger Fähigkeiten. Berlin 1981

Mehlhorn, G., und H.-G. Mehlhorn: Begabung — Schöpfertum – Persönlichkeit. Zur Psychologie und Soziologie des Schöpfertums. Berlin 1985

Mehlhorn, H.-G., und W. Friedrich: Kleine Methodik für Zirkelleiter. Berlin 1975

Meier, A.: Erziehung und Sozialisation als gesellschaftliche Prozesse (Thesen). Pädagogische Forschung 1, 1984

Meinefeld, W.: Einstellung und soziales Handeln. Hamburg 1977

Meyer-Eppler, W.: Grundlagen und Abwendungen der Informationstheorie. Berlin (West)/Göttingen/Heidelberg 1959

Money, J., und A. Ehrhardt: Männlich – weiblich. Hamburg 1975

Mummendey, H. O. (Hrsg.): Einstellung und Verhalten. Stuttgart/Bern 1979

Nisowa, A. M., E. Scharnhorst und R. Walther (Hrsg.): Zur politischen und moralischen Erziehung in der Familie. Berlin 1978

Oerter, R., und L. Montada: Entwicklungspsychologie. München/Wien/Baltimore 1982

Opitz, H.: Erfahrung und Erkenntnis. Einheit 2, 1983

Otto, K. H.: Disziplin bei Mädchen und Jungen. Berlin 1976

Otto, W.: Ausprägung und Entwicklung von Berufseinstellungen bei Studenten. Diss. B, TH Karl-Marx-Stadt 1985

Pervin, L. A.: Persönlichkeitspsychologie in Kontroversen. München/Wien/ Baltimore 1981

Petrowski, A.: Psychologische Theorie des Kollektivs. Berlin 1983

Rochlitz, M.: Prozeß und Determinanten der Persönlichkeitsentwicklung von Technikstudenten und -absolventen. Diss. B, TU Dresden 1978

Rosemann, H.: Intelligenztheorien. Reinbek b. Hamburg 1979

Rubinstein, S. L.: Sein und Bewußtsein. Berlin 1966

Starke, K.: Jugend im Studium. Berlin 1979

Starke, K.: Aussehen und Partnerverhalten. In: K. Starke, W. Friedrich u. a., Liebe und Sexualität bis 30. Berlin 1984

Starke, K., W. Friedrich u. a.: Liebe und Sexualität bis 30. Berlin 1984

Starke, U.: Die Bedeutung personaler Faktoren bei der Herausbildung von fachlichen Interessen und hoher Studienmotivation (am Beispiel Hochschullehrkraft – Student). In: Jugendsoziologische Forschungen zum 4. Soziologiekongreß. Leipzig (ZIJ) 1985

Stollberg, R.: Arbeitssoziologie. Berlin 1978

Stolz, H.: Aktuelle Fragen der Kollektiverziehung an der Schule. Pädagogik 2/3, 1980

Stolz, H., und E. Günther: Psychologische Probleme der Kollektiventwicklung und -erziehung im Jugendalter. In: W. Friedrich und H. Müller (Hrsg.), Soziale Psychologie älterer Schüler. Berlin 1983

Schaie, K. W.: A general model for the study of developmental problems. Psychol. Bull. 64, S. 92–107, 1965

Schmidt, H.-D.: Grundriß der Persönlichkeitspsychologie. Berlin 1982

Schmidt, H.-D., und E. Richter: Entwicklungswunder Mensch. Leipzig/Jena/ Berlin 1980

Schmidt-Kolmer, E.: Frühe Kindheit. Berlin 1984

Schorr, R., und O. Miehlke: Über die Notwendigkeit einer Ausbildung von Medizinstudenten und Ärzten in Soziologie. Z. ärztl. Fortbildg. 61, S. 91–98, 1967

Schröder, H.: Strukturanalyse interpersonaler Fähigkeiten. In: Persönlichkeitspsychologische Grundlagen interpersonalen Verhaltens I. Leipzig 1980

Schröder, H., und M. Vorwerg: Soziale Kompetenz als Zielgröße für Persönlichkeitsstruktur und Verhaltensmodifikation. In: M. Vorwerg (Hrsg.), Zur psychologischen Persönlichkeitsforschung 1. Berlin 1978

Schulte-Altendornburg, M.: Rollentheorie als Soziologie der Herrschaft. Frankfurt/M. 1977

Seidel, K., H. A. F. Schultze und G. Göllnitz: Neurologie und Psychiatrie. Berlin 1977

Sève, L.: Marxismus und Theorie der Persönlichkeit. Berlin 1972

Sheriff, Carolyn: Konstanz und Änderung von Einstellungen. In: Psychologie des 20. Jahrhunderts, Bd. VIII. Zürich 1979

Sixtl, F.: Meßmethoden der Psychologie. Weinheim 1967

Soziale Triebkräfte ökonomischen Verhaltens. Materialien des 4. Kongresses der marxistisch-leninistischen Soziologie in der DDR. Berlin 1986

Techtmeier, B.: Das Gespräch. Berlin 1984

Thom, A.: Grundlegende Wandlungen des theoretischen Denkens in der Medizin in philosophisch-wissenschaftstheoretischer Sicht. In: R. Rochhausen und G. Grau (Hrsg.), Lenin und die Wissenschaft, Bd. II. Berlin 1970

Thom, A., und K. Weise: Ist der Begriff der „psychischen Krankheit" ein Mythos? Psychiat. Neurol. med. Psychol. (Leipzig) 12, S. 2, 1973

Träder, W.: Einige Bemerkungen zur Struktur des Alltagsdenkens. DZfPh 6, 1985

Usnadse, D. N.: Untersuchungen zur Psychologie der Einstellung. In: M. Vorwerg (Hrsg.), Einstellungspsychologie. Berlin 1976

Vandenberg, St.: Aktuelle Forschungen zu genetischen Determinanten der geistigen Fähigkeiten und der Persönlichkeit. In: W. Friedrich und O. Kabat vel Job (Hrsg.), Zwillingsforschung international. Berlin 1986

Verordnung über die Sicherung einer festen Ordnung an den allgemeinbildenden polytechnischen Oberschulen – Schulordnung · vom 23. 11. 1979. In: Sozialistisches Bildungsrecht. Volksbildung. Berlin 1981

Vorwerg, G.: Führungsfunktion in sozialpsychologischer Sicht. Berlin 1971

Vorwerg, M.: Über die Struktur der Leistungsmotivation. In: APW-Jahrbuch. Berlin 1984

Voß, P.: Persönlichkeit und Kollektiv. Diss. A, Leipzig 1975

Watzlawick, P., J. H. Beavin und D. D. Jackson: Menschliche Kommunikation. Bern/Stuttgart/Wien 1971

Weiner, B.: A theory of motivation for some class-room experiences. J. Educat. Psychol. 71, 1979

Willi, J.: Die Zweierbeziehung. Reinbek b. Hamburg 1982

Willis, S. L., F. C. Blow, S. W. Cornelius and P. B. Baltes: Training research in aging: Artentional processes. J. Educat. Psychol. 75, S. 257–270, 1983

Wittich, D.: Über soziale Erfahrung. Berlin 1983

Wörterbuch der Psychologie. Leipzig 1981